土地评价理论、方法与系统开发

刘耀林　焦利民　著

科学出版社
北京

内 容 简 介

本书介绍了土地评价的基础理论，探讨了基于多元统计方法、地统计学方法、计算智能技术和专家系统技术进行土地评价的原理、方法、模型构建和应用实例，并运用现代信息系统技术和GIS技术给出了常用土地评价信息系统的设计框架、功能模块、系统开发和实现案例。

本书可作为高等院校土地资源管理、资源环境与城乡规划、地理信息系统等相关专业科研工作人员、高年级本科生和研究生教材或参考用书。

图书在版编目（CIP）数据

土地评价理论、方法与系统开发/刘耀林，焦利民著．—北京：科学出版社，2008

ISBN 978-7-03-021731-8

Ⅰ．土…　Ⅱ．①刘…②焦…　Ⅲ．土地评价-信息系统-系统开发
Ⅳ．F301-39

中国版本图书馆CIP数据核字（2008）第056801号

责任编辑：赵　峰　朱海燕／责任校对：张小霞
责任印制：钱玉芬／封面设计：耕者设计工作室

科学出版社 出版
北京东黄城根北街16号
邮政编码:100717
http://www.sciencep.com

中国科学院印刷厂 印刷

科学出版社发行　各地新华书店经销

*

2008年5月第　一　版　　开本：787×1092　1/16
2008年5月第一次印刷　　印张：22　插页：2
印数：1—3 000　　字数：510 000

定价：59.00元

（如有印装质量问题，我社负责调换〈科印〉）

前　言

土地评价是土地资源管理、土地利用规划、区域规划、城市规划等的基础工作，是促进土地合理利用的技术手段。近年来国内外土地评价在理论研究、实践和技术方法上均有很大的发展，如我国开展了全国范围的农用地分等定级估价和城镇土地分等定级估价工作。在评价类型上，土地评价已在传统的土地潜力评价、土地适宜性评价、土地经济评价等基本类型的基础上开展了土地生态评价、可持续土地利用评价、土地利用环境影响评价等评价类型。在模型与方法上，土地评价在传统的评价方法基础上进一步与空间统计、空间分析、人工智能、专家系统等技术进行交叉和融合，出现许多新的土地评价方法，如基于地统计学方法、从空间插值角度入手的土地评价方法，基于人工神经网络、遗传算法、模糊逻辑等的土地评价模型，基于专家系统的土地评价方法等。在技术手段上，随着地理空间信息技术、网络技术等技术的快速发展，改变了传统的定性的评价手段，实现了定量的土地评价，开发了系列土地评价信息系统，如城镇土地分等与基准地价平衡信息系统、城镇土地定级与估价信息系统、农用地分等信息系统、农用地定级估价信息系统等。笔者和所在的研究团队长期从事土地评价研究工作，先后承担了一系列研究课题，设计和开发了多个土地评价方面的信息系统，在土地评价工作中得到了广泛应用。

本书是以上研究与应用方面的总结，共分七章。第一章，土地评价对象，介绍了土地评价对象的基本概念、构成要素和土地类型等内容。第二章，土地评价概述，介绍了土地评价的基本概念与基本理论、土地评价类型、土地评价指标体系、土地评价单元等内容。第三章，土地评价多元统计分析模型，探讨了聚类分析、回归分析、判别分析等多元统计分析方法在土地评价中的应用方法和应用实例。第四章，土地评价的地统计学方法，研究了采用地统计学方法进行土地评价的基本原理、模型拓展、系统实现和实例。第五章，基于计算智能的土地评价模型，探讨了基于人工神经网络、遗传算法等计算智能技术的土地评价模型和应用实例。第六章，基于专家系统的土地评价方法，讨论了专家系统方法在土地评价中应用的基本原理、关键技术和系统实现。第七章，土地评价信息系统与应用，探讨了包括城镇土地分等与基准地价平衡、城镇土地定级、农用地分等、农用地定级估价等常用土地评价信息系统的系统设计与实现。

本书是在作者多年来从事土地评价理论、技术方法及系统开发的科研工作的基础上编写而成的。作者的多名同事和博士研究生参加了本书书稿的讨论，并编写了部分章节，他们分别是刘艳芳、何建华、傅佩红、贾泽露、刘洋、段滔等，在此一并表示衷心的感谢！

本书理论与实践相结合，吸纳了国内外许多最新研究成果，可作为高等院校土地资源管理、资源环境与城乡规划、地理信息系统城市规划等相关专业的高年级本科生和研究生教材或参考用书，也可作为从事相关技术工作人员的参考用书。希望本书能实现预期目标，对土地评价教学、科研和实践工作有所帮助。

本书得到长江学者特聘教授基金、“863”项目（2007AA12Z225）、国家科技支撑项目（2006BAJ05A02，2006BAB15B04）、教育部重点项目（105111）和“973”项目（2006CB701303）的资助，得到了科学出版社的大力支持，借此机会表示感谢！

在本书写作过程中引用和参阅了国内外学者的相关著作和论文，在此一并表示诚挚的谢意！

由于作者水平有限，书中错误和不妥之处在所难免，敬请各位专家和读者批评指正。

作　者

2008年1月于武昌珞珈山

目　录

第一章 土地评价对象

第一节 土地的基本概念

一、土地概念

1972 年在荷兰瓦格宁根召开的关于土地评价的专家会议的大会纪要认为:"土地包含着地球特定地域表面及其以上和以下的大气、土壤、基础地质、水文、植物和动物,它还包涵这一地域范围内过去和目前人类活动的种种结果,及其对目前和未来人类利用土地所施加的重要影响"。联合国粮农组织的《土地评价纲要》认为:"土地包括影响土地用途潜力的自然环境,如气候、地貌、土壤、水文与植被,它包括过去和现在的人类活动影响"。由此可以看出:

1) 土地是自然与经济的综合体。它既是地球表面一定地域所有自然属性的主体,又是人为作用于地表、赋予地表以经济、人文、利用方式、权属等属性的主体。

2) 土地具有立体三维结构。它位于岩石圈、大气圈与生物圈互相接触的边界——大致从土壤的母质层,向上通过地表直到植被的冠层,是各种自然过程(包括物理过程、化学过程、生物过程以及人类活动)最活跃的场所,有人称为"活动层",从下到上具有剖面特征的这部分,正是土地的核心部分。

3) 土地是一个系统。土地构成要素相互联系、相互制约,构成一个统一的系统,具有其独特的结构和功能,各构成要素之间进行着物质与能量的交换,这个系统被称为土地系统。

二、土地的基本属性

从土地的概念可以看出,土地应包括两方面的基本特性:自然特性和社会经济特性。土地的自然特性是土地自然属性的反映,是土地所固有的,与人类对土地的利用与否没有必然的联系。土地的社会经济特性是在人类对土地利用过程中产生的,在人类诞生之前尚未对土地加以利用时,土地的这些特性并不存在。

(一) 土地自然特性

1. 位置的固定性与可变性

每一块土地都有其固定的空间位置,不能移动,地块之间也不能互相调换位置,也就是说,土地的绝对位置是固定不动的,这就使得有限的土地在利用方面受到很大限制。另一方面，土地距离市场的远近及交通条件，是可以随着社会经济的发展、资源的开发、道路网的完善与扩建、城镇布局的调整及其经济辐射面的扩大而改变，即土地的相对位置是可以改变的，这种改变对土地的利用及地价有着重要影响。例如，大庆由于石油的发现与开采，而迅速发展成城市，交通条件也相应得到改善。又如原广东省宝安县由于深圳特区的设立，由过去的渔村变成了现代化都市，地价也大幅度增长。

2. 面积的有限性

土地是自然的产物，土地的面积为地球表面积所限定(指正射投影面积)。地壳运动，空气、阳光、水、生物酶的分解作用，风力、流水的侵蚀、搬运作用，人类的生产活动……可使水域变为陆地(围海造田、围湖造田等)，山地化为平地，坡地变为梯田，不断地改变着地球表面的形态，但土地的总面积始终未变。在现有的科学技术条件下，人不可能创造土地、消灭土地，或用其他生产资料所代替。正如列宁指出:“土地有限是一个普遍现象。”

3. 土地质量的差异性

土地是自然生成的，不是人类按统一标准创作的，因此，不同的土地单元，所处的地理环境条件不一，所含养分、水分、土壤质地也都不一致。所处地点的小气候条件、水文、地质状况也有很大差异，加之，离城镇的远近，交通便利程度的差别，使得土地质量千差万别。质量完全相同的土地单元几乎没有，因此，对土地质量评价和土地利用管理要因地制宜。

4. 土地功能的永久性

土地是可更新资源。在土地农业利用过程中，土壤养分和水分虽不断地经植物吸收、消耗，但通过施肥、灌溉、耕作、作物轮作等措施，可以不断地得到恢复和补充，从而使土壤肥力始终处于一种周而复始的动态平衡之中。土地若能合理利用，其生产能力不但不会随着时间的推移而丧失，相反，还会随着科学技术的进步而提高。因为，土地具有“储备银行”的作用，投入土地的活劳动和资本，除转化为农产品外，其余部分则凝聚在土地中。正如马克思所说:“土地的优点是，各个连续的投资转移带来利益，而不会使以前的投资丧失作用。”同时，随着科学技术的进步及其在农业中应用，可以很好地将土壤中的有效肥力释放出来，从而提高土地生产力。例如，20 世纪 60 年代以来，化肥的广泛应用使世界粮食产量增加了 1/3。

(二) 土地社会经济特性

土地的社会经济特性是以土地的自然特性为基础，并在人类对土地的利用中产生的。具体包括:

1. 土地供给的稀缺性

在人类出现以前，没有人类对土地的利用和需求，当然也就无所谓土地供给的稀缺性。只有当人类出现以后，特别是由于人口的不断增加和社会经济文化的发展，对土地需求不断扩大，而可供人类利用的土地又是有限的，因而产生了土地供给的稀缺性，并日益增强。

这种稀缺性，不仅表现在土地供给总量与土地需求总量的矛盾上，还表现在由于土地位置固定性和质量差异性导致某些地区和某种用途的土地的稀缺。如经济发达的沿海地区，由于建设用地的大量扩张及其对农用地的侵占，导致这些地区的农用地的稀缺性。

2. 土地利用方式的相对分散性

由于土地位置的固定性和土地质量的差异性，对土地就只能按其适宜性分别加以利用，因而造成土地利用方式的相对分散性。土地的这一特征要求人们在进行土地利用时，要进行区位选择，并注意搞好地区间交通运输联系，以提高土地利用的综合区位效应。

3. 土地利用方向变更的困难性

土地有多种用途，当土地一经投入某项用途之后，欲改变其利用方向，一般比较困难。首先，利用方向的变更受土地的自然条件所制约。如我国的北方地区不能种植香蕉，在海拔几千米缺乏水源的地区不能建现代化工厂等，因为这些地区不具备作为这种用途的自然条件。其次，还由于在工农业生产上变更土地利用方向往往会造成巨大经济损失，因而是不合理的，甚至是不合法的。如城市区一旦建成，就没有再转化为农业用地的可能了。

4. 土地报酬递减的可能性

土地供给的稀缺性要求人们集约地利用土地。由于"土地报酬递减规律"的存在，在技术不变的条件下对土地的投入超过一定限度，就会产生报酬递减的后果。这就要求人们在利用土地增加投入时，必须寻找在一定技术、经济条件下投资的合适度，确定适当的投资结构，并不断改进技术，以便提高土地利用的经济效果，防止出现土地报酬递减的现象。

5. 土地利用后果的社会性

土地是自然生态系统的基础因子，土地相互联结在一起，不能移动和分割，因此，每块土地利用的后果不仅影响本区域内的自然生态环境和经济效益，而且必然会影响到邻近地区甚至整个国家和社会的生态环境和经济效益，产生巨大的社会后果。如在一块土地上建设一座造纸厂，若不加任何处理地排放，必然会给周围地区带来环境污染；又如在城市的中心地区建一座占地面积大而收益不高的仓库用地，不仅使该地段土地效益不能充分发挥，而且影响城市繁华地段的综合效益的提高。

第二节　土地资源的构成要素分析

一、气候要素

气候要素主要是指地球表面至10 000～12 000 m高空以下的对流层的下部，即与地球表面产生直接水热交换的大气层的各种统计状态(如积温、降水量等)和物理过程(加升温、蒸发、焚风等)。影响土地资源特征的最主要的气候要素是光(太阳辐射)、温(热量)、水(降水)三个方面,它们是土地资源的重要组成部分。

(一) 太阳辐射

太阳辐射包括紫外线及其以下的短波波段、紫外线以上的可见光以及红外波段等,其中以可见光部分为主,约占 50%,这是地球表面光照的主要来源;所有的短波辐射到达地表面以后,大多数转变为长波辐射,这是地球表面的热量来源。光照和热量是土地资源形成和发展过程中的两大气候要素。评价某一区域的太阳辐射条件可用光照强度、光照长度和光照质量来表示。

1. 光照强度

光照强度简称照度。是指正常人眼对 0.4～0.7 μm 可见光的平均感觉程度,其单位是勒克斯(lx),也可用月照时数表示。由于植物体的干物质总量中有 90%～95%是来自于植物的光合作用,因此,太阳的光照条件,如光照强度,与农作物的生长发育具有密切关系,多数农作物生长发育均要求一定的光照强度。目前我国光照强度一般多以日照时数表示,全国各地年均变化 1200～3400 h,日照时数因地理位置、季节、天空状况等的变化而变化,同时与太阳总辐射量的分布有相似的趋势。如青藏高原和西北干旱地区的日照时数多在 3000 h 以上,而四川、贵州地区的日照时数较小,如四川峨眉仅 947 h,贵州道真仅 1068 h;在东部地区,日照时数则呈由南向北递增的趋势,如广州的日照时数为 1910 h,而哈尔滨则为 2650 h。光照强度对植物光合作用有很大影响,一般情况下,强光照有利于植物的生殖生长,如棉花、谷类需要强光照;而弱光照有利于植物的营养生长,如茶叶、竹子需要弱光照条件。

2. 光照长度

光照长度简称日长,是指一个地区从日出至日落之间可能日照的时数。日长因纬度不同各异,我国高、低纬度地区之间日长的最大差值可达 5～6 h。日长对农作物生长发育影响较大,根据对日长要求的不同,可将作物分为长日照作物与短日照作物。长日照作物(如小麦、油菜等夏作物)一般要在长日照条件下才能进入生殖生长而成熟;而短日照作物(如玉米、棉花等秋作物)则相反,一般应在短日照条件下才能进入生殖生长。因此,一个地区的气候生产力大小与其光照长度关系密切,在引种时应注意长日照作物与短日照作物对当地的光照适宜性。

3. 光照质量

光照质量是指太阳辐射中紫外线、可见光和红外线等部分的比例,随纬度、海拔高度、大气干燥度及季节的不同而异,如纬度较高的干旱地区,由于光照质量优于低纬度湿润区。其适宜于农业垦殖的海拔高度通常高于南方地区。此外,光照质量对农作物的品种也有较明显的影响，如光照质量较好的温带地区，其作物（如水果、蔬菜等）往往质量高、色泽鲜、果实大，而南方多数地区则不具备此特点。

光照条件除了对农业生产具有显著影响外，对工业及第三产业的发展、城市建设等也有重要的价值。良好光照条件不仅是人类生活的必要条件，而且直接影响劳动生产率的高低；此外，在工业和居民点的布局和建设中也都要充分考虑光照条件，工业和居民点一般都是位于光照充足、采光良好的区域，采光条件的好坏甚至对房屋的价格都有明显的影响。

（二）热量资源

衡量热量特征的指标较多，但与土地利用及其生产潜力关系较为密切的指标主要有温度、积温和无霜期等。

1. 温度

温度的纬度变化是形成地表气候带的热量基础，地表及土地资源利用的一切物理、化学和生物过程均由温度来控制。对农业生产而言，气温是作物生长发育必需的条件之一，作物的整个生长发育过程均必须在合适的温度范围及其足够的持续时间条件下才能完成，否则作物的生长就会受到抑制或根本无法生存。

在农业生产上较有意义的温度指标主要有＞0℃、＞5℃、≥10℃和＞15℃的日平均气温。日平均气温＞0℃始现期和终现期一般代表田间耕作起始和结束的时间，其持续期即为农耕期；日平均气温＞5℃一般代表多数喜凉作物（加大麦、马铃薯、甜菜和油菜等）以及大多数牧草生理活性的起始温度，其持续期即为喜凉作物生长期；日平均气温≥10℃一般代表喜温作物（如水稻、花生、玉米、棉花、大豆、甘薯和高粱等）生理活性的起始温度，同时也是绝大多数乔木材种发芽和枯萎的温度界限。由于日平均气温10℃是多数植物活跃生长的温度，故又称为活动温度，其持续期是多数作物的活跃生长期；日平均气温＞15℃是一些对低温特别敏感的喜温作物（如花生、棉花等）的安全播种温度，也是大部分热带作物组织分化的临界温度，其持续期是喜温作物的安全生长期。

2. 积温

积温是指日平均温度的累积。农业生产上常用的积温指标是≥10℃积温，即一年内活动温度的总和或一年内日平均气温≥10℃的温度总和。作物正常生长发育不仅要求有一定的下限温度，而且要完成某一发育时期或全生育期还要求有一定的积温。因此，区域的积温大小可显著影响作物的适种性及其熟制，从而影响土地资源的利用及其生产力。

3. 无霜期

无霜期是每年的终霜期与初霜期之间的无霜天数。它与温度生长期有关，但两者并不相等，因为有些耐寒的越冬作物，如冬小麦，在初霜以后及终霜期以前照常生长。因此，某一地区的温度生长期的确切天数是难以准确计算的，一般以无霜期作参考。一般说来，无霜期为 100 d 者，农作物生长受严格限制；100～130 d 者，可以种植喜凉作物。例如，我国东北的三江平原到黄淮海平原地区，其无霜期可达 180～200 d，洞庭湖区 250～300 d，南岭以南则可大于 300 d，西双版纳、广东沿海及海南岛则全年无霜。

（三）降 水

水是一切生命物体赖以存在的重要物质，是土地资源形成的最基本要素之一。降水不仅决定了土地资源的水文条件，而且直接影响地下水的成分、数量和分布等。降水量的大小决定了一个地区土地资源的质量、生产潜力和利用状况，同时，还直接影响着农业和其他生产活动。

降水量的季节变化因纬度、海陆位置、大气环流等因素而不同。例如，赤道地带年降水量没有明显的季节变化，但在春分和秋分所在月份相对较多。北半球的温带大陆西岸，降水季节分配比较均匀；大陆东岸则集中在夏季。地中海地区，降水集中在冬季，同纬度大陆东岸降水集中在夏季。

在我国，各地降水的多少和降水季节变化主要取决于冬夏季风来去的早晚及强弱的变化，此外还受地形、降水天气系统的影响。由于我国降水主要来自夏季风，所以在降水分配上，存在着地区间的不均匀性和季节分配上的不平衡性。我国地域辽阔，各地距海远近不同，再加上季风环流、行星风系及地形的影响，使降水量在各地的分布极不均匀，降水量差异极大，表现为东南多、西北少，从东南沿海向西北内陆递减，且越向内陆，减少越为迅速。按正常年降水量的多少，可将全国划分为五个降水量带：①雨量充沛带，降雨量大于 1600 mm，包括台湾、福建大部分，浙江、江西、湖南、广西、四川、重庆、云南和西藏的一部分。其中浙江、福建、广东、重庆和四川一些山地以及西藏东南部喜马拉雅山南坡年降水量可达 2000 mm 以上。台湾的高山地区达 3000～4000 mm，台湾省大部分地区年降水量均超过 2000 mm，基隆达 2910 mm，有“雨港”之称，位于台北东南不远的火烧台（海拔 420 m）平均年雨量达 6558 mm，最多的一年（1912 年）竟达 8409 mm，是我国年雨量最多的地方。②多雨带，降雨量为 800～1600 mm，包括淮河、汉水以南的长江中下游地区的广西、贵州和四川的大部分地区。③降雨过渡带，降雨量在 400～800 mm，包括秦岭山地、黄土高原、华北平原、东北平原以及大、小兴安岭山地、内蒙古高原东南边缘和山东丘陵等广大地区。青藏高原东南边缘地区也属这一降水量带。④降水量 200～400 mm 为半干旱带。包括内蒙古高原和青藏高原东部草原带，以及西北内陆地区的天山、阿尔泰山迎风坡低山地带。这是我国天然草场主要分布地区。⑤降水量小于 200 mm 为干旱带，包括西北内陆干旱地区、新疆、内蒙古（西部）、宁夏、甘肃、青海以及西藏北部等西北广大内陆干旱地区，正常年降水量都在 100 mm 以下。塔里木盆地、柴达木盆地年降水量更少，在 50 mm 以下。位于塔克拉玛干沙漠东南边缘的且末，年平均降水量只有 18.3 mm，若羌仅 15.6 mm。

二、土　　壤

土壤是指陆地表面具有一定肥力且能够生长植物的疏松土层。它既是自然地理环境中无机界和有机界相互作用过程中形成的独特的自然体，又是生物尤其是植物和微生物生活的重要环境，还是土地组成中的一个重要成分，在某些情况下，土壤在土地的形成和利用中具有极其重要的作用。

土壤是农作物生长的立地基础。农业生产力水平的高低取决于农作物的光合作用、呼吸作用及养分平衡三个过程相互作用的结果。在植物光合作用中，作为基本原料之一的水全部来自于土壤，植物的根主要在土壤中得以生存，从土壤中吸取养分，植物体的地上部分又得到土壤的支撑。"有土斯有粮"在一定程度上较好地概括了土壤与农业生产的关系。

分析土壤性质，首先要注意土体的构造（通过土壤剖面表现出来），然后看每个土层的性状，包括土壤质地、结构、矿物成分和腐殖质的含量，土壤水分、空气和热量状况，土壤的酸碱反应等。

（一）土 壤 剖 面

土壤的形成过程，实质上是土壤与环境因素，特别是生物因素相互作用的结果。土壤在不同的自然成土因素和农业生产活动的作用下，各种具体的成土过程都相应地形成一个模式土层。不同的成土过程都发生于土体中的某一层位，从而使土体分异出在组成，性质和形态上各不相同的层次。

土壤剖面是从地面垂直向下直到母质（底土）的断面。土壤剖面一般或多或少地表现出水平层次（发生层），这些土壤层次在土体中按一定顺序排列，构成一个互相关联的整体。土壤层次的数目、排列组合形式和厚度，统称为土体构型（土壤构造）。土体构型是土壤剖面的最重要特征，依据土壤剖面中物质累积、迁移和转化的特点，可以划分出表土层（A 层）、淀积层（B 层）和母质层（C 层）三个基本层次。

表土层（A 层）是有机质的积累层。一方面形成腐殖质和累积植物灰分营养元素，另一方面形成水溶性矿物质和可溶性有机化合物的淋溶。按有机质的聚集状态，可分出枯枝落叶未分解层（A_{00}）、枯枝落叶半分解层（A_0）、腐殖质层（A_1）和淋溶层（A_2）。

淀积层 B 是表土与底土之间的过渡层，是物质绝对累积的层次。渗漏水从表层带来的溶解物及悬浮物在这层发生淀积作用。该层次往往和淋溶层相对立而存在，即上部为淋溶层，下部为淀积层。由于剖面中各种可迁移的有机质和矿物质的溶解度及颗粒大小的不同，因此，在不同的土壤中或同一土壤的不同深度中，淀积层的形态特征和化学成分都有不同。在淋溶作用微弱而蒸发作用强烈的土壤中，可溶性物质甚至可以自下而上发生移动，并在一定的层次中淀积起来。淀积层的表现多种多样，如有氧化铁或氧化铝的淀积层，黏粒组成的黏盘或有机-无机复合胶体的淀积层，碳酸盐或硫酸盐的淀积层等。通常根据质地黏重、紧实度较大，或不同的新生体（如石灰质结核、铁锰结核等）的存在来划分此层。

母质层C位于淀积层之下，是未受淋溶或淀积作用、土壤形成过程不明显的岩石风化层，是土壤发育的母体。严格的讲，母质层不属于土壤发生层，因为它的特性并非由土壤形成所产生。因此，真正的土壤只包括A层和B层。土层厚度指真正发生了成土过程的上层厚度，即A层＋B层的总厚度，C层之下为未风化的基岩R。

在具体的剖面中，除划分一些基本层次外，还可以划分一些亚层、过渡层和特殊层次，如潜育层、钙积层、石膏层、铁盘层等。

（二）土壤组成

土壤是由矿物质、有机质、水分和空气等四种不同性质的物质相互作用，按一定的比例组合形成的整体。土壤的物质组成不仅是其基本属性的表现，而且对土地资源性质和土地利用产生重要影响。

1. 土壤矿物质

土壤矿物质来源于岩石，因此常把岩石称为形成土壤的母岩（或母质）。土壤矿物质按其性质和成因可分为原生矿物和次生矿物两类。原生矿物是指母岩经机械风化破碎，但未改变化学成分而仍残留在土壤中的碎屑物质。它们的种类和数量可随母质类型、风化强度和成土过程的差异而下同，其中绝大多数是那些化学性质相对稳定的矿物，如石英、长石、白云母等。它们主要组成土壤的砂粒和粉砂粒部分。

次生矿物是由原生矿物在风化和成土过程中经化学分解后重新形成的新矿物，但也有一些通过生物化学作用形成的，如含硅、铁、磷等元素较多的动植物残体分解后形成的难溶性化合物。次生矿的种类繁多，在土壤中的种类和数量不尽相同。次生矿物包括各种简单盐类（碳酸盐、重碳酸盐、硫酸盐）和氧化物（铁、铅氧化物），次生铝硅酸盐、简单盐类属水溶盐，可由含盐分高的地下水经毛细管上升集聚而形成，或由盐类经淋溶至下层积淀形成。次生铝硅酸盐类颗粒较小，常称为黏土矿物。次生矿物特别是黏土矿物，是土壤中黏粒和无机胶体的有机组成部分，它是仅次于腐殖质的最活跃部分。土壤中很多重要的物理化学过程和性质，都和土壤含有的黏土矿物的种类和数量有关。

2. 土壤质地

土壤中的固体颗粒，即土粒，按其大小分为若干组，称为土壤颗粒分级。土壤中各粒级所占的相对比例或质量百分比，称为土壤的机械组成或土壤质地。土壤质地根据各粒级的比例可以分为砂土、壤土和黏土：砂土以沙粒为主，壤土以粉沙粒为主，黏土以黏粒为主。

土壤质地可在一定程度上反映土壤矿物组成和化学组成，同时土壤颗粒大小与土壤的物理性质有密切关系，并且影响土壤孔隙状况，因此对土壤水分、空气、热量的运动和养分转化均有很大影响。质地不同的土壤表现出不同的性状。

3. 土壤有机质

土壤有机质是土壤中来源于动植物体的物质的总称。土壤有机质与矿物质一起构成土壤的固相部分,是土壤为植物生长供应营养元素(水分和养料)以及协调环境条件(温度和空气)的能力即土壤肥力的重要物质基础,不仅是氮、磷、钾及微量元素等植物生长所需养分的来源,而且对土壤结构的形成,调控土壤水、肥、气、热状况,减少土壤侵蚀和土壤污染等起着重要作用。土壤有机质对土壤肥力影响十分重要,土壤有机质越多其肥力越高。

4. 土壤水分

土壤水分和空气充填于土壤孔隙之间,二者均具有较大的流动性,彼此所占的体积和数量相互消长。土壤水分的状态受重力、土粒表面的分子引力、毛管孔隙的毛管力、植物吸收压力和蒸发力等因素的控制。土壤水分按其存在形式和状态可分为吸湿水、膜状水、毛管水和重力水等类型。

土壤水分其实并非纯水,而是成分复杂的溶液,其中含有各种无机盐类及可溶性有机化合物。土壤溶液中的无机盐类主要是钙、镁、钠、钾等的硝酸盐、亚硝酸盐、重碳酸盐、碳酸盐、氯化物、硫酸盐及磷酸盐等,此外还有铁、铅、锰等的化合物。土壤溶液的可溶性有机物主要有可溶性糖、蛋白质、氨基酸等。

由于在土壤物质转化中产生的既有酸性物质,又有碱性物质,因而土壤溶液中总是含有一定数量的 H^+ 和 OH^-,土壤的酸碱性由土壤溶液中的 H^+ 和 OH^- 的浓度对比情况决定;当 H^+ 多于 OH^- 时,土壤呈酸性;当 OH^- 多于 H^+ 时,土壤呈碱性;当二者相等时,土壤呈中性。土壤的酸碱性质一般用 pH 表示。pH 即土壤溶液中 H^+ 浓度的负对数值,根据 pH 的大小,土壤的酸碱度可分为不同等级。

土壤酸碱度对土壤本身的性质有显著影响,如土壤中营养元素的有效性浓度和土壤 pH 有着密切联系,在一般土壤中多数营养元素(N、P、K 和微量元素)在 pH 6.5 时,其有效性含量最高。

5. 土壤空气

土壤空气是土壤孔隙中所存在的各种气体混合物的总称。它是土壤中三相物质组成之一,与土壤水共同存在于土壤孔隙之中。适当的土壤空气对种子的发芽、作物根系的发育及其正常功能的进行都是非常重要的。土壤空气中有少量 O_2 和 CO_2 溶解于土壤水中,水汽、NH_3、CO_2 等也可被固体土粒所吸附。在土壤孔隙中不是充填着水分就是充填着空气。因此,土壤空气的数量不但取决于土壤孔隙的多少,而且主要取决于土壤水分的含量。

总之,土壤是个多相分散体系,由无机和有机的固体、液体和气体物质所组成。各组分间皆按一定的比例组合成各种土壤。土壤的主要功能是其肥力,即为植物生长供应和协调营养因素(水分和养料)以及协调环境条件(温度和空气)的能力。土壤供应养分的能力可以从土壤养分的来源、养分的保存、植物的吸收和养分的流失等方面认识。

三、生　　物

土地资源的生物要素主要包括植被、土壤生物等。

(一) 植　被

植被是地球表面的植物覆盖,是土地资源构成中的一个"活"的要素,各地区的植被都有其严格组成及其结构群体。自然界中,任何植物都极少单独生长,几乎都是聚集成群。植物群居在一起,植物与植物之间便发生了复杂的相互关系,如各种植物对生存空间的占据、对土壤水分和养分的利用、植物之间的附生、寄生和共生关系等。群居在一起的植物在受环境影响的同时,又作为一个整体影响一定范围的外界环境和群居的植物在地球表面形成的植物覆被。植被并非杂乱无章地堆积在地表,而是在一定地段的自然环境条件下由一定的植物成分形成的有规律组合,每一个这样组合的单元即为一个植物群落。因此,植被是由许许多多的植物群落组成,是植物与环境相互作用的结果,同时,它又是组成土地这个自然综合体的自然要素之一,对土地的形成及其特征有重要影响。

(二) 土 壤 生 物

土壤生物包括无数肉眼看不见的微生物(如细菌和菌类)、微植物(如线虫)、中型区系动物(如蜱螨和跳虫)和比较常见的大型区系动物(如蚯蚓和白蚁)。植物的根由于它们与土壤其他组成部分的共生关系和相互作用,也可看作是土壤生物。这些不同的生物相互之间并与生态系统中的各种动植物相互作用,形成复杂的生物活动网络。土壤生物参与岩石的风化和原始土壤的生成,对土壤的生长发育、土壤肥力的形成和演变,以及高等植物营养供应状况有重要作用。土壤物理性质、化学性质和农业技术措施,对土壤生物的生命活动有很大影响。

四、水　　文

水是自然界分布最广和最活跃的要素之一,它不仅参与土地的形成,且在土地形成中起着重要作用,同对,它还是影响土地生产潜力的重要因素。在光照和温度条件相差不大的地区中,水分充足的地区,土地生产潜力大;水分缺乏的地区,农业生产受到严重限制,土地的生产潜力(光温生产潜力)难以发挥。土地水分条件的好坏首先取决于大气降水的多少,大气降水落到地面时,除了一部分蒸发和下渗到土壤成为地下水外,其余的水便沿着地面斜坡形成地表径流。因此,土地水分状况取决于大气降水与地表径流、地下径流、蒸发之间的相互关系。

(一) 地　表　水

地表水是指存在于河流、湖泊、冰川和沼泽等水体的水分。地表水的多少、分布及其季节变化与土地资源的特性及其利用有密切关系。首先,地表径流的流水作用对地貌类型的形成具有显著的影响,地表径流的差异必然导致地面形态以及沉积物状况的不同,地表径流产生的各种母质及其性质对土壤的形成、分布及肥沃度等均有显著的影响。其次,地表水的丰缺状况与农业灌溉用水以及干旱、洪涝灾害关系密切。第三,地表径流的冲刷作用往往导致不同程度的水土流失,因此,进行土地资源利用规划时,一般应根据地表径流及其流水作用规律,考虑采取适当的水土保持工程措施。

(二) 地　下　水

地下水是水资源的重要组成部分。地下水主要包括包气带水、潜水和层间水三种类型。包气带水是指地面以下潜水面以上的地带中存在的地下水。其中,存在于地表土壤层中的水分称为土壤水,存在于包气带中局部隔水层之上的水分称为上层滞水。潜水是指埋藏在地表以下、第一个隔水层之上的地下水。潜水与土壤水的主要区别在于前者系重力水,且下部有明显的隔水层,而后者主要是毛管水,且下部无明显的隔水层。层间水是指埋藏在地表以下两个隔水层之间的重力水。这种水不仅有隔水底板,而且有隔水顶板,因为与大气隔绝,很少受大气降水的影响,当隔水层之间充满水时,层间水通常具有一定的水头压力,能喷出地面或接近地面,称为承压层间水或自流水。

地下水对于我国土地资源利用具有重要影响,尤其是我国干旱和半干旱地区,寻找和合理开发利用地下水尤为重要。在利用地下水进行灌溉时,必须掌握地下水的水质、水量、分布规律及其与地表水的关系等,做到合理开发利用。要防止盲目开发地下水,以避免地下水位迅速下降,出水量骤减,甚至地面下沉、海水倒灌现象的发生。此外,在我国东部沿海的滨海盐碱土地改良时,也必须摸清地下水的水盐动态规律,才能发挥灌溉洗盐的最大效益。

五、地质与地貌

地壳即地球外部的一层坚硬外壳,由各种岩石组成。各类岩石特征不同以及岩体的空间展布和形态特征的差异,会形成下同的地球表面形态即地貌,而地貌不仅使区域水热条件重新分配,而且严重影响区域的土地利用方向。地质、地貌是土地资源最基本的形成要素。

(一) 主要母质类型及其对土地资源的影响

母质是土地形成的物质基础,由岩石风化而来,与土壤有直接联系。在气候和生物的作用下，岩石被风化，风化物的表层逐渐转变为土地的重要组成成分——土壤。母质的类型和特点多种多样，对土壤性质的影响各不相同，因而对土地资源的作用各异。

1. 残积物

残积物是岩石经过风化作用后残留在原地的松散堆积物。残积物中的矿物成分与下伏基岩的矿物成分相似，且与基岩成过渡关系。风化程度从上往下逐渐变弱，残积层顶部往往平坦或呈凸形坡面，底部却常起伏不平。

残积物的表层在一定条件下，发育着各种不同的土壤。因此，残积物类型、性质的差异必然导致土壤性质的差异。如发育在页岩残积物上的土壤，其机械组成以黏粒为主，土壤保水保能力强，但通气性差；而发育于石英岩残积物上的土壤，机械组成以石英沙粒为主，土壤通气状况良好，但漏水漏肥。

2. 坡积物与洪积物

泥沙被坡面水流冲刷在坡麓堆积下来的物质，称为坡积物。坡积物来源干附近的山坡，搬运距离较短，磨圆度较差，分选性不太好。由于坡面水流有强弱变化，水流搬运的物质相应出现粗细变化，因此，在坡积物垂直剖面上有粗略的层理。

洪积物是山区溪沟间歇性洪水挟带的大量碎屑物质在山前沟口形成的堆积物。山区洪流到达山前沟口时，洪流速度骤减，并在山前平坦地面上形成扇状散流，搬运能力大为降低。洪流将挟带的不同粒径的泥沙，大致按颗粒大小沿途依次堆积下来，形成洪积扇。洪积扇岩性颗粒由扇顶部向边缘逐渐变细，沉积厚度由扇轴部向边缘逐渐变薄。

坡积物与洪积物有一定的含水沙砾石层，地下水丰富，利于发展井灌，在旱作农区，洪积扇地带往往成为灌溉条件好的地区。如我国沿太行山、燕山山麓地带形成的一系列多层叠置的冲积一洪积扇群地带便是我国北方旱作农区灌溉最发达的地区。

3. 风积物

风积物是指经过风的搬运而沉积的物质。在不同的地区分布着风成沙和风成黄土两种类型。风成沙是经过风的搬运而沉积的沙粒堆积物，往住形成各种沙丘。风成沙具有沙粒较均一，分选性好，磨圆度较高，矿物成分以石英为主，兼有少量长石和各种重矿物颗粒等特征。黄土是第四纪时期形成的土状堆积物。关于这种土状堆积物的成因，主要有风成说、水成说和风化残积说，其中风成说受到较广泛的认可。

4. 第四纪网纹红土

第四纪时期，亚热带地区受海洋气团影响，气候温暖湿润，岩石的化学风化强烈。第四纪沉积以富含铁成的酸性物质为主，黏土含量高。固沉积物中的化合物都是和高价铁的化合物，多呈红色，因此，各种类型的沉积物常被风化成红色，其间发育有白色和灰白色、或灰黄色虫状的网纹，因而称之为网纹红土。

在第四纪网纹红土母质土发育的土壤是红壤，因受成土母质的影响，红壤剖面以呈均匀的红色为其主要特征，在红色土层B层之下往往出现一个特殊的网纹层。红壤母质风化程度深，风化壳厚，因而红壤的土层也相当较厚，且黏粒含量高达40%以上，黏粒淋溶淀积现象明显，土壤富铝化作用显著，pH为5.0～5.5。

(二) 主要地貌类型及其对土地资源的影响

地貌作为土地资源最基本的形成因素，在很大程度上决定着土地资源的质量特征，对土地资源类型、分布、利用和评价等产生直接影响。陆地表面的地貌基本类型主要有山地、丘陵、高原、平原和盆地5个类型。就广义而言，山地包括丘陵，平原则包括高原。

1. 山地与丘陵

山地是由山岭及其间的谷地或山间洼地组合而成，其绝对高度和相对高度都比较大，是地壳上升地区经外力切割而成。由于内、外营力作用强度的不同和变化，山地的绝对高度和相对高度或起伏程度可有很大的差别。根据这些高度指标可将山地分为极高(最高)山、高山、中山和低山几类。极高山绝对高度大于5000 m，高山为3500～5000 m，中山为1000～3500 m，低山则小于1000 m。它们的相对高度一般大于200 m，坡度大多大于25°。

丘陵的相对高度或高差比山地小，相对高度一般小于200 m，坡度多小于25°。根据相对高度的大小，又可分高丘陵(相对高度150～200 m，坡度20°～25°)和低丘陵(相对高度60～150 m，坡度15°～20°)。

山地由于相对高差大，小范围内热量、水分、土壤、生物等因素的明显差异，往往形成自然环境的垂直分异，产生土地利用的垂直分异。耕作业一般局限于山麓缓地带(坡度大于25°的地带水土流失严重，不宜开垦为耕地)；坡度较陡的山腰、山顶地带对于植树造林、种植牧草的适宜性大，多为林、牧业用地。因此，与其他地貌类型相比，山地具有适于农、林、牧综合发展的多种适宜性。

2. 平原

平原是一种广阔平缓的地貌类型。在内、外营力作用下，可形成各种类型的平原。从高度上看，可分为低平原和高平原。通常把绝对高度小于200 m的平原称为低平原，低平原地势平缓，切割深度很小，如我国的沿海平原。高平原的地势较高，切割程度较大，简称高原，如青藏高原。根据作用营力的不同，可将平原分为熔岩平原、岩溶平原、冲积平原和海成平原等，也可根据平原上沉积物的堆积形式不同划分为冲积平原、扇形地平原、湖积平原和滨海平原等。

六、社会经济技术条件

如果单纯从其自然组成要素来分析，土地是一种自然物质，但是土地是人类生存的重要资源，其部分又是人类过去和现在的劳动产物。所以，土地是一个自然-经济复合体，有许多重要的经济特性，必须进行经济学的研究。

(一) 土地的社会经济属性

影响土地资源社会经济属性的因素主要有:社会因素方面包括人口、社会需求、土地制度、土地政策与法规、资源与环境政策等;经济因素方面包括生产力水平、市场状况、经济结构和生产布局、区域条件、投入水平等;技术因素包括科技发展水平、生产管理水平、技术培训与维护、物质技术条件等。

区域社会经济水平评价主要包括以下几方面的指标。

1. 国民生产总值及其人均水平

国民生产总值是国(地区)内生产总值和国(地区)外净要素收入之和。国内生产总值是指一个国家(地区)领土范围内,本国居民和外国居民在一定时期内所生产和提供最终使用的产品和劳务的价值。从生产的角度来看,是国民经济各部门的增加值之和;从分配角度来看,是国民经济各部门的劳动者收入、福利基金(或公益金)、税金、利润和固定资产折旧等项目之和;从使用角度来看,是最终用于消费、固定资产投资、增加流动资产以及净出口的产品和劳务。国(地区)外净要素收入是指本国居民对国外从事投资和提供劳务所取得的要素收入,与外国居民对本国从事投资和提供劳务所取得的要素收入的差额。人均国民生产总值是区域国民生产总值与总人口的比值。

2. 国民收入与人均国民收入

国民收入即国民收入生产额,是从事物质资料生产的劳动者在一定时期内新创造的价值,也就是从社会总产值中扣除生产过程中消耗掉的生产资料价值后的净产值。农业、工业、建筑业、运输业的商业净产值之和就是国民收入。我国计算国民收入的方法有两种:①生产法,用各物质生产部门的总产值减去生产中的物质消耗价值(如用于生产的原材料、种子、肥料、燃料、动力等的消耗,生产用固定资产折旧等)后的净产值相加;②分配法,从国民收入初次分配的角度出发,等于物质生产部门的工资、职工福利基金、利润、税金、利息等项目的总和。人均国民收入则是国家(地区)一定时期的国民收入与期末人口数的比值。

3. 社会总产值

社会总产值又称社会总产品,是以货币表现的农业、工业、建筑业、运输业、商业(包括饮食业和物资供销业)五个物质生产部门的总产值之和。社会总产值在实物形态上可分力生产资料和消费资料两大部类。在价值形态上可分为:①生产过程中消耗掉的生产资料转移的价值(物质消耗);②劳动者新创造的价值,其中包括相当于劳动报酬的那部分必要产品的价值和为社会创造的剩余产品的价值。

4. 农业总产值及其构成

农业总产值是以货币表现的农、林、牧、副、渔五业全部产品的总量。它反映一定时期内农业生产的总规模和总成果。农业产值结构是农、林、牧、副、渔五业的产值在农业总产值中的所占比重，反映了五业在农业生产中的重要性程度。

5. 工业总产值及其构成

工业总产值是以货币表现的工业企业在一定时期内生产的工业产品总量，它反映工业生产的总规模和总水平。

工业总产值按"工厂法"(以工业企业作为一个整体，按企业工业生产活动最终成果计算。企业内部不允许重复计算，不能把企业内部各个车间或分厂生产的成果相加)可划分为轻工业产值和重工业产值两部分。轻工业产值是指主要提供生活消费和制作手工工具的工业企业全部总产值。重工业产值是指为国民经济各部门提供物质技术基础的主要生产资料的工业企业全部总产值。轻、重工业产值在工业总产值中所占百分比，即为工业产值构成。

6. 居民收入和居民消费水平

居民收入是指居民家庭平均每人每年的全部收入额，但不包括各家庭间转移支出形成的收入额。

居民消费水平指城乡居民平均每人占有的年国民收入使用额中的居民消费总额。居民消费总额包括居民日常生活中消费的食品、衣着、鞋袜、家用耐用消费品、日用杂品、文教卫生用品、水、电、燃料以及住房磨损等物质消费，还包括直接为居民服务的文化生活服务性企业(如影剧院、理发馆、浴池、公共汽车公司等)的物质消费。计算方法为居民消费总额除以总人口数。

7. 教育科技文化水平

衡量区域教育科技文化水平的指标主要有：各级各类学校(包括普通高等学校、中等学校、普通中学、农业中学和职业中学、小学、幼儿园及盲、聋哑学校)数量、教师数、在校学生数、人口文化构成(具有大学、高中、初中、小文和文盲、半文盲文化程度的人口占总人口的比重)、小学学龄儿童入学率、独立研究与开发机构数、各类科技人员数等。

8. 其他社会经济指标

其他社会经济指标有：医院和医生数、每万人口医院床位数、社会福利事业单位及其收养人数、保险福利费用额等。

(二) 社会经济技术条件对土地资源的影响

社会经济技术条件影响土地资源，首先表现在：土地作为一种自然资源，其质量主要表现为土地的生产力，即土地在一定条件下持续产出人类所需产品的内在能力。土地生产力按其性质可分为自然生产力和劳动生产力。土地的自然生产力由土地本身的属性所决定，即由土地适宜性和限制性所决定。土地的劳动生产力则是人类在劳动生产过程中，通过提高劳动生产技术水平,提高土地适宜性和克服土地的限制性所带来的。土地生产力既因土地自然属性而变,同时又对社会生产力发展水平有着极大的依赖性。在一定的生产力条件下,土地的生产能力是有限的,不同的生产力发展水平下,土地的生产力有很大差异。

其次,土地作为一种自然资源被利用,其利用水平直接取决于社会经济条件。土地利用是过去和现在人们长期顺应和改造自然的反映,也是某一地区、某一阶段开发土地资源的客观记录,更是土地现实生产力的表现和土地社会属性的具体内容。在不同的社会经济条件下,人们对同样的土地资源利用目的是不同的,因而,土地的适宜性和限制性也不一样。不同的土地利用方式形成不同的土地利用类型,各种土地利用类型及其在区域土地利用中所占比重即为土地利用结构。社会经济技术条件不同对土地利用结构影响很大。如人口分布、城市、工矿企业、交通网络布局等直接决定了区域土地利用的结构。

第三,社会经济技术条件是土地承载力研究的重要依据之一。土地承载力是指在一定生产条件下土地资源的生产能力,以及一定生活水平下所能承载的人口数量,换言之,即土地能提供给人类生存消费物质的能力,或在一定数量土地上可能达到的最大人口容量。土地承载力的估算先根据合理用地结构和单产预测水平,计算出各主要农林牧产品的总产量,然后根据产品的总产量和消费标准估算出特定区域在某时期的土地的最大人口容量。

第三节 土 地 类 型

科学的土地分类是土地科学水平的标志,是科学总结和经验交流的基础,是土地管理、应用和共享的前提,是对土地认识上升到系统化高度的重要手段,是进行土地资源调查、评价和规划的基础,是实现土地资源可持续利用的保证。

一、土地类型的概念

土地类型是一个综合自然地理的概念。它是指在一定范围内,依据相似性,对同一级的土地个体进行类群归并的产物。这种相似性主要由地方性自然要素分异规律支配,同时也受到人类经济活动的显著影响。进行土地类型研究关键在于分析土地的自然特征,其中包括土地的形成、结构、功能、动态及其分布规律。土地类型研究又是土地评价、土地生产潜力、土地人口承载力研究的基础。

二、土 地 分 类

土地分类不仅能正确认识土地数量、质量和空间分布状况，指出改良与利用的方向及途径，而且有助于扩大土地科学的应用范围，使其理论体系更趋完善。土地分类是建立在类型学基础上的类型研究法，是对区域土地个体单位相似性的总结。区域内土地个体数目很多，一般不可能逐个进行研究，而是将按其内部的共同性或相似性作不同程度的概括与归并，从而得到分类级别不同的土地分类单位。这样的类型单位是由若干个土地个体单位集合而成，具有某种相似的地理过程和特征以及相对一致的生产潜力和相近的土地利用方向，从而成为科学评价土地质量的基本单位。

土地分类的目的表现在三个方面：①土地类型调查、制图和信息管理的基础；②揭示土地类型的发生、发展及其组合规律的基础，并为分析土地类型与土地资源各种自然、经济和社会要素之间关系提供依据；③土地评价、规划和持续利用管理的基础。

（一）土地分类系统

土地分类是根据土地的性状、地域和用途等方面存在的差异性，按照一定的规律，将土地归并成若干个不同的类别。按照不同的目的和要求，有不同的分类。我国的土地目前大致有四种分类系统：土地自然分类、土地资源分类、土地利用分类和土地生态分类。

1. 土地自然分类系统

土地自然分类是一种以土地自然构成要素为依据的土地形态分类。这种分类能表达地表形态的结构框架，大致可以看出主要土地资源类型和土地利用的总体方向。也可叫作土地形态分类系统。土地自然分类可以根据其划分依据的不同进行以下划分。

（1）以地貌因素为依据

该方法在地形复杂的山区比较适用。如人们常将我国土地按照地貌类型划分为山地、高原、丘陵、平原和川泽等土地类型。

（2）以地貌、土壤因素为依据

这种方法多应用在经济开发历史较早，天然植被已经被破坏的地区，该地区就可依据地貌、土壤因素进行分类，它能较好地与土地评价相结合，如在《中国1∶100万土地资源图》中提供的平地潮土型水稻土水田、平地潮土水浇地、平地潮褐土水浇地、台地褐土水浇地等，即是采用这种分类依据进行的土地类型划分。

（3）以地貌、土壤、地下水因素为依据

该方法多用于我国北方平原区土地分类中。如黄淮海平原地势平坦，地貌差异较小，土层深厚，土壤质地差异大，地下水位较高，对盐碱影响大，为划分土地类型往往以微地貌、土壤质地和地下水状况作为分类依据，将其划分为高岗砂壤土富水土地、缓坡壤土壤黏土中等富水土地、洼地黏土贫水土地、沙滩砂土较弱富水土地等类型。

（4）以地貌、土壤、植被因素为依据的分类

这种方法大多应用于山区土地类型的划分。如在华北地区对山地丘陵土地类型研究中采用的山地棕壤阔叶林地、山地褐土针阔混交林、山地褐土型土壤疏林灌丛草地等。在某些滨海沿河地区对未利用土地类型研究中，也有采用该方法将其划分为诸如：滩地草甸沼泽土杂草地、海滩地砂土疏林草地、沙丘疏林草地等类型。

2. 土地资源分类系统

土地资源分类是一种为土地适宜性评价或土地潜力评价等各行业用地的不同等级土地评价提供基本单元的分类系统，是土地分类的核心。土地适宜性评价和潜力评价等都牵涉到自然地理和社会经济的双重性。因此，这样的分类单元必须同时反映土地自然地理属性和社会经济属性。中国科学院自然资源综合考察委员会提出的采用由地形地貌、土壤类型和利用类型三者组成土地资源单位，是土地资源分类的重要发展。所以，土地资源分类系统也可以叫作土地资源类型分类系统。

如中国科学院“八五”重大应用项目——“国家资源环境遥感宏观调查与动态分析”从土地资源的角度建立了一套基于 30 mTM 影像数据的二级土地分类系统(刘纪远，1996)，如表 1-1 所示，即为该种土地资源分类系统。

表 1-1　土地资源二级分类系统

一级类		二级类	
代码	名称	代码	名称
1	耕地	11	水田
		12	旱地
2	林地	21	有林地
		22	灌木林
		23	其他林地
3	草地	31	高覆盖度草地
		32	中覆盖度草地
		33	低覆盖度草地
4	水域	41	河渠
		42	湖泊
		43	水库
		44	永久性冰川雪地
		45	滩涂
		46	滩地
5	城市用地	51	城镇用地
		52	工矿用地
		53	其他建设用地
6	未利用地	61	沙地
		62	戈壁
		63	盐碱地
		64	沼泽地
		65	裸土地
		66	裸岩
		67	其他未利用地

3. 土地利用分类系统

土地利用是人们根据土地的自然属性和社会经济发展需要，长期改造开发土地的产物。不同地区在土地组成因素和土地类型上的差异性，必然影响土地利用状况。因此土地按用途和利用方式的差异性，也可以划分为不同类型。

土地利用类型不同于土地自然分类或以土地资源分类系统划分的土地类型。后者主要考虑土地的各种自然资源因素相互作用形成的自然综合体，是土地自然属性的反映；而土地利用类型则是在土地自然条件基础上的人类活动的结果，是土地经济状态的反映，考察的是土地自然经济综合体，其划分依据主要考虑土地生产利用的差异性。土地利用类型的划分对土地评价具有重要意义。

土地利用类型就是基于一定土地类型经长期开发改造而形成的具有特定土地用途、利用方式的地域单元。它们在地域上不一定连片，同一类型可重复出现，同类单元具有相似性，不同单元则存在差异性。土地利用分类是一个土地应用分类，它的内容可以根据应用目的建立不同的分类系统。从 20 世纪 80 年代初期以来，根据土地管理的需要，我国曾经采用过多个土地利用分类系统，主要有：土地利用现状分类(《土地利用现状调查技术规程》，1984)，城镇土地分类(《城镇地籍调查规程》，1989)，过渡期全国土地分类(《全国土地分类(过渡期间适用)》，2002)。2007 年，我国颁布了《土地利用现状分类》国家标准(GB/T 21010—2007)。《土地利用现状分类》国家标准采用土地综合分类方法，根据土地的利用现状和覆盖特征，对城乡用地进行统一分类，采用二级分类体系，一级类 12 个，二级类 57 个(表 1-2)。

表 1-2　土地利用现状分类和编码(GB/T 21010—2007)

一级类		二级类		含　义
编码	名称	编码	名称	
01	耕地			指种植农作物的土地，包括熟地，新开发、复垦、整理地，休闲地(含轮歇地、轮作地)；以种植农作物(含蔬菜)为主，间有零星果树、桑树或其他树木的土地；平均每年能保证收获一季的已垦滩地和海涂。耕地中包括南方宽度小于 1.0 m、北方宽度小于 2.0 m 固定的沟、渠、路和地坎(埂)；临时种植药材、草皮、花卉、苗木等的耕地，以及其他临时改变用途的耕地
		011	水田	指用于种植水稻、莲藕等水生农作物的耕地。包括实行水生、旱生农作物轮种的耕地
		012	水浇地	指有水源保证和灌溉设施，在一般年景能正常灌溉，种植旱生农作物的耕地。包括种植蔬菜等的非工厂化的大棚用地
		013	旱地	指无灌溉设施，主要靠天然降水种植旱生农作物的耕地，包括没有灌溉设施，仅靠引洪淤灌的耕地
02	园地			指种植以采集果、叶、根、茎、汁等为主的集约经营的多年生木本和草本作物，覆盖度大于 50%或每亩株数大于合理株数 70%的土地。包括用于育苗的土地
		021	果园	指种植果树的园地
		022	茶园	指种植茶树的园地
		023	其他园地	指种植桑树、橡胶、可可、咖啡、油棕、胡椒、药材等其他多年生作物的园地

续表

一级类		二级类		含　义
编码	名称	编码	名称	
03	林地			指生长乔木、竹类、灌木的土地，及沿海生长红树林的土地。包括迹地，不包括居民点内部的绿化林木用地，铁路、公路征地范围内的林木，以及河流、沟渠的护堤林
		031	有林地	指树木郁闭度≥0.2的乔木林地，包括红树林地和竹林地
		032	灌木林地	指灌木覆盖度≥40%的林地
		033	其他林地	包括疏林地（指树木郁闭度≥0.1、＜0.2的林地）、未成林地、迹地、苗圃等林地
04	草地			指生长草本植物为主的土地
		041	天然牧草地	指以天然草本植物为主，用于放牧或割草的草地
		042	人工牧草地	指人工种植牧草的草地
		043	其他草地	指树木郁闭度＜0.1，表层为土质，生长草本植物为主，不用于畜牧业的草地
05	商服用地			指主要用于商业、服务业的土地
		051	批发零售用地	指主要用于商品批发、零售的用地。包括商场、商店、超市、各类批发（零售）市场，加油站等及其附属的小型仓库、车间、工场等的用地
		052	住宿餐饮用地	指主要用于提供住宿、餐饮服务的用地。包括宾馆、酒店、饭店、旅馆、招待所、度假村、餐厅、酒吧等
		053	商务金融用地	指企业、服务业等办公用地，以及经营性的办公场所用地。包括写字楼、商业性办公场所、金融活动场所和企业厂区外独立的办公场所等用地
		054	其他商服用地	指上述用地以外的其他商业、服务业用地。包括洗车场、洗染店、废旧物资回收站、维修网点、照相馆、理发美容店、洗浴场所等用地
06	工矿仓储用地			指主要用于工业生产、物资存放场所的土地
		061	工业用地	指工业生产及直接为工业生产服务的附属设施用地
		062	采矿用地	指采矿、采石、采砂（沙）场，盐田，砖瓦窑等地面生产用地及尾矿堆放地
		063	仓储用地	指用于物资储备、中转的场所用地
07	住宅用地			指主要用于人们生活居住的房基地及其附属设施的土地
		071	城镇住宅用地	指城镇用于生活居住的各类房屋用地及其附属设施用地。包括普通住宅、公寓、别墅等用地
		072	农村宅基地	指农村用于生活居住的宅基地。
08	公共管理与公共服务用地			指用于机关团体、新闻出版、科教文卫、风景名胜、公共设施等的土地
		081	机关团体用地	指用于党政机关、社会团体、群众自治组织等的用地
		082	新闻出版用地	指用于广播电台、电视台、电影厂、报社、杂志社、通讯社、出版社等的用地
		083	科教用地	指用于各类教育，独立的科研、勘测、设计、技术推广、科普等的用地
		084	医卫慈善用地	指用于医疗保健、卫生防疫、急救康复、医检药检、福利救助等的用地
		085	文体娱乐用地	指用于各类文化、体育、娱乐及公共广场等的用地

续表

一级类		二级类		含　义
编码	名称	编码	名称	
08	公共管理与公共服务用地	086	公共设施用地	指用于城乡基础设施的用地。包括给排水、供电、供热、供气、邮政、电信、消防、环卫、公用设施维修等用地
		087	公园与绿地	指城镇、村庄内部的公园、动物园、植物园、街心花园和用于休憩及美化环境的绿化用地
		088	风景名胜设施用地	指风景名胜(包括名胜古迹、旅游景点、革命遗址等)景点及管理机构的建筑用地。景区内的其他用地按现状归入相应地类
09	特殊用地			指用于军事设施、涉外、宗教、监教、殡葬等的土地
		091	军事设施用地	指直接用于军事目的的设施用地
		092	使领馆用地	指用于外国政府及国际组织驻华使领馆、办事处等的用地
		093	监教场所用地	指用于监狱、看守所、劳改场、劳教所、戒毒所等的建筑用地
		094	宗教用地	指专门用于宗教活动的庙宇、寺院、道观、教堂等宗教自用地
		095	殡葬用地	指陵园、墓地、殡葬场所用地
10	交通运输用地			指用于运输通行的地面线路、场站等的土地。包括民用机场、港口、码头、地面运输管道和各种道路用地
		101	铁路用地	指用于铁道线路、轻轨、场站的用地。包括设计内的路堤、路堑、道沟、桥梁、林木等用地
		102	公路用地	指用于国道、省道、县道和乡道的用地。包括设计内的路堤、路堑、道沟、桥梁、汽车停靠站、林木及直接为其服务的附属用地
		103	街巷用地	指用于城镇、村庄内部公用道路(含立交桥)及行道树的用地。包括公共停车场,汽车客货运输站点及停车场等用地
		104	农村道路	指公路用地以外的南方宽度≥1.0 m、北方宽度≥2.0 m 的村间、田间道路(含机耕道)
		105	机场用地	指用于民用机场的用地
		106	港口码头用地	指用于人工修建的客运、货运、捕捞及工作船舶停靠的场所及其附属建筑物的用地,不包括常水位以下部分
		107	管道运输用地	指用于运输煤炭、石油、天然气等管道及其相应附属设施的地上部分用地
11	水域及水利设施用地			指陆地水域,海涂,沟渠、水工建筑物等用地,不包括滞洪区和已垦滩涂中的耕地、园地、林地、居民点、道路等用地
		111	河流水面	指天然形成或人工开挖河流常水位岸线之间的水面,不包括被堤坝拦截后形成的水库水面
		112	湖泊水面	指天然形成的积水区常水位岸线所围成的水面
		113	水库水面	指人工拦截汇集而成的总库容≥10 万 m^3 的水库正常蓄水位岸线所围成的水面
		114	坑塘水面	指人工开挖或天然形成的蓄水量<10 万 m^3 的坑塘常水位岸线所围成的水面
		115	沿海滩涂	指沿海大潮高潮位与低潮位之间的潮浸地带。包括海岛的沿海滩涂。不包括已利用的滩涂

续表

一级类		二级类		含义
编码	名称	编码	名称	
11	水域及水利设施用地	116	内陆滩涂	指河流、湖泊常水位至洪水位间的滩地；时令湖、河洪水位以下的滩地；水库、坑塘的正常蓄水位与洪水位间的滩地。包括海岛的内陆滩地。不包括已利用的滩地
		117	沟渠	指人工修建，南方宽度≥1.0 m、北方宽度≥2.0 m 用于引、排、灌的渠道，包括渠槽、渠堤、取土坑、护堤林
		118	水工建筑用地	指人工修建的闸、坝、堤路林、水电厂房、扬水站等常水位岸线以上的建筑物用地
		119	冰川及永久积雪	指表层被冰雪常年覆盖的土地
12	其他土地			指上述地类以外的其他类型的土地
		121	空闲地	指城镇、村庄、工矿内部尚未利用的土地
		122	设施农用地	指直接用于经营性养殖的畜禽舍、工厂化作物栽培或水产养殖的生产设施用地及其相应附属用地，农村宅基地以外的晾晒场等农业设施用地
		123	田坎	主要指耕地中南方宽度≥1.0 m、北方宽度≥2.0 m 的地坎
		124	盐碱地	指表层盐碱聚集，生长天然耐盐植物的土地
		125	沼泽地	指经常积水或渍水，一般生长沼生、湿生植物的土地
		126	沙地	指表层为沙覆盖、基本无植被的土地。不包括滩涂中的沙地
		127	裸地	指表层为土质，基本无植被覆盖的土地；或表层为岩石、石砾，其覆盖面积≥70%的土地

4. 土地生态分类系统

上述分类系统的共同缺陷是对土地的生态特性考虑得不够，缺少对土地生态属性的保护。可持续发展理论的提出，使人们意识到对土地要进行生态保护。土地生态分类即是在考虑了以上土地分类现状的基础上，结合当前土地资源持续利用管理的需求，从生态学观点出发建立一套土地生态分类系统，为指导人们对土地的生态利用，构建全国土地利用生态安全体系服务。生态性的土地分类系统是依据土地生态系统的特性、土地生态系统的演变特征、人类对土地生态系统的入侵程度和利用保护手段等标准建立的。因此，土地生态分类是一个描述和划分地球表面具有不同生态学特征区域的过程，它以现代生态学和生态系统理论为基础，综合自然地理、土壤、植被等方面的信息，将某一地区复杂的环境梯度，按其生态属性的异同进行合并和区分，构成不同的立地单元。

生态分类系统是一种确定、描述并绘制生态系统类型图的方法。生态分类系统在土地研究中的历史可以追溯到 20 世纪 30 年代，欧洲人就已经开始用生态分类系统规划土地利用。美国人在 60 年代之前仅注意自然资源管理，后来才逐渐认识到生态系统的管理，生态分类系统从一开始提出就被其他公共机构所采纳（如国家公园服务部），州管理机构评价了它对其他土地的效用。

生态分类系统的目标是提供简明、整体、标准的生态系统管理方式，能表达景观中生物和自然特征的信息。生态分类系统能提供全局规划最佳尺度和更具有操作性的分类方法。这种系统的目的在于用图的形式把自然实体的生物和环境特征抽象化、综合化、标准化和整体化。例如，通过绘制森林的各种景观特征，林业人员可以根据土地承载力及适应性确定森林的经营方向。生态分类系统的核心是生态单位。生态单位是识别、分类以及不断把地球成分的生态潜能分成更小区域的一种单位。生态系统的分类和生态单位的绘制的根据是直接或间接影响生态系统结构和功能的那些生物和环境因素，即包括气候、生物、水分、土壤、大气、水文以及潜在的自然群落。生态单位能确定某一地区不同生物、物理潜力的边界。

在顾及土地生态系统的生态特性、生态功能和生态利用与保护的基础上，以土地生态单元作为类型划分基础，即可进行土地生态分类。依据不同的研究目标和侧重点的不同可得到不同的土地生态分类系统。如 2003 年，梁留科等以可持续发展理论为指导，在遵循科学性与实用性相结合以及其他方面的要求等原则基础上，以土地的生态属性及其演变特征、人类对土地生态系统的入侵程度和利用保护手段等为主要依据，提出了一套土地生态分类系统，如表 1-3 所示。

表 1-3　土地生态分类系统

一级类代码	土地生态类型	二级类代码	土地生态子类	生态特性
1	自然土地	11	天然森林	受人类影响较少，系统处于天然状态，具有天然生态功能
		12	天然草地	
		13	天然湿地	
		14	天然水域	
		15	荒漠	
		16	沙漠	
		17	冰川与永久积雪	
		18	盐碱地	
2	自然保护用地	21	有代表性自然生态系统	受保护生态系统
		22	动植物保护地	
		23	水源保护地	
		24	有独特意义的地质构造	
		25	地质剖面与化石产地	
		26	其他	
3	修养与休闲用地	31	贴近自然的用地(风景区、郊游用地)	适度利用与合理保护生态系统
		32	疗养地	
		33	野外体育用地	
		34	生态农业旅游用地	
		35	城市绿地	
		36	水库用地	

续表

一级类代码	土地生态类型	二级类代码	土地生态子类	生态特性
4	农业用地	41	耕地	合理改造与利用生态系统，本身具有生态功能
		42	林地	
		43	园地	
		44	草地	
		45	水产养殖用地	
5	居住与工矿用地	51	居住用地	人工生态系统，生态属性减弱
		52	独立工矿用地	
		53	军事用地	
		54	其他人工建筑用地	
6	线状用地	61	铁路用地	生态功能混合型生态系统
		62	公路用地	
		63	防护林地	
		64	管道用地	
		65	其他	
7	退化土地	71	废弃地	生态功能丧失，需进行生态恢复与重建
		72	垃圾地	
		73	污染地	
		74	板结地	
		75	人为盐碱地	
		76	水土流失地	
		77	沙化土地	
		78	其他用地	

（二）土地分类原则

不同的土地分类系统具有不同的分类依据和分类方法，但由于土地类型的基本属性是统一性，因此在土地类型划分时要求遵循以下统一的基本原则。

1. 自然发生学的原则

不论是土地自然类型分类系统还是土地资源、土地利用或土地生态分类系统，其基础是土地的自然属性，即首先土地是被看作一个自然综合体。土地类型的划分首先取决于全部自然因素的综合特征。土地类型的各组成要素之间存在发生学上的有机联系，每一种土地类型都有其发生和演变的过程。由于同种类型土地存在着发生和发展条件以及其发展演变过程的相似性，因此，在土地类型划分时就可以依据这种发生学上的因果联系进行土地类型的划分，保证同级土地类型之间的关系和上下级土地类型之间的关系有一条清晰的脉络，符合类型学的类型研究法的基本要求。

2. 综合性原则

土地是各组成要素长期相互作用的产物，有其独特的物质与能量交换规律，是一个有内在联系的有机整体。因此，应体现各组成要素共同作用所赋予土地的特征，包括外部形态和内在属性所决定的相似性与差异性，而不是其中任何一个单独因素特征的反映。在依据土地的相似性和差异性进行土地分类时，就必须全面分析土地的各组成要素，发现各要素在土地分异中的作用，并着重注意在各组成要素相互联系、共同作用下，所形成的土地综合体的外部形态特征和内在特征。

3. 主导性原则

组成土地的各要素之间存在着复杂的对立统一的矛盾关系，在这些矛盾中，必然存在决定土地类型的主要自然特征，并因其变化导致综合体其他因素也相应发生变化的主要矛盾，即决定土地类型分异的主导因素。体现主导因素原则的具体办法是选取反映这一因素的标志作为分类指标，并因不同层次而异。例如，在山地和丘陵地区海拔高度、坡度和坡向等对地域水热条件的重新分配有重要影响，而导致植被和土壤也相应发生变化，因此它们一般被看作是该区域土地类型划分的主导因素。在全面综合分析影响土地综合体的各种组成要素的基础上，对主导因素进行重点分析，是土地类型划分科学性和合理性的保障。

4. 实用性原则

土地类型划分的根本目的是为了指导土地的合理利用，因此，实用性是土地类型划分必须坚持的最基本原则之一，因此在进行土地类型划分时要与应用目的紧密相连。例如，我国 1∶100 万土地类型调查与制图主要是为大农业生产布局服务的，因此所采用的划分指标也相应地是与发展农、林、牧、生产密切相关的自然因素。另外，土地类型划分还要与区域土地利用的实际情况相结合。譬如，在可垦荒地较丰富的东北温带湿润半湿润地区，坡度 7°可以作为划分平地（种植业为主）和山地（林业为主）的阈值；而在人口稠密、可垦荒地极其稀缺的南方丘陵山区就不适用，规定在坡度 20°或 25°以下地区都可有限制地，适度发展种植业。

（三）土地分类方法

土地分类是对土地单位的类型划分。由于在一个区域范围内（如一个行政区）土地个体单位的数目很多，除特殊需要外，一般不逐个研究其个体特征，只按照它们质的相似性作不同程度的概括，得到分类级别高低不同的各种土地分类单位，这是土地分类研究所采用的类型系统研究法。

土地类型划分包括两方面内容：一是进行土地类型等级划分，即土地分级；二是在土地等级划分基础上，对同一等级土地中的类型进行的划分，即土地分类。土地分级是对土地个体形态单元组织水平，即土地类型分类的详细程度和层次的确定；同一等级中土地类型的分类则是对各个土地个体形态单元土地属性或特征的共性的归纳。

由以上可以看出，土地类型分类系统是一个分层次的多级分类体系，其逻辑结构如图1-1所示(刘黎明，2001)。图中Ⅰ、Ⅱ、Ⅲ、Ⅳ表示土地类型划分层次，A、B、A_1、A_2、……表示土地类型，1、2、3、……表示土地单元。一般是一个自上而下、由大到小的划分过程，在较高分类水平上，有较少数目的土地类型，对应的其相似性低而差异性大；而在较低分类水平上，有数目众多的土地类型，相似性程度高而差异性小。

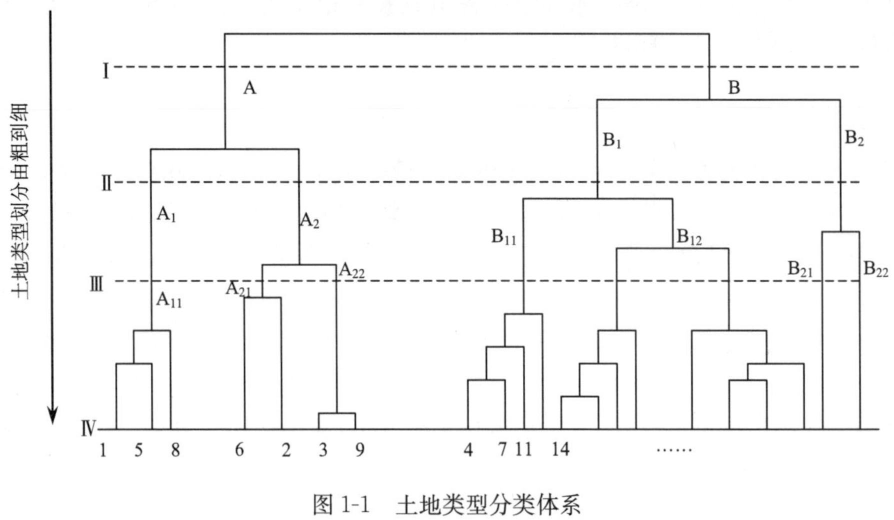

图1-1　土地类型分类体系

在以上分类逻辑体系指导下，具体的分类方法可采用以下几种。

1. 景观法

景观法是以景观形态单元为基础划分土地类型的一种方法。这种方法在国内外已有广泛的应用，它依据土地因素在各地段的结合方式及其作用强度的差异，通过综合分析，选取其中对土地单位个体分异起主导作用的因素作为确定土地类型个体的空间界限。确切地说，景观法是一种在综合分析基础上，以地貌、植被、土壤等作为主导因素类划分土地类型的方法。该方法通过对地貌因素和其他因素之间相互作用的深入研究，一般能得到内容一致性较强的土地单元。景观法的特点是土地空间形态为主，很少考虑数量指标，这也是它的主要不足。但是景观法应用较方便，而且能准确地划分土地类型，所以现在已被广大土地工作者所接受并加以应用。

2. 参数法

参数法是根据土地成分的特征值划分土地类型的方法。该方法是传统的地理叠置法的定量化，即在选取的相对重要参数分类的基础上进行土地单位划分的方法。参数法的科学性取决于参数选取的科学性依据参数的量化与分级方法的合理性。该方法具有定量的特点，适宜利用计算机进行处理。

3. 过程法

该方法通过对土地分异各主要过程以及过程动力学特点的研究，以土地内部的作用过程为依据，将不同成分过程效应在空间上的变化界限作为土地单位的边界线。这样在一定单位内，有一定过程发生并与其过程相互作用，进而产生土地单位一定程度上的独立性。过程法依据的是土地单位分异的本质原因，因而是真正的综合方法，但必须对土地分异的自然过程有深入的定量分析才能采用。在过程法研究不够深入时，土地单位的空间界限往往是模糊的，确定的土地单位内部其一致性也较差。因此，过程法在理论上虽然较其他方法更具有科学性，但在往往由于在实际操作中难以对整个过程有全面透彻的了解，导致得出的结果也不符合实际。

三、我国土地分类系统

(一) 我国土地自然分类系统

我国土地分类系统的研究早期主要集中在对土地自然分类的研究上。在 20 世纪五六十年代，我国土地自然分类基本上沿用苏联的景观学派分类方法。如林超等在 60 年代制作北京山区土地类型图时即采用了地方、限区和相三级的土地分类系统。根据不同的制图尺度要求，采用不同层次的分级方法，凡比例尺大于 1∶1 万的土地类型图，以土地相为制图基本单元；比例尺为 1∶1 万～1∶20 万的土地类型制图要求以限区为基本制图单元；对 1∶20 万～1∶100 万土地类型图，则以地方作为制图基本单元。

自 20 世纪 70 年代后期起，中国土地类型研究逐渐趋向于采用苏联的景观学派与英澳学派相结合的方法，并且以英澳学派为主。如西北大学地理系进行黄土高原土地类型划分时采用了相型、限区型和景观型三级分类系统，将黄土高原先划分出 6 个景观型(黄土塬、黄土丘陵、平原、黄土涧、黄土破碎塬和黄土高原岩石岛)；再在每个景观型中划分限区型(如黄土塬景观型由塬面、塬坡和沟谷三种限区型组成)；并进一步在限区型的基础上划分了相型(如塬坡限区可分为缓坡地、陡坡地、坡麓地、细沟、切沟和悬沟等许多相)。余显芳等在做深圳市 1∶5 万土地类型图时，采用了土地系统、土地单元和土地立地三级系统，不仅与英澳学派土地类型划分在名称上相同，并且其内涵也基本一致。倪绍祥等在福建沙县东溪流域进行 1∶5 万土地类型调查和制图时采用了土地类、土地型和土地组三级系统，分别相当于英澳学派的土地系统、土地单元和土地点。在制图区域内分出了平地、岗丘、丘陵、低山和中山 5 种土地类和 18 种土地型，由于比例尺限制，土地组在图面上未能反映。

当前，中国 1∶100 万土地类型图编制委员会拟定的“全国 1∶100 万土地类型分类系统”被广泛应用，成为小比例尺土地类型调查的主要参考分类系统。该分类系统采用土地纲、土地类和土地型三级系统。在一级类划分时主要以大范围的水热组合条件为依据，将全国范围按自然地带或亚地带划分为 12 个土地纲。在此基础上根据大(中)地貌类型(在山区以垂直地带划分)不同，在统一土地纲内划分土地类；土地类反映土地综合体景观特征，直接指导区域内农、林、牧等产业的布局。在土地类内部，根据植被亚型或群系、土壤亚类等的差异，将土地类进一步划分为土地型。如在F土地纲(湿润半湿润暖温带土地纲)中，有岗台地土地类 F_8，再根据土壤类型(亚类)划分4个土地型：$F_8$1 棕壤岗台地、$F_8$2 淋溶褐土岗台地、$F_8$3 褐土岗台地和 $F_8$4 碳酸盐褐土岗台地。其分类体系如表1-4所示(刘黎明，2001)。

表1-4　我国1∶100万土地类型图分类系统

土地纲	土地类
A 湿润赤道带	A_1 岛礁
B 湿润热带	B_1 岛礁，B_2 滩涂，B_3 低湿河湖洼地，B_4 海积平原，B_5 冲积平原，B_6 沟谷河川与平坝地，B_7 台阶地，B_8 丘陵地(相对高度＜200 m)，B_9 低山地(海拔500～1000 m，相对高度＞200 m)，B_{10} 中山地(海拔1000～2500 m)
C 湿润南亚热带	C_1 滩涂(潮间带)，C_2 低湿河湖洼地，C_3 海积平地，C_4 冲积平地，C_5 沟谷河川与平坝地，C_6 岗台地，C_7 丘陵地，C_8 低山地，C_9 中山地
D 湿润中亚热带	D_1 滩涂(潮间带)，D_2 低湿河湖洼地，D_3 海积平地，D_4 冲积平地，D_5 沟谷河川与平坝地，D_6 岗台地，D_7 丘陵地，D_8 低山地(海拔400～1000 m，相对高差＞200 m)，D_9 中山地(海拔900～1000 m以上)，D_{10} 高山地，D_{11} 极高山地
E 湿润北亚热带	E_1 滩涂(潮间带)，E_2 低湿河湖洼地，E_3 海积平地，E_4 冲积平地，E_5 沟谷河川地，E_6 岗台地，E_7 丘陵地，E_8 低山地，E_9 中山地，E_{10} 高山地
F 湿润半湿润暖温带	F_1 滩涂(潮间带)，F_2 低湿河湖洼地，F_3 海积平地，F_4 冲积平地，F_5 冲积洪积倾斜平地，F_6 沙地，F_7 沟谷河川地，F_8 岗台地(相对高度10～30 m)，F_9 丘陵地(海拔＜400 m，相对高度50～200 m)，F_{10} 低山地(海拔400～1000 m，相对高度200～500 m)，F_{11} 中山地(海拔1000～2500 m，相对高度＞500 m)，F_{12} 高山地，D_{11} 极高山地(有亚高山草甸出现)
G 湿润半湿润温带	G_1 低湿河湖洼地，G_2 盐碱平地，G_3 草甸低平地，G_4(冲积)平地，G_5(冲积)高平地，G_6 漫岗地，G_7 沟谷地，G_8 丘陵地，G_9 低山地，G_{10} 熔岩高原，G_{11} 中山地，G_{12} 高山地
H 湿润寒润温带	H_1 低湿洼地，H_2 低平地，H_3 针叶林灰化土低山地
I 黄土高原	I_1 黄土冲积平地，I_2 黄土川地，I_3 黄土沟谷地，I_4 黄土台塬地，I_5 黄土塬地，I_6 黄土墚地，I_7 黄土峁地，I_8 黄土涧峁地，I_9 石质丘岗地，I_{10} 黄土丘陵地，I_{11} 低山地，I_{12} 中山地
J 半干旱温带草原	J_1 低湿滩地，J_2 盐碱地，J_3 沟谷地，J_4 干滩地，J_5 沙地，J_6 平地，J_7 岗坡地，J_8 丘陵地，J_9 低山地，J_{10} 中山地
K 干旱温带暖温带荒漠	K_1 滩地，K_2 绿洲，K_3 土质平地，K_4 戈壁，K_5 沙漠，K_6 低山丘陵地，K_7 中山地，K_8 高山地，K_9 极高山地
L 青藏高原	L_1 河湖滩地及低湿地，L_2 平谷地，L_3 平地，L_4 台地，L_5 低中山地，L_6 高山地，L_7 极高山地

(二) 我国土地资源分类系统

目前我国土地资源分类还没有统一的标准，基本上是各研究者根据应用的需求，结合当地实际情况进行相关的分类研究，并形成相关的分类体系。如中国科学院在"八五"期间，结合国家资源环境遥感宏观调查与动态分析应用的需求，建立的一套基于30 mTM影像数据的二级土地分类系统，表1-1所示内容即属该类。

(三) 我国土地利用分类系统

我国土地利用分类系统主要是由中国科学院地理研究所于 1983 年提出的土地利用分类体系，该系统只是为满足编制 1∶100 万土地利用图的要求制定，而不能适应其他大比例尺的制图要求。

1984 年 9 月由原全国农业区划委员会制定的《土地利用现状调查技术规程》中规定的土地利用现状分类及其含义曾被用于中国 20 世纪 80 年代中期至 90 年代初的全国土地利用现状调查，即在新土地利用现状分类颁布前广泛使用的土地利用现状分类(老八大类，8 个一级类，47 个二级类)。该土地利用现状分类从 1984 年颁布开始，一直沿用到 2001 年 12 月。

1989 年由原国家土地管理局在《城镇地籍调查规程》的基础上，又于 1993 年 6 月修订出“城镇土地分类及其含义”。1991 年国家建设部颁布的《城市用地分类与规划建设用地标准》中制定了城市用地分类系统。城镇土地分类用于城镇地籍调查和城镇地籍变更调查。从 1989 年发布开始，一直沿用到 2001 年 12 月。

2002 年 1 月 1 日起，在全国范围试行《全国土地分类(试行)》。《全国土地分类(试行)》采用三级分类。其中一级分为农用地、建设用地和未利用地 3 类，也就是《土地管理法》的三大类；二级分为耕地、园地、林地、牧草地、其他农用地、商服用地、工矿仓储用地、公用设施用地、公共建筑用地、住宅用地、交通运输用地、水利设施用地、特殊用地、未利用土地和其他土地 15 类；三级分为 71 类。《全国土地分类(试行)》是城乡一体化的土地分类，适用于城镇和村庄大比例尺地籍调查。针对全国城镇与村庄地籍调查尚未全面完成的现实情况，国土资源部在《全国土地分类(试行)》的基础上，制定了《全国土地分类(过渡期间适用)》过渡分类。《全国土地分类(过渡期间适用)》的整体框架与《全国土地分类(试行)》相同，采用三级分类。其中农用地和未利用地部分与《全国土地分类(试行)》完全相同，建设用地部分进行了适当归并。将商服用地、工矿仓储用地、公用设施用地、公共建筑用地、住宅用地、特殊用地 6 个二级类和交通运输用地中的三级类街巷，合并为居民点及工矿用地，作为二级类，在其下划分城市、建制镇、农村居民点、独立工矿、盐田和特殊用地 6 个三级类。自 2002 年以来，《全国土地分类(过渡期间适用)》有效地应用于土地变更调查及国土资源管理工作中。

2007 年 7 月 1 日起，我国正式开展第二次全国土地调查，随后于 2007 年 8 月 10 日发布了《土地利用现状分类》国家标准，即我国现行土地利用分类系统，如表 1-2 所示。

现行《土地利用现状分类》采用土地综合分类方法，对城乡用地进行统一分类。一级类 12 个：①依据土地用途和利用方式，考虑到农、林、水、交通等有关部门需求，设定“耕地”、“园地”、“林地”、“草地”、“水域”、“交通运输用地”；②依据土地利用方式和经营特点，考虑到城市管理等有关部门的需求，设定“商服用地”、“工矿仓储用地”、“住宅用地”、“公共管理与公共服务用地”。③为了保证地类的完整性，对上述一级类中未包含的地类，设定“其他土地”。二级类 57 个，依据自然属性、覆盖特征、用途和经营目的等方面的土地利用差异，对一级类进行具体细化。

(四) 我国土地生态分类系统

生态土地分类早期是从研究林地分类开始的。我国的植被区划在高等级类型的划分上具有生态分类的内涵,而我国的林业区划几乎没有生态分类的内容。我国林业中主要是利用立地分类和立地评价,运用林相图作为规划和作业的依据,对于生态分类系统的思想和应用没有形成一定的研究规模,主要原因是林业上国家宏观管理缺乏相应的生态学思想,由于相关学科的相对落后没有得到很好地应用也是一个原因。现在这种情况正在发生明显的转变,最近国内有些学者开始尝试借鉴国际上相关的生态分类系统,对中国的生态分类进行了深入的理论探讨,有的开始建立实际的生态分类系统,并在我国河北和东北地区做了一定的工作。

完整意义上的土地生态分类基本上还处在探索研究阶段,相关工作主要借鉴国外已有的土地生态分类体系。如加拿大政府于 1976 年成立了生态(生物-物理) 土地分类委员会,并建立了一个六级生态土地系统:生态省(ecoprovince) 、生态区(ecoregion) 、生态县(codistrict) 、生态组(ecosection) 、生态立地(ecosite) 和生态要素(ecoelement)。后期的加拿大生态工作组又提出了生态区的概念,Barnes(1982)等在此基础上提出了生态亚区的概念。这些都是目前国内生态土地分类借鉴参考的对象。

第二章 土地评价概述

第一节 基本概念与基本理论

一、土地评价概念

土地评价有不同的定义方式,1976年联合国粮农组织(FAO)在《土地评价纲要》中将土地评价定义为:当土地作为特殊用途时,对土地的特性进行估计的过程。Dent与Young 1981年在《土壤调查与土地评价》中对土地评价定义为:估计土地作为各种用途的潜力的过程。由此可以看出,FAO给出的是一个笼统的土地评价抽象定义,满足了不同土地评价类型的需求,但缺乏可操作性;而Dent等给出的土地评价概念实际上是一个土地潜力评价的内容,未能涵盖土地评价的所有工作内容。

根据以上分析,我们可以将土地评价定义为:根据不同的生产和利用目的,在一定时期内,对一定区域范围内土地的自然、经济和社会属性进行综合评定并阐明土地的适宜性程度、生产潜力或经济效益以及土地利用对环境有利或不利影响的过程。简单地说,土地评价就是指在特定目的下对土地质量进行的鉴定。它是土地资源调查和研究的核心工作,必须建立在对土地的自然属性与社会属性综合研究的基础上。土地质量的特点是多面性,不同的用途对土地的质量鉴定的侧重面不同,甚至差别很大。如为工程建设服务,就着重于对土地的承载力进行鉴定;为农业生产服务,则主要对土地的生产力进行鉴定。因此土地评价是针对具体的服务目的,对土地的生产建设的意义、目标及价值具有权威的指导意义。

由以上定义可以看出,土地评价除了具有目的性、用途针对性、综合性等基本特征以外,还存在以下两个方面的基本属性。

1. 土地评价的时效性

传统的土地评价主要侧重于土地现状的评价,在评价中对时间因素考虑较少。实际上土地系统是一个高度的动力系统,它本身是不断发展变化的,因此,土地评价必须要考虑时间因素。对此,可以理解为两个方面:其一是土地评价应该是动态的,其二是要选择适当的土地评价时间尺度。如城镇土地宗地地价的评估时效是以天为单位,城镇基准地价评估一般是以一年或两年为更新周期。

另外,自从可持续发展的概念提出以来,可持续发展的理念就深入到各个学科和行业,对土地科学而言,就是土地可持续利用。研究土地可持续利用的核心内容之一就是土地可持续利用评价。土地可持续利用评价实际上是土地评价的概念在时间上的延伸,因为可持续是一个动态的概念,是一个向可持续目标发展的动态过程,而不是一个终点。可持续必须在一定的时间尺度上考虑，离开时间，就谈不上可持续。FAO 以 7 年为尺度划分土地利用可持续和不可持续的界限。7 年以上为土地可持续利用，其中根据时间尺度又可以进一步划分为短期可持续(7～15 年)、中期可持续(15～25 年) 和长期可持续(大于 25 年)，7 年以下为土地不稳定利用。在实际工作中，土地评价的时间尺度会根据评价对象、空间尺度、评价目的不同而有差异，例如在相对稳定的土地系统中，由于引起土地适宜性退化的变化短期内尚未充分表现出来，如森林系统，时间尺度应该要长一些，而在生态脆弱区，如沙地、草地系统中，时间尺度应该短一些。在土地评价时间尺度的掌握上，要具体情况具体分析，一般情况下可以和土地利用规划的时间尺度结合起来，使评价的结果可以用于土地利用规划，从而对土地利用进行控制，实现土地持续利用。

2. 土地评价的空间尺度性

土地是一个空间上的概念，离开具体的空间位置和空间尺度，土地评价就没有意义。土地评价的空间尺度包括两方面的含义：一是土地评价空间范围的大小，二是评价单元的大小。

从土地评价空间范围来看，评价尺度有全球尺度、大陆尺度、国家(区域、流域) 尺度、景观尺度、地块尺度等。在不同空间尺度上，选择的土地评价单元是不同的。不同空间尺度的土地评价，详细程度也不同。在评价过程中，一般依据地图的比例尺来反映评价的相对详细程度，大尺度上的评价往往是小尺度上土地评价的综合，由于评价指标只反映评价单元环境特性的平均值，所以空间尺度越大，评价越具有概括性，评价指标所反映的环境特性的代表性也就越差。

不同空间尺度的土地评价中，评价指标的选取和指标的权重是有差异的，即不同空间尺度下决定土地潜力的主导因素不同。例如在小尺度的评价(景观或地块) 中，影响土地适宜性的指标中地形、土壤等因子很重要，在大尺度的评价(区域或国家)中，气温和降水的重要性会上升。一般而言，在小尺度评价中更多地考虑自然、生态因子，例如对一块农田的评价，主要考虑自然、生态因子，而在较大尺度上，需要加强社会经济因子，例如农场的土地利用评价就需要更多地关注土地的经济和社会效益。

二、土地评价的目的与任务

(一) 土地评价的目的

土地评价是认识土地的一种手段，手段必须为合理土地利用和强化土地管理这一基本目的服务，否则，手段就没有存在的必要。土地评价的目的，可以是为土地利用服务，也可以是为土地管理服务。每一个具体的土地评价，都应有非常明确的目的，而其目的，在很大程度上决定了评价工作的内容、方法和要求。具体的表现有以下几方面：

1. 土地资源调查的基础工作

土地资源调查的基本任务是查清土地资源的类型、数量、质量和空间分布状况，其中摸清土地资源质量状况是实现土地资源管理由传统的数量管理向兼顾数量与质量管护转变的基础。新一轮国土资源大调查就将加强土地评价作为工作的重点，如在全国范围内全面开展的农用地质量评价，包括农用地分等、定级和估价；全国各城镇的城镇土地定级与基准地价更新以及地价动态监测等。

2. 为土地资源合理配置服务

科学地管理土地，可以使土地资源达到最优配置，使其开发、利用、保护做到合理、高效、持久，这一切均以土地评价的结果为依据。土地利用规划的目的在于调节土地用途在时间和空间上的分布，使土地用途与土地质量协调起来，达到高效而持久的利用。要协调土地用途与土地质量，首先需了解两者之间的关系，特别是土地利用规划都有土地利用方式的变更或土地改良的措施，那么变更或改良之后土地利用与土地质量的关系将如何变化是指导土地利用规划的依据。土地评价的作用之一就是分析研究土地用途(包括变更后的或改良后的土地用途)与土地质量之间关系，因此，土地评价为土地利用规划提供了最客观的依据，是土地利用规划的基础。

另外，土地评价为土地资源配置实施效果提供了评判标准。对土地经营者而言，当前最直接的利益就是土地利用和经营的经济效果如何。为了确定或评价土地经营的好坏，就要通过土地评价，对土地经营活动中的投入和产出进行分析，如果产出大于投入，土地经营者就有经济效益。通过进一步的分析和评价，就可以知道土地经营效果的大小程度，特别是土地利用和经营行为会给土地利用系统以及环境和社会带来影响，而且有的是长久的影响。可以通过持续土地利用评价，对其影响进行分析，判断现在的土地利用方式能否持续。

3. 为土地市场服务

随着市场经济的发展，土地使用权的出租、转让、有偿使用等土地交易活动日渐频繁。土地交易一般要求对土地进行估价，而土地评价形成的土地分等定级结果是土地估价的基础资料乃至主要依据。可见，土地分等定级的结果是土地交易必不可少的基础资料，同时，也可以为土地使用者选择土地提供指南。因此，土地估价也是一种特殊的土地评价，即对土地经济价值的评价。

4. 为土地课税服务

土地评价的基本目的之一就是为土地课税提供依据。土地税收政策和税收标准往往是直接根据土地评价结果为依据制定的，如城镇土地评价中的标定地价的基本用途之一就是为征收土地税收提供直接依据。

5. 为土地持续利用与土地生态安全服务

土地持续利用评价与生态安全评价是评判土地资源持续利用和安全与否的基本依据。通过土地评价了解土地持续利用和生态安全状况，发现土地利用中存在的问题与不足，为制定相应的土地政策提供依据。

（二）土地评价的任务

土地评价的任务是：①从经营管理方面分析一定时期内的土地利用状况，指出土地利用中存在的问题；②综合分析土地的自然特性和社会经济要素，根据特定的土地利用类型进行土地适宜性评价和各种利用方式的效益分析，并指出土地的潜在生产力；③根据伴随每种利用方式产生的对自然和经济的不良后果，提出土地管理和改良的途径和措施。

不同的土地评价类型具有不同任务要求，如农用地质量评价的任务是根据农用地的自然属性和经济属性，对农用地的质量优劣进行综合评定，并划分等别、级别。而城镇土地定级的具体任务则是根据城镇土地的经济和自然两方面属性及其在社会经济活动中的地位、作用，对城镇土地使用价值进行综合评定，并使评定结果级别化。

三、土地评价原则

1. 比较原则

比较原则是土地评价中最基本和最重要的原则，在评价过程中一是要比较土地利用的需求和质量，不仅要分析土地质量，而且要考虑土地利用类型的特性，分析作物对土地的要求。二是要比较对土地的投入和生产的效益，以保证土地利用的生态合理性和经济有利性。三是要比较不同的土地利用，进行多宜性评价，以便规划工作者根据土地的特征、国家计划的安排和人民生活的需要决定优化的土地利用结构。

2. 针对性原则

土地评价要针对特定的土地利用方式来进行。每一处土地的利用都有其特殊的要求，如对土地水分、土壤价值及坡度等。土地质量的判定是对每种用途的要求比较而言的，如排水困难的冲积泛滥平原是适宜稻田的一等地，但对其他农业土地利用类型来说，就不适宜了。土地的适宜程度只有针对特定的土地利用种类时才有其确切的意义。

3. 区域性与综合性原则

土地评价必须结合评价区域的自然、经济和社会条件，不同区域的土地评价应该有不同的评价依据，选取不同的评价指标，建立不同的评价体系，这是以该区域土地特征和不同土地利用类型的比较为基础的。为此，必须结合区域的特点，进行全面的综合评价。

4. 分层控制原则

土地评价，特别是土地质量评价往往有其质量评价体系，如城镇土地分等、定级与估价，农用地分等、定级与估价，因此在进行相应的土地评价时要注意层层控制，上下协调，遵循分层控制原则。具体地，农用地分等定级以建立不同行政区内的统一等级序列为目的，在实际操作上，农用地分等是在国家、省、县三个层次上展开，农用地定级主要是在县级进行。不同层次的评价成果都必须兼顾区域内总体可比性和局部差异性两个方面的要求。在标准条件下，建立分等定级评价体系，进行综合分析，将具有类似特征的土地划入同一土地等或土地级。

5. 主导因素原则

土地资源质量是由自然、社会和经济等综合因素作用的结果，影响因素错综复杂。因此具体进行土地评价时，应在综合分析各构成要素对土地质量影响的基础上，根据影响因素的种类及作用的差异，重点分析对土地质量及土地生产力水平具有重要作用的主导因素的影响，突出主导因素对土地评价结果的作用。

6. 土地收益差别原则

土地收益差别是土地经济评价的基本依据，即土地评价结果应能综合反映土地收益的差别，因此，在进行土地经济评价时应遵循土地收益差别这一基本原则。如农用地分等定级既要反映出土地自然质量条件、土地利用水平和社会经济水平的差异及其对不同地区土地生产力水平的影响，又要反映出不同投入水平对不同地域土地生产力水平和收益水平的影响。

7. 定性与定量相结合原则

土地评价应尽量把定性的、经验的分析进行量化，以定量计算为主。对现阶段难以定量的自然因素、社会经济因素采用必要的定性分析，将定性分析的结果运用于土地评价成果的调整和确定阶段的工作中，提高土地评价的精度。

四、土地评价理论基础

在土地评价领域，一般将地租理论、地价理论、区位理论、土壤肥力理论和生态学理论作为土地评价的基本理论基础。

1. 地租、地价理论

在地租理论中，马克思主义经济学地租体系根据土地质量差异和土地所有权，将资本主义地租划分为级差地租、绝对地租和垄断地租，其中绝对地租与土地本身无关，而级差地租和垄断地租则取决于土地的质量状况，换句话说，土地评价应从土地的自然条件和土地经济条件入手，评价结果通过级差收益测算进行验证。

马克思主义地价理论是以土地价值理论为基础，并结合地租原理展开的，将土地资本划分为土地物质和土地资本，其中前者是未经人类劳动加工的作为自然资源的土地，后者是人类对土地进行开发、改造，凝结在土地中的资本和劳动，“地价无非是出租土地的资本化收入”。西方经济学的地价理论大多是建立在市场价格理论基础之上，如土地收益理论、土地供求理论、均衡价格理论和影子价格理论等。

2. 区位理论

区位即位置。土地的区位有自然地理区位、经济区位等不同形式。自从区位理论创立以来，就将土地区位，或由区位产生的地租、地价作为直接或间接影响第一、二、三产业、城镇区位配置以及区域空间结构布局的重要因素加以考虑。但反过来，第一、二、三产业、城镇及区域的空间配置状况又将对其所在的土地区位及地租和地价产生反作用。换言之，土地的自然地理区位条件决定着其上的人类社会经济活动，而人类社会经济活动的结果又强烈地影响着土地的经济区位。由此可见，土地的自然地理条件与土地的空间配置结构结合在一起，共同决定着土地的区位质量。因此，深入分析和研究组成土地区位质量的自然地理要素和社会经济活动空间配置的特点，以及它们相互作用对土地区位质量产生的综合影响和作用，就可揭示出土地区位质量的空间分布规律及其数量特征。也就是说，可以根据土地区位条件所造成的土地区位质量优劣，来划分土地区位质量等级。

3. 土壤肥力理论

农业土地评价最基本的理论依据是土壤肥力原理。土壤肥力是土壤能够提供和协调植物生长发育所需的水分、养分、空气和能量的能力。在农业生产中，土壤肥力直接决定植物的生命活动和农作物的产量与质量。土壤肥力状况，决定耕地生产力的高低。因此，肥力是耕地的本质属性和质量标志。

影响土壤肥力水平高低的不仅有自然因素，而且有社会经济因素，即土壤肥力包括自然肥力和人工肥力。农业劳动生产率受自然条件制约，这些条件包括土壤养分、土壤理化性质和生物学特性、气候条件等，它是自然成土因素作用的结果，称为自然肥力，因此，自然肥力是土地的客观属性。但是，自然肥力在一定程度上只是一种潜在肥力，只有通过农业技术对土地的作用才能发挥出来。自然肥力发挥作用的程度取决于社会生产力的发展。科技的进步可以提高土壤肥力水平，如平整土地，采取灌排措施，采取人工措施调节土地的水分、养分、空气和热量状况，培养高产作物品种等。正如马克思所说，肥力虽然是土地的客观属性，但从经济学方面说，总是同农业化学和农业机械的发展水平有关系，因而也随着这种发展水平的变化而变化。土地自从有人类开始耕作时就加入了社会生产因素，土地就经历着熟化过程，土壤肥力也改变着形态。从而土地不仅有自然肥力，而且获得了人工肥力。因此可以说，土地自然肥力和人工肥力直接决定了土地质量。

4. 生态学理论

进行土地评价时不仅要考虑土地生态系统的特点，还要考虑人类活动对土地生态系统的影响，其中景观生态学的异质性和尺度性始终贯穿于土地评价整个过程中。如土地评价中对评价尺度类型的划分，如大比例尺土地评价、中比例尺土地评价、小比例尺土地评价，都是景观生态学中尺度效应的具体应用。另外，景观生态学理论是划分土地评价单元的基础。进行土地评价，首先应划分土地评价单元，它是一相对均质的上地单元。对均质性的划分，是建立在对异质性充分认识基础上的。因而，景观异质性理论是划分土地评价单元的理论依据，对正确划分土地评价单元起指导作用。

五、土地评价研究进展

（一）土地评价国外研究现状

国外土地评价是为适应土地资源调查、环境保护与治理、水土保持、农业生产、土地利用规划、旅游开发和军事应用等应用而发展起来的。自20世纪70年代以来，相关国家和国际组织大量开展了相关研究，并对土地评价理论和方法进步产生了重要的影响。以下分别对其作简单介绍。

1. 联合国粮农组织（FAO）的土地评价研究

联合国粮农组织、瓦格宁根农业大学和国际土地垦殖及改良研究所合作，于1972年10月在荷兰的瓦格宁根举行了国际专家会议。会议就土地的概念、土地利用类型、土地评价的方法及诊断指标等进行了热烈的讨论，出版了会议讨论纪要和建议（Bjinkman et al.，1973）。在此基础上，FAO在1973年起草了《土地评价纲要》的初稿，并广泛征求意见，于1975年1月，FAO又在罗马召开了一次小型会议，于1976年正式颁布了具有深远影响的《土地评价纲要》，其主要观点是：从土地的适宜性角度出发，分为纲、类、亚类和单元四级。首先分为适宜纲和不适宜纲，然后根据土地适宜性的程度（高度适宜、中等适宜、临界适宜），在适宜纲内，划分适宜类；其次在适宜类内，根据限制性因素（如水分、侵蚀等）的种类划分适宜性亚类；最后，土地适宜性单元则表示土地的生产特征和管理要求，同一适宜性单元具有相似的生产潜力和相似的管理措施。该系统弥补了土地潜力分类系统的不足，反映了土地的适宜性程度及土地的限制性因素和改良管理措施；这一系统的颁布，大大促进了国际上土地资源评价的研究，但并未规定具体的评价指标。

此后，在20世纪80年代，FAO在《土地评价纲要》的基础上，系统分析了灌溉农业、雨养农业、畜牧业等不同土地利用类型对土地的要求，建立了系统、全面的土地评价体系，并先后制订了《雨养农业土地评价纲要》（1984）、《林业土地评价》（1984）、《灌溉农业土地评价和土地分类纲要》（1985）和《牧业土地评价》（1986）等文件，形成了系统的土地农业土地评价体系，推动了土地评价工作的进展。

随着可持续发展战略的提出，土地资源的持续利用成为了重要的研究课题，持续土地利用评价成为了土地评价新的研究方向。20世纪90年代，FAO围绕着持续土地利用评价展开了大量的研究工作，于1993年颁布了《可持续土地利用评价纲要》，确定了土地可持续利用的基本原则、程序和5项基本的评价标准（土地生产性、生产稳定性、水土资源保护性、经济可行性和社会接受性），并初步建立了土地可持续利用评价在自然、经济和社会等方面的评价指标体系，提出了土地可持续利用评价的基本思想，用以指导不同区域开展土地资源持续利用评价，为土地资源持续利用奠定了基础。

2. 美国的土地评价研究

20世纪30年代初，美国为了针对严重的水土流失，进而合理利用、保护、开发土地，提出了土地利用潜力分类系统(LCC)，后几经演变，于1961年正式提出土地潜力分类系统，成为国际上第一个土地评价工作系统。该系统以农业生产为目的，主要从土壤的特征出发来进行土地潜力评价，分为潜力级、潜力亚级和潜力单元三级，但这个分类系统在理论上只把土壤看作是土地的一个组成因素，却在评价过程中强调在土壤图的基础上进行，即从单个土壤制图单元入手。现在美国的土地评价工作，除其在土地潜力分类有着广泛的影响外，在土地资源调查、制图和评价研究中普遍使用了航空相片、卫星相片、计算机技术和地理信息系统等现代化手段，是其突出的特色。但由于该系统偏重于土地的自然属性，评价结果未能具体到土地对特定作物的适宜性和特定的最佳利用方式，其应用受到限制。

随后，在20世纪80年代，为满足土地评价理论和方法不断向综合化、定量化方向发展的需要，美国农业部土壤保护局于1981年提出了“土地评价和立地评价系统”。其中土地评价系统包括土地潜力分类、重要农田鉴定和土壤生产力；立地评价系统主要对土壤以外的其他自然和社会经济因素进行综合评价，如土地的分布、位置、适应性和时间性等；两个子系统结合构成了一个全面、综合的土地评价系统。

3. 苏联的土地评价研究

苏联的土地评价对新中国成立初期的土地评价研究影响较大，其研究历史相对久远，但大规模的土地评价工作是在近几十年。1955年苏联开始大规模的土地评价工作，1976年苏联农业部正式颁布了应用于地籍工作的《全苏土地评价方法》。苏联的土地评价程序通常分两个阶段：第一阶段是研究土壤的自然属性，确定土壤的自然价值；第二阶段是进行详细的农业经济调查，也就是进行经济统计和农业评价。道库恰耶夫曾这样评价这两个阶段的关系：土地评价的这两部分之间不仅有紧密的联系，而且前者为后者的标准。整个评价基于自己土地评价发展的历史，并吸收他人的经验，原苏联国家土地资源研究室制定了一个土地的生产分类，后来该分类又发展为土地发生-生产分类，并被确立为土地质量鉴定和统计的基础。原苏联的土地评价在工作内容上主要包括土地评价区划、土壤质量评价和土地经济评价。

(二) 我国土地评价研究现状

土地评价在我国有着悠久的研究历史，但系统研究土地评价也是在解放初期开始，随后随着社会经济发展的需要和相关学科的发展，土地评价研究在我国得到了蓬勃发展，其研究进程总体上可归纳为以下几个阶段：

新中国成立初期。20世纪50年代开展的荒地调查是我国系统研究土地评价的开端，按照荒地的水热条件，将全国分成11个分区，反映区域间宜农荒地自然生产力的差别，区下按农用适宜程度、生产潜力、改良难易分为五等。这个体系有比较明确的自然特性分级指标，能比较客观地反映荒地质量，属土地自然评价范畴。较重大的工作有1953～1957年中国科学院与水利部等单位组织的黄河中游水土保持综合考察，对陕西土地利用进行了调查，1950年中国科学院地理研究所在实地调查的基础上，编制了1∶4万彩色的“南京市土地利用图”，这是我国大比例尺土地利用制图的良好开端。

20 世纪 50 年代末至 70 年代初。这一时期以农垦部勘测设计院、国家计划委员会-中国科学院自然资源综合考察委员会(简称“综考会”)和中国科学院地理研究所为主，会同高校教师，开展了对新疆、青藏高原、内蒙古、黑龙江流域、黄土高原等地区的综合科学考察，其中土地资源调查与开发是综合科学考察的重要内容之一。1958 年与苏联地理学家合作进行的土地质量评价工作做得比较细致，综考会提出的类、等、组三级评价系统，较广泛地应用于荒地资源分类。综考会还进行了云南和华南的橡胶、紫胶宜林地评价。这一时期评价大多属单项评价，而结合土地评价研究较少，考察手段也比较落后，研究的区域也大多集中在欠发达地区，评价指标和方法大多不具有全国意义，缺乏与国际交流与吸收引进，对土地评价研究的进展注意不够。

20 世纪 70 年代后期至 80 年代中期。这一时期，由于一些专家将欧、美、澳土地评价理论方法介绍进来，使我国土地评价研究有了明显进展。主要工作是在国家计划委员会-中国科学院自然资源综合考察委员会的主持下，开展了由全国各省、市、自治区专家参加的中国 1∶100 万土地资源图的编制工作，拟订了 1∶100 万土地资源分类系统，分为土地潜力区、适宜类、质量等、限制型和资源单元，为后续的耕地保护的宏观规划提供了科学基础。此外，还有一些专家和学者在黑龙江、山东、陕北、海南等地开展了各种类型的土地评价研究，其中包括城市用地评价研究、森林土地条件评价、天然草地评价等。在全国各地区、各部门展开的土地评价为在我国建立具有中国特色的从地域到全国、从单项到综合的一整套土地评价理论与方法体系做出了贡献。

20 世纪 80 年代中后期。随着土地利用规划和耕地保护工作在全国范围的开展，土地评价的理论和方法研究异常活跃，在研究手段上也有较大的改进。具体呈现如下几个趋势：①在定性土地评价框架体系基础上的定量或半定量土地评价方法得到较大发展，其主要标志是利用数学和决策模型对土地评价因子、各因子权重和土地等级划分等土地评价环节的定量或半定量处理，形成了比较完善的土地定量或半定量评价方法体系；②遥感和地理信息系统等高新技术以及景观生态理论、区域经济学理论和土地持续利用理论在土地评价中得到应用，使我国土地评价理论全面深化，评价手段和服务对象日趋多样化。

20 世纪 90 年代。受经济建设和社会发展的强烈驱动，我国的土地评价研究在理论、方法和应用的广度和深度上都取得了前所未有的发展。土地评价更加重视综合考虑自然、经济、社会因素，并采用定性与定量相结合的方法。为农林牧业服务的土地评价中更加重视定性与定量结合和评定土地的生产力水平。农用地分等、定级与估价广泛展开，已发展到综合考虑自然、经济、社会的“人地一体化的资源价值管理评价”。与耕地评价相比，林牧业土地评价仍属薄弱领域。土地适宜性评价正在逐步走向深入并有了新的拓展，如针对特定林、果或作物品种的土地适宜性评价。城市土地评价更是如火如荼，理论和方法研究逐步完善，涉及城市基准地价评估方法、城市土地定级估价综合模型、基准地价更新或调整方法，以及地价指数和编制等。另外还出现了一些新的研究领域，如针对土地退化及其防治的上地评价，脆弱生态环境和特殊生态环境的土地评价，为提高土地资源使用效益的城市集约利用评价，为土地整理服务的土地评价以及可持续发展土地评价等。

随着人口、资源、环境和发展问题日益成为社会的焦点，为土地资源合理利用提供基础的土地评价正得到各方的广泛关注，出现了空前活跃的研究局面。土地评价正朝着评价对象的综合化、评价过程的定量化和评价方法的智能化方向发展。权重指数和法、层次分析法、模糊综合评价法及灰色关联度分析法等继续得到使用，人工神经网络模型、遗传算法等智能化评价模型和方法开始推广应用。GIS 技术、遥感技术、网络技术等新的技术方法在城乡土地评价中得到大量使用。

第二节 土地评价类型

按照土地评价目的的不同，传统的土地评价主要包括土地潜力评价、土地适宜性评价和土地经济评价三类。随着可持续发展战略的提出，土地资源的持续利用评价和土地生态评价逐渐成为了土地评价新的研究范畴，因此，目前土地评价类型可归纳为：土地潜力评价、土地适宜性评价、土地经济评价、土地资源持续利用评价和土地生态评价五大类。

一、土地潜力评价

（一）土地潜力评价内容

土地潜力是指土地在用于农林牧业生产或其他利用方面的潜在能力，也有人称之为“土地利用能力”。土地潜力评价是根据土地的自然性质（主要是指构成土地资源的土壤、气候和地形等要素）及其对于土地的某种持久利用的限制程度，并依此对土地在该种利用方式下的潜在能力进行等级划分，也被称为土地潜力分类。

由以上土地潜力评价概念可以看出，其评价的目标是就土地对农业生产的潜力进行评价，并且评价结果是相对定性和粗略的，对大农业的生产布局规划具有指导意义，往往不针对具体农业活动进行评价。

其评价任务主要是调查评价出构成土地资源的土壤、气候和地形等要素对农业生产的限制性及其限制程度，即着重于挖掘出不利于开展农业生产的土地资源构成要素及该限制要素对农业生产的限制程度，以便指导农用生产布局。

随着土地潜力评价研究的发展及应用的需求，土地潜力评价已由传统的定性土地潜力评价逐步向定量方向发展，现今的土地潜力评价基本上可以分为定性综合评价和土地生产潜力的定量评价两种类型。

1. 土地潜力定性综合评价

土地潜力定性综合评价就是传统意义上的土地潜力评价，是综合考虑土地的气候、土壤和地形地貌等要素对农、林、牧等生产的限制性强度，并以此进行土地潜力的分级。土地潜力定性综合评价主要是依据由土地自然性质决定的限制性程度，与土地类型的划分不尽相同。例如，不同的土壤类型的土地只要限制程度相同即可能被归于同一土地潜力等级，因而土地潜力评价无需顾及土壤类型。土地潜力评价特别关注不易改变的永久性限制因素，至于非永久性的限制因素，如可迅速排除的积水，可经过施肥和石灰改良的土壤化学障碍，不被作为评价的重点考虑。

传统的土地潜力评价基本上都属于土地潜力定性综合评价的范畴，如最早使用的美国农业部提出的土地潜力分类，加拿大的土地目录，英国的土地潜力分级以及我国在20世纪70年代后期由国家计划委员会-中国科学院自然资源综合考察委员会针对东北地区土地潜力评价提出的土地潜力评价系统，中国科学院地理研究所在内蒙古呼伦贝尔地区的荒地调查中对土地评价采用的4个等级系统等。

2. 土地潜力定量评价

土地潜力定量评价由可称为土地资源生产潜力评价，是指评定在一定的自然条件和社会经济条件下，土地生产对人类有用的生物产品和经济产品的潜在能力。与土地潜力的定性综合评价不同，它主要是通过建立数学模型和作物生长动态模拟模型来计算土地的生产潜力，如莫斯（Moss）的土地资源生产潜力评价模型，作物生产动态模拟模型等。另一个不同的土地生产潜力定性综合评价往往只考虑土地的自然因素，并且侧重于自然因素中对作物生产的限制因素，而定量评价不仅关注自然因素也考虑其社会经济因素。

土地生产潜力是根据生产条件与农业生物产量的形成机制，从理论上对土地生产能力可能达到的产量的估计。国内相关研究主要是将植物、气候和土壤视为一个统一的整体，并且任务影响土地生产潜力的主要因素是土地质量，同等质量的土地应具有相同的土地生产潜力。如我国新一轮国土资源大调查中开展的全国农用地分等，即认为农用地的质量等别与农用地的生产潜力是直接正相关的，通过农用地的光、文、水和土壤生产潜力的差异评定农用地的等别。

在农业生态区法（AEZ法）中，主要针对农作物，特别是粮食作物来计算土地资源生产潜力。其计算要求首先选取适合评价区域的作物种类、品种以及相应的种植制度，然后才能针对这些选定的作物选取具体的计算模型进行土地资源生产潜力的计算。往往根据选取区域的范围以及评价结果精度要求，可分别选取作物气候生产潜力（包括光合生产潜力、光温生产潜力和光温水生产潜力）和作物的光温水土生产潜力进行潜力计算。

(1) 光合生产潜力

光合生产潜力是指在空间中CO_2含量正常，其他环境因素均处于最佳状态时，在单位时间内、单位面积上具有理想群体结构的高光效植物品种的最大干物质产量。它是理想条件下作物产量的上限，只是一个理论值，其一般数学模型为

$$Y_0 = K \cdot A\int_{t_1}^{t_2} \frac{Q_p(t) \cdot F(t)}{C(1-B)(1-H)}\mathrm{d}t \tag{2-1}$$

式中，Q_p为光合有效辐射；F为最大光能利用率；C为干物质含有热量；B为植物物质含水量；H为植物物质含灰分率；A为经济系数；K为单位换算系数。

(2) 光温生产潜力

光温生产潜力指农业生产条件得到充分保证，水分、CO_2供应充足，其他环境条件适

宜的情况下，理想作物群体在当地光、热资源条件下，所能达到的最高产量。也即光合生产潜力受到地区温度条件限制后的理论产量。光温生产潜力实际上就是考虑实际上作物生产过程中不可能都是最有利于作物进行了光合作用的温度条件，因此，在光合生产潜力的基础上，需进行温度修正，而得到光温生产潜力。

(3) 光温水生产潜力

光温水生产潜力又称气候生产潜力，是指在农业生产条件得到充分保证，其他环境因素均处于最适状态时，在当地实际光、热、水气候资源条件下，农作物群体所能达到的最高产量。即在光温生产潜力基础上进一步考虑降水的限制作用后，农作物的理论产量。当地区降水量不能满足作物生育期的水分需要时，作物生长就会受到水分亏缺的影响，作物的产量就会降低。因此在进行实际土地生产潜力计算时，需根据区域降水条件，选择是否在光温生产潜力的基础上增加降水条件的修正，即计算光温水生产潜力。

(4) 光温水土生产潜力

农作物在气候生产潜力的基础上，要进一步受到具体地区的土壤和地形地貌等地学条件的限制，因此，往往需要在气候生产潜力的基础上进行土壤条件的修正，得到光温水土生产潜力。一般来说，对于灌溉条件良好的地区，可认为其水分条件能够充分满足作物生产的需要，直接根据作物的光温生产潜力进行土壤因素的限制性修正，所得的生产潜力即为光温土生产潜力。而对于灌溉没有保证的区域，则需要根据光温水生产潜力进行土壤因素的修正，而得到光温水土生产潜力。在进行土壤修正时，所考虑的相关地学因素一般包括：土壤剖面构型、土层厚度、有机质含量、地形坡度、地下水水位等。

(二) 土地潜力评价步骤

以上土地潜力的定性综合评价和定量评价在具体实施时有不同的方法步骤，但其基本思路和过程大致相同，以下以土地潜力的综合定性评价为例介绍其实施步骤。

1. 资料收集与准备

土地潜力评价资料来源主要有两种：直接收集已有的详细土壤普查资料和相关附加资料或通过野外直接调查获取。具体资料内容根据潜力评价的目的，用途和具体区域的实际情况而有所差别，但总体上应包括：土壤（土壤质地、土壤有机质、土层厚度、酸碱度、土壤水分等），气候（降水、气温、蒸发量、洪涝灾害等），地形地貌（地形坡度、海拔等）以及土壤环境状况等。

2. 建立土地潜力评价系统

土地潜力评价系统的建立是土地潜力定性综合评价的关键步骤，在具体进行评价时要考虑到评价的目的和研究区域的土地特点。一般来说，可通过类比的方法确定评价系统，如选取已有的与研究区特点基本一致区域的土地评价系统，进行适当的修正得到。该方法具有操作简单、实用的特点，但要注意不能生搬硬套，一定要结合区域实际进行调整，并对评价系统通过选取区内典型地区进行认真的测试，然后采用。

使用最早同时也是影响最深远的土地潜力评价系统是美国农业部土壤保持局在 20 世纪 30 年代提出的，主要用于需进行土壤保持的土地分级。1961 年克林格比尔和蒙哥利马发表了这一系统的内容，并给出了完整说明。该系统以土地利用限制性概念为评价系统的基础，采用三层评价体系：潜力级、潜力亚级和潜力单元，其中潜力级包括 8 个级别，如图 2-1 所示（王宝铭，1996）。随着级数增大，土地利用所受限制与破坏逐渐增加，同一潜力级土地有相似的限制程度，但具体限制性种类未必相同，归属某一评价层次的土地，除具有该级利用潜力，而且具有低于该层次的其他潜力层次的利用潜力。在进行潜力评价时，该系统假定各种潜力排序为：耕作利用，有一定限制的耕作利用，改良牧草地上的放牧利用，天然牧草地上的放牧利用或同一水平上的林业利用，休疗养、野生动物保护、水源涵养或风景观赏用地。潜力亚级表示限制因素种类，潜力亚级是具有相同限制因素和危害性的潜力单元的组合。潜力单元是对一级农作物和饲料作物经营管理有大致相同效应的土地组合，同一潜力单元的土地应在土地性质配合上充分一致，有相近的潜力，相同的限制性和危害性。

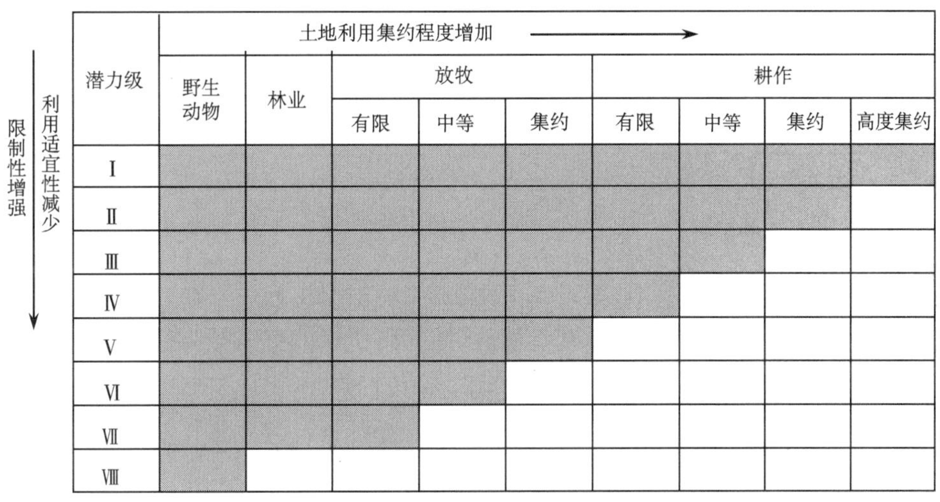

图 2-1　美国农业部土地潜力分级方案

3. 划分土地潜力评价单元

对区域土地进行潜力评价是在划分潜力评价单元的基础上进行的，即针对各种土地限制因素的调查、量算和分析都是以评价单位为基础的，如果认为一个土地潜力评价单元内其土地自然条件是一致的，相应地，其潜力等级也是相同的，土地潜力评价结果图是在对土地潜力评价单元的潜力评价结果进行综合（即相邻相同潜力单元的归并）的基础上形成的。有关潜力评价单元的选取和划分方法将在土地评价单元一节中专门论述。

4. 拟定潜力评价表

潜力评价表就是参与土地潜力评价的限制因素及其分级的结果表，它是潜力评价的主要工作内容之一，在国外也被称为转换表(conversion table)。潜力评价包括参评限制因素的分级量化结果两部分内容，有关参评因素的选择方法和因素的量化方法将在土地评价因子选择及其量化方法章节中具体介绍。潜力评价表格式如表 2-1 所示，所列为福建省沙县东溪流域进行土地农业利用潜力评价时拟定的潜力评价表(倪绍祥，1999)。

表 2-1 土地潜力评价表示例表(福建沙县东溪流域农业利用潜力评价)

潜力级	限制因素及其分级标准									
	坡度	土层厚度/cm	障碍层深/cm	土壤质地	表土pH	地面侵蚀	地下水埋深/cm	排水状况	水源保障	热量状况
1	<5°	>100	>50	中壤或轻壤	6～5.5	无侵蚀	200～100	良好	稳定	充足，无寒害
2	5°～15°	100～60	50～40	轻壤或轻黏土	5.5～5	轻度面蚀	100～50	一般	一般	较好，受早春寒或秋寒影响
3	15°～25°	60～25	40～30	沙壤或重黏土	5～4.5	细沟或纹沟	50～30	不良	勉强	一般，受早春寒、五月寒或秋寒影响
4	>25°	<25	<30	粗砂或砾质土	<4.5	切沟	<30	积水	无保证	不足，寒害严重

5. 评定潜力等级

在对各限制因素分别进行分级量化的基础上，根据各限制因素所在相应的潜力等级评定土地总的潜力等级。其方法主要有两种，即通常所说的极限条件法和定量综合评定法。极限条件法就是取限制因素中，限制程度最高的某种限制因素的潜力等级作为土地总的潜力等级。该方法得到的潜力评价结果往往等级较高，是一种保守的评价方法。定量综合评定法就是认为各参评因素的限制都对土地潜力产生影响，而采用对各因素评价分值加权平均或算术平均等方法综合确定潜力评价分值和级别。

6. 评价结果的输出

在对评价单元进行潜力等级划分的基础上，合并相邻同等级单元，进行综合制图得到土地综合评价结果图，并进行相应的统计分析报表和相关分析报告的撰写，完成土地潜力评价结果的输出。

二、土地适宜性评价

土地适宜性评价就是评定土地对特定用途的适宜程度。即土地适宜性是针对土地用途而言的，不同的用途对土地质量要求不同，如城市建设用地对土地质量要求主要是地形和地质条件，而农业土地利用更多的是关注土壤、气候等条件，因此往往同一块土地对不同土地有不同的适宜性。另外，影响土地适宜性的因素不仅是土地的自然条件，同时也包括其社会经济因素，如自然属性都比较适宜于蔬菜种植的两块土地，一块位于城郊，另一块位于交通条件极为不便的偏僻山村，则位于城郊地块适宜于蔬菜种植，而另一块可能适宜于粮食作物种植等其他农业利用方式。

（一）土地适宜性评价的目标和任务

1. 目标

土地适宜性评价为合理利用土地资源、调整土地利用结构和布局服务，即在改变土地用途、调整土地利用布局前，先行了解土地对于某种新用途的适宜性和限制性，分析改变用途后可能产生的结果和影响，为减少不良影响而采取相应的措施，避免规划和决策失误。土地适宜性评价是编制土地利用总体规划的一项基础性工作。

2. 任务

土地适宜性评价的主要任务是在收集土壤、地形、水利、气候等资料的基础上，对评价范围内的所有土地针对一定的用途进行多层次的评价。土地适宜性评价可以分为单项性评价和综合性评价。单项性土地适宜性评价的主要任务是找出特定作物或土地利用方式的适宜区域和适宜程度，如柑橘的土地适宜性评价。综合性土地适宜性评价则需要针对多种土地用途进行适宜性评价，如水田、旱地、菜地、果园、林业、畜牧和水产养殖用地等。

一般而言，综合性的土地适宜性评价应对一定区域范围内的全部土地和相应的各种土地利用方式进行评定。具体内容包括四个方面：一是要了解土地评价单元对一定土地用途所要求的土地条件的满足程度，因此就需要知道土地本身的性质；二是使土地利用的目的达到该用途所要求的基本土地条件；三是要了解土地的性质是否满足一定土地用途对土地条件的要求，即需要对特定用途对土地条件的需求与具体评价单元的所提供的土地条件进行匹配；四是通过一定的标准确定土地性质与土地用途所要求的土地条件比较之后，进行土地对该用途的适宜性分类。

（二）土地适宜性评价系统

目前，对土地适宜性评价影响最大的是 FAO 于 1976 年正式提出的《土地评价纲要》。它已成为各地开展各类土地适宜性评价的提纲性指南。《土地评价纲要》规定的土地适宜等级包括：土地适宜纲（order）、土地适宜类（class）、土地适宜亚类（subclass）和土地适宜单元（unit），其层次系统如图 2-2 所示。

（1）土地适宜纲

土地适宜纲根据土地能否按评价用途获得一定收益和持久利用，分适宜纲（S）和不适宜纲（N）。适宜纲是指在此土地上按所考虑的用途进行持久利用预期所产生的效益值

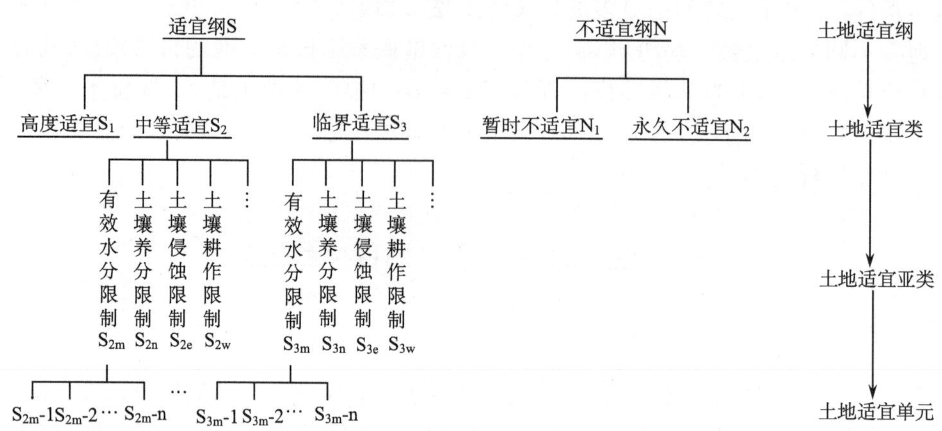

图 2-2　FAO 土地适宜性评价分类系统

得进行投资，而不会对土地产生不可接受的破坏危险。不适宜纲是指土地质量显示不能按照所考虑的用途进行持久利用。土地被列为不适宜纲的原因可能包括：提出的用途在当前技术条件下不可行（如在裸岩地上耕作），该种土地利用可能引起严重的土地退化（如陡坡地开荒）和该种利用方式预期收益小，得不偿失等情况。

(2) 土地适宜类

土地适宜类是在适宜纲层次上的进一步划分。反映土地对某些具体利用方式的适宜程度，并用阿拉伯数字按适宜纲内的适宜程度递减顺序排序。类的数目不加以具体规定，常用的是在适宜纲内分三级：高度适宜类(S_1)——土地可持久应用于某种用途而不受重要限制或受限制较少，不至于降低生产力或效益，不需要增加超出可承担水平的费用；中等适宜类(S_2)——土地对某种土地用途有限制性，持久利用于规定用途会出现中等程度的不利，且会降低生产力或效益并增加投资及费用，但仍能获得利益；临界适宜类(S_3)——土地对评价用途有限制性，对其持续利用比较困难，并引起土地生产能力的降低和效益的下降或需要增加投资，而这种投入，从投入-产出分析看只能算勉强合理。

对土地不适宜纲也可分为两类：当前不适宜(N_1)——土地有限制性，但这种限制性随着科技水平的提高，终究是可以克服的，只是在当前经济、技术条件下不宜利用，或限制性很严重，不能确保对土地进行有效而持久的利用；永久不适宜类(N_2)——土地的限制性相当严重，在一般条件下根本不可能加以利用。对这两类土地一般不需要进行经济上的投入-产出分析，因为这两种土地利用从经济上来说肯定是不合适的。

(3) 土地适宜亚类

土地适宜亚类是为反映土地限制性类别而对土地适宜性类的进一步细分，用小写英文字母表示，附在适宜类符号之后。对非常适宜类（或称高度适宜类），由于其无明显限制因素，故不设亚类。亚类的表示一般用一个字母即可，如有两个限制同样重要，则用两个表示。如 S_{2e}表示中等适宜类，土壤侵蚀限制亚类；S_{2m}表示中等适宜类，有效水分限制亚类；S_{2me}表示中等适宜类，有效水分和土壤侵蚀限制亚类。

不适宜纲类的土地也可按限制性进行相应的亚类划分，但实际应用中往往没有必要，因为这种土地不会投入经营使用，无须划分亚类或单元用以指导土地利用。

(4) 土地适宜单元

土地适宜单元是在土地适宜亚类的基础上进行的进一步细分。每一适宜亚类内的所有适宜单元在类这一层次具有同样程度的适宜性，在亚类层次表现为有相似的限制性，而在单元之间则存在生产特点或经营条件上的细微差别。适宜单元用连接号与阿拉伯数字表示，一个亚类内的单元数不受限制。如 S_{2m}-1 表示适宜程度中等、有侵蚀限制的单元编号为 1 的某块土地。

另外，在某些情况下，可能采用有条件的适宜性。如在评价一些地区土地时，往往有些小面积土地在规定的经营管理条件下可能不适宜某种用途，但由于经营管理情况的某些变化（如改变了经营方针，提供了某些必要的投资，选择的作物改变等），又使其成为适宜的。此时指明有条件，可避免因土地用途的局部变化或土地的局部改良造成的评价分值的变更。如有条件适宜纲（Sc），有条件适宜二类（Sc_2）等。

(三) 土地适宜性评价步骤

FAO 在《土地评价纲要》中给出的土地适宜性评价步骤可大致用图 2-3 加以概括。

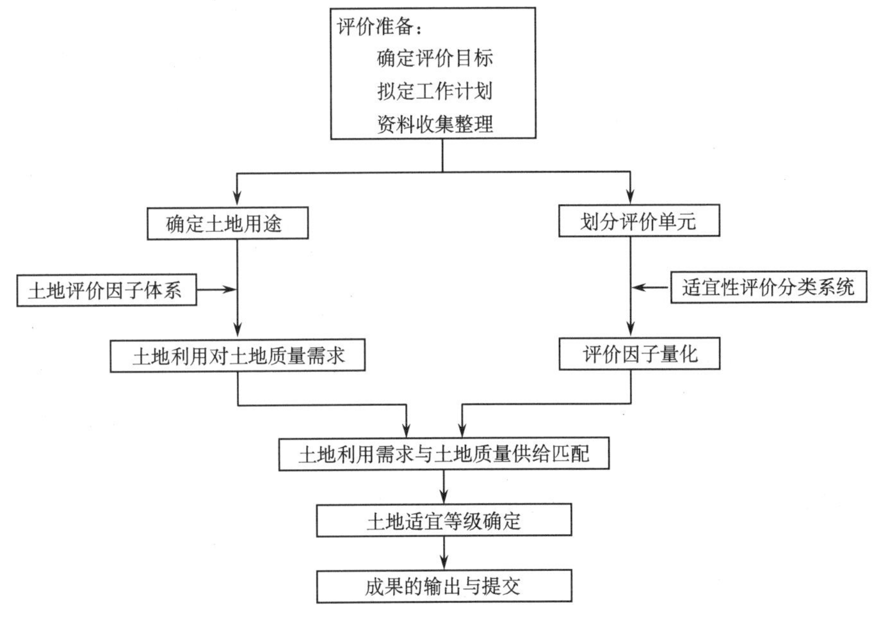

图 2-3　土地适宜性评价步骤

在实际进行土地适宜性评价工作时,上述步骤可分解为以下几个具体步骤:

1. 评价准备

该步骤主要根据任务要求,明确土地适宜性评价目标。明确了评价目标,可对评价为之服务的土地利用类别作出大致规定。然后就可针对这种土地利用类别,确定需要什么类型的资料及如何去获取这些资料。另一任务就是要大致熟悉评价区域的基本情况,包括地理区位、地形地貌、气候、当前土地利用状况以及区域经济发展的基本情况,以便评价者判断在评价完成后一段时间,随着相关社会经济因素的变化,其评价成果是否需要随之改变。

准备阶段另一个重要工作就是拟定工作计划,良好的工作计划能提供工作效率,避免不必要的时间、财力和物力的浪费,并以此为指导来具体开展土地适宜性评价相关资料的收集和整理。

2. 划分评价单元

评价单元的划分是土地适宜性评价的工作的基本单元,随着划分单元的不同,土地适宜性评价的方法和所采用的模型是不同的,因此它是一项重要的基础工作。其划分方法在土地评价单元章节具体展开说明。

3. 确定评价因子

评价因子的选择是进行土地适宜性评价的基石,因子是否具有较好的地区及不同利用方式的代表性,将会影响评价的后续过程及结果。因子选择一般要遵循主导性、综合性、差异性和因地制宜等基本原则。

4. 因子权重的确定

土地适宜性的各参评因子往往对不同土地利用方式的重要性是不一样的,为了突出主导因素对适宜性评价结果的影响,往往对不同因素进行重要性排序,越重要的因子获得的权重越大。权重确定的合理性往往直接影响到土地适宜性评价结果的合理性。

5. 土地适宜性评价因子量化

在 GIS 环境下进行土地适宜性评价因子量化,往往是通过绘制相关因子分级图的方式来进行量化结果的表达,这样既直观、易于分析运算,又能满足适宜性评价精度的要求。当然不同的评价因子有不同的量化方法,具体在土地评价因子量化章节介绍。

6. 土地适宜等级的确定

针对不同用途的土地适宜等级的确定实际上就是将特定用途对土地条件的需求和待评价土地属性之间的匹配过程。具体的就是将评价用途的土地适宜等级的指标与每一个土地评价单元的具体属性条件进行比较,从而得到每一个土地评价单元针对评价用途的土地适宜等级。

7. 评价结果的验证与修改

土地适宜性评价结果的验证主要是通过实地调查的方法进行验证。具体方法是评价人员与相关领域专家，如农学、林学等专家对研究区每个适宜或不适宜等级的土地进行抽样调查，并咨询当地有经验的农民，检验评价结果与实际土地利用实际情况是否相符。若当地实际利用方式与评价结果存在较大差别，便要考虑对评价过程进行检查和对评价结果进行适当的修改，往往要检查所选取的评价指标体系是否符合当地实际，权重方案和因子的量化方法是否合理，所采用的评价方法和模型是否切合实际等。

8. 适宜性评价结果图的编制与成果的提交

在对每一个评价单元进行适宜性评价的基础上，还需要根据一定的制图规范和要求，进行综合评价成果图的编制，并完成相关报告的撰写和成果的准备提交。具体需提交成果包括：土地利用类型描述、土地适宜性分类、土地单元上的土地利用类型管理说明、环境影响说明、替代方案的经济、社会分析以及基础调查和专门研究的相关资料。

三、土地经济评价

土地是一个自然经济综合体，其构成要素不仅包括自然属性要素，同时也包含社会经济要素。相应的，其质量不仅受自然条件的影响，而且也与其社会、经济因素紧密相关。土地潜力评价和土地适宜性评价主要从土地的自然条件入手评价土地的质量，指出土地合理利用的方向及进一步改善经营管理的可能性，其成果可作为制订土地利用规划的基本依据。但仅仅进行自然条件评价，还不能掌握土地利用过程中的劳动耗费差异，因而无法了解它的经济效果。根据土地经济学的基本原理，只有在考虑劳动和物质投入情况下的土地生产率才可作为评价土地质量的真正尺度，为了正确认识土地生产力或利用效益实际水平高低及分布状况，需要进行土地经济评价。

土地经济评价是采用经济可比的指标对土地投入（包括活劳动的投入和物化劳动的耗费）和产出（包括产品或其他效益）的经济效果进行评定。土地经济评价的实质表现在不同的自然条件与经济条件下，不同质量土地生产耗费量与提供产品量的对比关系，或在相同投入量下获得不同产出量的经济指标。它强调从土地经济属性的角度，从土地利用的经济学方面来评价土地质量。

土地经济评价的意义主要表现在：通过科学地确定土地的生产能力，为土地立法提供依据；通过对土地的投入产出分析，为科学地确定土地税收标准提供服务；通过更全面地揭示土地的质量，提出土地利用中所需解决的土地利用中的社会经济问题，为土地利用规划和土地改造服务；通过土地经济评价可有效地引导和鼓励人们正确地使用土地，向土地增加投入，进一步调动经营者在合理利用土地方面的积极性，为加强土地管理促进土地的集约利用服务；通过估价确定土地价值与价格，为培育和完善土地市场服务。

目前土地经济评价主要从农用地和城镇建设用地两个方面展开，具体包括农用地分等、定级和估价，城镇土地分等、定级与估价等。

(一) 农用地分等定级与估价

1. 农用地质量评价体系

农用地质量是指农用地生产能力和环境保护能力的客观反映，即农用地将太阳能转换为有机能的能力的客观反映。它反映了农用地质量的高低，包括两个方面：一是反映农用地满足经济社会需求方面的能力，可认为是农用地所具有的社会经济功能大小的客观反映；二是反映农用地满足环境生态需求方面的能力，即农用地通过植物生长吸收 CO_2、排出 O_2、维持生物多样性以满足人类及所有生物对生态需求方面的能力，可认为是农用地所具有生态能大小的客观反映。

农用地质量评价就是对农用地的社会经济和生态能力大小的评估，目前可用农用地等、级和价体系加以表征。农用地等、级和价反映农用地质量的尺度、层次、视角和用途的不同，所以它们既紧密联系，又相互区别。

(1) 农用地等与级之间的关系

农用地等和级都是用来定量表达农用地资源质量的指标，它们有着密切的联系。过去比较一致的看法是农用地级是对农用地等的细化，一般是在等的基础上分级，具体操作时就是在先进行农用地分等的基础上，从农用地限制型、影响因素细化等方面进一步评价土地级。

但是在我国进行第二轮国土资源大调查的农用地质量评价中的等和级具有更具体的意义。将农用地等确定为具有宏观控制性和全国可比性，并具有稳定性、偏重自然属性评价的农用地质量量化指标；而级则是具有中观控制性和县级区域内可比，且具有易变性、偏重社会经济属性评价的农用地质量量化指标。等和级之间是相互独立的体系，可单独开展，即分等不必考虑定级、定级也不必考虑分等。实际工作中，由于定级因素包括分等因素，所以等和级之间又有密切的关系，分等和定级结果虽然不是完全一致，但它们之间是有正相关关系的，为了提供工作效率，避免重复劳动，一般可先进行农用地分等，然后在此基础上，通过选取相关修正因素，采用系数修正法修正农用地分等成果得到农用地定级结果。

(2) 农用地级与价之间的关系

农用地级是通过级别的高低来反映农用地之间的差异，其结果表现为定性说明；而农用地价格是通过货币的形式加以表达的，具有明确的数值意义。农用地定级是农用地估价的基础，在缺乏农用地市场交易资料的前提下，农用地定级是农用地估价的直接依据。农用地价格不仅反映农用地的质量，而且还反映了农用地市场的供求关系，所以农用地级别和价格评定的结果可能出现不一致，但二者应呈正相关关系。在成果应用上，农用地级主要是为县域范围内开展耕地占补平衡、农用地交换和集中规模经营等应用服务的；农用地价格则主要用于农用地租赁、买卖、征地补偿等需要体现货币的农用地流转服务。

(3) 农用地等与价之间的关系

在宏观上、大尺度范围内，农用地等应对农用地价格有一定的控制作用，即二者呈现正相关关系，但由于农用地等主要考虑自然条件，而农用地价格侧重于社会经济条件的评价，因此二者不可能完全一致。

2. 农用地分等

农用地等反映全国范围内构成农用地自然质量的长期稳定的光、温、水、土所决定的生产潜力大小的差异。农用地等的划分侧重于反映因农用地潜在的(或理论的)区域自然质量、平均利用水平和平均效益水平不同而造成的农用地生产力水平差异。农用地等序列划分要求在全国范围内具有可比性。

(1) 农用地分等目的

1) 对农用地进行科学、合理、统一、严格管理，提高农用地管理水平提供依据；

2) 为科学量化农用地数量、质量和分布，实施区域耕地占补平衡制度和基本农田保护制度提供依据；

3) 为理顺土地价格体系、培育完善土地市场，促进土地资产合理配置，开展土地整理、土地征用补偿、农村集体土地使用权流转等工作提供依据；

4) 为实行农业税制改革，公平合理配赋征收农业税提供依据。

(2) 我国农用地分等理论依据

作物生产力原理、生产要素理论等是我国农用地分等的基本理论。我国的农用地分等在总结吸取国际农用地质量评价经验的基础上，结合我国的国情提出了农用地质量评价以自然生产潜力为主要依据的分等体系，同时将农用地分等与适宜性评价、社会经济评价相结合，形成了我国具有可比性的农用地等别划分的综合性评价的理论体系。

就农用地生产潜力评价来说，农用地生产潜力指农用地能够连续不断地供应和满足作物生长发育对光、温、水、土的需要，以及支撑作物生长的基地及其他环境条件和性能的总体质量。在农用地生产潜力形成的自然因素中，光温生产潜力标志着气候因子为作物进行光合作用、生长发育提供可资利用的光温的最高限值，是农用地生产量所能够达到的最大极值或理论值。因而光温生产潜力和气候生产潜力是构成农用地生产潜力的第一要素；但作物一般难以直接吸收利用大气降水，而主要是通过吸收利用土壤水分。土壤与地形是大气降水和地表温度的转运站和储存库。它们不仅是作物生长发育的支撑基地，而且它们通过对地表物质能量的再分配，构成了作物生长发育所需水分、养分的主要供应者。因而与地形密切相关的土壤层次厚度、土体构型、质地与结构、物质组成及性状等，都直接或间接地影响着水分和养分的赋存状态及其有效性。同时，土壤是人类农业劳动的对象和生产基地，是人类活动的最为频繁的场所，从而形成农用地的社会经济属性即土壤的经济肥力，这是构成农用地生产潜力的物质基础。

农用地的社会经济属性包括区位、农业耕作制度、农业生产投入水平，这些形成了农用地的社会经济生产潜力。这是农用地生产潜力整体中不可分割的重要组成部分，特别是在市场经济系统中农用地的社会经济生产潜力，将是农用地质量评价中不容忽视的重要内容和依据；不论对具有传统农业历史的发展中国家，还是具有现代化农业的发达国家，均将社会经济潜力视为农用地评价的重要因素，这是当今国内外农用地评价研究的重点领域。

依据《农用地分等规程》，我国农用地分等是在计算农用地自然生产潜力的基础上，利用土地利用系数和土地经济系数逐级修正得到不同层次的农用地等别的。农用地自然质量等指数的计算依据是作物生产力原理，即在作物的光合速率一定（各种作物的光合速率是固定的）和投入与管理水平最优的情况下，该作物的产量取决于光照、温度、水分、土壤等因素综合影响下的土地质量。农用地利用等指数的计算依据是生产要素理论。法国经济学家萨伊认为生产要素有 3 个，即劳动、资本和自然力。自然力不是劳动自己创造的东西，而是自然界赋予人类的东西。萨伊的结论是“事实已经证明，所生产出来的价值，都是归因于劳动、资本和自然力这三者的作用和协力，其中以能耕种的土地为最重要的因素但不是唯一的因素”。约翰·穆勒进一步丰富和完善了生产要素理论，把生产要素归纳为土地、劳动和资本。他认为生产力较高的最明显的原因是有利的自然条件，如肥沃的土壤、适宜的气候等；第二是人们有较大的劳动干劲和生产热情；第三是有较高的技能和知识，包括农业中的技艺等。在生产要素理论指导下，《农用地分等规程》提出了土地利用系数的概念：即土地利用系数等于实际产量与潜在产量之比。农用地利用等指数等于农用地自然质量等指数乘以土地利用系数。它与农用地自然质量等指数相结合，反映了人们利用土地的能力和意愿，可间接指导通过增加投入和改进管理挖掘农业生产潜力。《农用地分等规程》还提出了土地经济系数的概念：即实际产量-成本指数与区域最大产量-成本指数之比，用以反映农用地的利用效益。农用地经济等指数等于农用地的利用等指数乘以土地经济系数。这主要基于高产出未必有高收益的现实考虑，某些情况下，还可能是高产低收。目前存在的许多“增产不增收”现象就是例证。农用地经济等指数为农业结构调整提供了有力的科学数据，也为减轻农民负担，解决“三农”问题提供了科学依据。

(3) 农用地分等的技术思路

根据我国《农用地分等规程》，我国的农用地分等的总体技术思路可概括为以下几个层次：

1）按照光、温条件计算各有关作物的光温生产力指数。运用宏观的气候指标计算全国各作物在空间上逐步渐变的光温生产潜力指数，并以此形成全国可比的、宏观的农用地本底差异，即全国农用地光温生产潜力的地域分异。

2）按地块的条件评定各有关作物的理论产量指数。在基本气候条件一致的区域或相同地形地貌区内，按照各地块的水分、土壤、地貌等指标的优劣，对农用地光温生产潜力进行修正得到各作物的光、温、水、土生产潜力，以反映不同土壤条件下，土地质量的差异。

3）按照标准耕作制度计算总理论产量，评定农用地自然质量等。按照标准耕作制度的许可，确定当地几种指定作物，并选取大宗粮食作物为基准，通过光温生产潜力的比较，形成各作物与基准作物的产量比。并将各指定作物的理论产量按照产量比统一换算为标准粮产量，加总后得到各地块的理论标准粮总量指数，即农用地自然质量等指数，依据其差异划分农用地自然质量等。

4）根据土地利用水平对农用地自然质量等进行修正，评定农用地利用等。分区域或单元对近年土地利用水平进行测定，以不同区域间土地社会平均利用水平上的相对差异构建利用系数。按土地利用系数将土地的理论标准粮总产量修订为土地的实际标准粮总量，体现相同土地潜力但因利用水平不同造成农用地质量的差异，据此划分农用地利用等。

5）按投入产出水平对农用地利用等进行修正，实现农用地的经济和综合评价。分村、组或区域单元进行投入产出水平测算，以不同区域间土地社会平均投入产出水平方面的相对差异建立土地经济系数，并用土地经济系数修订农用地利用，以体现相同土地质量但因经济效益的不同造成的土地综合质量差异，完整反映农用地自然、社会经济条件综合影响下的农用地经济等别。

其总体技术路线可概括为图 2-4 所示。

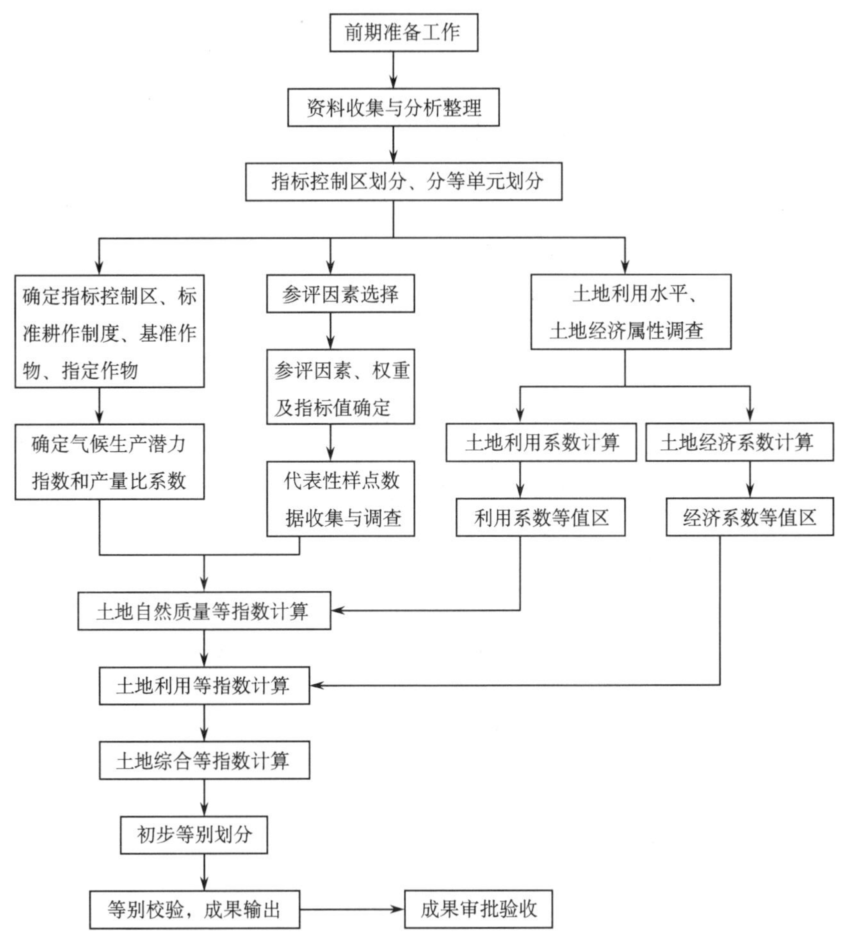

图 2-4 农用地分等总体技术路线

3. 农用地定级

农用地定级指在行政区(省或县)内,依据构成土地质量的自然因素和社会经济因素,根据地方土地管理和实际情况的需要,遵照与委托方的要求相一致的原则,即主要考虑与定级目的相联系,如开展农用地估价的需要,按照一定的方法和程序,以县或乡为单位进行的农用地质量综合评定,侧重于反映因农用地现实的(或实际可能的)自然质量、利用水平和效益水平不同,而造成的农用地生产力水平的差异。

(1) 农用地定级的方法

农用地定级处在农用地质量评定的"等一级一价"体系的中间,是农用地分等工作的延伸,同时也是农用地估价工作的基础。在我国的《农用地定级规程》中提供了三种基本的方法:因素法、修正法和样地法。

因素法定级是选择对农用地质量差异有显著影响的自然因素、区位因素及社会经济因素,运用加权求和法计算单元定级指数,依定级指数分值高低划分土地级别。用于农用地定级的因素包括自然因素、社会经济因素和区位条件因素。

因素法定级主要过程为:定级因素体系的确定,定级因素权重的确定,划分定级单元,编制"定级因素因子～作用分"关系表,计算定级单元各因素分值,计算定级单元总分值以及划分定级单元级别。

定级单元总分值的计算公式如下:

$$H_i = \sum w_j \cdot f_{ij} \qquad (i = 1,2,\cdots,p;j = 1,2,\cdots,n) \tag{2-2}$$

式中,H_i 为第 i 个定级单元的定级指数;i 为定级单元编号;j 为定级因子编号;w_j 为第 j 个定级因子的权重;f_{ij} 为第 i 个定级单元内第 j 个定级因子的分值。

修正法是在农用地等别划分的基础上,对定级单元的分等指数进行土地区位修正、耕作便利修正和参选因素修正来计算其定级指数,从而进行级别划分的方法。定级指数的计算公式如下:

$$H_i = G_i \cdot k_{zi} \cdot k_{fi} \prod k_{ji} \tag{2-3}$$

式中,H_i 为第i 个单元的定级指数;G_i 为第i 个单元所对应的分等指数;k_{zi} 为第i 个单元土地区位修正系数;k_{fi} 为第 i 个单元耕作便利修正系数;$\prod k_{ji}$ 为第 i 个单元参选修正因素修正系数;i 为区域内第 i 个单元的编号。

此外,修正法所采用的因素是指在县域范围内具有明显差异,对农用地级别有显著影响的因素,包括必选因素和参选因素,其中必选因素包括土地区位因素和耕作便利因素。土地区位因素主要包括农贸中心影响状况和交通状况两个方面。耕作便利因素主要包括耕作距离、耕作装备、田间道路和田块形状等。参选修正因素主要包括局部气候条件、地形、土壤条件、水利状况、土地利用状况、土地现状、土地利用方式等方面的因素。

样地法是指在土地分等定级区域内,当技术与管理水平一定或处于区域内的平均状况时,从该区域内基准作物和指定作物产量水平属于最高范围的那一类土地中随机选出若干个土地分等定级单元作为标准样地，然后将同一区域内的其他土地分等定级单元与本区域内的标准样地进行比较，从而获得土地分等定级单元与标准样地在质量上的相对差异性大小的定量数值，再按照该差异性数值的大小和土地分等定级区域内的各个分等定级单元进行级别的划分。其中最主要的工作是编制定级因素因子计分规则表。样地法记分规则表的编制应符合以下要求：①记分规则表编制应建立在当地试验资料的基础上；如果没有试验资料，则要采取适当的定性分析方法加以确定；②与样地相比，属性相同的不加（减）分，对农用地定级起正面作用的属性加分，起负面作用的属性减分；③每一属性的加（减）分，可以进一步由特征因子的分值计算出来；④每一属性加（减）分的累计分值，不能高于样地该属性的累计分值。在计分规则表编制完成以后，根据各定级评价单元定级属性特征记录，对照标准样地（或比照样地）相同属性的分值，查样地法记分规则表，可得各属性加（减）分，与样地分值相加得到定级单元的定级指数，然后根据农用地定级指数划分农用地级别。

以上三种定级方法各有优缺点和不同的适用范围：

修正法可以充分利用分等的成果，方法简单，但是由于定级指数的计算不仅依赖于定级单元的分等指数，还与区位修正系数、耕作便利修正系数以及参选因素修正系数密切相关，这些修正系数的编制就显得非常关键。修正系数的计算结果应该限制在合理范围内，不宜过大，否则对于区位条件和社会经济条件较差的定级单元，其定级指数的计算结果以及级别划分的结果可能会与实际情况会严重不符。例如，某定级单元自然条件较好，如果其修正系数很小，会致使其定级指数偏小，级别偏低。因为农用级别的高低主要受自然条件的影响，而只是与区位和社会经济因素部分相关。修正法的定级结果受区位和社会经济因素修正系数计算精度的影响较大，而在实际工作中确保此类修正系数的准确、对其合理量化有较大的难度。

因素法也可以较充分利用农用地分等的成果（直接从分等单元图中获取定级单元的自然条件因素的属性和分值），但由于定级因素较多，计算过程比较复杂。该方法综合考虑了定级单元自然、区位和社会经济方面的因素影响，并给予不同的权重值进行加权求和计算。该方法能较好地克服修正法的缺陷，农用地定级成果和农用地分等成果在空间上有较高的相关性。

样地法需要首先建立比较完善的标准样地和比照样地体系，要求工作人员具备较高的专业知识水平和丰富的实践工作经验，通常需要领域专家的参与。样地法还需要事先检验，以验证特征属性选择的合理性和计分规则的准确性。样地法属于半定量的方法，编制特征属性计分规则表时，各属性的级别数目和级别划分界限没有明确的标准和方法，需要依靠农用地定级工作人员的经验。

(2) 农用地定级技术路线

在此以因素法进行农用地定级来说明具体的农用地定级技术路线。因素法定级主要工作步骤包括资料收集整理、定级单元划分、因素及权重确定编制“因素因子～质量分”关系表的编制、因素分值计算、定级指数计算、初步划分级别、级别检验确定、面积量算等。具体技术流程如图 2-5 所示。

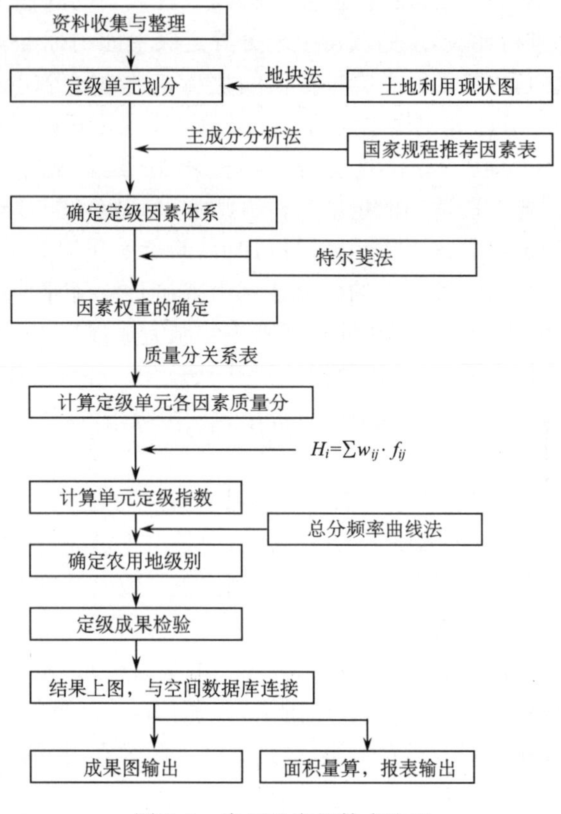

图 2-5　农用地定级技术流程

4. 农用地估价

农用地价格是指在正常市场条件下，在给定的估价期日，依据农用地的自然因素、社会经济因素和特殊因素等来确定的农用地所能够实现的价格，包括农用地宗地地价和农用地基准地价。

农用地宗地地价是指具体某一宗农用地，在正常市场条件下，于估价期日的评估价格。农用地基准地价价格是指针对农用地不同级别或不同均质区片，按照农用地不同利用类型，分别评估确定的某一估价期日的平均价格。

(1) 农用地基准地价评估技术路线

农用地基准地价评估应根据当地的具体条件确定适当的评估技术路线，一般情况下可采用以下技术路线：

1) 在农用地定级基础上，采用农用地投入产出资料和市场交易资料评估基准地价；

2) 通过设置标准地块，并评估标准地块的价格，以标准地块的平均价格评估基准地价；

3）根据农用地土地质量条件或农用地定级成果，划分均质区域作为基准地价评估单元，并根据各评估单元的影响因素综合分值或定级分值、农用地市场交易资料和投入产出资料，建立综合分值与地价模型评估基准地价。

在农用地基准地价评估中，应根据本地的农用地市场状况、基础资料及技术条件，一般选择其中一条技术路线进行评估。在确定基准地价评估技术路线过程中，已开展农用地分等定级工作的地区，应尽可能地利用分等定级的成果。具体可概括为图 2-6 所示。

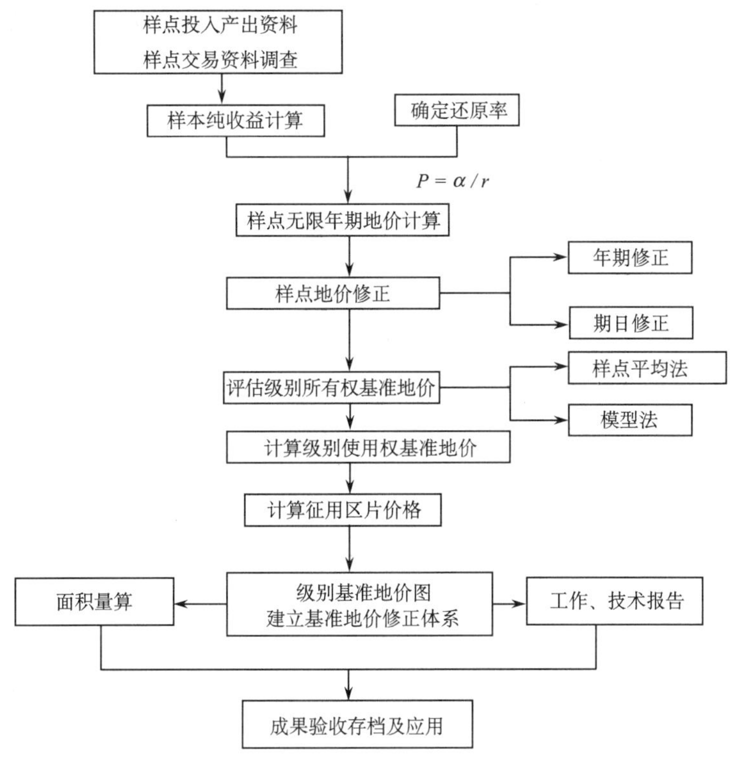

图 2-6　农用地基准地价评估技术流程

(2) 农用地宗地地价评估

农用地宗地地价评估包括收益还原法、市场比较法、成本逼近法、剩余法、评分估价法和基准地价修正法等基本方法，有关这些方法的具体介绍参见《农用地估价规程》，基本评估步骤包括：

1）接受估价委托；

2）明确估价基本事项；

3）拟订估价作业计划；

4）估价资料的收集与整理；

5）实地查勘待估农用地；

6）选定估价方法，试算宗地价格；

7）分析调整试算宗地价格，确定估价结果；

8）撰写估价报告书；

9）估价报告提交、备案及估价资料分类归档。

（二）城镇土地分等定级与估价

1. 我国城镇土地质量评价体系

与农用地土地质量评价主要反映土壤肥力状况等农用地的自然条件不同，城镇土地只是为各类生产和非生产活动提供场所，土地区位成为影响城镇土地质量的决定因素。

土地区位就是指地理空间中的具体位置，区位条件则是一个综合的概念，是指与一定地点相联系的一切自然、社会经济条件的综合。它具有系统性、尺度性、层次性和动态性等特点，相应地对城镇土地区位条件进行评价的城镇土地质量评价体系也应具有系统性、层次性和动态性等特点。

在我国对城镇土地质量评价，根据评价的区域范围、详细程度的不同将其划分为城镇土地分等、定级和估价三个层次系统。分等是宏观的、大区域范围内比较不同城市的区位条件的等级、位序，定级则是城市内部根据不同区位条件的差异进行级别划分，估价则是在城镇土地定级的基础上，综合反映土地区位条件的同时考虑土地市场供求关系，用货币形式度量的城镇土地区位条件差异。从区位的角度来看三种质量度量方法，可以说城镇土地分等主要是对全国或大区域范围内的宏观区位条件的评价，定级则是城镇范围内中观区位的度量，估价则是针对具体地块的微观区位的评定。

2. 城镇土地分等

(1) 概念

城镇土地分等是通过对影响城镇土地质量的经济、社会、自然等各项因素的综合分析，揭示城镇之间土地质量的地域差异，运用定量与定性相结合的方法对城镇进行分类排队，评定城镇土地等。

在实际应用中，城镇土地分等宜分层次进行。全国开展城镇土地分等应重点考虑对全国范围内重要的设市城市划分土地等；省域(自治区)开展城镇土地分等，应重点考虑对省、自治区内的城市和县城划分土地等；直辖市域开展城镇土地分等，应重点考虑对市域内的市区、地级和县级政府驻地城镇划分土地等。城市所辖的空间上与主城区分隔的实体(如独立工矿、开发区等)，宜在城市分等基础上，经综合平衡划分等别，必要时，可对跨不同行政区域的城镇进行分等。

(2) 城镇土地分等内容

城镇土地分等应尽量把定性、经验性的分析进行量化处理。在确定城镇土地等和级的初步方案时以定量分析为主，最终等别的调整和确定则宜依靠定性分析。其具体工作内容包括：

1）城镇土地分等工作准备及外业调查；

2）城镇土地分等因素选取、资料整理及定量化；

3）城镇分值计算及土地等别初步确定；

4）验证、调整分等初步结果，评定城镇土地等；

5）编制城镇土地分等成果；

6）城镇土地分等成果验收；

7）成果应用与更新。

（3）城镇土地分等技术流程

为完成城镇土地分等工作内容，可采用如图 2-7 所示流程，具体技术步骤包括：

1）建立影响城镇间土地等的因素因子体系；

2）确定各因素因子的相应权重；

3）分析因素因子的影响方式，建立评价标准；

4）对各城镇因素因子的评价指标值进行标准化处理，加权计算各城镇总分值，并初步划分城镇土地等；

5）验证分等初步结果，制订分等基本方案，开展意见征求，对城镇土地等进行调整和确定；

6）编制城镇土地分等成果图件、报告和基础资料汇编。

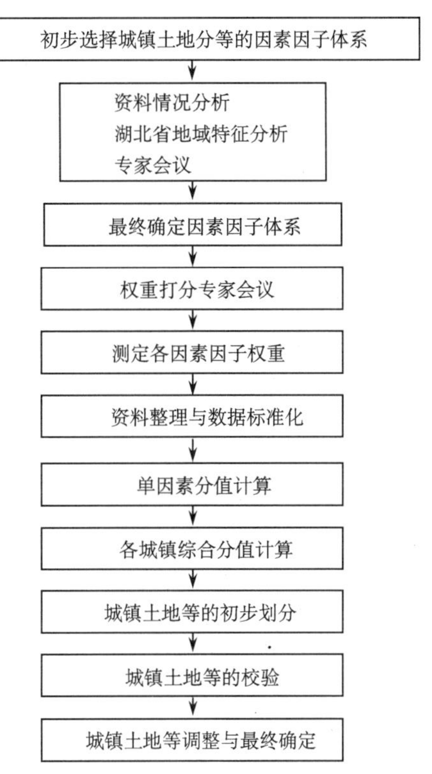

图 2-7　城镇土地分等技术流程

3. 城镇土地定级

城镇土地定级是根据城镇土地的经济和自然属性及其在社会经济活动中的地位与作用，对城镇土地使用价值进行综合分析，揭示城镇内部土地利用效益的区位差异，评定土地级别的过程。

城镇土地定级有综合定级和分类定级两种类型。综合定级是指对影响城镇土地质量的各种经济、社会、自然因素进行综合分析，按综合评价值的差异划分土地级。分类定级指分别对影响城镇某类型用地质量的各种经济、社会、自然因素进行分析，按分类评价值的差异划分土地级。分类一般可分为商业用地定级、工业用地定级和住宅用地定级三种类别。

城镇土地定级主要是分析现状土地质量的差异，必要时应考虑城市规划等其他因素对土地级别的影响。市区非农业人口 50 万以上的大城市，宜进行综合定级和分类定级，其他城镇宜进行综合定级，必要时可进行分类定级。

(1) 城镇土地定级工作内容

城镇土地定级的主要工作内容包括：

1) 城镇土地定级工作准备及外业调查；

2) 城镇土地定级因素资料整理及定量化；

3) 单元分值计算及土地级别评定；

4) 编制城镇土地级别图及分类量算面积；

5) 城镇土地级别边界的落实及分宗整理；

6) 编写城镇土地定级报告；

7) 城镇土地定级成果验收；

8) 成果归档与资料更新。

(2) 城镇土地定级技术流程

城镇土地定级程序包括：

1) 建立城镇土地定级因素体系；

2) 确定各因素的权重值；

3) 计算各因素的指标值和作用分值，编制各因素的指标值与作用分值的对照表；

4) 划分城镇土地定级单元；

5) 计算单元内各因素分值，加权求和计算总分值，按总分值的分布排列和实际情况，选取相应方法进行级别的划分；

6) 进行土地收益测算或市场交易价格定级，对初步划定的土地级别进行验证和调整；

7) 编制城镇土地定级图件、报告和基础资料汇编。

在 GIS 环境下进行城镇土地定级是目前城镇土地定级的主要技术方法，它可以借助 GIS 强大的空间数据分析、处理能力，来辅助完成定级工作，其工作流程如图 2-8 所示。

4. 城镇土地基准地价评估

土地价格是指在正常市场条件下，一定年期内的土地其使用权未来纯收益的现值总和。城镇土地估价就是采用一定的程序和方法对城镇土地价格评定的过程。城镇土地估价分为城镇土地基准地价评价和宗地地价评估两大基本类型。

基准地价是某一时点上，在城镇各土地级别或均质区域内，在平均容积率水平下和一定开发程度下的同一用途(商业、住宅、工业等)的法定最高出让年限的完整的土地使用权的平均价格。基准地价具有全域性、分用途、平均性、有限期和时效性特点。

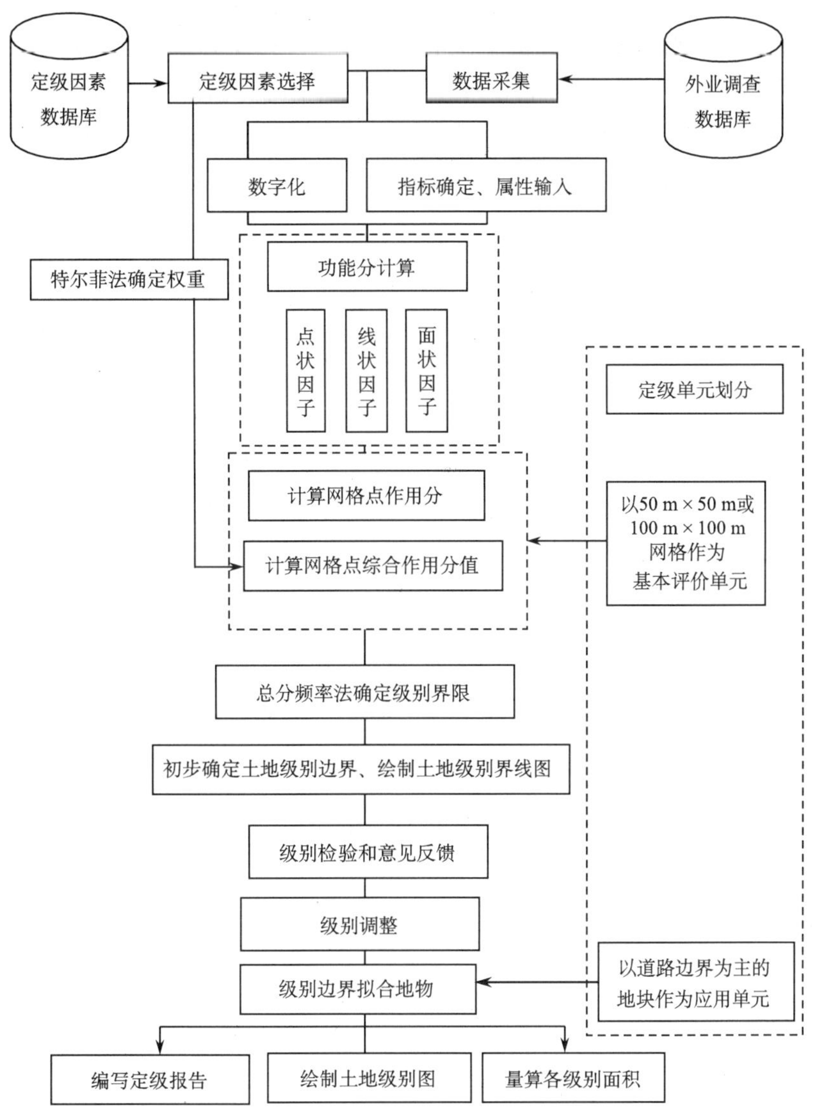

图 2-8　GIS 环境下城镇土地定级技术流程

(1) 基准地价评估的基本原则

1) 替代原则。土地价格遵循替代规律,某块土地的价格会受其他具有相同使用价值的地块的市场竞争,即受同类型具有替代可能的地块价格所牵制。换言之,具有相同使用价值、有替代可能的地块之间会相互影响和竞争,使其价格相互牵制而趋于一致。

2) 预期收益原则。土地价格受预期收益形成因素的变动而变动。估价时应了解估价对象过去的收益状况,并对土地市场现状、发展趋势等对土地市场的影响进行细致的分析和预测,准确预测估价的对象现在以至将来能带来的收益。

3) 供给与需求原则。土地估价时应考虑所有影响土地供给与需求的因素,掌握一定时期内的供给与需求总量的变化，还要了解供给与需求的结构性变化。

4）报酬递增与递减原则。经济学中的边际效益递减原则是指在一定的生产技术条件下，增加各生产要素的单位投入量时，纯收益随之增加，但投入量达到某一数值以后，如继续追加投资，其纯收益不再会与追加的投资成比例增加。利用这一原则，就可找出土地的边际使用点，即最大收益点或最有效使用点。因此，报酬递增与递减原则与最有效使用原则密切相关。

5）最有效使用原则。地价是以最有效使用土地为前提的。尽管土地具有用途的多样性，但由于不同的利用方式和利用强度对其权利人带来的利益是不同的。所以，作为以追求最大利益为目的的市场主体的土地权利人，都会根据最大获利原则来选择土地利用方式和利用强度。因此，土地估价应在遵循城市规划的基础上，以该地块最有效使用为前提。

6）贡献原则。按经济学中的边际收益原则，衡量一个生产要素的价值大小，可依据其对总收益的贡献大小来决定。对于土地估价来说，这一原则是指不动产的总收益是由土地及建筑物等构成因素共同作用的结果。其中某一部分带来的收益，与总收益比较，是部分与整体之间的关系。就土地部分的贡献而言，由于地价是生产经营活动之前优先支付的，故土地的贡献具有优先性和特殊性。

7）变动原则。土地价格是各种地价形成因素相互作用的结果。而这些因素经常处于变动之中，所以土地价格是在这些因素相互作用及其组合的变动过程中形成的。因此应把握各因素之间的因果关系及其变动规律，以便根据目前的地价水平预测未来的土地价格。

8）协调原则。土地总是处于一定的自然和社会环境之中，土地与周围环境的关系直接影响到该地块的利用效益或效用，进而影响该地块的价格。因此，在土地估价时一定要认真分析土地与周围环境的关系，判断其是否协调，并确定其协调程度。

9）综合分析原则。国际上有几种通用的估价方法，如收益还原法、市场比较法、成本法、剩余法等。在进行地价评估时，要根据估价对象的实际情况，充分考虑用地类型和所掌握的资料，选择最适宜的估价方法进行评估，力求得到客观、公正、科学、合理的土地价格。

(2) 基准地价评估的技术路线

目前我国城镇土地基准地价评估的一般技术路线是：以土地定级为基础，土地收益（地租）为依据，市场交易资料为参考评估基准地价，如图 2-9 所示。

此外，还有以下两条技术路线可供选择：

1）用土地条件划分均质地域（或以土地定级为基础），用市场交易价格等资料评估基准地价。该技术路线主要用于土地市场发达，土地交易案例多的城市，是今后基准地价评估的主要技术路线。

2）用土地条件划分均质地域，用市场交易价格等资料评估路线价。该技术路线主要用于土地市场发达城市的部分商业用地的评估。

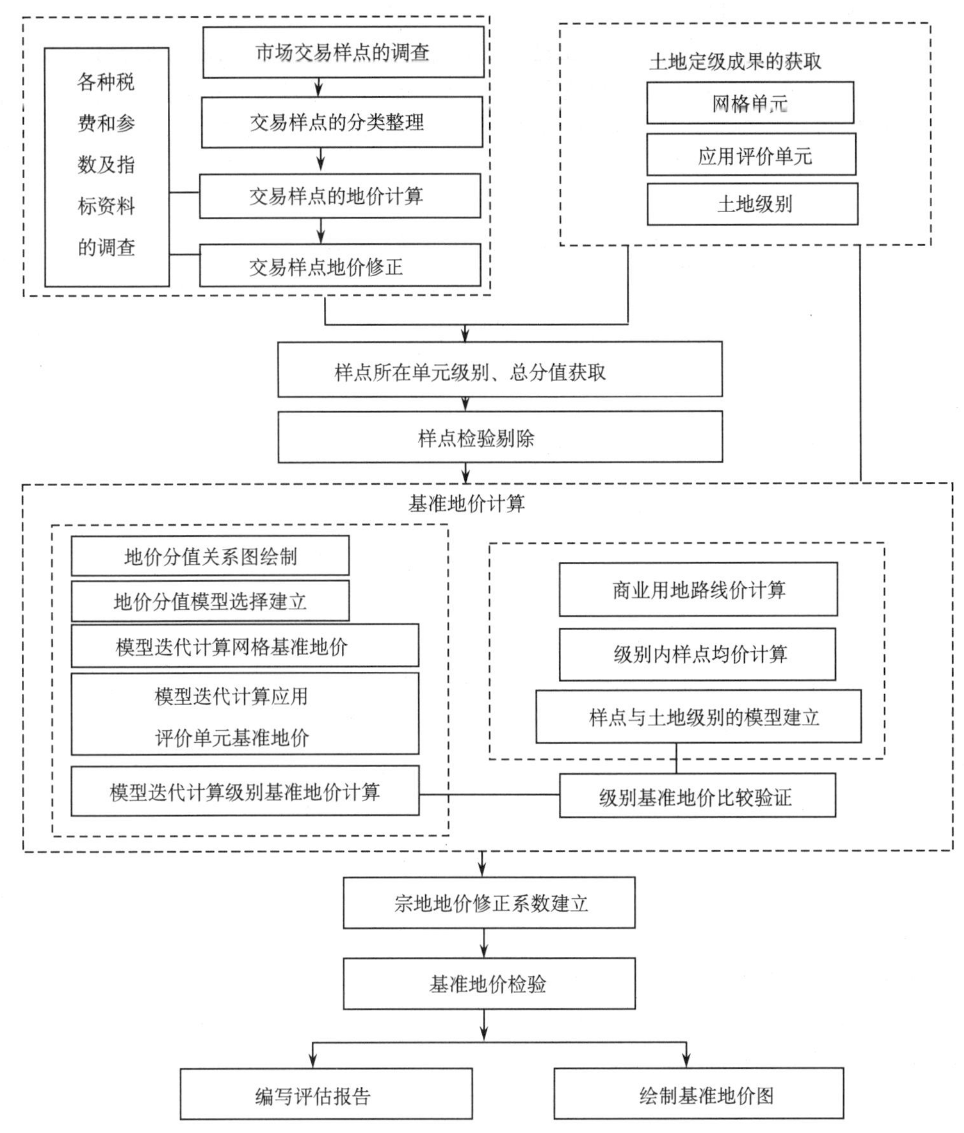

图 2-9　城镇土地基准地价评估技术路线

(3) 基准地价评估基本步骤

1) 资料调查。基准地价评估资料主要分为两大类:市场交易样点资料和其他相关资料。

样点资料的收集遵循“部门调查与分区实地调查相结合”的方法,在评估范围内收集商业、住宅和工业的房地市场交易样点资料,包括土地使用权出(转)让、商品房出售、私旧房买卖、房屋出租、土地使用权出租、土地联营入股、联合建房、以地换房、征地、拆迁、土地开发等样点资料。

除市场交易样点资料外，还需调查如下资料：历史地价资料，有关经济指数，土地开发与经营的政策法规、条例、规定，有关土地房屋的税收种类、税率，城镇规划等有关资料。

2）市场交易样点地价计算。对交易样点资料采用收益还原法、成本逼近法、剩余法等方法进行样点地价的测算。不同类型样点的地价测算方法需采用不同的方法，具体如表 2-2 所示。

表 2-2 各类样点地价计算方法选择

用地类型	样点类型	地价计算方法
商业用地	土地使用权出让、转让	成本逼近法
	私房买卖	剩余法
	商业用房出售	剩余法
	铺面出租	收益还原法
住宅用地	土地使用权出让、转让	成本逼近法
	商品房出售	剩余法
	房屋买卖	剩余法
	房屋出租	收益还原法
工业用地	土地使用权出让、转让	成本逼近法
	工业厂房出租	收益还原法

3）样点数据检验剔除。样点资料处理中的可变参数选择，可能会造成地价水平的系统误差。在将不同方法处理所得的资料应用于基准地价评估时，要进行资料处理方法的检验。数据检验以土地级别为单位，分土地利用类型进行抽样样本的总体和方差检验。

用卡方检验与秩和检验法对已知数据总体分布类型和未知数据总体分布类型的样本进行总体一致性检验。

异常数据是指同一土地级别或同一均质地域内的同行业样点中，由于某些特殊因素影响而造成地价明显高于或低于其他宗地地价的数据。我们采用 t 检验法与均值-方差法分别对样本总体为正态和非正态分布的进行异常值剔除。

4）评价单元的划分。评估单元的划分根据不同区域的大小及其基准地价评估的具体要求而采用不同的评价单元。

5）基准地价计算。基准地价可采用不同的计算方法，如在采用格网单元作为评价单元时，可利用样点地价与样点所在网格单元的定级因素总分值建立数学模型，计算基准地价，即在土地分类定级的基础上，分析样点地价和样点所在土地定级因素总分值关系，建立相应的商业、住宅和工业用地的数学模型，并对模型进行检验。

6）宗地地价修正系数编制。宗地地价修正系数就是采用替代原理，建立基准地价、宗地地价及其影响因素之间的相关关系，将基准地价修正为不同因素条件下的宗地地价的系数体系。

5. 城镇土地宗地地价评估

(1) 收益还原法

收益还原法是将预计的待估土地未来的正常年纯收益（地租），以一定的土地还原利率将其统一还原为评估时点后累加，以此估算待估土地的客观合理价格的方法。土地未来地租的资本化是其基本原理。收益还原法的基本公式如式(2-4)：

$$P = \frac{a}{r}\left[1 - \frac{1}{(1+r)^m}\right] \tag{2-4}$$

式中，P 为有限年期土地收益价格；a 为年土地纯收益；r 为土地还原利率；m 为土地使用年期。

收益还原法只适用于有收益的土地和建筑物或房地产的估价。不适用于没有收益的不动产估价。

(2) 市场比较法

市场比较法是根据市场中的替代原理，将待估土地与具有替代性的，且在估价时点近期市场上交易的类似地产进行比较，并对类似地产的成交价格作适当修正，以此估算待估土地客观合理价格的方法。在同一公开市场中，两宗以上具有替代关系的土地价格因竞争而趋于一致。市场比较法的基本公式如下：

直接比较公式

$$\mathrm{PD} = \mathrm{PB} \times \mathrm{A} \times \mathrm{B} \times \mathrm{D} \times \mathrm{E} \tag{2-5}$$

式中，PD 为待估宗地价格；PB 为比较案例价格；A＝待估宗地情况指数/比较案例宗地情况指数；B＝待估宗地估价期日地价指数/比较案例宗地交易日期指数；D＝待估宗地区域因素条件指数/比较案例宗地区域因素条件指数；E＝待估宗地个别因素条件指数/比较案例宗地个别因素条件指数。

间接比较公式

$$\mathrm{PD} = \mathrm{PB} \times \mathrm{A} \times \mathrm{B} \times \mathrm{C} \times \mathrm{D} \times \mathrm{E} \tag{2-6}$$

式中，PD、PB、A、B、D、E 含义同式(2-5)；C ＝标准宗地条件评价系数/比较案例宗地条件评价系数。

市场比较法主要用于地产市场发达，有充足的具有替代性的土地交易实例的地区。市场比较法除可直接用于评估土地的价格或价值外，还可用于其他估价方法中有关参数的求取。

(3) 成本逼近法

成本逼近法是以开发土地所耗费的各项费用之和为主要依据，再加上一定的利润、利息、应缴纳的税金和土地所有权收益来确定土地价格的方法。成本逼近法的一般地价公式如下：

新开发土地

$$\begin{aligned}\text{地价} &= \text{土地取得费} + \text{土地开发费} + \text{利息} + \text{利润} + \text{土地所有权收益}\\ &= \text{成本价格} + \text{土地所有权收益}\end{aligned} \tag{2-7}$$

已开发土地

$$\text{地价} = \text{土地重新开发成本(开发原价)} - \text{减价修正} \tag{2-8}$$

成本逼近法一般适用于新开发土地的价格评估，特别适用于土地市场狭小，土地成交实例不多，无法利用市场比较法进行估价时采用。同时，对于既无收益又很少有交易情况的学校、公园等公共建筑、公益设施等具特殊性的土地估价项目也比较适用。

(4) 剩余法

剩余法又称假设开发法，是在预计开发完成后不动产正常交易价格的基础上，扣除预计的正常开发成本及有关专业费用、利息、利润和税收等，以价格余额来估算待估土地价格的方法。其基本公式为

$$V = A - (B + C) \tag{2-9}$$

式中，V 为待估土地的价格；A 为总开发价值或开发完成后的不动产总价值；B 为整个开发项目的开发成本；C 为开发商合理利润。

对于房地产开发项目，其基本公式为

$$\text{土地价格} = \text{房屋的预期总售价} - \text{建筑总成本} - \text{利润} - \text{税收} - \text{利息} \tag{2-10}$$

剩余法适用于具有投资开发或再开发潜力的土地估价。允许运用于以下情形：①待开发成房地产或待拆迁改造后再开发成房地产的土地估价；②仅将土地整理成可供直接利用的土地估价；③现有房地产中地价的单独评估。

(5) 基准地价系数修正法

基准地价系数修正法是通过对待估宗地地价影响因素的分析，对各城市已公布的同类、用途、同级土地基准地价进行修正，估算宗地客观价格的方法。其基本公式如式(2-11)：

$$\text{土地价格} = \text{基准地价} \times (1 \pm K) \tag{2-11}$$

式中，K 为基准地价修正系数，$K=K_1+K_2+\cdots+K_n$；K_1、K_2、…、K_n 分别为宗地在第 1、2、…、n 个因素条件下的修正系数，可分别在宗地地价修正系数表中查找各因素修正系数。

基准地价是在特定开发程度和利用程度下，各类用地在法定最高出让年期的某一时点的土地使用权平均价格。待估宗地各地价影响因素修正仅对基准地价的区域平均性作了修正，因此，还需进行如下修正：

1) 期日修正。待估宗地的基准日期与基准地价的基准日期必不相同，因此，需根据地价的变化程度进行期日修正。

2) 容积率修正。基准地价一般根据平均的土地利用程度来确定其容积率。当待估宗地的容积率水平与基准地价所设定的不一致时，就需进行容积率修正。

3) 年期修正。当待估宗地的土地使用年期与基准地价所设定法定最高出让年期不一致时，就需进行年期修正。

4) 土地开发程度修正。基准地价所设定的土地开发程度一般依全估价区域的平均开发程度或各均质区域的平均开发程度而定。当待估宗地的土地开发程度与基准地价所设定的土地开发程度不一致时，就需进行土地开发程度修正。土地开发程度修正系数依据各基础设施投资对宗地地价的影响程度确定。

基准地价系数修正法适用于已公布基准地价的城市的宗地地价评估。特别适用于土地出让底价、土地抵押价格、课税地价和国有企业兼并等行为中的土地资产评估。

四、土地持续利用评价

(一) 土地持续利用概述

1. 土地持续利用研究进展

由于地球上的资源储量与环境容量是有限的,因此人类要用可持续发展的思想来对待生产和生活方式。1992年联合国环境与发展大会发表了《21世纪议程》,其中指出:地球系统的人口承载力是可持续发展最重要的基础理论之一,也是土地科学的核心问题。

土地持续利用(sustainable land use)的思想是1990年在新德里召开的首次国际土地持续利用系统研讨会上正式确认的。1991年9月在泰国清迈举行了"发展中国家持续土地管理评价"国际会议,1993年6月在加拿大举行了"21世纪持续土地管理"国际会议,这两次国际学术讨论会都提出了持续土地管理的概念、基本原则和评价纲要。由于不同学者对土地这个自然经济综合体的认识角度的差异和对土地属性及其功能的侧重不同,土地持续利用的概念也各不相同。Young(1990)认为土地持续利用是"获得高的收获产量,并保持土地赖以生产的资源,从而维持允许的生产力"。Hart和Sand认为土地利用系统是利用自然和社会资源、生产的产品其社会经济环境价值超过商品性投入,同时能维持将来的土地生产力及自然资源环境。联合国可持续发展委员会(UNCSD)开展了一个专门研究可持续发展指标的项目,在"驱动力(driving force)—状态(state)—响应(response)"概念模型的基础上,建议应用"土地利用变化(land use change)"这项指标来反映影响土地资源可持续利用的人类活动、过程和格局,应用"土地状况变化(changes in land conditions)"这项指标来反映土地资源可持续状态。应用"资源管理权下放至地方"这项指标来评价各国政府为实现土地资源的可持续管理在政策上、制度上所做出的响应行为。在"驱动力—状态—响应"指标框架中,"土地利用变化"是驱动力指标,"土地状况变化"是状态指标,"管理权下放"是响应指标。

国际上有关土地可持续利用评价的研究成果集中体现在1997年8月在荷兰恩斯赫德召开的"可持续土地利用管理和信息系统国际学术会议"上。在这次会议上,一些学者提出"选择指标应遵循三个原则,即数据的现成性、灵敏性和可量化性",并认为土地可持续利用评价指标有三类:"一类为环境和技术指标,二类为经济指标,三类为社会指标";Preri等主要研究了可持续土地利用管理评价指标中有关土地质量方面的评价因素或指示因素(indicators),如水土流失、土壤肥力下降、林地退化、草地退化、地下水下降、盐渍化等;Driesen认为,评价一个土地利用方式是否可持续,可简单地用"产量差",即目前的产量和最大潜在产量的差值来衡量;Reenberg更强调了地权等社会经济方面的重要性;杜曼斯基把有关土地质量的指示因素分为短期内可观测到的易变化的指示因素和在较长时期才发生变化的指示因素;Gameda等探讨了加拿大农场水平上的可持续土地利用管理在生产性、安全性、保护性、可行性和接受性这五个方面的指示因素和评价指标;

Berroteran 和 Zinck 以委内瑞拉为例探讨了国家级水平上可持续农业(土地利用)的某些指示因素和评价指标。从这次会议看,对土地质量和环境方面的指示因素有了大体一致的意见,但关于经济可行性和社会接受性方面的评价因素研究较少,争议颇多。大多数与会专家认为,评价一个土地利用系统是否可持续,必须全面分析土地利用在自然资源、生态环境、社会经济、习惯与法制等各个方面的效应,但对于具体的评价指标和评价方法还处于探索阶段。特别是由于各国、各地区的自然条件和经济社会条件不同,所面临的问题也不一样,因而土地可持续利用的具体评价指标就会有差异。如在当前化肥农药投入已经引起或将要引起水土污染的情况下,是应继续增加土地投入,进一步提高单位面积上的产量,以保证人民温饱,还是限制投入,控制水土污染的进一步加剧。发达国家和发展中国家在“生产性”和“保护性”评价指标的“阈值”上肯定不同,其社会“接受性”也肯定不同。因此,要开展区域性土地可持续利用评价指标体系的研究,需针对具体地区的特点,提出切合实际的区域性的评价指标体系,以指导区域的可持续土地利用。此外,国家、地区和农户等不同层次(尺度)的土地持有者或利益集团对于土地可持续利用的指示因素和评价指标的认识肯定不同。如对于水土流失问题,国家、地方政府和具体的农户肯定有不同的标准;国家往往从比较长期的生态经济利益考虑,而农民则更关心眼前的温饱问题。因此,关键是针对一个国家、一个地区的实际情况,提出切实可行、便于操作、容易定量的区域性的不同尺度的评价指标体系。

土地持续利用反映在时间演进和空间结构中的土地利用者——人和利用对象——土地和谐的自然、社会、经济、技术关系。持续土地利用一方面是土地利用在时间上延伸,即当代人的土地利用方式不对后代人利用土地造成危害,即代际公平原则;另一方面体现在不同区域尺度间的和谐,即一定区域土地利用不对其他区域土地利用产生危害。土地持续利用是土地利用的理想目标。实现土地持续利用的手段不仅包括土地自然条件的改善和保护,也包括社会、经济、技术的改进、改良,更重要的是实现社会、经济、技术和土地自然条件间的协同发展。

土地资源的可持续利用是我国实现可持续发展战略的基本保障。2002 年我国在土地可持续利用研究方面的成果主要有:对目前国内外土地持续利用评价方法进行了系统归纳、提炼,分析了每种方法的特点和适用范围;分别建立了反映中国土地资源特征和土地利用特征的全国 11 个土地利用区的土地持续利用评价指标体系和应用这些指标进行土地持续利用评价的方法;构建了适用县域开展土地持续利用评价的指导性指标体系框架;通过分析我国城市用地系统的现状及存在的问题,提出了城市用地持续利用评价指标体系框架;在分析我国耕地利用特征及其突出的食物安全保证功能的基础上,构建了符合我国耕地资源特征的持续利用评价指标体系;构建了林地持续利用评价指标体系总体框架及区域、森林经营单位、生产林和非生产林(公益林)等不同层次,及不同林种的林地可持续利用评价指标体系;通过分析我国各区域草地资源利用现状,构建了中国草地利用持续性评价指标体系;根据建立的土地持续利用评价指标体系,提出了不同尺度和层次的土地持续利用指标监测方法,构建了监测体系。

2. 土地持续利用系统特征

土地持续利用系统是典型的自然-经济-社会复合系统。如果从土地使用者和使用对象的关系来看,土地持续利用系统可以看作是自然-生态和社会-经济两大子系统的耦合(戴尔阜等,2002),其特征主要表现如下:

(1) 系统复杂性

土地持续利用系统是一定的土地类型与土地利用方式的结合,是气候、地貌、岩石、土壤、水文、土质以及人类活动所构成的自然、经济复合体。由于人类的干预,持续土地利用系统过程是持续生态学过程、持续经济学过程的统一体。

(2) 层次开放性

由于不同的自然地理单元和不同的行政区域单元的组合,土地持续利用系统是由等级不同的单元镶嵌而成,一般可以分为大尺度、中尺度和小尺度 3 个等级。在不同的等级尺度上,影响土地持续利用的因素各有侧重。任一层次的系统是其更高一级系统的子系统和下一级系统的母系统,因而呈现层次开放性的特点。

(3) 时空动态性

土地持续利用是土地适宜性在时间上的延伸,它反映了在时间演替和空间结构中和谐的人地关系。随着时间的推移和系统影响因素的变化,土地持续利用系统的结构与功能都会发生变化。

(4) 主体多元性

不同层次的土地持续利用是为了实现不同群体的利益,例如在全球尺度上,土地持续利用的目标是整个人类的可持续发展;区域程度上的目标是本区域全体公民的利益;而在农作物层次上的目标是农户的经济效益。主体的多元性使得在不同尺度上土地持续利用的目标和调控机制存在差异。

(二) 土地持续利用评价

1. 基本概念

土地持续利用评价是根据一定评价指标对土地自然生产能力、土地生态环境及其相关的社会经济环境可持续性的定量评估。在以往研究中,土地评价主要是根据土地的自然生产能力或其他方面利用潜力高低对土地质量做出评估。土地利用现状评估很难评价土地利用在时间演替和空间结构中的可持续性。土地持续利用评价一方面表现在对土地利用现状的评估,更重要的是表现在对土地利用持续性的评估。

具体而言,土地持续利用评价是在应用可持续发展思想的基础上,依据土地持续利用的内涵与目标,选取一定的评价指标,将与土地利用有关的自然环境、经济、社会各个方面的因素联系起来，针对一定的土地评价单元，对其土地利用方式进行定性、定量评价，以此来衡量该土地利用方式在一定时间段内的稳定性和发展性，即土地利用的持续性。

2. 土地持续利用评价意义

土地持续利用评价有机地综合了土地适宜性评价、土地潜力评价、土地生态经济评价，并探求它们在时间上的延伸。因此，土地持续利用评价不仅包括对土地利用方式的现状功能评价，还包括对未来的预测性评价，即需要对在该土地利用的方式下，影响土地评价单元的各种社会、经济和生态因子与过程可能的变化趋势作出预测，并予以评价。

土地持续利用评价以探求土地利用系统及其与外界因素之间的相互关系为目标，以评价为目的，既不同于土地规划，也不同于具体的持续土地利用管理方法或措施。通过科学、客观的评价，分析区域土地利用的自然、经济和社会属性，衡量其持续性程度，从而确定当前土地利用系统所处状态和存在问题，以及现状土地利用措施对土地利用/土地覆被的预期影响，为完善土地利用规划、改进土地利用管理方式、实现土地持续利用提供依据。

因此，土地持续利用评价是土地持续利用研究的关键问题，是土地持续利用研究由理论到实践的必经环节，也是实施土地可持续利用的重要手段，是开展区域国土整治、土地利用规划和土地利用制度制定的重要依据。科学合理地土地持续利用评价，有助于土地资源的高效利用，有助于实现区域可持续发展。

3. 土地持续利用评价原则

（1）整体性与层次性原则

土地可持续利用评价指标体系应是一个有机整体，评价指标体系必须反映土地利用的客观性、总体性和全面性。土地利用是一个动态的发展过程，设置的评价指标要与社会经济总体发展战略目标一致，不但应该从各个角度反映出被评价土地的主要特征状况，还要反映土地利用的动态变化及其趋势。同时土地可持续利用评价是一个复杂的自然-经济-社会复合系统，应根据系统的结构分解出若干亚系统，亚系统再分解出若干子系统，使评价体系结构清晰，层次分明便于操作。

（2）全面性与代表性原则

指标的选取应注重全面性，涵盖土地利用的生态效益、土地利用的经济效益以及社会效益等方面内容，同时也应注重代表性，即典型性。因为指标的繁杂并不一定能增强评价结果的可信度，重要的是要看指标对评价目标的贡献度及其与相关指标的联动程度。

（3）前瞻性与指导性原则

评价的主旨在于引导城市土地利用向土地利用生态效益显著、利用结构合理、经济效益高效、土地利用与社会、经济、人口发展协调等方向发展，因此要求评价指标体系必须符合新观念、新思路、新发展的设计，具有前瞻性，要求评价结果对土地利用决策起到指导性作用。同时城市土地持续利用评价应反映城市土地利用的趋向性，不但能揭示土地利用变化情况，并且能为未来的可持续利用提供间接信息。

(4) 注重时态性原则

静态分析主要从同类型、同级别某一时期用地状态横向对比入手，评价土地利用的状态及其与先进地区的差距或可取之处；同时考虑到可持续性土地利用需要通过一定的时间尺度才能得到反映，因而指标的选取应充分考虑动态变化特点，要能较好地描述、刻画与度量未来的发展或发展趋势。如可持续性土地利用中的生产力、生活环境的稳定性等方面的指标，为土地利用决策或改进提供依据。

4. 土地持续利用评判标准

土地持续利用评价标准是持续利用评价的核心，一般需要根据具体评价区域情况具体确定。但 FAO 提出持续土地利用评价的标准为不同地域开展持续土地利用评价提供了框架体系。

FAO 于 1993 年颁布了《可持续土地利用评价纲要》(《FESLM》) 等指导性文件，《FESLM》确定了土地可持续利用的基本原则、程序和 5 项评价标准 (pillars)，即：土地生产性 (productivity)、土地的安全性或稳定性 (security)、水土资源保护性 (protection)、经济可行性 (viability) 和社会接受性 (acceptability)，并初步建立了土地可持续利用评价在自然、经济和社会等方面的评价指标 (indicators)。《FESLM》提出的土地可持续利用评价的基本思想和原则，成为指导各国土地可持续利用管理的纲领。

其五个评价标准的意义分别为

1) 土地利用生产性，指土地利用方式有利于保持和提高土地的生产能力，包括农业的和非农业的土地生产力以及环境美学方面效益。

2) 土地利用的安全性或稳定性是指土地利用方式有利于降低生产风险的水平，使土地产出稳定。

3) 土地利用的水土资源保护性是指保护自然资源的潜力和防止土壤与水质的退化，即在土地利用过程中必须保护土壤与水资源质与量，以公平地给予下一代。

4) 土地利用的经济可行性是指如果某土地利用方式在当地是可行的，那么这种土地利用一定有经济效益，否则不能存在下去。

5) 土地利用的社会接受性指如果某种土地利用方式不能为社会所社会接受，那么这种利用方式必然是失败的。

5. 基于 PSR 的土地持续利用评价框架

世界经济合作与开发组织(简称世界经合组织，OECD)率先提出并发展了反映自然环境状况指标体系的 P-S-R[压力(Pressure)-状态(State)-相应(Respondence)]框架，如图 2-10 所示。

人与土地之间的相互作用关系，首先是人类为获得基本的物质资源与条件，对土地展开一系列的开发利用与改造活动，土地必然承受因人口增长、经济发展和社会进步所带来的压力(P)；压力反映土地可持续利用的社会经济动因。压力之下的土地所呈现的数量、质量、类型、结构、功能及与土地密不可分的生态环境质量现状，土地的物理学、化学与生

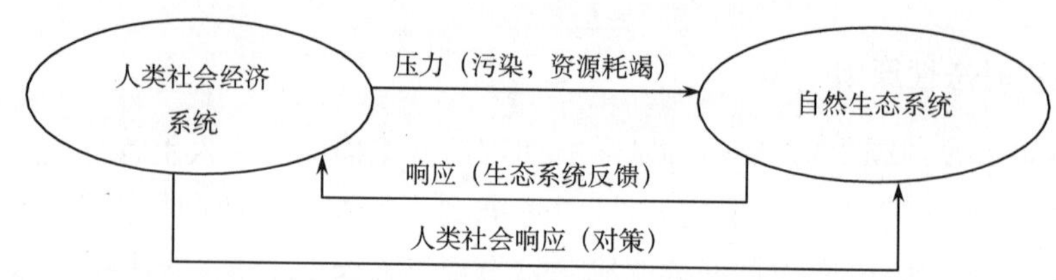

图 2-10　自然环境状况 P-S-R 框架

物学过程的变化特点及其趋势，即土地现状及其态势(S)，是土地可持续性的基本内涵。土地对人类活动的反馈，通过其状态变化来影响社会经济；人类对反馈的响应(R)，包括制度建设、管理与技术改进、社会发展与经济结构调整、教育与科技进步等，是对土地利用的调控、支持及能力建设，其科学性及其力度与土地可持续利用及其强度密切相关。P-S-R 揭示出土地利用中人地相互作用的链式关系，构成模式的基本层面；链节(P,S,R)的概念内涵总和构成准则层，并通过基本层面达到土地持续利用目标。

土地持续利用首先应当保证土地自然生态环境良性发展，其次是土地生产能力适宜、土地经济结构优化和社会可以认可。在这些驱动力的影响下，出现了一定自然要素、经济要素、社会要素和技术要素相统一的土地利用状况。经过一定时间推移之后，土地利用中的各要素的部分或整体会发生变化，进而导致区域土地利用变化。土地利用系统对这种变化会做出响应，各要素的响应会作用到区域土地利用驱动力与土地利用状况，导致区域土地利用驱动力和土地利用状况的变化。这种变化引起新的区域土地利用变化和土地利用响应。土地持续利用模式中，考虑到土地利用的生态效益、经济效益和社会效益的同步发展，土地利用响应对土地利用驱动力和土地利用状况有正面驱动效应，将引起土地利用系统整体向良性化方向发展。

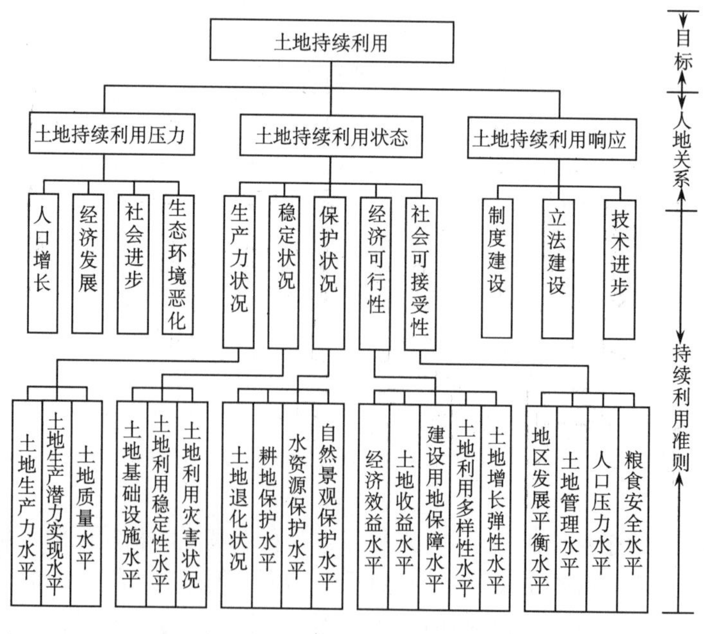

图 2-11　基于 P-S-R 的土地持续利用评价框架

在土地利用的 P-S-R 框架下，区域土地持续利用评价应从自然、社会、经济和技术 4 个单因素及其总体进行评价。自然评价是基础，综合评价是核心，设计土地持续利用评价框架如图 2-11 所示。

五、土地生态评价

土地生态系统是与人类关系最密切的生态系统。人类生产和生活活动的合理与否都直接或间接地对土地生态系统产生影响，而土地生态系统的质量优劣同样关系到人类社会经济的持续健康发展。因此，开展土地生态系统评价研究具有重要的现实意义。土地生态评价就是指对土地生态系统的结构、功能、价值及其生态环境质量所进行的评价。

（一）土地生态评价的内容

1. 土地生态系统的结构功能及土地生态价值的评价

生态系统服务功能是指生态系统与生态过程所形成及所维持的人类赖以生存的自然环境条件与效用。全球生态系统服务可以归纳为 17 类、4 个层次：生态系统的生产功能（包括生态系统的产品及生物多样性的持续等），生态系统的基本功能（包括传粉、传播种子、生物防治、土壤形成等），生态系统的环境效益（包括改良、减缓干旱和洪涝灾害、调节气候、净化空间、废物处理）和生态系统的娱乐价值（休闲、娱乐、文化、艺术素养、生态美学等）。

2. 土地生态系统的健康程度和土地利用的生态风险评价

在一般的土地评价的基础上，选择对研究对象最有意义的若干生态特性，进行专项评价。进而查明土地生态类型与土地利用现状之间的协调程度及其发展趋势，诊断土地生态系统的健康程度和土地利用的生态风险。

生态健康不仅是一个生态学上的定义，而是一个将生态-社会经济-人类健康三个领域整合在一起的综合的概念。Rapport 等在 1998 年将生态系统健康定义为：以符合适宜性的目标为标准来定义的一个生态系统的状态、条件和表现，即生态系统健康应包括两方面的内涵：满足人类社会合理要求的能力和生态系统本身自我维持与更新的能力。

生态风险是指生态系统及其组分所承受的风险，指在一定区域内，具有不确定性的事故或灾害对生态系统及其组分可能产生的作用，这些作用的结果可能导致生态系统的结构和功能的损伤，从而危及生态系统的安全和健康。美国国家环保局将生态风险评价定义为：对于由于一种或多种应力（物理、化学、生物应力等）接触的结果而发生或正在发生的负面生态影响概率的评估过程。一般说来，生态风险评价是一个获取和分析生态环境数据、提取信息的过程，通过对各种假设和不确定因素的分析，得出生态朝逆向转变的可能性的评估。

3. 人类社会经济活动对土地生态系统的影响评价

将不涉及社会意义的自然生态系统质量评价与涉及人类社会生活或社会经济过程的生态系统的生态评价结合起来，尤其关注人类社会经济过程对土地生态系统的影响。

这类生态评价是在土地生态系统自身质量评价的基础上开展的，诸如土地生态系统的敏感性评价，生态足迹评价和土地生态系统的可持续性评价等。

4. 土地生态环境的退化、破坏程度或潜在危险评价

这类评价主要是对土地生态退化进行的评价，包括单一要素的评价，如土壤退化、水土流失、土壤污染、土壤荒漠化、土壤盐渍化，水环境污染，洪涝灾害等，土壤环境退化综合评价，如土地景观破坏性评价、土地生态系统稳定性评价、土地生态适宜性评价、土地生态潜力评价等，各种土地利用行为环境影响评价，如土地开发整理环境影响评价、土地利用规划环境影响评价等。

(二) 土地生态评价的意义

开展土地生态评价的意义体现在以下几方面。

1. 为环境保护与治理服务

人们在对土地的使用过程中，由于片面的追求短期效益，造成了环境破坏的现象，如大量的农药、化肥的使用污染了地下水；盲目的毁林开荒导致严重的水土流失，进而影响局部小气候，造成自然灾害频发，农作物减产等。土地生态评价可以分析现时影响土地的各种活动，在此基础上可以通过改进土地利用方式和采取一定的环境保护措施，使活动保证在比较安全的阀值内，不至于造成土地退化和环境污染。

2. 为土地利用结构调整和规划提供服务

从农林牧业生产对土地资源的需要出发，全面衡量土地资源的条件和特点，评定现时各类土地在农林牧业利用过程中出现的问题，为土地利用和规划提供科学依据，以便采取改良措施，调整生产结构，选择和规划土地的利用方向。

3. 为国家宏观经济发展决策提供服务

从社会经济和生态综合的角度认识土地资源利用，克服了过去注重土地利用的经济效益而忽略其生态环境效应的缺陷，有利于实现土地利用与生态环境的协调发展，实现人与自然的和谐，对于实现土地资源乃至整个国家社会经济持续健康发展，构建社会主义和谐社会具有重要的意义。

第三节　土地评价指标体系

一、土地评价指标体系

（一）影响土地质量和土地利用的因素

由第二节的相关论述可以看出，土地评价的直接对象是土地资源，不同的评价类型侧重于评价土地资源的不同侧面。如土地潜力评价、土地适宜性评价重要考虑土地的自然质量状况，即将土地看作为由气候、土壤等要素组成的自然复合系统；而农用土地的分等、定级与估价以及城镇土地的分等、定级与估价则在土地自然质量的基础上，更多地关注土地的产出能力，即将土地资源看作由土地资源属性和社会经济属性综合形成的自然、社会、经济复合系统。土地持续利用评价和土地生态评价则是人类对土地资源的利用作出的评价重点，其影响因素不仅包括气候、土壤、地形地貌等基本自然环境因素，还包括人口变化、经济增长、经济结构、技术进步、政治因素、价值观念、思维以及这些社会经济因素影响下形成的生产方式、生活方式、城市化水平、商品生产与市场、生产者与消费者、土地管理政策、法律和法规等；并将其看作为由这些因素相互作用、相互影响，共同作用形成的土地利用系统。

（二）土地评价指标体系框架

1. 土地评价指标体系构建原则

不同类型的土地评价由于其评价目的和任务的不同，往往其评价指标体系也不一样，但一般应遵循以下几个基本的指标体系构建原则。

（1）分层量化原则

综合分析各种类型土地评价所采用的指标体系，可以看出土地评价指标体系总体上应是由不同层次构成的，一般包括目标层、评价准则层、评价指标层等。其中目标层反映不同土地评价类型的总体目标，如土地持续利用评价目标层就是要达到土地持续利用这一目标，土地适宜性评价则是针对某种土地利用类型的适宜性这一目标。评价准则层是围绕总的评价目标，进一步划分的度量总目标的几个不同侧面。评价指标则是对准则层确定的不同侧面的具体定量化指标。

（2）动态性原则

不论是土地质量评价还是土地持续利用评价或生态评价，其评价任务不仅包括对现状评价，同时也要对土地自然系统或土地自然、社会经济复合系统进行过程性评价，特别是土地持续利用评价要求对土地利用的过去和现状进行评价，了解土地持续利用的未来状况。因此,在构建指标体系时不仅要考虑现状条件,还要考虑其历史演变和预测未来发展趋势。

(3) 易于量化原则

在具体指标选用时,要尽量采用易于定量的指标,并且尽可能地采用相对指标,而非绝对指标,这样有利于消除不同指标之间由于量纲的不统一,而造成综合影响值确定的困难。对于难以量化的指标则考虑进一步分解或考虑选取替代指标。

(4) 空间性原则

土地评价基本特征之一是其空间性,要求反映土地质量和土地利用状况的地域分异,因此所选指标应尽可能地与地域空间结合,随着 GIS 等空间信息技术在土地评价中应用的进一步推广,为这类空间指标的量化和分析评价提供了强有力的工具,土地评价结果也往往更能体现不同地域单元的土地质量和土地利用状况的差异。

2. 土地评价指标体系框架

基于以上原则,结合土地质量和土地利用的影响因素分析结果,可以建立如图 2-12 所示的指标体系框架。

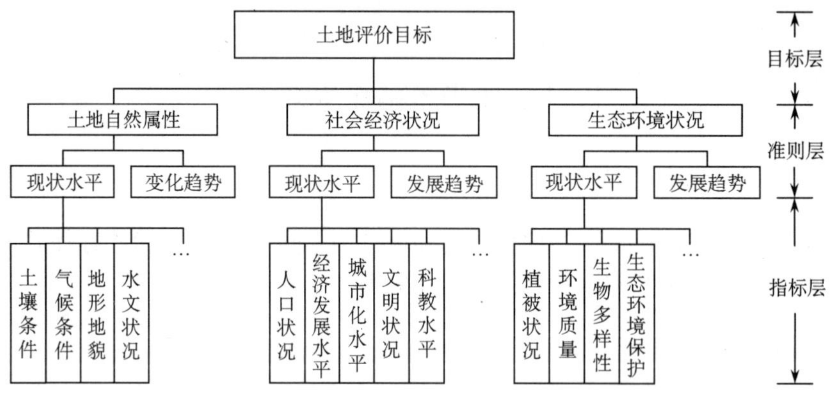

图 2-12　土地评价指标体系框架

(三) 土地自然条件评价指标体系

在以上指标体系框架下,土地自然条件评价(主要包括土地适宜性评价和土地潜力评价)侧重于对土地自然质量的评定,如针对农业土地利用的土地适宜性评价一般采用的指标体系包括:土壤、气候、地形地貌等,如图 2-13 所示。

在具体进行土地适宜性评价时,往往需要根据具体的不同作物对土地自然质量的需求不同,而具体选用其中部分指标作为特定用途土地适宜性评价的参评指标。

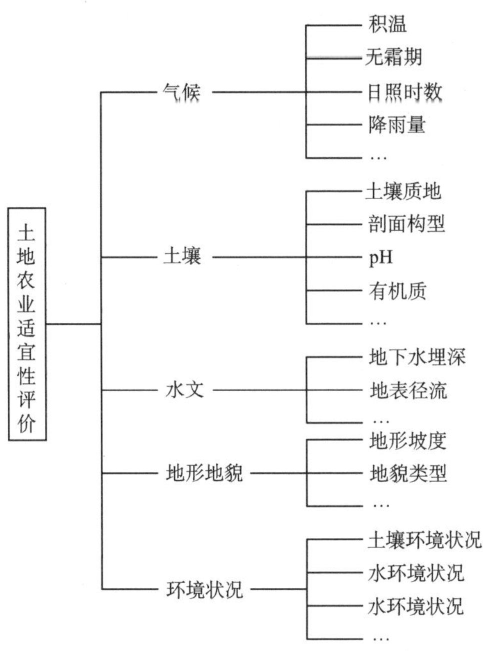

图 2-13　土地适宜性评价常用指标体系

(四) 土地经济评价指标体系

如土地自然条件评价注重土地自然属性不同，土地经济评价侧重于土地的产出能力的评价，其评价指标体系也相应更多地包括社会经济方面的指标。如城镇土地定级因素选择就是要对土地级别有重要影响，并能反映土地区位差异的经济、社会和自然因素选取出来作为土地定级的因素体系。城镇土地综合级别评价指标体系一般可包括如图 2-14 所示内容。

(五) 土地持续利用评价指标体系

土地持续利用评价是将土地看作是一个自然与社会经济的复合系统，更多地从人-地关系的角度考察、评价土地利用系统的状态、过程和发展趋势特征，因此，相应指标体系必须了解区域土地利用系统的结构、功能、特点以及持续利用的具体目标，选取相互独立的能反映各方面特征的典型敏感性指标组建土地评价指标体系。

目前我国在土地持续利用指标体系方面已有大量的研究工作，包括全国范围，省、流域级区域范围和县级区域范围，大多是基于 FAO《可持续土地利用评价纲要》提出的土地持续利用的五个基本准则，建立持续利用指标体系框架。如陈百明等于 2003 年提出的国家级土地持续利用评价指标体系框架，如表 2-3 所示。

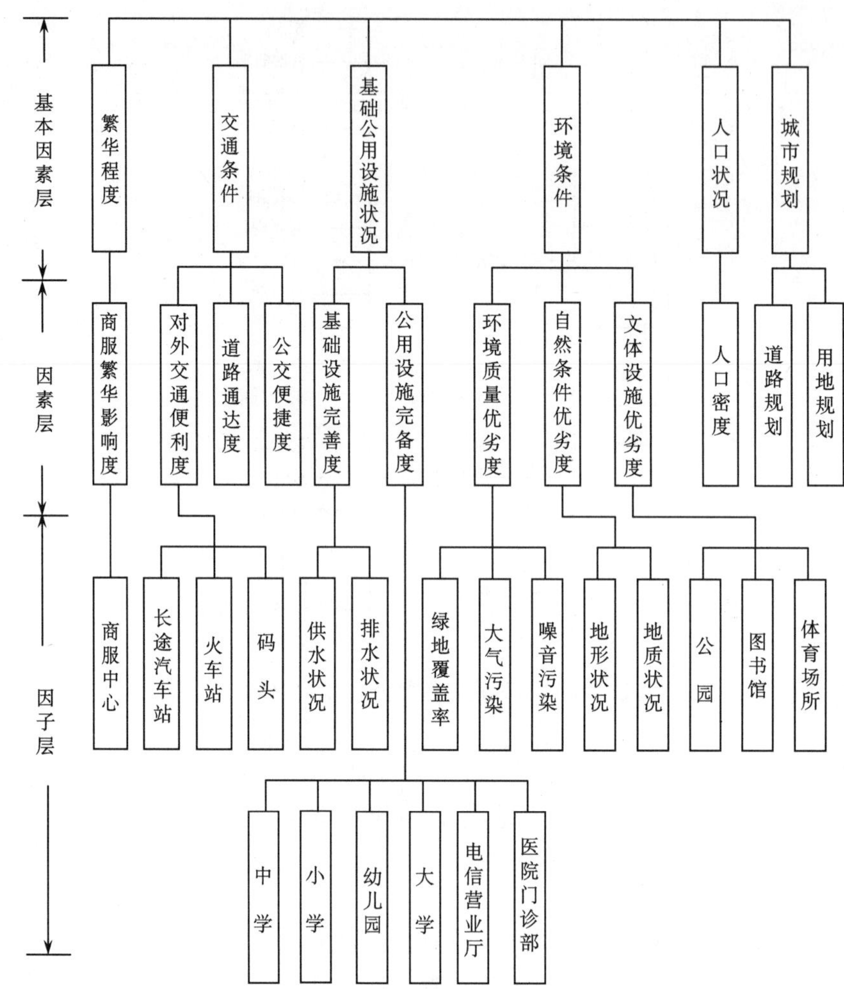

图 2-14　城镇土地综合定级常用因素因子体系

表 2-3　国家级土地持续利用评价指标体系参考框架

评价目标	评价准则	评价指标	元指标
国家级土地持续利用评价指标体系	生产性	1）农作物生产指数	农作物潜在生产力、现实生产力
		2）草地生产值指数	区域及全国的平均单位面积产值
		3）林木生长指数	区域及全国平均面积蓄积量、生长量
		4）农用地产值指数	区域及全国平均的单位面积总产值
		5）建设用地产值指数	区域及全国平均的单位面积第二、三产业净产值

续表

评价目标	评价准则	评价指标	元指标
国家级土地持续利用评价指标体系	保护性	1）土壤肥力指数 2）水土保持指数 3）沙化治理指数 4）盐渍化指数或潜育化指数 5）水质指数 6）超载过牧指数 7）水资源平衡指数 8）土壤环境质量指数 9）基本农田保护指数	土壤有机质、速效氮、速效磷、速效钾指数 水土流失强度、水土流失面积指数 沙地扩展面积、沙化土地总面积 土壤盐渍化面积、耕地面积 水田潜育化面积、水田总面积 不同级别的水面面积、比例 现实性畜头数、理论载畜量 可供水量、实际需水量 各级、各类土壤面积 基本农田面积
	稳定性	1）农业生产稳定指数 2）粮食稳定性指数 3）草地畜牧业稳定性指数 4）森林稳定性指数 5）建设用地稳定性指数	有效灌溉、旱涝保收面积，旱涝抗逆指数 单产年际变异系数 产值年际变异系数 消长比、森林覆盖率 单位面积第二、三产业净产值年际变异系数
	经济可行性	1）种植业收益指数 2）草地畜牧业收益指数 3）林业收益指数 4）土地 GDP 指数	投入成本、产出量 投入、产出量 区域及全国的平均净现值 区域及全国单位面积土地 GDP
	社会可接受性	1）人口压力指数 2）收入差异指数 3）人均耕地指数 4）土地违法案件指数	土地的人口承载力，实际人口 区域及全国的基尼系数 人均耕地、人均耕地阈值 区域及全国平均的土地立案案件数

注：表中元指标是指标体系中的最小单位。作为表征评价指标的基础指标，是评价区域土地持续利用水平的具体量度。采用可测的、可比的和可获取的指标及指标群，对评价指标的数量表现、强度表现、速率表现给予直接表述。

（六）土地生态评价指标体系

土地生态评价根据具体的评价目的和任务的不同，而有不同的评价内容，相应的评价指标体系也不同。但影响土地生态的因素不外乎土地复合系统中的自然、社会、经济文化、环境等不同层面，仍可基于土地评价指标框架进行扩展建立专门的生态评价指标体系。如毛汉英、高吉喜等在进行生态承载力评价时，采用了生产过程赖以进行的资源环境对生产和消费过程中产生的废物的同化能力；人们对生活水平的期望，包括物质需求和服务需求；生产原材料和生活用品分配方式及提供服务的基础设施三方面的准则进行度量。具体可采用三类承载力指标：自然条件、经济社会支持类指标（弹性度子系统）；资源供给类、污染承受能力类指标（承受度子系统）；资源环境、经济社会压力类指标（压力度子系统）。孙洪刚等 2005 年在进行黑龙江省生态承载力评价时采用的具体指标如表 2-4 所示。

表 2-4 土地生态承载力评价参考指标体系

评价目标	评价准则	评价指标
土地生态承载力评价	弹性度	人均国内生产总值(元)
		恩格尔系数(%)
		工业化系数(%)
		社会人口自然增长率(%)
		第一、二、三产业比重(%)
	承载度	水土流失治理面积占总流失面积比例(%)
		化肥施用量(万 t)
		农膜使用量(万 t)
		农民人均耕地面积(亩)
		工业废水排放达标率(%)
	压力度	人均公共绿地(m^2)
		人均用水量(m^3)
		农民人均纯收入(元)
		城镇登记失业率(%)
		三废综合利用产品产值(万元)
		科技投入占 GDP 比率(%)

二、土地评价因子权重确定

参评因子的权重问题涉及土地评价工作的全局。参评因子的权重直接关系到最终评价结果的正确程度,因此,如何看待和处理权重就成为整个评价过程的关键。土地评价中不同参评因子对土地质量的影响差异很大,因此权重的确定一直是定量化土地评价中的瓶颈。在现实生活中对客观事物综合评价的方法多种多样,其中常用方法是构造综合评价指标体系,而指标体系是被评价对象系统的结构框架,指标名与指标值是质和量的规定。指标的权重是综合评价的重要信息,应根据指标的相对重要性,即指标对综合评价的贡献而确定。

土地评价因子权重确定的常用方法包括:特尔斐法、层次分析法、成对因素比较法、主成分分析法以及其他智能化方法。

(一) 特尔斐法

特尔斐(Delphi)测定法是一种常用的技术测定方法。它是一种客观地综合多数专家经验与主观判断的技巧,实践证明它是一种有效的方法。一般来说,这种测定法可用于各种领域的决策和判断过程。据统计,在所有的定性和定量预测中,采用特尔斐测定法的约占四分之一左右。

1. 基本步骤

(1) 确定因素

分等定级因素是指对土地优劣有重大影响，并能体现地区区位差异的经济、社会、自然条件。

(2) 选择专家

特尔斐法的主要工作是通过专家对分等定级因素权重作出概率估计，因此，专家选择是测定成败的关键。其主要要求有：①要求专家总体的权威程度较高；②专家的代表面应广泛，通常应包括技术专家、管理专家、情报专家和高层决策人员；③严格专家的推荐和审定程序，审定的主要内容是了解专家对测定因素的熟悉程度和是否有时间参加测定等；④专家人数要适当。人数过多，数据收集和处理工作量大，测定周期长，对结果的准确度提高并不多，一般以 20～50 人为宜，大型测定可达 100 人左右。

(3) 设计评估意见征询表

特尔斐法的征询表格没有统一的规定。但要求符合如下原则：

1）表格的每一栏目要紧扣测定因素。力求达到测定因素和专家所关心的问题的一致性。

2）表格简明扼要。设计得很好的表格通常是专家思考决断时间长、应答填表的时间短。填表时间一般以 2～4 小时为宜。

3）填表方式简单。对于不同类型的因素进行测定时，尽可能用数字和英文字母表示专家的评估结果。

(4) 专家征询和轮间信息反馈

经典特尔斐法一般分 3～4 轮征询。

第一轮：因素征询。发给专家的征询表格只提出土地分等定级目标，由专家提出分等定级的因素，组织者经筛选、分类、归纳和整理，用准确的技术语言制订因素一览表，作为第二轮征询表发给专家。

第二轮：因素评估。专家对第二轮表格中的每个因素作出评价。评价以等级号(1，2，3 等)或分值(五分制或百分制均可)表示，不要求专家阐述评估理由，不要提供详细论据。第二轮征询表收回后，立即进行统计处理，求出专家总体意见的概率分布，并制订第三轮征询表。

第三轮：轮间信息反馈与再征询。将前一轮的评估结果进行统计处理，得出专家总体的评估结果的分布，求出其均值与方差，将这些信息反馈给专家，并对专家进行再次征询。专家在重新评估时，可以根据总体意见的倾向(以均值表示)和分散程度(以方差表示)来修改自己前一次的评估意见。

采用类似的办法对第三轮结果进行处理并开始第四轮征询，最后就能得到协调程度较高的结果，并写出测定结果报告。至此，测定工作即告一段落。

在实际测定中，也有采用派生特尔斐法的。派生方法主要有如下几种：

1）取消第一轮征询，由组织者根据已掌握的资料直接拟订出因素一览表，以减轻专家负担和缩短测定周期；

2）提供背景材料和数据，以缩短专家在查找资料或计算数据的时间，使专家能在较短的时间内作出正确决策；

3）部分取消匿名和部分取消反馈。匿名和反馈是特尔斐的重要特点，但在某些情况下，部分取消匿名和部分取消反馈，有利于加快测定进程。

(5) 权重测定结果的数据处理

特尔斐的一项主要工作是在每轮征询之后的数据分析和处理。在数据处理之前，要将定性评估结果进行量化。最常用的量化方法是将各种评估意见分成程度不同的等级，或者将不同的方案用不同的数字表示，然后求出各种评估意见的概率分布。在概率分布中，由均值或数学期望来代表最有可能发生的事件的概率，用方差表示不同意见的分散程度，以便作出下一轮评估。因素的处理方法和表达方法如下：

因素评估结果的处理可分为等级评估和分值评估两种情况的处理。等级评估可用等级序号作为量化值。分值评估可采用五分制或百分制。

在分值评估中，计算均值和方差的公式为

$$E = \frac{1}{m}\sum_{i=1}^{m} a_i \tag{2-12}$$

$$\sigma^2 = \frac{1}{m-1}\sum_{i=1}^{m}(a_i - E)^2 \tag{2-13}$$

式中，m 为专家总人数；a_i 第 i 位专家的评分值；

在等级评估中，计算均值和方差的公式为

$$E = \frac{\sum_{i=1}^{n} a_i n_i}{\sum_{i=1}^{n} n_i - 1} \tag{2-14}$$

$$\sigma^2 = \frac{\sum_{i=1}^{m}(a_i - E)^2}{\sum_{i=1}^{n} n_i - 1} \tag{2-15}$$

式中，n 为评估等级数目；a_i 为等级序号$(1,2,\cdots,n)$；n_i 为评为第 i 等级的专家人数。

专家们根据前一轮所得出的均值和方差来修改自己的意见，从而使 E 值逐次接近最后的评估结果。σ^2 将越来越小，表示意见的离散程度越来越小。

2. 使用说明

1）如果专家人数较少，结果处理的工作量不大，可用一般的科学计算器完成运算。

在专家人数多、测定的因素也多时，靠计算器是很难保证计算质量的，而且费时较长，应采用计算机等进行数据处理。

2）由于特尔斐法不是所有专家都熟悉，所以测定组织者要在制订征询表的同时，对特尔斐法作出说明，重点是讲清特尔斐法的特点、实质、轮间反馈的作用、方差、均值和其他统计量的意义。

3）专家评估的最后结果是建立在统计分布的基础上的，具有一定的稳定性。不同的专家总体，其直观评估意见和协调情况不可能完全一样。这是特尔斐法的主要不足之处。但是由于特尔斐法简单易行，对许多非技术性的因素反映敏感，能对多个相关因素的影响作出判断，因而是一种值得推广的权重值测定方法。

（二）层次分析法

在土地评价中，有许多相关因素并无定量指标，因素之间的相互影响只是定性描述。层次分析法（AHP 法）可把相互关联的因素按隶属关系分出层次，逐层进行比较，对各关联因素的相对重要性给出定量指标，从而将定性分析转化为定量计算。这种方法可为系统分析和决策提供定量依据。

层次分析法要求首先将问题条理化、层次化，构造层次分析模型，一般分为最高层、中间层和最低层。最高层为目标层，表示要达到的目的，这一层只是一个元素。中间层为因素层，表示对目标有直接影响的重要因素，这一层有几个元素。最低层为因子层，表示对各个因素有直接影响的若干因子，这一层元素最多。

例如，用于城镇土地定级估价的因素因子体系，构造模型如图 2-15 所示。

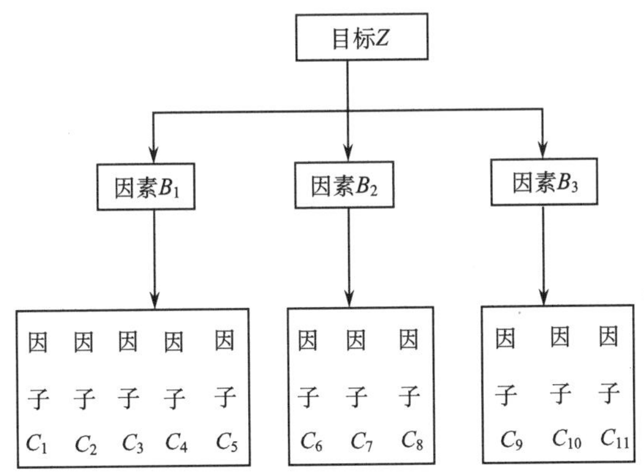

图 2-15　因素、因子层次体系

1. 基本原理

AHP 法的基本原理就是把所要研究的复杂问题看作一个大系统，通过对系统的多个因素的分析，划分出各因素间相互联系的有序层次；再请专家对每一层次的各因素进行较客观的判断后，相应给出相对重要性的定量表示；进而建立数学模型，计算出每一层次全

部因素的相对重要性的权数，并加以排序；最后根据排序结果进行规划决策和选择解决问题的措施。其对应的数学模型为

假设对某一规划决策目标 u，其影响因素为 $P_i(i=1,2,\cdots,n)$，共 n 个，且 P_i 的重要性权数分别为 $\omega_i(i=1,2,\cdots,n)$，其中：

$$\omega_i > 0, \quad \sum_{i=1}^{n}\omega_i = 1 \tag{2-16}$$

即

$$u = \omega_1 P_1 + \omega_2 P_2 + \cdots + \omega_n P_n = \sum_{i=1}^{n}\omega_p p_i \tag{2-17}$$

由于因素 P_i对目标 u 的影响程度，即重要性权数 ω_i 不一样，因此，将 P_i 两两比较，可得到 n 个因素对目标 u 重要性权数比（也就是相对重要性）所构成的矩阵 $\mathbf{A}$，即

$$\mathbf{A} = \begin{bmatrix} \omega_1/\omega_1 & \omega_1/\omega_2 & \cdots & \omega_1/\omega_n \\ \omega_2/\omega_1 & \omega_2/\omega_1 & \cdots & \omega_2/\omega_n \\ \vdots & \vdots & & \vdots \\ \omega_n/\omega_1 & \omega_n/\omega_1 & \cdots & \omega_n/\omega_n \end{bmatrix} = (a_{ij})_{n\times n} \tag{2-18}$$

把 $\mathbf{A}$ 称判断矩阵，$\mathbf{A}$ 满足性质：

$$① \ a_{ii} = 1(i=1,2,\cdots,n); \tag{2-19}$$

$$② \ a_{ij} = 1/a_{ji}(i,j=1,2,\cdots,n); \tag{2-20}$$

$$③ \ a_{ij} = a_{ik}/a_{jk}(i,j,k=1,2,\cdots,n); \tag{2-21}$$

其中③称为 $\mathbf{A}$ 的完全一致性条件。

$$\mathbf{A} = \begin{bmatrix} \omega_1/\omega_1 & \omega_1/\omega_2 & \cdots & \omega_1/\omega_n \\ \omega_2/\omega_1 & \omega_2/\omega_1 & \cdots & \omega_2/\omega_n \\ \vdots & \vdots & & \vdots \\ \omega_n/\omega_1 & \omega_n/\omega_1 & \cdots & \omega_n/\omega_n \end{bmatrix} \begin{bmatrix} \omega_1 \\ \omega_2 \\ \vdots \\ \omega_n \end{bmatrix} = n \begin{bmatrix} \omega_1 \\ \omega_2 \\ \vdots \\ \omega_n \end{bmatrix} = n\omega \tag{2-22}$$

式中，n 为 $\mathbf{A}$ 的一个特征根，$\omega=(\omega_1,\omega_2,\cdots,\omega_n)^{\mathrm{T}}\mathbf{A}$ 对应于 n 的特征向量

由式(2-22)可知，目标 u 的 P_i 个因素的重要性权数，可通过解特征值问题求得，即由 $A\omega=\lambda_{\max}\cdot\omega$ 求出正规化向量而得到。

2. 步骤

(1) 明确问题并构制层次分析图

应用层次分析法首先要从众多复杂的因素中筛取出最重要的关键性评判指标，并根据它们之间的制约关系构成多层次指标体系，按层次划分作出层次分析图。对决策问题，通常可划分为下面几类层次：

1) 最高层：表示解决问题的目标；

2) 中间层：表示采用某种措施和政策实现预定目标所涉及的中间环节，一般又分为

策略层、约束层、准则层等；

3）最低层：表示解决问题的措施和政策。

(2) 构造判断矩阵

构造判断矩阵是层次分析法的关键一步。假定 A 层中元素 A_k 与下层次 P 中元素 $P_1, P_2, \cdots, P_n$ 有联系，则将 P 中元素两两比较，可构成如下判断矩阵：

$$\begin{array}{c|cccc} A_k & P_1 & P_2 & \cdots & P_n \\ \hline P_1 & P_{11} & P_{12} & \cdots & P_{13} \\ P_2 & P_{21} & P_{22} & \cdots & P_{23} \\ \vdots & \vdots & \vdots & & \vdots \\ P_n & P_{n1} & P_{n2} & \cdots & P_{n3} \end{array} = (P_{ij})_{n\times n} \tag{2-23}$$

式中，$P_{ij}=\omega_i/\omega_j$，表示对 A_k 而言，第 i 个元素（因素）与第 j 个元素（因素）重要度之比。通常 P_{ij} 的取值是：当第 i 个元素与第 j 个元素一样重要时 $P_{ij}=1$，稍微重要填 3，明显重要填 5，重要的填 7，极为重要填 9。反之，$P_{ij}=1/P_{ji}$，分别填写 1/3、1/5、1/7、1/9。

(3) 请专家填写判断矩阵

须请多个专家来填写判断矩阵。一般填写要求：

1）专家各自填表，不许面对面讨论。这主要是为避免以下两种现象：一是专家级别一样，相持不下；二是专家中有权威，其他专家被迫服从。

2）专家只填写矩阵对角线的上半部分或下半部分即可，因判断矩阵满足 $P_{ii}=1$，$P_{ij}=1/P_{ji}$，是正的反商矩阵。

3）专家在填表前应对影响目标 u 的各因素的重要性简单排序，再进行评判。否则将出现以下错误，以致一致性检验时误差太大而通不过。

错误 a：判断矛盾

若在填写矩阵时认为 A 因素比 B 因素重要，B 因素比 C 因素重要，而因素 C 又比因素 A 重要，则是矛盾的，如下列矩阵就是矛盾的。矩阵的第一行表示因素 2 与因素 1 一样重要而比因素 3 重要，第二行的填写却认为因素 3 比因素 2 重要，这显然是矛盾的。

	1	2	3	4
1	1	1	5	9
2		1	1/3	3
3			1	1/3
4				1

错误 b：重要性权数比填写上出入过大

在上面同一矩阵中，第一行表示因素 1 较之因素 4 极端重要，而在第二行中虽然还认为因素 4 重要，但重要性权数比大大降低，这种判断也是不合适的。

(4) 层次单排序

层次单排序实际是求单目标判断矩阵的权数，即根据专家填写的判断矩阵计算对于上一层某元素而言，本层次与其有关的元素的重要性次序的权数。

(5) 计算特征值与特征向量

常用特征值与特征向量计算方法有以下几种：

1）近似计算方法 1——几何平均法

基本思路：对于 $\boldsymbol{P}$ 矩阵，把第 i 行元素连乘起来，再开 n 次方得到

$$\left(\prod_{j=1}^{n} P_{ij}\right)^{1/n} = \left(\prod_{j=1}^{n} \frac{\omega_i}{\omega_j}\right)^{1/n} = \left(\frac{\omega_i^n}{\omega_1\omega_2\cdots\omega_n}\right)^{1/n}$$

$$= \omega_i/(\omega_1\omega_2\cdots\omega_n)^{1/n} \tag{2-24}$$

$$i = (1,2,\cdots,n)$$

然后正规化，即可得到 $\omega_1,\omega_2,\cdots,\omega_n$。

计算步骤：

计算

$$R_i = \prod_{j=1}^{n} P_{ij} \quad i = 1,2,\cdots,n \tag{2-25}$$

令

$$\bar{\omega} = R_i^{1/n} \tag{2-26}$$

加总 $\bar{\omega}_i$

$$K = \sum_{i=1}^{n} \bar{\omega}_i \tag{2-27}$$

计算权数 ω_i 和 $\lambda_{\max}$

$$\omega_i = \bar{\omega}_i/K, \quad i = 1,2,\cdots,n \tag{2-28}$$

$$\lambda_{\max} = \frac{1}{n}\sum_{i=1}^{n} \frac{\sum_{j=1}^{n} P_{ij} \cdot \omega_i}{\omega_i} \tag{2-29}$$

2）近似计算法 2——算术平均法

算术平均法的计算步骤如下：

将矩阵 $\boldsymbol{P}$ 的每一列正规化

$$令\ \bar{P} = \frac{P_{ij}}{\sum_{i=1}^{n} P_{ij}}, \quad i = 1,2,\cdots,n \tag{2-30}$$

按行加总

$$\bar{\omega}_i = \sum_{i=1}^{n} \bar{P}_{ij}$$

加总后的 $\bar{\omega}_i$ 再正规化，得特征向量 ω_i

$$\omega_i = \bar{\omega}_i \Big/ \sum_{i=1}^{n} \bar{\omega}_i \tag{2-31}$$

计算 **P** 的 λ_{max}

$$\lambda_{max} = \frac{\sum_{j=1}^{n} P_{ij} \cdot \omega_j}{\sum_{i=1}^{n} n \cdot \omega_i} \tag{2-32}$$

3) 计算方法 3——逐次逼近法

逐次逼近法的计算步骤如下：

任取与判断矩阵 **P** 同阶正规化的正值初始向量 $\omega^{(0)}$，

设 $\omega^{(0)}=(\omega_1^{(0)},\omega_2^{(0)},\cdots,\omega_n^{(0)})$，其中，

$$\omega^{(0)} > 0, \quad i = 1,2,\cdots,n, \quad \sum_{i=1}^{n} \omega^{(0)} = 1 \tag{2-33}$$

计算

$$\bar{\omega}^{(k+1)} = \boldsymbol{P}\omega^{(k)}, \quad k = 0,1,2,\cdots \tag{2-34}$$

计算

$$\omega^{(K+1)} = \bar{\omega}^{(K+1)} \Big/ \sum_{i=1}^{n} \bar{\omega}^{(k+1)}, \quad k = 0,1,2,\cdots \tag{2-35}$$

对预知给定的 $\varepsilon>0$，则当

$$\left| \bar{\omega}_i^{(k+1)} - \omega_i^{(0)} \right| \leqslant \varepsilon \tag{2-36}$$

对一切 $i=1,2,\cdots,n$ 成立时，取特征向量 $\omega=\omega^{(K+1)}$

计算 λ_{max}

$$\lambda_{max} = \frac{1}{n} \sum_{i=1}^{n} \frac{\bar{\omega}^{(k+1)}}{\omega^{(k)}} \tag{2-37}$$

式中，n 为矩阵阶数；$\omega_i^{(k)}$ 为向量 $\omega_i^{(k)}$ 的第 i 个向量。

(6) 一致性检验

从理论上讲，判断矩阵满足完全一致性条件 $P_{ik}=P_{ij}\cdot P_{jk}$，此时 $\lambda_{max}=n$。实际上，由于人们认识上的多样性，一般来说，专家填写的判断矩阵不可能满足完全一致性条件，此时 $\lambda_{max}>n$。为了检验一致性如何，需要计算判断矩阵的一致性指标 CI。定义 $CI=\frac{\lambda_{max}-n}{n-1}$，显然当判断矩阵满足完全一致性时，$CI=0$。$\lambda_{max}$ 越大，则 $\lambda_{max}-n$ 越大，从而 CI 就越大，矩阵的一致性越差。将 CI 与平均随机一致性指标 RI 进行比较。其比值称为判断矩阵的一致性比例，记作：$CR=CI/RI$。当 $CR<0.10$ 时，则认为判断矩阵具有满意的一致性，否则需要把判断矩阵表反馈到专家手里重新调整。10 阶矩阵的 RI 值见表 2-5。

表 2-5 10 阶矩阵的 *RI* 值表

矩阵阶数(n)	1	2	3	4	5	6	7	8	9	10
RI	0.00	0.00	0.58	0.90	1.12	1.24	1.32	1.41	1.45	1.49

(7) 层次总排序

所谓层次总排序就是利用层次单排序结果计算各层次的组合权值。对于最高层下面的第二层,其层次单排序即为总排序。

假定已知层次 A 所有因素 $A_1, A_2, \cdots, A_m$ 的组合权值(总排序结果)分别为 $a_1, a_2, \cdots, a_m$,与 A_i 对应的下层次 B 中的因素 $B_1, B_2, \cdots, B_n$ 单排序的结果为 $b_{1j}, b_{2j}, \cdots, b_{nj}$, $j=1,2,\cdots,m$,这里若 B_j 与 A_i 无关,则 $b_{ij}=0$,我们可按表 2-6 计算层次 B 中各因素针对层次 A 而言的组合权值。

表 2-6 层次总排序计算表

层次 A	$A_1 \quad A_2 \quad \cdots \quad A_m$	$a_1 \quad a_2 \quad \cdots \quad a_m$	B 层次组合权重(总排序)
层次 B	B_1	$b_{11} \quad b_{12} \quad \cdots \quad b_{1m}$	$\sum_{i=1}^{m} a_j \cdot b_{1j}$
	B_2	$b_{21} \quad b_{22} \quad \cdots \quad b_{2m}$	$\sum_{i=1}^{m} a_j \cdot b_{2j}$
	$\vdots$	$\vdots \quad \vdots \quad \vdots$	$\vdots$
	B_n	$b_{n1} \quad b_{n2} \quad \cdots \quad b_{nm}$	$\sum_{i=1}^{m} a_j \cdot b_{nj}$

显然 $\sum_{j=1}^{m} \sum_{i=1}^{m} a_j \cdot b_{ij} = 1$,即层次总排序仍然是归一化正规向量。

层次总排序是从上至下逐层进行的。其结果仍需进行总的一致性检验。当

$$CR = \frac{CI}{RI} = \frac{\sum_{j=1}^{m} a_j \cdot CI_j}{\sum_{j=1}^{m} a_j \cdot RI_j} < 0.10$$

则认为层次总排序的计算结果可接受。式中,CI_j、RI_j 分别为与 a_j 对应的 B 层中判断矩阵的一致性指标和随机一致性指标。

(三) 成对因素比较法

成对因素比较法主要通过因素间成对比较,对比较结果进行赋值、排序。该方法是系统工程中常用的一种确定权重的方法。该方法应用有两个重要的前提:①因素间的可成对比较性,即因素集合中任意两个目标均可通过主观性的判断确定彼此的重要性差异;②因素比较的可转移性。设有 A、B、C 三个因素,若 A 比 B 重要,B 比 C 重要,则必有 A 比 C 重要。

1. 方法原理

成对比较是将因素集合中的因素两两之间都进行比较，而比较结果只有三种。

设有 A、B 两因素，即只有 A 比 B 重要（给 A 因素赋值 1，给 B 因素赋值 0）。A 与 B 同等重要（给 A、B 两种因素各赋值 0.5），A 不如 B 重要（给 A 因素赋值 0，B 因素赋值 1）。最后将所有结果汇总，得到各因素的权重值。

该方法在数学上的描述如下：

设有一因素集合 $\{v_1, \cdots, v_i, \cdots, v_j, \cdots, v_n\}$，且设 v_{ij} 表示 v_i 因素与 v_j 因素重要性的比较结果，如前所述：

$$v_{ij} = \begin{cases} 1 & v_i \text{ 比 } v_j \text{ 重要} \\ 0.5 & v_i, v_j \text{ 同等重要} \\ 0 & v_j \text{ 比 } v_i \text{ 重要} \end{cases}$$

为防止某一因素权重为零，通常在因素集合中设置一虚拟目标 v_{n+1}，所有原有因素都比该因素重要，这样得到新的因素集合。

$$\{v_1, \cdots, v_i, \cdots, v_j, \cdots, v_n, v_{n+1}\}$$

所有因素与虚拟因素进行比较：

$$v_{i'n+1} = 1 \qquad (i = 1, 2, \cdots, n)$$

所有因素比较值之和：

$$\sum_{i=1}^{n+1} \sum_{j=1, j\neq 1}^{n+1} v_{ij} = \frac{n(n+1)}{2} \tag{2-38}$$

各因素权重值为

$$a'_i = \frac{\sum_{j=1, j\neq 1}^{n+1} v_{ij}}{\sum_{i=1}^{n+1} \sum_{j=1, j\neq 1}^{n+1} v_{ij}} \tag{2-39}$$

由前设，$\omega_{n+1} = 0$，即虚拟因素权重值为零。

最大可能权重值（即比所有其他因素都重要的因素的权重值）为

$$\omega_{\max} = \frac{n}{n(n+1)/2} = \frac{2}{n+1} \tag{2-40}$$

最小可能权重值（即除了比虚拟因素重要外，而不如所有其他重要的因素权重值）为

$$\omega_{\min} = \frac{1}{n(n+1)/2} = \frac{2}{n(n+1)} \tag{2-41}$$

则因素权重最大可能相差倍数为

$$\frac{\omega_{\max}}{\omega_{\min}} = \frac{2/n+1}{2/n(n+1)} = n \tag{2-42}$$

表 2-7 中所示是一个六因素通过“因素成对比较”进行权重调查的例子。当因素数较少时，可采用表中的格式来进行因素比较和确定权重，当因素较多时，可编制计算程序，采取人机对话的方式来进行（表中 v_7 为虚拟因素）。

表 2-7 成对因素比较法示意表

因素	v_1	v_2	v_3	v_4	v_5	v_6	v_7	比较值总计	权重
v_1		0	1	1	0	0	1	3.0	0.14
v_2	1		1	0.5	0.5	1	1	5.0	0.24
v_3	0	0		0.5	0	0.5	1	2.0	0.09
v_4	0	0.5	0.5		0.5	0	1	2.5	0.12
v_5	1	0.5	1	0.5		1	1	5.0	0.24
v_6	1	0	0.5	1	0		1	3.5	0.17
v_7	0	0	0	0	0	0		0	0

2. 使用说明

1) 因素成对比较法，一般采用 0、0.5、1 三种值，赋值方法虽简练，但显得比较粗糙，特别在 A 因素比 B 因素重要性高很多时，如高 3 倍、5 倍时，就不易反映。因此实际工作中，对不同情况，还可采用多种赋值，即 A 因素与 B 因素比较，按相对重要性程度在 1 内进行分割的比例赋值。如 A 因素比 B 因素重要 4 倍，则 A 因素值为 0.8，B 因素值为 0.2，若重要 1.5 倍。则 A 为 0.6，B 为 0.4 等(注意：两因素值之和为 1)。这样可以使工作更精细一些。但操作起来复杂得多，工作量也大，同时还要注意：①所有因素之间的两两比较都要如此进行；②比较的重要性传递关系仍要符合成对比较法的前提(A>B，B>C，则 A>C)。

2)为了使成对比较法的结果更为精确，避免个人主观影响过大，可结合采用特尔斐测定，让专家们对因素重要性做出判断后，再将结果整理，用于因素成对比较中。

(四) 主成分分析法

主成分分析是考察多个定量(数值)变量间相关性的一种多元统计方法。它是研究如何通过少数几个主成分(及原始变量的线形组合)来解释多变量的方差-协方差结构。具体地说，是导出少数几个主成分，它们尽可能多地保留了原始变量的信息，且彼此间又不相关。

主成分分析法包括以下基本步骤：

(1) 确定反映各影响因素的统计指标和相应的权重

根据评价因素因子体系，为每个因子匹配具体的可量化指标。可设选取了 p 个指标。

(2) 确定评价对象数与各对象有关的指标值

设参与农用地分等的分等对象总数为 n，通过查阅各种统计资料及实际调查工作获得各分等对象指标的量化数值，填入表 2-8 评价对象指标数据。

表 2-8　评价对象指标数据表

评价对象号 \ 指标	x_1	x_2	…	x_p
1	x_{11}	x_{12}	…	x_{1p}
2	x_{11}	x_{12}	…	x_{2p}
⋮	⋮	⋮		⋮
n	x_{n1}	x_{n2}	…	x_{np}

注：x_{ij} 表示第 i 个分等对象的第 j 项指标值（$i=1,2,\cdots,n;j=1,2,\cdots,m$）。

(3) 写出指标观测值矩阵

用 p 个变量分别表示这 p 项指标，p 个变量构成 p 维随机向量 $\boldsymbol{X}=(X_1,X_2,\cdots,X_p)'$；$n$ 个分等对象的指标值可以视为向量 $\boldsymbol{X}=(X_1,X_2,\cdots,X_p)$ 的 n 次观测值，记为 $x(t)=(x_{1i},\cdots,x_{pi})'(t=1,2,...,n)$。写出指标的观测值矩阵：

$$\boldsymbol{X}_{p\times n}=\begin{bmatrix} x_{11} & x_{12} & \cdots & x_{1n} \\ x_{21} & x_{22} & \cdots & x_{2n} \\ \vdots & \vdots & & \vdots \\ x_{p1} & x_{p2} & \cdots & x_{pn} \end{bmatrix} \tag{2-43}$$

(4) 计算 $\boldsymbol{X}$ 的协方差矩阵 $\boldsymbol{S}$

计算观测矩阵 $\boldsymbol{X}$ 行向量之间的协方差矩阵：

$$\boldsymbol{S}_{p\times p}=\begin{bmatrix} s_{11} & s_{12} & \cdots & s_{1p} \\ s_{21} & s_{22} & \cdots & s_{2p} \\ \vdots & \vdots & & \vdots \\ s_{p1} & s_{p2} & \cdots & s_{pn} \end{bmatrix} \tag{2-44}$$

式中，$s_{ij}=\Sigma(x_{ik}-\mu_i)(x_{jk}-\mu_j)/n;\mu_i=\Sigma x_{ik}/n;\mu_j=\Sigma x_{jk}/n\quad(i,j=1,2,\cdots,p;k=1,2,\cdots,n)$

(5) 计算协方差矩阵 $\boldsymbol{S}$ 的特征值和单位特征向量

设求得的特征值为 $\lambda_1\geqslant\lambda_2\geqslant\cdots\geqslant\lambda_p$；单位特征向量为 $a_1,a_2,\cdots,a_p$。

(6) 写出 $\boldsymbol{X}$ 的成分并提取主成分

$\boldsymbol{X}$ 的第 i 个样本成分为 $Z_i=a_iX(i=1,2,\cdots,p)$；提取特征值 $\lambda_i>0(i=1,2,\cdots,p)$ 的成分作为主成分。

(7) 筛选因子

分析各主成分的单位特征向量 $a_i=(a_{i1},a_{i2},\cdots,a_{ip})$，比较各分量 a_{ij} 的相对大小。分量越大，该分量对应的变量就越为重要；反之，分量越小，该分量对应的变量就越不重要。

综合权衡各主成分后，筛选出主要变量，保留这些主要变量对应的因子，剔除掉其余变量对应的因子。

三、土地评价因子量化方法

影响土地质量和土地利用状况的因素包括自然、社会、经济等不同类型，并且不同因子对评价结果的影响也是各不相同的，如何来度量这些不同因素成为土地评价的关键问题之一。以下从不同侧面介绍土地评价因素的定量化方法。

（一）因子量化方法

土地评价的影响因子从空间形态上来分，可分为点状因子、线状因子和面状因子，不同的空间形态因子其量化方法也各异。

1. 点状、线状因子量化方法

点状、线状因子是指相对整个评价区域而言多为点状和线状分布，其对土地评价结果的影响既与因子涉及的设施规模有关，又与距设施的相对距离有关。它们对评价区域的影响一般表现为扩散型的因素，如中心城镇影响度、农贸中心影响度、道路通达度等，随着距离的增加，其作用分值按一定规律衰减。

点状因子作用分值计算时，以点状因子的空间位置为中心点，根据评价单元和中心点的相对距离（实际距离和因子作用半径的比值）依线性或指数方式向外衰减。点状因子作用分值计算时，以点状因子的空间位置为中心点，根据评价单元和中心点的相对距离（实际距离和因子作用半径的比值）依线性或指数方式向外衰减。因子作用分值计算的衰减模型通常有线性模型和指数模型两种。

(1) 指数衰减模型

$$f_i = M_i^{1-r} \quad (r = d_i/d) \tag{2-45}$$

式中，f_i 为因素作用分值；M_i 为规模指数；d_i 为实际距离；d 为因素影响半径；r 为相对距离。

(2) 直线衰减模型

直线衰减法的计算公式为

$$f_i = M_i(1 - r_i) \tag{2-46}$$

式中，f_i 为因素在某个相对距离上对土地的作用分值；M_i 为某个因素个体第 i 级规模指数；r_i 为 $ri = d_i/d$，为评价单元与评价因子间相对距离；d_i 为实际距离；d 为因素影响半径。

(3) 各级扩散源的作用分值

$$M_i = 100K_i \quad (0 \leqslant K \leqslant 1) \tag{2-47}$$

式中，M_i 为第 i 级扩散源的作用分值；K_i 为第 i 级扩散源的作用指数，K_i 值依据各级扩散源的类型、规模、功能等条件确定。

(4) 扩散因素作用分值

$$F = \sum_{i=1}^{n} f_i \tag{2-48}$$

式中，F 为某空间扩散因素作用分值；n 为某空间扩散因素级别数；f_i 为某空间扩散因子作用分值。

2. 面状因子量化

面状因子呈片状均匀分布，具有全域覆盖性质。面状因素具有非扩散性，则直接采用区域赋值的方法确定其作用分值。属面状因子的定级因素(因子)包括：大气污染、噪声污染、用地规划，对于面状因子，其网格点作用分值计算有两种，即面状覆盖。面状覆盖为将面状因子样点与土地评价单元图进行空间叠加，落入其内的评价单元直接取面状因子样点的功能分作为评价单元的作用分。常用的面状因子量化方法包括：

(1) 最大最小值法

对以面状赋值的因素或因子，其指标分值计算通常分两步进行。

第一步：按公式 $f_i = 100(x_i - x_{\min})/(x_{\max} - x_{\min})$ 计算指标分值初值，式中，f_i 为某因素或因子指标值的作用分；$x_{\min}$、$x_{\max}$、x_i 分别为指标最小值、最大值和某单元实际指标值，但对末一级指标的分值不按零考虑，而是根据土地质量的衰减程度由经验法确定。

第二步：对求算出的指标分值初值部分进行修正。具体修正要视土地质量衰减是否均衡等情况而定，均衡衰减修正幅度最小甚至为零，非均衡衰减视情况做一定修正。以修正后的分值作为指标分值最终值。

对无指标值表示，只有定性说明的因素或因子，可直接按各区域因素或因子状况赋予一定分值，分值体系采用(0,100]的半封闭区间。

(2) 均值度法

1) 均质区的度量标准。由于均质区的均质性是相对的，故需要对所划区域进行均质度检验，这里用引入信息论的观点来计算其均质程度：

$$D = \lambda(1 - I) \tag{2-49}$$

式中，D 为均质度；λ 为系数；I 为信息论中的熵。

熵是信息论中度量随机事件在某项实验中肯定程度的概率，其计算公式为

$$H[X] = -\sum_{i=1}^{n} P_i \lg P_i \tag{2-50}$$

式中，$H[X]$为表示随机变量 X 的熵；P_i 为 X 取 X_i 时的概率。则区域的均质度 D 可表示为

$$D = \lambda\left[1 + \sum_{i=1}^{n} \frac{W_i}{\sum_{i=1}^{n} W_i} \lg \frac{W_i}{\sum_{i=1}^{n} W_i}\right] \tag{2-51}$$

式中，W_i 表示均质地域内第 i 种类型土地的面积；n 为该均质地域具有的土地类型数。

当均质度达到误差允许范围时，可认为所划区域为均质区；当均质度较低时，需要重新划分均质区，直到均质度符合要求为止。一般认为均质度在[0.90，1.00]区间内，所划均质区具有较好的均质性。

2）均质区的划分及赋值。

i）数值型均质区的划分及赋值。衡量定级因素因子优劣的原始数据为可以度量的数值，依据这些数据划分的均质区称为数值型均质区，如人均耕地等。其划分过程为：对原始样点数据进行聚类分析，或作频率分布曲线，选取分界点值，确定均质区级别数，并采用式(2-52)赋值：

$$P_i = 100(b_i - b_{劣})/(b_{优} - b_{劣}) \tag{2-52}$$

式中，P_i 为某因素因子第 i 级均质区作用分值；b_i 为某因素因子第 i 级均质区原始数据的均值；$b_{优}$ 为某因素因子最优均质区原始数据的均值；$b_{劣}$ 为某因素因子最劣均质区原始数据的均值。

ii）域值型均质区的划分及赋值。定级因素因子的原始数据为包含一定区域的域值，且已划分出若干级别，我们称其为域值型均质区，如有机质含量、钾等。通过分析其数值关系，对可以合并的进行合并，对域值区域跨度过大的进行分解，最终在原级别的基础上确定参评级别，并利用式(2-53)进行赋值：

$$F_i = 100(T_i - T_{劣})/(T_{优} - T_{劣}) \tag{2-53}$$

式中，F_i 为某因素因子第 i 级均质区的作用分值；T_i 为某因素因子第 i 级均质区域值中的中值；$T_{优}$ 为某因素因子最优级均质区域值的中值，有上下界线的，直接取其中值，只有下界的依据级差确定；$T_{劣}$ 为某因素因子最劣级均质区域值的中值，有上下界线的，直接取其中值，只有上界的依据级差确定。

iii）语言型均质区的分级及赋值。区域状态为语言表述的均质区我们称其为语言型均质区，如地貌类型、土壤类型等。一般以其基本类型为均质区分级数，对面积过小的可作适当调整，均质区界线以原类型界线为主来确定。该类均质区由于缺乏可度量的数值，无法直接对其赋值，故采用各均质区与能够反映土地质量的可度量的指标的关系来确定。确定步骤为：先选取与所要赋值均质区有较高相关程度的土地质量指标，如土地产量、产值、土地纯收益等，计算所选指标在每级均质区域内样点加权和的均值，将均值标准化后，以相应的标准化数值作为该均质区赋值的依据：

$$Q_i = 100(y_i - y_{劣})/(y_{优} - y_{劣}) \tag{2-54}$$

式中，Q_i 为某因素因子第 i 个均质区的作用值；y_i 为某因素因子第 i 个均质区反映土地质量的标准化值；$y_{劣}$ 为某因素因子最劣级均质区反映土地质量的标准化值；$y_{优}$ 为某因素因子最优级均质区反映的土地质量的标准化值。

（二）影响因子的无量纲化方法

不同因子具有不同的无量纲化方法，总体上可归纳为四种基本的类型：正向因子、负向因子、适度因子和定性因子的无量纲化。

1. 正向因子无量纲化方法

正向因子就是其实际指标值越大越好的一类指标，即其实际量测指标值越大，则表明土地质量或土地利用状况越好的指标，如土壤因素中的有机质含量因子，其含量越高说明该土壤越肥沃，土地质量越好。

$$X_i=\begin{cases}0 & \text{当 } S_i<D_{i\min} \\ \dfrac{S_i}{D_i}\cdot R_i & \text{当 } D_{i\min}\leqslant S_i\leqslant D_{i\text{opt}} \\ R_i & \text{当 } S_i>D_{i\text{opt}}\end{cases}\tag{2-55}$$

式中，X_i 为 i 种因子的量化指数；S_i 为 i 因子的量测值；D_i 为某土地利用类型对 i 因子的要求值；$D_{i\min}$ 为 i 因子要求的低限；$D_{i\text{opt}}$ 为 i 因子的理想要求值；R_i 为 i 因子的风险性测定，常用保证率来测度。

2. 负向因子无量纲化方法

$$X_i=\begin{cases}1 & \text{当 } S_i\leqslant D_{i\min} \\ \left(1+\dfrac{S_i-D_{i\max}}{D_{i\min}-D_{i\max}}\right)\cdot R_i & \text{当 } D_{i\min}<S_i<D_{i\max} \\ 0 & \text{当 } S_i\geqslant D_{i\max}\end{cases}\tag{2-56}$$

式中，$D_{i\max}$ 为某种土地利用类型对该因子要求的上限，其他符号与式(2-55)同。该类因子现状值越低越好，如区域环境污染水平，即属于这一类。

3. 适度因子量纲化方法

$$X_i=\begin{cases}0 & \text{当 } S_i\leqslant D_{i\min} \text{ 或 } S_i\geqslant D_{i\max} \\ \dfrac{S_i-D_{i\min}}{D_{i\text{opt}}-D_{i\max}}\cdot R_i & \text{当 } D_{i\min}<S_i\leqslant D_{i\text{opt}} \\ \dfrac{D_{i\max}-S_i}{D_{i\max}-D_{i\text{opt}}}\cdot R_i & \text{当 } D_{i\text{opt}}<S_i\leqslant D_{i\max}\end{cases}\tag{2-57}$$

某土地利用类型对该因子的需求范围内存在一个适宜区间，既不能低于一定值，也不能高于某个值，过少或过多均将成为限制因素，如农作物对温度环境的要求，对土壤 pH 的要求等即属于这一类。

4. 定性因子无量纲化方法

这类定性因子往往很难用连续的数量来描述或表达，如土壤质地，通常划分为沙土、壤土、黏土及其中间类型组成的系列。这种用离散的类型描述的资源，通常可以在资源需求中给予对应的表达，对于土壤质地，如某种作物以壤土为最好，沙壤次之，黏壤勉强适宜，黏土不宜等，则可将其适宜度分别量化为 1.0、0.75、0.5 及 0。根据区域实际情况，对这类资源的适宜度的量化，有时需要用间接的方法或结合实际经验加以判断。

（三）因子量化实例说明

1. 点状因子量化实例

以下以武汉市土地定级中的商服中心量化为例，具体说明点状因子的量化方法。

(1) 确定商服中心和等级划分

根据武汉市的实际情况，参照《武汉市商业（1999～2015 年）发展规划》以及《武汉市商业网点空间布局规划纲要》，按各中心的作用和相对规模，将商服中心划分为市级商服中心、区级商服中心、小区级商服中心和街区级商服中心四个等级。市区共确定了 113 个商服中心。其中市级商服中心 1 个、区级商服中心 5 个、小区级商服中心 32 个、街区级商服中心 75 个。

(2) 商服中心功能分计算

1）单项指标标准化。根据实际情况商服完备率划分为好、较好、一般、较差、差，量化指标分值为 100、75、50、30、15，用地效益主要采用单位面积的租金收入水平。根据调查资料数据，对各项指标进行分级和量化：

$$a_i = 100b_i/b_{\max} \tag{2-58}$$

式中，a_i 为标准化的指数值；b_i 为 i 商服中心指标的实际值；$b_{\max}$ 为所有商服中心指标的实际最大值。

2）商服中心的综合规模指数计算。综合规模指数是各项指标的综合体现，通过占地面积、商服完备率、商服网点数等指标来区分商服中心级内差异，计算综合规模指数：

$$m_j = \frac{\sum_{i=1}^{n}(p_i a_i)}{\sum_{i=1}^{n} p_i} \tag{2-59}$$

式中，m_j 为商服中心的规模指数；p_i 为某项指标的权重值；a_i 为标准化的指标值；n 为统计指标数。

通过邀请部分从事房地产评估工作和对武汉市实际情况较为熟悉的专家对商服中心各项指标的权重进行了打分，权重值如表 2-9。

表 2-9　武汉市商服中心指标权重值表

指标	商服中心等级	占地面积	商服网点数	商服完备率
权重值	0.70	0.05	0.05	0.20

3）各商服中心规模指数极限标准化。对综合规模指数进行极限标准化，标准化公式为

$$M_j = 100m_j/m_{\max} \tag{2-60}$$

式中，M_j 为标准化的规模指数；m_j 为原规模指数；$m_{\max}$为最大规模指数。

4）商服繁华度功能分分割计算

考虑商服中心对土地的综合影响需对商服中心的功能分进行分割计算，即高级商服中心含有较低级商服中心的功能，其指标量化就体现在功能分，对标准化的规模指数分析，将评估范围内的商服中心分成 4 个级别。根据各级商服中心平均规模指数计算其功能分。商服中心繁华度功能分的计算公式为

$$f_j = m_j - m_{j-1} \tag{2-61}$$

式中，f_j 为某级商服中心的功能分；m_j 为该级商服中心的平均规模指数；m_{j-1} 为次一级商服中心的平均规模指数。

(3) 商服中心服务半径的确定

按照市级商服中心综合影响应是整个市区，因此，根据均衡分布原则，采用式(2-62)计算服务半径，并根据实际情况作一定的调整。

$$d = \sqrt{\frac{s}{n\pi}} \tag{2-62}$$

式中，d 为商服中心服务半径；s 为市区评估区面积(按 1015.68 平方公里计算)；n 为某级功能个数(大于或等于本级商服中心数数目)。

(4) 商服中心指标计算结果

1）商服中心指标分级统计。根据上述公式分别处理商服中心指标，分级统计结果如表 2-10 所示。

表 2-10　商服中心指标分析结果表

因子级别	商服中心级别	数目	平均规模指数	功能分	作用半径/m
一级	市级商服中心	1	100	28.2	17 980
二级	区级商服中心	5	71.8	20.8	7340
三级	小区级商服中心	32	51	16.2	2917
四级	街区级商服中心	75	34.8	34.8	1684

2）商服中心功能分割图

商服中心功能分割图及按此计算的武汉市土地定级中商服中心作用分值等值线图(局部)分别如图 2-16 和图 2-17 所示。

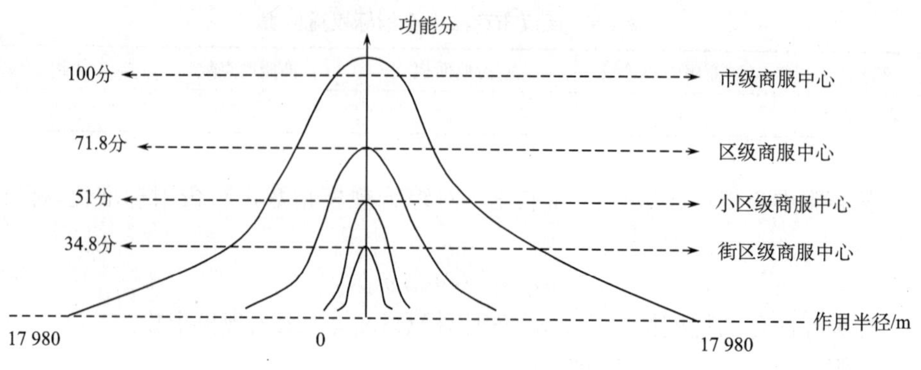

图 2-16　商服中心功能分割图

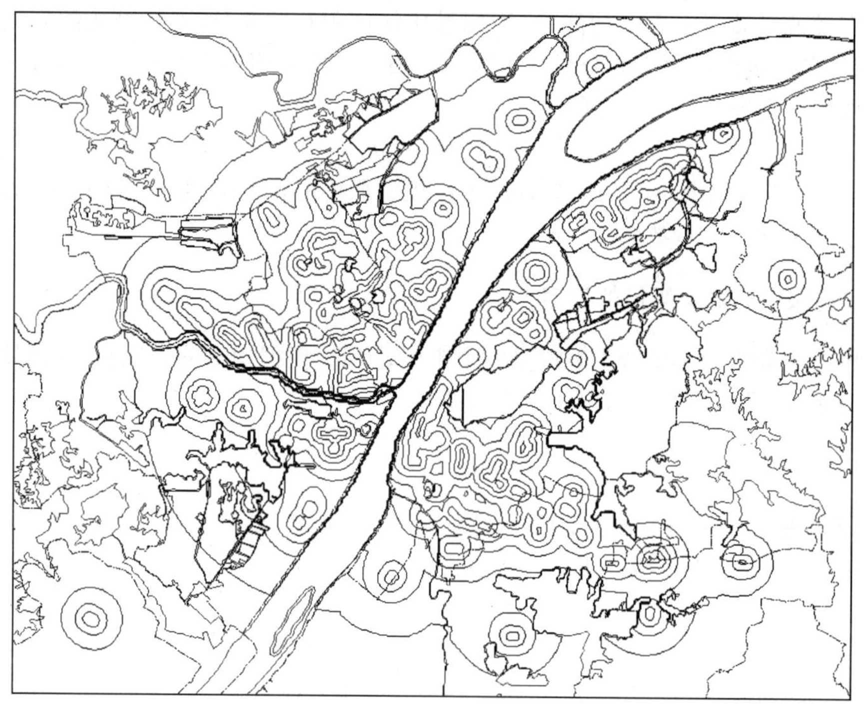

图 2-17　商服中心作用分等值线图(局部)

2. 线状因子量化实例

以武汉市土地定级中道路通达度的量化为例,说明线状因子的量化方法与步骤。

(1) 道路等级的划分

市区道路类型按其功能和等级组合分为:混合型主干道、生活型主干道、交通型主干道、生活型次干道、交通型次干道、支路。混合型主干道指城镇内部主要客货运输线,生活型主、次干道指城镇内部主要以客运为主的道路,交通型主、次干道指城镇内部主要以货运和过境为主的道路,支路指各街坊之间的联系道路。

(2) 道路功能分确定

不同类型道路对商业、住宅和工业用地的影响不同，在确定道路功能分和影响半径时按照三类用地和综合定级影响分别计算。

1) 道路作用指数计算

首先进行道路类型、道路宽度、机动车流量指标，进行无量纲化，再采用封闭区间的极限标准化，即将各项指标的无量纲化值标准化到[0～100]区间，然后综合计算道路作用指数。标准化公式如式(2-63)：

$$k_i = a_i / a_{\max} \tag{2-63}$$

式中，k_i 为某道路作用指数；a_i 为某道路指标无量纲化值；$a_{\max}$为最高级道路的指标无量纲化值。

2) 道路功能分计算

$$F_i = 100 \times k_i \tag{2-64}$$

式中，F_i 为第 i 条道路的功能分；k_i 为第 i 条道路作用指数。

(3) 道路影响距离计算

各级的影响距离计算公式为

$$d = S/2l \tag{2-65}$$

式中，d 为某级道路影响距离；S 为市区评估区面积(按 1015.68 km^2 计算)；l 为某级道路的总长度。

根据以上计算公式分别处理，即可得到商业、住宅和工业用地的道路通达度指标。商业道路通达度等值线图(局部)如图 2-18 所示。

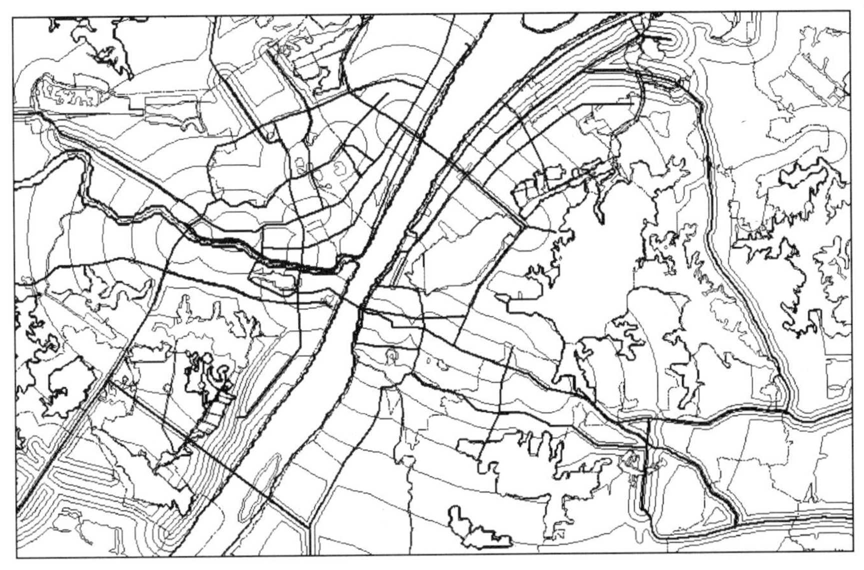

图 2-18　商业道路通达度等值线图(局部)

(四) 点、线状因子量化中对障碍地物的处理方法

1. 距离影响分析

计算点状因子作用分值时，其距离计算一般采用空间直线距离，即点状因子对评价单元的影响大小是随着距点状定级因子距离的增加而成线性衰减的。它忽略了点状定级因子与评价单元之间的可通达性，如自然地物(山地、河流、湖泊等)和人文地物(建筑物、铁路、高速公路等)的阻隔影响，与人们习惯思维中从某地到某地的距离是沿某道路到达目的地的所需路程不一致。

如图 2-19 所示，地块 1 和地块 2 距同一商服中心的空间直线距离相等，按照直线距离的衰减方式，商服中心对它们的影响应该是相同的，但由于有江河的阻隔，商服中心到地块 1 的实际距离小于地块 2，相应地地块 1 受商服中心的影响要大一些。

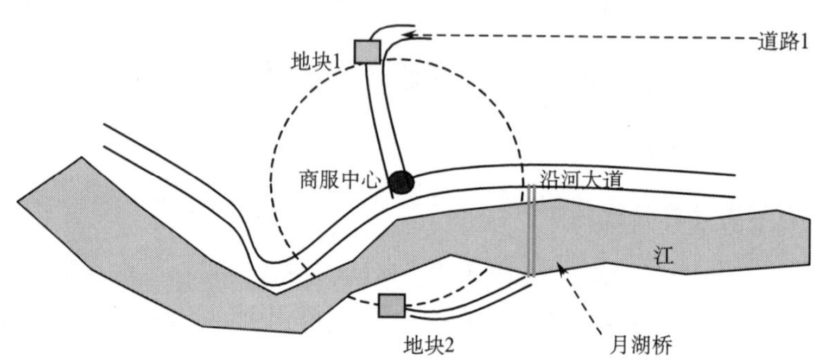

图 2-19　空间直线距离衰减不合理分析示意图

因此，在距离的计算中，我们将图论中的有关路径理论应用于距离计算中来，运用最短路径的算法(Dijkstra 算法)计算定级因子与定级单元之间的距离。根据现状道路网络所计算出定级因子与定级单元之间的最短路径可以不考虑自然障碍地物和人文障碍地物的阻隔影响，且结果比空间直线距离更为合理。

2. 距离计算

网格单元与定级因子间距离计算分为以下四个步骤：

1)寻找距评价单元中心点的最近道路网线 1，并求取评价单元到最近道路网线垂直距离 $d1$、垂线与道路的交叉点到道路网线两端结点(结点 1、结点 2)分段距离($d2$ 和 $d3$)；

2)寻找距评价因子边缘或中心点的最近道路网线 2，并求取评价因子到最近道路网线垂直距离 $d6$、垂线与道路的交叉点到道路网线两端结点(结点 3、结点 4)分段距离($d4$ 和 $d5$)；

3)求取结点 1、结点 2 和结点 3、结点 4 之间的 4 条路径最短距离。

4)最短距离与分段距离组合，取最小值作为网格单元与定级因子间距离。

分段距离计算示意如图 2-20。

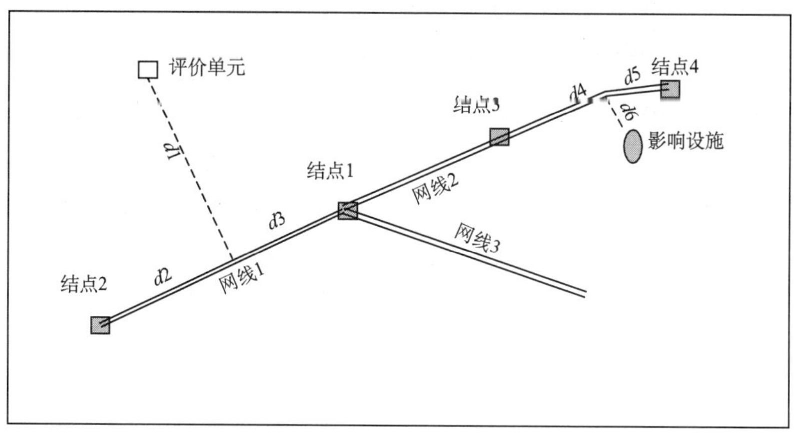

图 2-20　分段距离计算示意图

第四节　土地评价单元

一、土地评价单元类型

土地评价单元是土地评价对象的最小单位。虽然土地的各种性状在地面上的分布表现为无规律的连续变化，但在这一最小单位中则尽量达到相对均一，因此这一最小单位能够反映土地利用达到的某种水平。在同一评价单元中，土地的基本属性具有一致性，不同评价单元间应具有明显的差异性和可比性。整个评价范围的土地，可以按土地性状的组合方式，划分成一个个的土地片，即土地评价单元。土地评价是对各个土地评价单元差异性进行综合分析，由每个土地评价单元的评价结果的综合整理形成土地评价的结果。也就是说，土地评价的最终结果要通过评价单元反映出来，因此土地评价单元划分是土地评价的基础工作之一。

常用的土地评价单元有三种基本类型：土壤分类单元、土地资源分类单元和土地利用现状分类单元。在此基础上还有一些其他的诸如行政单元、地貌单元、基于多属性叠置分析的土地评价单元，以及适于城镇土地评价的宗地单元，适于计算机分析处理的格网单元等类型。

1. 土壤类型分类单元

以土壤分类系统为基础划分土地评价单元，直接利用土壤分类系统的某一级（如土类、土属、土系或土种等）作为评价单元，如耕地的土地评价可直接以土种作为评价单元。这种方法准确地反映了土壤情况。大比例尺评价时其他因素如气候因素变异不大时，能充分体现土壤在土地综合性质中的主导作用，因此这种方法比较适合于大比例尺的土地评价。

如果存在其他的土地因子在评价范围内具有较大的变异，以至于不得不考虑时，就必须在土壤图的基础上根据这些因子分布图进一步划分土地评价单元，如将土壤图与坡度图叠加获得的评价单元便同时具有了土壤和坡度的信息。

2. 土地资源分类单元

以土地资源类型分类系统为基础确定土地评价单元。土地类型是根据土地构成的全部要素相互作用而形成的综合体的相对性和差异性进行分类的结果，它反映了土地的气候、地貌、土壤、植被等自然条件的相对均一性和差异性，也表现了人类活动结果的相对均一性和差异性，因此将土地资源类型作为土地评价单元是比较理想的。

3. 土地利用现状图斑

以土地利用现状为基础确定土地评价单元。按土地利用现状为基础制图单元——自然地块或耕地规划单元以及种植地段等——划分土地评价单元，即以与田间末级固定工程（路、渠、沟、坎等）所包围的地形、土壤、水利状况基本一致，与生产环境、管理水平、常年产量的范围也相对一致的地块作为评价单元。这些地块是农业生产活动的基本单元，因此以它们为评价单元揭示了最小土地单元之间的相似性和差异性，同时也符合农民的耕作习惯，有较大的实用价值。其缺点是，虽然直接利用土地利用现状调查成果，但由于自然地块都很破碎，因此一般只适合于大比例尺的土地评价。

4. 行政单元

以土地行政单元作为土地评价的基本单元。由于社会经济行为是以行政单位为单元进行组织的，往往在统一行政单位内其社会经济现象具有同质性。另外，社会经济信息的统计也是以行政单位为单元进行的，因此在侧重于土地社会经济属性的土地评价中，如土地持续利用评价、土地经济评价，往往就可采用行政单位作为评价的基本单元，如县域土地持续利用评价时就可采用行政村作为基本的评价单元。

5. 格网单元

随着 GIS 等空间信息技术的发展及其在土地评价中的应用，将评价区域按一定规则划分成一定数量的格网，并以这些格网作为评价单元，开展土地评价。该评价单元具有以下几方面的优势：①格网单元往往较传统的土地利用现状图斑、土地类型单元、土壤单元等更小，对评价区域划分更为精细，一般为 10 m×10 m、25 m×25 m、50 m×50 m 或 100 m×100 m 等，更好地保证了土地评价属性的同质性，确保计算结果更精确；②格网单元与 GIS 的栅格数据格式相吻合，便于计算机参与分析和处理；③利用更小的格网单元作为评价单元，由于其中间成果是基于格网的，其成果往往更有利于应用，如城镇土地定级和基准地价评估中，利用格网单元进行定级和基准地价评估时，其结果（现一般称为“格网地价”），可方便地应用宗地地价的评估，并且较以前的级别价或区片价精确反映区域地价变化趋势。

6. 多因素叠置形成的同质单元

土地评价单元的基本要求就是要保证单元内土地属性的同质性。为满足这一要求，可采取将主要参评因子分别制作成图，然后通过 GIS 的叠置分析功能，将这些图层进行叠置分析，取这些因子图层单元交叉形成的最小公共部分作为评价基本单元。这种方法得到的评价单元往往严格地满足了土地评价单元的同质性要求，但评价单元往往极不规则，并且不具有任何实际物理意义，仅能为评价过程服务，最后评价的结果还需转化为实际应用单元，才能应用推广。

二、土地评价单元的划分方法

1. 土壤类型、土地资源类型单元划分

以土壤类型和土地资源类型分类为土地评价单元的方法是直接以土壤类型图或土地资源类型图作为评价底图，并以某一类型层次单元作为评价的基本单元来展开土地评价。

2. 土地资源分类单元划分

土地资源分类单元在有土地类型图的区域可直接将土地类型图与土地评价工作底图进行叠置分析得到，或直接以土地类型图作为土地评价工作底图开展评价工作。在没有现成土地类型图的区域则需根据土地类型划分方法先进行土地类型划分，得到土地类型图，再以此类型图选定某一层次的类型级别单元作为土地评价单元。

3. 土地利用现状图斑单元划分

土地利用现状图斑是土地利用现状图的基本单元，它是通过土地利用现状调查获得的。一般土地调查在土地评价工作之前展开，所以开展土地评价的区域一般有土地利用现状图，实际工作中农用地的评价一般都是基于土地利用现状图斑的。

4. 行政单元

行政单元直接可以从区域行政区划图得到，根据评价的尺度要求，具体选取某一级行政单元作为基本的评价单元，如在进行农用地质量评价时就可以行政村为基本评价单元展开土地评价工作。

5. 网格单元

网格单元是在土地评价工作底图上，如土地利用现状图上，根据评价尺度要求和确定的网格单元类型(正方形网格、矩形网格、正六边形网格等)，直接对评价区域进行网格空间的划分得到，如当前较多城市在进行城镇土地基准地价评估中采用正方形网格单元作为基本评价单元。

6. 多因素叠置形成的同质单元

这种土地评价单元是根据评价目的和要求，选取地形、地貌、土壤、气候等影响土地评价的因子，分别制作评价因子图，利用 GIS 的空间叠置功能进行叠置分析，选取叠置后的各因素交叉形成的最小公共部分即为所需的评价单元。

第三章　土地评价多元统计分析模型

运用数理统计或其他应用数学模型来进行土地评价因子的选择、权重的确定，评价单元的划分、等级评定、级差收益测算等方面的工作，大大提高了土地评价结果的客观性和精确性，避免了不同研究工作者的主观干扰，使评价结果更具可比性。数学方法在土地评价中的应用，其本质是通过建立土地质量与影响土地质量的土地因素之间的数学模型，对土地进行分类与评价。任一土地质量 LQ 与土地因素特征的关系可以用式(3-1)表示：

$$LQ = f(A, B, C, \cdots) \tag{3-1}$$

式中，A、B、C 是与土地质量 LQ 相关的土地特征性的特征值。其具体关系式取决于土地特性对土地质量的影响方式，要依靠土地评价中的定性分析来加以确定。因此，在一定意义上，数学方法在土地评价中的应用，是定性方法与定量研究相结合进行土地评价。

多元统计分析模型方法是土地评价中应用较广泛的一种数学方法。研究客观事物中多个变量(或多个因素)之间相互依赖的统计规律性。它的重要基础之一是多元正态分析，又称多元分析。如果每个个体有多个观测数据，或者从数学上说，如果个体的观测数据能表示为 P 维欧几里得空间的点，那么这样的数据叫做多元数据，而分析多元数据的统计方法就叫做多元统计分析。以下分别介绍基于聚类分析、回归分析、判别分析、趋势面分析等的土地评价模型和方法。

第一节　聚 类 分 析

一、聚类分析基本原理

聚类是把一组个体按照相似性归成若干类别，即“物以类聚”，其目的是使属于同一类别的个体之间的距离尽可能小，而不同类别的个体间的距离尽可能大。聚类分析则是使用聚类算法来发现有意义的类，它是数据挖掘的一项重要功能，其主要依据是把相似的样本归为一类，而把差异大的样本区分开来，这样所产生的簇是一组数据对象的集合，这些对象与同一个簇中的对象彼此相似，而与其他簇中的对象相异。聚类的基本形式如图3-1所示。

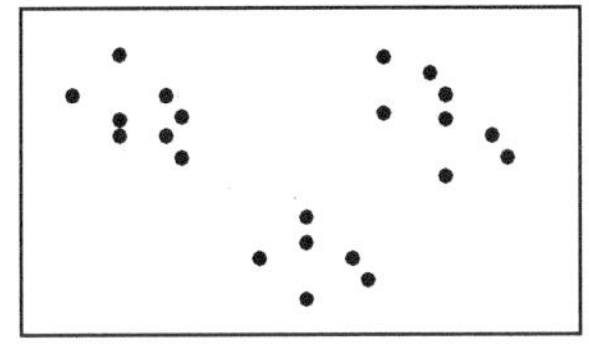
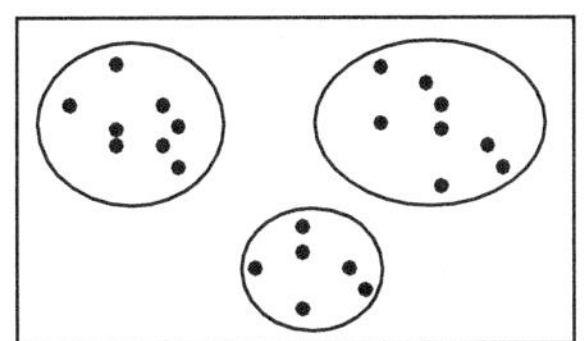

图 3-1　聚类分析示意图

聚类分析在土地评价中是应用比较广泛的一种数学方法。聚类分析的基本思想是：首先将所研究的每个样品各自看成一类，然后根据样品间的相似程度，每次将最相似的两类加以合并，并计算新类与其他类之间的相似程度，再选择最相似者加以合并，这样每合并一次，就减少一类，继续这一过程，直到将所在样品合并成一类为止。

聚类分析的方式多种多样，如 Q 模式系统聚类分析、R 模式系统聚类分析、模糊聚类分析、图论聚类分析、灰色聚类分析等。在土地评价中，Q 模式系统聚类分析的应用较多。

Q 模式系统聚类分析是根据所研究的样品（土地评价单元）之间的相似性进行分类的。其聚类过程包括 4 个方面的内容：①选择表示样品之间相似的指标；②对于包含多个样品的类与类之间的相似程度，规定一种表示方法；③将原来的类合并为新类；④将逐次并类的过程用图形形象地表示出来。其中，①与②是关键。

二、基于聚类分析的土地评价步骤

1. 聚类分析数据处理

在土地评价中所采集的观测数据，其指标的单位和量级可能是不一样的，有些指标的绝对值大一些，有些指标的绝对值又小一些，因此，用原始数据进行计算就会突出那些绝对值大的变量而压低绝对值小的变量。所以，在计算前要进行原始数据处理，变成标准化数据。

设原始数据矩阵 $\boldsymbol{X}=\{X_{ik}\}$，其中，$i=1,2,\cdots,N$，$k=1,2,\cdots,M$，$N$ 为样品数，M 为变量数，将 $\boldsymbol{X}$ 矩阵列均值记为 X_k，列标准差为 S_k。其数据处理方法有以下几种可供选择：

(1) 数据中心化

设与变量 X_{ik} 相应的变换后的变量记为 X'_{ik}，则数据中心化为

$$X'_{ik} = X_{ik} - \overline{X_{ik}} \tag{3-2}$$

(2) 对数变换

$$X'_{ik} = \ln X_{ik} \tag{3-3}$$

(3) 正规化（极差标准化）

$$X'_{ik} = \frac{X_{ik} - \min X_{ik}}{\max X_{ik} - \min X_{ik}} \tag{3-4}$$

(4) 标准化（标准差标准化）

$$X'_{ik} = \frac{X_{ik} - \overline{X_{ik}}}{S_k} \tag{3-5}$$

2. 聚类分析土地单元间的相似指标(统计量)的选择

土地评价中,确定土地单元间的相似性指标(聚类分析的统计量)是聚类分析的第一步。表征土地单元间的相似性的指标,在 Q 模式系统聚类分析中有 8 种可供选择。

(1)明考夫斯基距离

设 d 代表距离,下角标表示土地单元序号,第 i 个与第 j 个土地单元间明考夫斯基距离表示为 $d_{ij}(q)$,定义为

$$d_{ij}(q) = \left[\sum_{k=1}^{m} |X_{ik} - Y_{jk}|^{q}\right]^{1/q} \quad (i,j = 1,2,\cdots,N) \tag{3-6}$$

式中,q 为某一正整数。

当 $q=1$ 时,称为绝对值距离,记为

$$d_{ij}(1) = \sum_{k=1}^{m} |X_{ik} - X_{jk}| \tag{3-7}$$

当 $q=2$ 时,称为欧氏距离,记为

$$d_{ij}(2) = \sum_{k=1}^{m} |X_{ik} - X_{jk}|^{1/2} \tag{3-8}$$

当 $q=\infty$时,称为切比雪夫距离,记为

$$d_{ik}(\infty) = \max |X_{ik} - X_{jk}|, 1 \leqslant k \leqslant m \tag{3-9}$$

(2) 兰氏距离

仍采用上述符号,定义为

$$d_{ij}(L) = \sum_{k=1}^{m} \frac{|X_{ij} - X_{jk}|}{X_{ik} + X_{jk}} \tag{3-10}$$

该距离仅适用于一切 X_{ik} 同号的情况。距离越小,关系越密切。

(3) 夹角余弦

记向量$(X_{i1},X_{i2},\cdots,X_{im})$与$(X_{j1},X_{j2},\cdots,X_{jm})$之间的夹角为 a_{ij},则有

$$\cos a_{ij} = \frac{\sum_{k=1}^{m} X_{ik}X_{jk}}{\left[\sum_{k=1}^{m} X_{ik}^{2} \sum_{k=1}^{m} X_{jk}^{2}\right]^{1/2}} \tag{3-11}$$

$0 \leqslant |\cos a_{ij}| \leqslant 1$,反映变量是否呈比例关系。

(4) 样品相关系数

该系数记为 r_{ij},定义为

$$r_{ij}=\frac{\sum_{k=1}^{N}(X_{ik}-\overline{X_i})(X_{ik}-\overline{X_\sigma})}{\left[\sum_{k=1}^{N}(X_{ij}-\overline{X_i})^2\cdot\sum_{k=1}^{N}(X_{jk}\,\overline{X_j})^2\right]^{1/2}} \tag{3-12}$$

式中，X_i 和 X_j 分别为第 i 个与第 j 个样品的“平均值”。

(5) 指数相似系数

该系数记为 $r_{ij(e)}$，定义为

$$r_{ij}(e)=\frac{1}{m}\sum_{k=1}^{m}\exp\left[-\frac{3}{4}\,\frac{(X_{ik}-X_{jk})^2}{S_k^2}\right] \tag{3-13}$$

(6) 连带系数

连带系数也称非参数相似系数。适用于原始数据 $X_{ij}>0$，X_{ij} 既可以是连续型的，也可以是离散型的，常用的下列三种，定义为

$$r_{ij}(G)=\frac{\sum_{K=1}^{M}\min(X_{ik},X_{jk})}{\sum_{K=1}^{M}\max(X_{ik},X_{jk})} \tag{3-14}$$

$$r_{ij}(C)=\frac{\sum_{K=1}^{M}\min(X_{ik},X_{jk})}{\frac{1}{2}\sum_{K=1}^{M}\max(X_{ik},X_{jk})} \tag{3-15}$$

$$r_{ij}(O)=\frac{\sum_{K=1}^{M}\min(X_{ik},X_{jk})}{\sum_{K=1}^{M}\max(X_{ik},X_{jk})^{\frac{1}{2}}} \tag{3-16}$$

3. 土地分类中类与类相似程度的计算

对于由多个土地单元组成的土地类与类之间的相似性如何计算？这个问题相当复杂。初看起来，由 n 个土地单元组成的土地类，可以看成一个综合样品，其每个指标等于各样品(土地单元)相应指标的算术平均值。但实际应用结果并不理想。于是出现了许多定义。对距离系数而言，至少有下列 8 种：①最短距离法；②最长距离法；③中间距离法；④重心法；⑤类平均法；⑥可变类平均法；⑦可变法；⑧离差平均法。

设第 i 类包含的个体数记为 n_i，类 p 与类 q 合并为类 r，n_p 与 n_q 分别为 p 类与 q 类包含的个数，合并后包含的个体数 $n_r=n_p+n_q$。D 表示类之间的距离。当采用欧几里得距离时，对上述 8 种方法，有统一形式的递推公式：

$$D_{ir}^2=\alpha_p D_{iq}^2+\alpha_q D_{iq}^2+\beta_p D_{iq}^2+\gamma_p D_{ip}^2-\alpha_p D_{iq}^2 \tag{3-17}$$

式中，α_p、α_q、β_p、γ_p 为系数，具体数值见表 3-1。

表 3-1　类间距离递推公式系数

算法	α_p	α_q	β	γ
最短距离法	$\frac{1}{2}$	$\frac{1}{2}$	0	$-\frac{1}{2}$
最长距离法	$\frac{1}{2}$	$\frac{1}{2}$	0	$\frac{1}{2}$
中间距离法	$\frac{1}{2}$	$\frac{1}{2}$	$-\frac{1}{4}\leqslant\beta\leqslant 0$	0
重心法	n_p/n_r	n_q/n_r	$-\alpha_p\alpha_1$	0
类平均法	n_p/n_r	n_q/n_r	0	0
可变类平均法	$\frac{(1-\beta)n_p}{n_r}$	$\frac{(1-\beta)n_q}{n_r}$	<1	0
可变法	$\frac{1-\beta}{2}$	$\frac{1-\beta}{2}$	<1	0
离差平均和法	$\frac{n_i+n_p}{n_i+n_r}$	$\frac{n_i+n_p}{n_i+n_r}$	$-\frac{n_i}{n_i+n_r}$	0

如果不是采用欧几里得距离法，对于最短距离法、最长距离法、类平均法、可变平均法，上述的递推公式仍成立。

在采用相似系数时，为了沿用上述递推公式，可将其转变为距离，即

$$d_{ij}=|1-r_{ij}| \tag{3-18}$$

式中，d 表示距离；r 表示某种相似系数。一般地，d 不具有欧几里得距离特点。

递推公式使聚类分析的计算工作量大大缩减。只要首先计算出样品的相似系数或距离矩阵，利用递推公式，便可逐步地将 N 个样品聚类。

4. 聚类分析谱系图的形成

聚类分析谱系图也称聚类结构图。所谓聚类结构，就是在相似性统计量的基础上，遵循一定的分类原则，通过公式计算，以求得各类之间的较为合理的连接、定量分类方法。依此方法所得到的聚类结构图即为聚类图，或称谱系图、树状图等。它是聚类分析的结构图件，其好处有两点：一是可以把无法用平面表达的多维空间中的样品（即土地单元）之间的相互关系化成二维图形予以表示；二是分类系统直观，同时还可以定量的方法表达各样品之间的相似程度。

(1) 聚类结构形成的原则

1) 若两个样品在已经分好的组中都未出现过，则把它们形成一个独立的新组。

2) 若两个样品中有一个是在已经分好的组中出现过，则把另一个样品也加入到该组中。

3) 若选出一对样品，都分别出现在已经分好的组中，这就把两组联结在一起。

4) 若选出的一对样品都出现在同一组中，则这一对样品就不再分组了。

在具体进行分类时，要依这四条原则反复进行，直到把所有样品都分类聚合完毕为止。

(2) 聚类形成的方法

聚类形成的具体方法，一般有两种：一为一次形成法，二为逐步形成法。

三、实 例 分 析

以下以基于聚类分析的湖北省城镇土地分等为例，介绍聚类分析在土地评价中的具体应用方法。

采用聚类分析法进行城镇土地分等，是将城镇作为聚类对象，将多因素综合评判计算的参评因素综合分值作为因子评分值，分等因素因子的权重作为聚类对象的总排序权重，加权计算聚类对象之间的距离，按距离进行聚类。这里采用欧氏距离：

$$D_{ij}=\sqrt{\sum[W_k\times(F_{ik}-F_{jk})]^2} \tag{3-19}$$

式中，D_{ij}为第i个分等对象到第j个分等对象的欧氏距离；W_k为第k个因子的总排序权重值；F_{ik}为第i个分等对象的第k个因素的评分值；F_{jk}为第j个分等对象的第k个因素的评分值。

在我们开发的“湖北省城镇土地分等与基准地价平衡系统”中，采用了K-means聚类方法，把每个分等单元看成$K(K=9)$维空间上的点，用每个分等单元的9个一级因素的序位法分值作为衡量指标，从而进行聚类分析，具体步骤如下：

1. 聚类因子的确定

影响城镇土地综合质量的因素、因子众多，包括宏观的和微观的，静态的和动态的，直接的和间接的，并且因素和因子之间相互联系、相互影响。为了使选取的因素和因子具有代表性，指标选取采用如下基本思路进行：

首先根据国家《城镇土地分等定级规程》的要求，借鉴已有的成果，对可能影响城镇土地质量的因素、因子进行分析，并充分考虑因子的区域变异性、获取有效数据的可能性，确定初始参评指标变量体系。然后利用因子分析法对初始因子指标进行主成分分析，提取主成分，基本确定因素因子体系。最后通过召开专家论证会，广泛听取意见，最终确定城镇土地分等的因素因子体系。

根据主成分分析法的结果，选取了城市区位条件、城市集聚规模、城市基础设施条件、城镇公用设施、城镇用地效率、城镇生态环境、区域经济发展水平、区域发展潜力等因素。

经过以上多元统计分析处理后，于2005年6月召开专家论证会，广泛征求各方面的意见，对指标体系和分等方案进行论证、补充、修改和完善，主要是对因素因子的含义和指标的量纲问题进行了完善，对个别因素进行再次归类合并，对因子因素体系的框架进行了完善。一级因素是城镇区位、城镇集聚规模、城镇基础设施、城镇公用设施、城镇用地效率、城镇生态环境、区域经济发展水平、区域发展潜力等。最终确定湖北省城镇土地分等的因素因子体系如表3-2所示。

表 3-2　湖北省城镇土地分等因子体系

一级因素	二级因素	因子	指标(单位)
城镇区位	经济区位	经济位势	
	交通区位	铁路	国家干线铁路条数(条) 区域干线铁路条数(条) 一等客运站点(个) 二等客运站点(个) 三等客运站点(个)
		公路	跨省高速公路出入口个数(个) 省内高速公路出入口个数(个) 国家干线公路条数(条) 省级干线公路条数(条)
		港口(码头)	年吞吐量在 6000 万 t 以上港口个数(个) 年吞吐量在 3000 万～6000 万 t 港口个数(个) 年吞吐量在 1000 万～3000 万 t 港口个数(个) 年吞吐量小于 500 万～1000 万 t 港口个数(个) 年吞吐量在 100 万～500 万 t 港口个数(个) 年吞吐量在 100 万 t 以下港口个数(个)
		航空	拥有 5 条及以上国际航线的国际航空港个数(个) 拥有 5 条以下国际航线的国际航空港个数(个) 拥有国内干线机场个数(个) 拥有国内支线机场个数(个)
	城镇对外辐射能力	货运能力	货运总量(万 t/年)
		客运能力	客运总量(万人/年)
城镇集聚规模	城镇人口规模	城镇人口规模	万人
	城镇人口密度	城镇人口密度	万人/km^2
	城镇第二、三产业增加值	城镇第二、三产业增加值之和	万元
城镇基础设施	城镇道路交通状况	人均铺装道路面积	万 m^2
	城镇供水状况	人均生活用水量	%
	城镇供气状况	城镇气化率(供气普及率)	%
	城镇排水状况	城镇排水管道密度	km/km^2
城镇公用设施	学校状况	每万人中拥有大中专学生数	人/万人
		初中升学率	%
		高中升学率	%
	医疗卫生状况	每万人中拥有卫生技术人员数	人/万人
		每万人中拥有医疗床位数	张/万人
	文化娱乐设施	图书馆个数	个
		体育场馆个数	个
		电影院个数	个
	公交设施状况	每万人中拥有公交车辆数	辆
		每万人中拥有出租车辆数	辆

续表

一级因素	二级因素	因子	指标(单位)
城镇用地投入产出水平	城镇固定资产投资强度	城镇单位用地建设固定资产投资额	万元/km^2
	城镇第二、三产业增值强度	城镇单位用地第二、三产业增加值	万元/km^2
	城镇贸易强度	城镇单位用地批发零售贸易总额	万元/人
	城镇劳动力投入强度	城镇单位用地从业人员数	人/km^2
城镇生态环境	绿化状况	人均绿地面积	m^2/人
	废物处理状况	垃圾粪便无害化处理率	%
		污水处理率	%
	大气环境	大气环境质量指数	
	水环境	水环境质量指数	
区域经济发展水平	国内生产总值	全年国内生产总值	亿元
		人均国内生产总值	元
		国内生产总值年均增长率	%
	财政状况	全年地方财政收入	万元
		人均地方财政收入	万元
		地方财政收入年均增长率	%
	固定资产投资状况	全社会固定资产投资	万元
		人均社会固定资产投资	万元
	社会消费品零售状况	全社会消费品零售总额	亿元
		人均社会消费品零售总额	万元
		社会消费品零售总额年增长率	%
	外贸出口	全年外贸出口额	万元
		人均外贸出口额	元
区域综合服务能力	金融服务	人均年末储蓄存款余额	元
	信息服务	人均邮电、通讯业务量	元
	科技文化	专业技术人员比	%
		高等院校数量	个
		省级以上科研机构数量	个
区域土地供应潜力	区域农业人口人均耕地	区域农业人口人均耕地	亩
	区域人口密度	区域人口密度	人/km^2

1）城镇经济位势指标反映某个城镇在城镇体系中与其他城镇相互作用的强度和城镇周围地区的经济发展水平，计算公式为

$$X_i = \sum_{j=1}^{n} \frac{N_j}{D_{ij}} \tag{3-20}$$

式中，N_j 代表第 j 个城镇的国内生产总值；D_{ij} 代表 i 城镇到 j 城镇的距离；X_i 代表第 i 个城镇的经济位势；n 代表城镇数量。该式的含义是，如果某市附近拥有经济实力强大的另外一些城市，通过城市的辐射作用，该市的经济发展必然具有较大的潜力，并有利于提高城市土地的产出率。反之，经济落后、城镇体系不完善的地区，城市的影响力和发展潜力就小，这种差异反映了城镇的经济区位条件的优劣。

2）城镇区位因素中交通区位的因子是对外辐射影响的，即因子除对所在城镇有影响外，还对周边城镇有影响，影响程度随距离增大而衰减。

2. 指定聚类数目 k

由于武汉市各因素指标值优势明显，单独作为一等。在聚类分析时，我们暂不考虑武汉的数据，对其他城镇划分 8 个等别，最后仍将武汉作为一等，因此，确定 $k=8$。

3. 确定 k 个初始类中心

在指定了聚类数目之后，还需要指定这 k 个类的初始类中心点。根据原始聚类数据的统计特征，确定初始类中心。初始类中心点如表 3-3 所示。

表 3-3　初始类中心点表

类别	一级因素（序位法分值）								
	城镇区位	城镇集聚规模	城镇基础设施	城镇公用设施	城镇用地投入产出水平	城镇生态环境	区域经济发展水平	区域综合服务能力	区域土地供应潜力
1类	61.34	80.42	84.29	74.65	64.88	57.54	86.15	75.52	72.06
2类	56.24	80.39	83.03	52.20	53.14	47.26	79.76	63.88	53.86
3类	46.65	60.84	59.41	66.77	32.27	51.35	72.15	64.79	42.97
4类	45.84	45.84	62.96	51.59	36.60	47.29	42.63	34.59	36.06
5类	31.24	12.93	49.31	31.88	53.27	61.50	58.32	54.40	27.65
6类	26.07	17.73	38.08	27.70	37.94	67.16	38.73	31.19	33.81
7类	13.94	14.35	24.09	47.25	28.72	50.64	32.79	14.89	20.18
8类	8.14	15.27	16.05	23.66	32.72	38.51	28.10	51.95	5.59

4. 根据距离最近原则进行分类

依次计算每个样本数据点到 k 个类中心点的欧氏距离，并按照距 k 个类中心点距离最短的原则将所有的样本分类，形成 k 个类别。

5. 重新确定 k 个类中心

中心点确定的原则是，依次计算各类中 9 个变量的均值，并以均值点作为 k 类新的中心点。

6. 判断是否已经满足终止聚类分析的条件

聚类分析终止的条件有两个：第一，迭代次数等于指定的迭代次数时终止聚类；第二，类中心点偏移程度。新确定的类中心点距上个类中心点的最大偏移量小于指定的量时终止聚类。我们采用第二种方式来判断是否结束聚类，并设定最大偏移量的阈值为 0.02。如果不满足结束条件，则回到第三步，循环往复，直至结束。

7. 最终聚类中心与各城镇类别确定

根据以上程序，最终确定聚类中心如表 3-4 所示。相应地，各城镇类别确定如表 3-5 所示。

表 3-4 最终聚类中心

类别	一级因素(序位法分值)								
	城镇区位	城镇集聚规模	城镇基础设施	城镇公用设施	城镇用地投入产出水平	城镇生态环境	区域经济发展水平	区域综合服务能力	区域土地供应潜力
1 类	62.4	79.73	83.02	66.87	69.72	52.23	83.52	70.32	65.23
2 类	64.8	67.65	63.98	48.01	62.46	47.89	69.91	49.03	53.79
3 类	43	66.86	48.79	41.68	52.21	44.66	53.36	39.21	53.26
4 类	45.4	45.93	74.26	45.34	41.84	63.83	47.12	33.04	48.71
5 类	35.1	29.61	63.88	41.21	56.23	62.33	59.57	41.19	35.06
6 类	29.2	32.21	39.01	28.34	47.66	57.73	32.36	24.54	46.44
7 类	13.6	17.73	33.46	32.61	25.46	61.26	24	13.77	33.42
8 类	10.5	18.62	17.20	20.75	40.07	35.18	25.23	36.81	7.30

表 3-5 基于聚类分析的湖北省城镇土地分等结果

地级市名称	城镇名称	总分值	聚序等别
武汉市	武汉市主城区	110.196	1
武汉市	东西湖区	75.546	2
武汉市	汉南区	56.184	5
武汉市	蔡甸区	72.074	4
武汉市	江夏区	72.828	4
武汉市	黄陂区	72.557	4
武汉市	新洲区	68.064	4
黄石市	黄石市城区	89.384	3

续表

地级市名称	城镇名称	总分值	聚序等别
黄石市	阳新县	58.212	4
黄石市	大冶市	70.995	4
十堰市	十堰市城区	87.401	2
十堰市	郧县	47.600	7
十堰市	郧西县	32.865	7
十堰市	竹山县	30.379	8
十堰市	竹溪县	32.077	8
十堰市	房县	35.414	8
十堰市	丹江口市	57.038	5
宜昌市	宜昌市城区	89.210	3
宜昌市	夷陵区	65.856	4
宜昌市	远安县	46.785	6
宜昌市	兴山县	41.011	6
宜昌市	秭归县	44.026	6
宜昌市	长阳县	41.349	6
宜昌市	五峰县	25.836	9
宜昌市	宜都市	61.695	5
宜昌市	当阳市	65.168	4
宜昌市	枝江市	54.660	5
襄樊市	襄樊市城区	89.252	2
襄樊市	襄阳区	60.506	5
襄樊市	南漳县	53.449	6
襄樊市	谷城县	45.517	6
襄樊市	保康县	45.556	6
襄樊市	老河口市	58.541	5
襄樊市	枣阳市	59.512	5
襄樊市	宜城市	57.080	5
鄂州市	鄂州市	82.647	3
荆门市	荆门市城区	85.035	2
荆门市	京山县	57.932	5
荆门市	沙洋县	51.620	6
荆门市	钟祥市	67.596	4
孝感市	孝感市城区	74.576	3
孝感市	孝昌县	48.718	7
孝感市	大悟县	47.315	6
孝感市	云梦县	62.941	4
孝感市	应城市	70.520	4
孝感市	安陆市	57.080	5
孝感市	汉川市	66.376	4
荆州市	荆州市城区	80.973	3
荆州市	公安县	61.957	5
荆州市	监利县	58.192	5

续表

地级市名称	城镇名称	总分值	聚序等别
荆州市	江陵县	54.966	5
荆州市	石首市	68.457	4
荆州市	洪湖市	57.041	6
荆州市	松滋市	56.733	5
黄冈市	黄冈市城区	72.043	4
黄冈市	团风县	48.988	6
黄冈市	红安县	47.905	7
黄冈市	罗田县	41.564	7
黄冈市	英山县	40.086	8
黄冈市	浠水县	52.521	5
黄冈市	蕲春县	56.855	5
黄冈市	黄梅县	57.866	4
黄冈市	麻城市	62.798	5
黄冈市	武穴市	66.109	4
咸宁市	咸宁市城区	64.629	5
咸宁市	嘉鱼县	51.933	5
咸宁市	通城县	43.306	7
咸宁市	崇阳县	41.848	7
咸宁市	通山县	41.020	7
咸宁市	赤壁市	70.678	4
随州市	随州市城区	73.198	2
随州市	广水市	59.684	4
恩施州	恩施市	61.911	4
恩施州	利川市	36.304	8
恩施州	建始县	32.627	8
恩施州	巴东县	33.952	8
恩施州	宣恩县	28.979	8
恩施州	咸丰县	31.036	8
恩施州	来凤县	29.106	8
恩施州	鹤峰县	31.053	8
仙桃市	仙桃市	79.026	2
潜江市	潜江市	78.924	3
天门市	天门市	76.876	3
神农架	神农架林区	26.715	9

对应等别分布图，如图 3-2 所示。

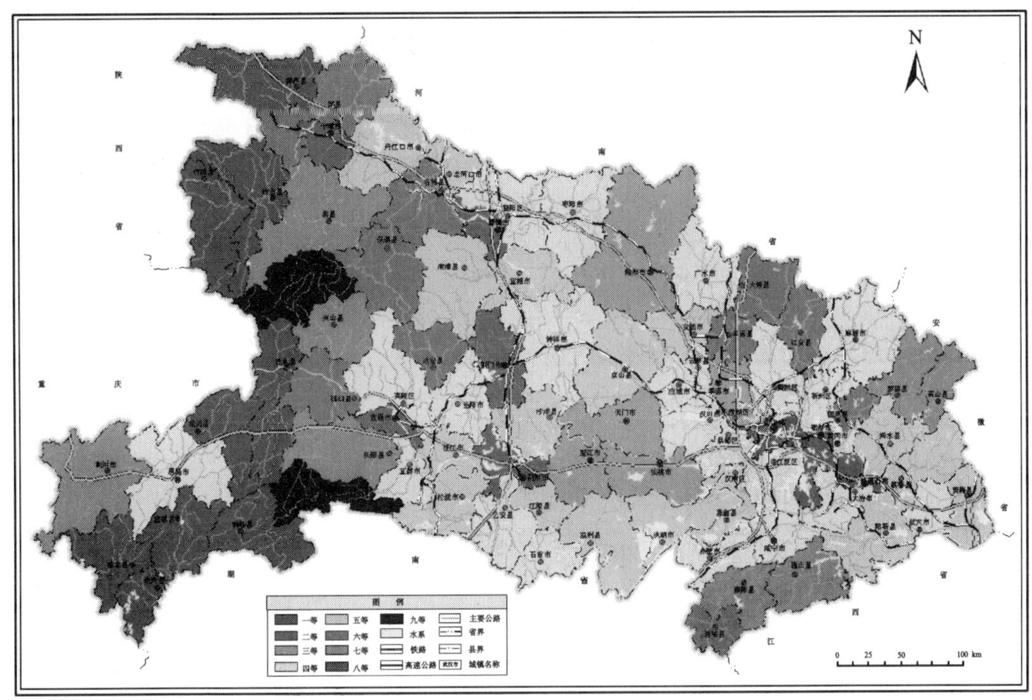

图 3-2　湖北省城镇土地等别图

第二节　回归分析

一、回归分析概述

具有相关关系的变量之间虽然具有某种不确定性，但是，通过对现象的不断观察可以探索出它们之间的统计规律，这类统计规律称为回归关系。有关回归关系的理论、计算和分析称为回归分析。

把两个或两个以上定距或定比例的数量关系用函数形势表示出来，就是回归分析要解决的问题。回归分析是一种非常有用且灵活的分析方法，其作用主要表现在以下几个方面：

1）判别自变量是否能解释因变量的显著变化——关系是否存在；

2）判别自变量能够在多大程度上解释因变量——关系的强度；

3）判别关系的结构或形式——反映因变量和自变量之间相关的数学表达式；

4）预测自变量的值；

5）当评价一个特殊变量或一组变量对因变量的贡献时，对其自变量进行控制。

回归分析可以分为简单线性回归分析和多元线性回归分析。

(一) 一元线性回归分析

在一元线性回归中,有两个变量,其中 x 是可观测、可控制的普通变量,常称它为自变量或控制变量,y 为随机变量,常称其为因变量或响应变量。通过散点图或计算相关系数判定 y 与 x 之间存在着显著的线性相关关系,即 y 与 x 之间存在如下关系:

$$y = a + bx + \varepsilon \tag{3-21}$$

通常认为 $\varepsilon \sim N(0,\sigma^2)$ 且假设 σ^2 与 x 无关。将观测数据 $(x_i, y_i)(i=1,\cdots,n)$ 代入式(3-21),再注意样本为简单随机样本得

$$\begin{cases} y_i = a + bx_i + \varepsilon_i \\ \varepsilon_1, \varepsilon_2, \cdots, \varepsilon_n \text{ 独立同分布 } N(0,\sigma^2) \end{cases} \tag{3-22}$$

式(3-22)(又称为数据结构式)所确定的模型为一元(正态)线性回归模型。对其进行统计分析称为一元线性回归分析。

不难理解,上述模型中 $E(Y)=a+bx$,若记 $y=E(Y)$,则 $y=a+bx$,就是所谓的一元线性回归方程,其图像就是回归直线,b 为回归系数,a 称为回归常数,有时也通称 a、b 为回归系数。

对一元线性回归模型关键包括以下三点:

1) 对参数 a,b 和 σ^2 进行点估计,估计量 $\hat{a}$,$\hat{b}$ 称为样本回归系数或经验回归系数,而 $\hat{y}=\hat{a}+\hat{b}x$ 称为经验回归直线方程,其图形相应地称为经验回归直线。

2) 在上述模型下检验 y 与 x 之间是否线性相关。

3) 利用求得的经验回归直线,通过 x 对 y 进行预测或控制。

1. 对 a、b 的最小二乘估计、经验公式

现讨论如何根据观测值 (x_i, y_i),$i=1,2,\cdots,n$ 估计模型中回归函数 $f(x)=a+bx$ 中的回归系数。

采用最小二乘法,记平方和

$$Q(a,b) = \sum_{t=1}^{n} (y_t - a - bx_i)^2 \tag{3-23}$$

找使 $Q(a,b)$ 达到最小的 a、b 作为其估计,即

$$Q(\hat{a}, \hat{b}) = \min Q(a,b) \tag{3-24}$$

为此,令

$$\begin{cases} \dfrac{2Q}{2a} = 2\sum_{t=1}^{n} [y_t - a - bx_t] = 0 \\ \dfrac{2Q}{2b} = 2\sum_{t=1}^{n} (y_t - a - bx_t)x_t = 0 \end{cases} \tag{3-25}$$

化简得(模型的正规方程),解得

$$\begin{cases} \hat{b} = \dfrac{L_{xy}}{L_{xx}} \\ \hat{a} = \overline{y} = \hat{b}\overline{x} \end{cases} \tag{3-26}$$

其中 $\hat{a}$,$\hat{b}$ 分别称为 a、b 的最小二乘估计,其中

$$L_{xx} = \sum_{i=1}^{n}(x_i - \overline{x})^2 = \sum_{i=1}^{n} x_i^2 - \frac{1}{n}\left(\sum_{i=1}^{n} x_i\right)^2 \tag{3-27}$$

$$L_{xy} = \sum_{i=1}^{n}(x_i - \overline{x})(y_i - \overline{y}) = \sum_{i=1}^{n} x_i y_i - \frac{1}{n}\left(\sum_{1}^{n} x_i\right)\left(\sum_{1}^{n} y_i\right) \tag{3-28}$$

称 $\hat{y}=\hat{a}+\hat{b}x$ 为经验回归(直线方程),或经验公式。

2. σ^2 的无偏估计

由于 σ^2 是误差 $\varepsilon_i(i=1,\cdots,n)$的方差,如果 ε_i 能观测,自然就可用$\frac{1}{n}\sum_{i}\varepsilon_i^2$ 来估计 σ,然而 ε_i 是观测不到的,能观测的是 y_i。由 $\hat{E}y_i=\hat{a}+\hat{b}x_i=\hat{y}_i$(即 Ey_i 的估计),可应用残差 $y_i-\hat{y}_i$ 来估计 ε_i,因此可利用$\frac{1}{n}\sum_{i=1}^{n}(y_i-\hat{y}_i)^2=\frac{1}{n}\sum_{i=1}^{n}(y_i-\hat{a}-\hat{b}x_i)^2=\frac{1}{n}Q(\hat{a},\hat{b})$ 来估计 σ^2,借此得到无偏估计,为此需求残差平方和 $Q(\hat{a},\hat{b})$的数学期望,可推出

$$E[Q(\hat{a},\hat{b})] = (n-2)\sigma^2 \tag{3-29}$$

于是得 $\hat{\sigma}^2=\frac{Q(\hat{a},\hat{b})}{n-2}=\frac{1}{n-2}\sum_{i=1}^{n}(y-\hat{y}_i)^2$ 为 σ^2 的无偏估计。

3. 线性相关的检验

前面的讨论都是在假定 y 与 x 呈现线性相关关系的前提下进行的,若这个假定不成立,则我们建立的经验回归直线方程也失去意义,为此,必须对 y 与 x 之间的线性相关关系作检验,为解决这个问题,应从以下几方面入手分析:

(1) 偏差平方和分解

记 $L=\sum_{i=1}^{n}(y_i-\overline{y})^2$,称它为总偏差平方和,它反映数据 y_i 的总波动,易得 L 有如下分解式:

$$L = \sum_{i=1}^{n}(y_i - \overline{y}_i + \hat{y}_i - \overline{y})^2 = \sum_{i=1}^{n}(y_i - \hat{y}_i)^2 + \sum_{i=1}^{n}(\hat{y}_i - \overline{y})^2 \triangleq Q_e + U \tag{3-30}$$

其中 $Q_e=Q(\hat{a},\hat{b})$就是前面提到的残差平方和,$U=\sum_{I=1}^{N}(\hat{y}_i-\overline{y})^2$ 称为回归平方和,式(3-30)右边的交叉项:

$$2\sum_{i=1}^{n}[(y_i - \hat{y}_i)(\hat{y}_i - \overline{y})] \tag{3-31}$$

$$= 2\sum_{i=1}^{n}\{[y_i - (\hat{a} + \hat{b}x_i)][\hat{a} + \hat{b}x_i - \bar{y}]\} \tag{3-32}$$

$$= 2\sum_{i=1}^{n}\{[(y_i - \bar{y}) - \hat{b}(x_i - \bar{x})][\hat{b}(x_i - \bar{x})]\} \tag{3-33}$$

$$= 2\hat{b}\{\sum_{i=1}^{n}[(y_i - \bar{y})(x_i - \bar{x})] - \hat{b}\sum_{i=1}^{n}(x_i - \bar{x})^2\} \tag{3-34}$$

$$= 2\hat{b}(L_{xy} - \hat{b}L_{xx}) = 0 \tag{3-35}$$

由此可知,U 越大,Q_e 就越小,x 与 y 间线性关系就越显著;反之,x 与 y 之间的线性关系越不显著。于是,自然地考虑到检验回归方程是否有显著意义是考察 U/Q 的大小,其比值大,则 L 中 U 占的比重大,回归方程有显著意义,反之,无显著意义。

(2) 线性相关的 *F* 检验

根据上述思想来构造检验统计量,在进行检验时可利用以下定理:

当 $H_0:b=0$ 成立时 $U/\sigma^2 \sim \chi^2$,且 Q 与 U 相互独立。

由上述定理可推知$(n-2)\dfrac{\hat{\sigma}^2}{\sigma^2}=\dfrac{Q_e}{\sigma^2}\sim\chi^2(n-2)$,且 Q 与 $\hat{b}$ 相互独立,从而 Q 与 $U=\hat{b}^2L_{xx}$独立,则:

$$F = \frac{u}{Q/n-2} = \frac{\hat{b}^2L_{xx}}{\hat{\sigma}^2} \overset{H_0\text{真}}{\sim} F(1,n-2) \tag{3-36}$$

因此可选它作检验 $H_0:b=0$ 的检验统计量,当 H_0 为真时,F 的值不应太大,故对选定的水平 $\alpha>0$,由 $P(F\geqslant F_{1-\alpha})=\alpha$ 查$F(1,n-2)$分布表确定临界值 $F_{1-\alpha}$分位数。当观测数据代入式(3-36)算出的 F 值符合 $F\geqslant F_{1-\alpha}$时,不能接受 H_0,认为建立的回归方程有显著意义。

(二) 多元线性回归分析

设因变量 y 与自变量 $x_1,x_2,\cdots,x_k$ 之间有关系式:

$$\begin{cases} y = b_0 + b_1x_1 + \cdots + b_kx_k + \varepsilon \\ \varepsilon \sim N(0,\sigma^2) \end{cases} \tag{3-37}$$

抽样得 n 组观测数据:$(y_1;x_{11},x_{21},\cdots,x_{k1})$,$(y_2;x_{12},x_{22},\cdots,x_{k2})$,$\cdots$,$(y_n;x_{1n},x_{2n},\cdots,x_{kn})$

其中 x_{ij}是自变量 x_i 的第 j 个观测值,y_j 是因变量 y 的第 j 个值,代入式(3-37)得模型的数据结构式:

$$\begin{cases} y_1 = b_0 + b_1x_{11} + b_2x_{21} + \cdots + b_kx_{k1} + \varepsilon_1 \\ y_2 = b_0 + b_1x_{12} + b_1x_{22} + \cdots + b_kx_{k2} + \varepsilon_2 \\ \quad\vdots \\ y_n = b_0 + b_1x_{1n} + b_2x_{2n} + \cdots + b_kx_{kn} + \varepsilon_n \\ \varepsilon_1,\varepsilon_2,\cdots,\varepsilon_n \text{ 独立同分布 } N(0,\sigma^2) \end{cases} \tag{3-38}$$

我们称式(3-38)为 k 元正态线性回归模型，其中 $b_0,b_1,\cdots,b_k$ 及 σ^2 都是未知待估的参数，对 k 元线性模型。

多元线性回归分析的关键问题包括，未知参数的估计，回归方程的显著性检验和偏回归平方和因素主次判断三部分。

1. 未知参数的估计

与一元时一样，采用最小二乘法估计回归系数 $b_0,b_1,\cdots,b_k$，称使

$Q(b_0,b_1,\cdots,b_k)\hat{=}\sum_{t=1}^{n}[y_t-(b_0+b_1x_{1t}+b_2x_{2t}+\cdots+b_kx_{kt})]^2$ 达到最小的 $\hat{b}_0,\hat{b}_1,\cdots,\hat{b}_k$ 为参数$(b_0,b_1,\cdots,b_k)$的最小二乘估计，利用微积分知识，最小二乘估计就是如下方程组的解：

$$\begin{cases} l_{11}b_1+l_{12}b_2+\cdots+l_{1k}b_k=L_{1y} \\ l_{21}b_1+l_{22}b_2+\cdots+l_{2k}b_k=L_{2y} \\ \qquad\vdots \\ l_{k1}b_1+l_{k2}b_2+\cdots+l_{kk}b_k=L_{ky} \\ b_0=\bar{y}-b_1\bar{x}+b_2\bar{x}_2+\cdots+b_k\bar{x}_k \end{cases} \tag{3-39}$$

其中 $\bar{y}=\frac{1}{n}\sum_{t=1}^{n}y_t,\ \bar{x}_i=\frac{1}{n}\sum_{t=1}^{n}x_{it}\quad(i=1,2,\cdots,k)$

$$L_{ij}=\frac{1}{n}\sum_{t=1}^{n}[(x_{it}-\bar{x}_i)(x_{jt}-\bar{x}_j)]=L_{ji}\quad(i,j=1,2,\cdots,k) \tag{3-40}$$

$$L_{iy}=\frac{1}{n}\sum_{t=1}^{n}[(x_{it}-\bar{x}_i)(y_t-\bar{y})]\quad(i=1,2,\cdots,k) \tag{3-41}$$

通常称方程组为正规方程组，其中前 k 个方程的系数矩阵记为 $\boldsymbol{L}^*=(l_{ij})_{k\times k}$，当 $\boldsymbol{L}^*$ 可逆时，正规方程组有解，便可得 $b_0,b_1,\cdots,b_k$ 的最小二乘估计 $\hat{b}_0,\hat{b}_1,\cdots,\hat{b}_k$

$$\text{即}\begin{pmatrix}\hat{b}_1\\ \vdots\\ \hat{b}_k\end{pmatrix}=(\boldsymbol{L}^*)^{-1}\begin{pmatrix}L_{1y}\\ \vdots\\ L_{ky}\end{pmatrix},\quad \hat{b}_0=\bar{y}-\hat{b}_1\bar{x}_1-\cdots-\bar{b}_k\bar{x}_k \tag{3-42}$$

代入模型，略去随机项得经验回归方程为

$$\hat{y}=\hat{b}_0+\hat{b}_1x_1+\cdots+\hat{b}_kx_k \tag{3-43}$$

类似一元可以证明 $\hat{b}_i$ 都是相应的 $b_i(i=0,1,\cdots,k)$的无偏估计，且 σ^2 的无偏估计为

$$\hat{\sigma}^2=\frac{Q(\hat{b}_0,\hat{b}_1,\cdots,\hat{b}_k)}{n-k-1} \tag{3-44}$$

2. 方程显著性检验

与一元线性回归的情形一样，上面的讨论是在 y 与 $x_1,x_2,\cdots,x_k$ 之间呈现线性相关的前提下进行的，所求的经验方程是否有显著意义，还需对 y 与各 x_i 间是否存在线性相关关系作显著性假设检验，与一元类似，对 $\hat{y}=\hat{b}_0+\hat{b}_1x_1+\cdots+\hat{b}_kx_k$ 是否有显著意义，

可通过检验 $H_0: b_1=b_2=\cdots=b_k=0$。

为了找检验 H_0 的检验统计量，也需将总偏差平方和 L_{yy} 作分解：

$$\begin{aligned} L &= \sum_{t=1}^{n}(y_t-\overline{y})^2 = \sum_{t=1}^{n}(y_t-\hat{y}_t+\hat{y}_t-\overline{y}_t)^2 \\ &= \sum_{t}(y_t-\hat{y}_t)^2+\sum_{t}(\hat{y}_t-\overline{y})^2 = Q_e+U \end{aligned} \tag{3-45}$$

即 $L=U+Q_e$，其中 $L=L_{yy}$，$U=\sum_{t}(\hat{y}_t-\overline{y})^2$，$Q_e=\sum_{t}(y_t-\hat{y}_t)^2$

这里 $\hat{y}_t=\hat{b}_0+\hat{b}_1x_{1t}+\cdots+\hat{b}_kx_{kt}$。分别称 Q_e，U 为残差平方和，回归平方和，可以证明：

$$U=\hat{b}_1l_{1y}+\hat{b}_2l_{2y}+\cdots+\hat{b}_kl_{ky} \triangleq \sum_{j=1}^{k}\hat{b}_jl_{jy} \tag{3-46}$$

利用柯赫伦定理可以证明：在 H_0 成立下，$\frac{U}{\sigma^2}\sim\chi^2(k)$，$\frac{Q_e}{\sigma^2}\sim\chi^2(n-k-1)$且 U 与 Q_e 相互独立，所以有

$$F=\frac{U/k}{Q(n-k-1)}\overset{H_0\text{真}}{\sim}F(k,n-k-1)\quad(\text{记 }Q_e\text{ 为 }Q\text{，下同}) \tag{3-47}$$

取 F 作 H_0 的检验计量，对给定的水平 α，查 $F(k,\ n-k-1)$分布表可得满足 $p(F\geqslant F_\alpha)=\alpha$ 的临界值 F_α，由样本观测值代入式(3-47)算出统计量 F 的观测值，若 $F\geqslant F_\alpha$，则不能接受 H_0，认为所建的回归方程有显著意义。

通过 F 检验得到回归方程有显著意义，只能说明 y 与 $x_1,x_2,\cdots,x_k$ 之间存在显著的线性相关关系，衡量经验回归方程与观测值之间拟合好坏的常用统计量有复相关系数 R 及拟合优度系数 R^2。仿一元线性回归的情况，定义：

$$R^2=\frac{U}{L}=1-\frac{Q}{L} \tag{3-48}$$

$$|R|=\sqrt{1-\frac{Q}{L}} \tag{3-49}$$

可以证明 R 就是观测值 $y_1,\cdots,y_n$ 与回归值的 $\hat{y}_1,\hat{y}_2,\cdots,\hat{y}_n$ 的相关系数。

实用中，为消除自由度的影响，又定义：

$$\overline{R}^2=1=\frac{Q/(n-k-1)}{L/(n-1)} \tag{3-50}$$

式中，$\overline{R}^2$ 为修正的似合优度系数。

3. 偏回归平方与因素的主次判断

偏回归平方与因素主次判断是多元回归与一元回归有本质差异的部分。当所作的检验 $H_0: b_1=b_2=\cdots=b_k=0$ 被拒绝，并不能说明所有的自变量都对因变量 y 有显著影响。我们希望从回归方程中剔除那些可有可无的自变量，重新建立更为简单的线性回归方程，这就需要对每个自变量 x_j 做显著性检验。于是考虑 $H_{0j}: b_j=0$ 的检验方法。从原有的 k 个自变量中剔除 x_j，余下的 $k-1$ 个自变量对 y 的线性影响也可由相应的偏差平方和分

解式中的回归平方和$U_{(j)}$反映出来，即$L_{(j)}=U_{(j)}+Q_{(j)}$

记 $$\Delta U_{(j)}=U+U_{(j)} \tag{3-51}$$

则$\Delta U_{(j)}$反映了变量x_j在回归方程中对y的线性影响，常称它为x_j的偏回归平方和，可以证明

$$\Delta U_{(j)}=\frac{\hat{b}_j^2}{c_{jj}} \tag{3-52}$$

式中，C_{jj}为矩阵$L^*=(L_{ij})_{p\times p}$的逆矩阵对角线上的第j个元素，对于$H_{0j}:b_j=0$

选用统计量

$$F_j=\frac{\Delta U_{(j)}}{\hat{\sigma}^2}=\frac{\hat{b}_j^2/C_{jj}}{Q_e/n-k-1}\overset{H_{0j}\text{真}}{\sim}F(1,n-k-1) \tag{3-53}$$

对给定的水平α，由$\mathrm{P}(F_j\geqslant F_\alpha)=\alpha$，查$F(1,n-k-1)$分布表确定临介值$F_\alpha$，将观测值代入式(3-53)算出的$F_j$值与$F_\alpha$比较，若$F_j\geqslant F_\alpha$则拒绝$H_0$，认为$x_j$对$y$的线性影响显著，否则不显著，应剔除。

但在实用中，多元回归中剔除变量的问题比上述讨论的要复杂得多，因为有些变量单个讨论时，对因变量的作用很小，但它与某些自变量联合起来，共同对因变量的作用却很大，因此在剔除变量时，还应考虑变量交互作用对y的影响，在实际应用中应加以注意。

二、基于回归分析的土地评价实施步骤

回归分析在土地评价中的应用，是通过把一定地域范围内的土地评价因素及其与土地生产力之间的关系，近似地描述为具有线性相关关系的变量间联系的函数。通过回归分析方法可以近似确定土地生产力与诸评价因素的相关关系，以及土地评价因素之间的主次关系，从而达到筛选评价因素及确定权重的目的。

不论是简单的一元线性回归还是多元线性回归，应用于土地评价中的基本上可归纳为以下几个基本步骤：

1. 样本数据准备

根据土地评价的目标和任务，利用前面介绍的土地评价指标体系确定方法，选取土地评价的参评因子X_i，作为回归分析的因变量。在此基础上，根据一定的原则选取一定数量的土地评价单元作为进行回归分析的样本S_i，即$S_i=(Y_i;X_{i1},X_{i2},\cdots,X_{in})$，其中$Y_i$为第$i$个样点的土地评价结果，根据不同的评价类型其实际内容不同，如城镇土地分等时为土地等，城镇土地定级时为城镇土地级别等。在此基础上，调查、测量每一个样本单元，获取样本数据，包括评价结果Y_i和评价因子X_i，作为下一步进行土地评价回归分析的数据基础。

2. 样本数据的检验与异常样点的剔除

样点资料处理中的可变参数选择，可能造成土地评价结果的系统误差。在将不同方法处理所得的资料应用于土地评价时，要进行资料处理方法的检验。数据检验可分区域、分类型进行抽样样本的总体和方差检验。

用卡方检验与秩和检验法对已知数据总体分布类型和未知数据总体分布类型的样本进行总体一致性检验。异常数据是指同一均质地域内的同类样本中，由于某些特殊因素影响而造成该样本的质量或利用状况明显高于或低于该地域平均水平。一般可采用 t 检验法与均值-方差法分别对样本总体为正态和非正态分布的进行异常值剔除。

3. 回归关系的模拟

基于样本数据集，采用绘制散点图，或直接利用统计分析软件如 SPSS 或 MATLAB 等进行样本中因变量 Y 与自变量 X 之间的关系模拟，并根据模拟情况得出自变量与因变量之间的回归关系，即可得到相应的回归模型。

4. 回归系数的求算与回归模型的建立

通过因变量和自变量之间的关系分析，初步确定回归模型的函数类型，然后利用已知的样本数据进行相关待定系数的求算。如若模拟得到的回归方程为一元线性回归方程：

$$y = a + bx + \varepsilon \tag{3-54}$$

则需将已知的样本数据代入式(3-54)，构建方程组，并利用前述介绍的回归系数求算方法，进行回归系数的求算，建立回归方程。

5. 回归显著性检验

在假定自变量 X 与因变量 Y 之间存在一元或多元线性回归关系的基础上，计算出对应的回归方程。为了使所得的回归方程能用于后续的土地评价中，还需进行回归方程的显著性检验，具体检验方法在前一小节中已有相关介绍。

6. 各评价因素重要性检验

影响土地质量和利用状况的因素往往是多种多样的，不可能仅由一个因素来决定，也就是说在直接利用回归分析方法进行土地评价时，所构建的回归方程往往是多元方程。这样为了反映不同因素对土地评价结果影响显著性程度的差异，排除可有可无的变量，则需进行各自变量重要性的检验，具体检验方法在前面已作详细介绍。

7. 利用确定的回归方程进行土地评价

若仅利用回归分析来确定土地评价参评因素的权重，则在步骤 5 即可得到各参评因素的权重，结束计算过程。但若直接利用回归分析进行土地评价最终结果的确定，则需要在利用样本模拟出的土地评价参评因素与土地评价结果的基础上，利用确定的回归分析模型，通过测量、调查其他样点的参评指标值，代入回归方程，得到相应评价单元的评价结果。

三、实 例 分 析

（一）基于回归分析模型的城镇土地基准地价评估

在城镇土地定级与基准地价评估中，现在常用的是基于网格单元的评估方法（网格点地价)，即在通过选取参评因子，并计算每个评价单元的综合得分后，可划分出城镇土地的级别。然后，通过在统一级别内选取一定数量的交易样本，通过确定样本的土地定级参评因子综合作用分与交易样本地价之间的回归方程，进而利用该回归方程计算剩余评价单元的基准地价。

以下以武汉市城镇住宅用地基准地价评估为例，介绍具体应用方法。

1. 参评因素体系确定

利用特尔斐法确定的武汉市住宅用地参评因素指标体系如图 3-3 所示。

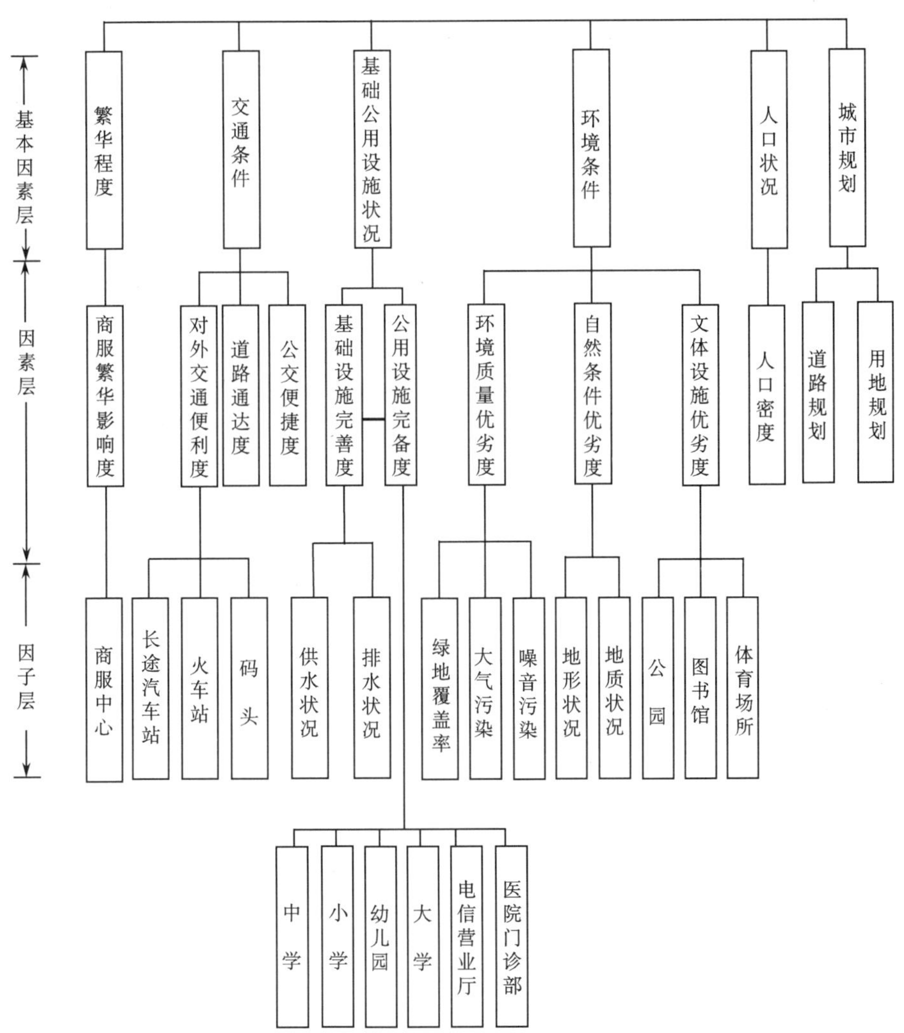

图 3-3　住宅用地土地定级因素体系一览表

2. 评价单元综合作用分计算

利用第 2 章介绍的土地评价因素量化方法，对参评因素分点状、线状和面状因素分别进行定级因子的量化和无量纲化处理，得到各评价单元的综合作用分。其网格点总分值计算公式为

$$S_f = \sum_{k=1}^{n} (f_k p_k) \tag{3-55}$$

式中，S_f 为网格点的总分值；k 为定级因素（因子）数目；p_k 为各定级因素对网格点的作用分；f_k 为各定级因素权重。

3. 基准地价评估样点资料调查与样点地价的计算

样点资料的收集遵循“部门调查与分区实地调查相结合”的方法，在评估范围内收集商业、住宅和工业的房地市场交易样点资料，包括土地使用权出（转）让、商品房出售、私旧房买卖、房屋出租、土地使用权出租、土地联营入股、联合建房、以地换房、征地、拆迁、土地开发等样点资料。除市场交易样点资料外，还需调查如下资料：历史地价资料，有关经济指数，土地开发与经营的政策法规、条例、规定，有关土地房屋的税收种类、税率，城镇规划等有关资料。

2001 年武汉市市区土地基准地价评估工作中，外业样点调查总数为 17 199 个，其中商业用地样点 13 619 个、住宅用地 3354 个、工业用地 226 个。分类样点详细情况见表 3-6。

表 3-6 样点资料分类统计表

用地类型	样点类型	总计/个
商业用地	土地使用权出让、转让	394
	商业私房买卖	22
	商业用房出售	18
	铺面出租	13 185
住宅用地	土地使用权出让、转让	435
	商品房出售	1787
	房屋买卖	667
	房屋出租	465
工业用地	土地使用权出让、转让	140
	工业厂房出租	34
	工业仓储	52
总　计	—	17 199

4. 样点数据的检验与异常样点的剔除

样点的检验和剔除是在武汉市市区土地定级估价信息系统中完成的。住宅用地样

点数据检验以土地级别为单位，进行样本的总体和方差检验。用秩和检验法对已知数据总体分布类型和未知数据总体分布类型的样本进行总体一致性检验。用 t 检验法和均值-方差法分别对样本总体为正态和非正态分布的进行异常值剔除，结果如表 3-7 所示。

表 3-7　住宅用地各级别样点检验结果表

级　别	Ⅰ	Ⅱ	Ⅲ	Ⅳ	Ⅴ	Ⅵ	Ⅶ	合　计
样点数目	23	276	661	616	464	291	86	2417
有效样点数	16	178	399	432	352	214	48	1639

5. 评价单元总分值与土地价格之间回归方程建立

提取地价样点，并与样点所在评价单元的作用总分值进行匹配，进行样点作用总分值与地价关系分析。住宅用地样点作用总分值与地价关系的二维关系图 3-4 所示。根据样点作用总分值与地价关系选择指数模型，建立住宅用地样点地价和样点的作用总分值的数学关系模型如下：

$$地价 = 117.536 \times (1 + 0.047)^{作用总分值}$$

住宅用地分值与地价模型曲线图见图 3-5。

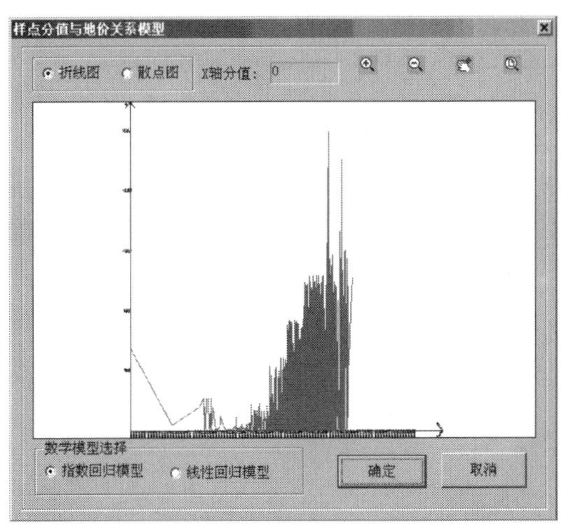

图 3-4　样点作用总分值与地价关系二维关系图

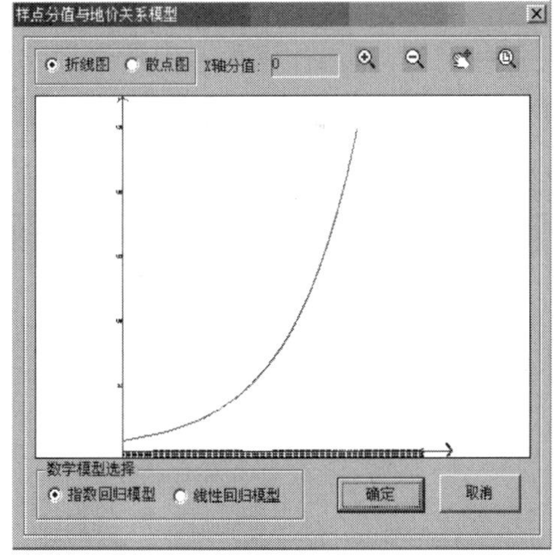

图 3-5　样点分值与地价模型曲线图

6. 模型检验

对得到的住宅用地样点地价与作用总分值关系指数模型进行可靠性检验，系统中的检验结果见图 3-6。

通过样点的检验剔除后，采用最小二乘法建立的住宅用地样点分值-地价关系模型复相关系数接近 1。因此，模型是符合统计要求的。

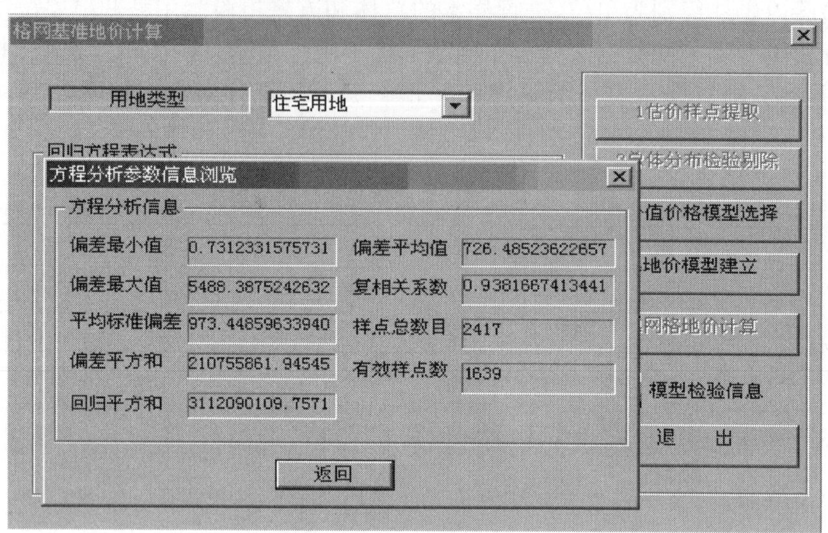

图 3-6　住宅用地分值—地价关系模型检验结果图

7. 网格单元基准地价计算

将网格单元的作用总分值代入基准地价模型中,计算住宅用地网格单元的地价。将住宅用地级别界限代入基准地价计算模型计算级别基准地价范围,将级别平均分值代入基准地价计算模型计算住宅用地级别基准地价。住宅用地级别基准地价结果如表 3-8 所示。

表 3-8　住宅用地级别基准地价表

级别	级别价/(元/m^2)	级别价范围/(元/m^2)
Ⅰ级	3501	2796～4037
Ⅱ级	2481	2122～2796
Ⅲ级	1750	1470～2122
Ⅳ级	1234	972～1470
Ⅴ级	813	673～972
Ⅵ级	576	406～673
Ⅶ级	283	224～406

(二) 基于回归分析的农用地分等结果的检验

分析标准粮产量与农用地等别之间的关系是进行农用地等别划分结果检验的一种有效方法,在新一轮国土资源大调查的农用地分等中得到广泛采用。以下以湖北省农用地分等利用回归分析方法检验为例,具体介绍其应用方法。

1. 选取样本

湖北省农用地分等单元是采用叠置法划分的，本次检验分析基于省级汇总成果采用分层随机抽样选取样本，各县(市)选取的样本情况详见表 3-9。从表 3-9 可以看出，每个县(市)选取的样本数目均超过该县(市)单元总数的 30%，高于回归分析所要求的最低样本数目，当某等别的评价单元数目不足 30 时，则该等别的评价单元被全部选取。

表 3-9　典型县样本数据选取结果表

县名	评价单元总数	选取样本数	样本的分布						
			Ⅰ	Ⅱ	Ⅲ	Ⅳ	Ⅴ	Ⅵ	Ⅶ
公安	422	191	41	57	57	33	3		
蔡甸	321	207	44	42	53	17	51		
大冶	402	241	9	26	115	63	28		
丹江口	298	168	9	18	49	22	46	22	2
阳新	350	204	19	47	46	48	36	8	
广水	429	287	22	210	18	37			
建始	363	299	28	54	66	92	41	16	

2. 获取农用地分等成果资料

湖北省农用地分等工作省级成果是以《农用地分等规程》提供的标准耕作制度和光温生产潜力指数为基础，按照因素法对农用地自然生产力和经济生产力进行综合分析和评价得出的。因此根据检验分析的需要，选取的自变量为省级汇总最终成果资料。自变量指标分别为:样本自然质量分、自然质量等指数、利用等指数。

3. 调查标准粮实际产出资料

标准粮实际产出资料分别从样本区域广水市、公安县、武汉市蔡甸区、大冶市、阳新县、丹江口市、建始县等七个典型县(市)采集，标准粮产出资料均为野外调查获取，可靠性较高。

4. 样本数据标准化处理

为了计算方便，设定产出的计算时段为年，并对收集到的数据进行标准化处理，即将作物产量按照产量比系数折算成实际标准粮产量。

5. 绘制散点图

分别以各样本的自然质量分、自然质量等指数、利用等指数为自变量，以实际标准粮产量为因变量，绘制散点图(图 3-7)，从散点图初步判断样本的自然质量分、自然质量等指数、利用等指数与实际标准粮产量的相关关系。

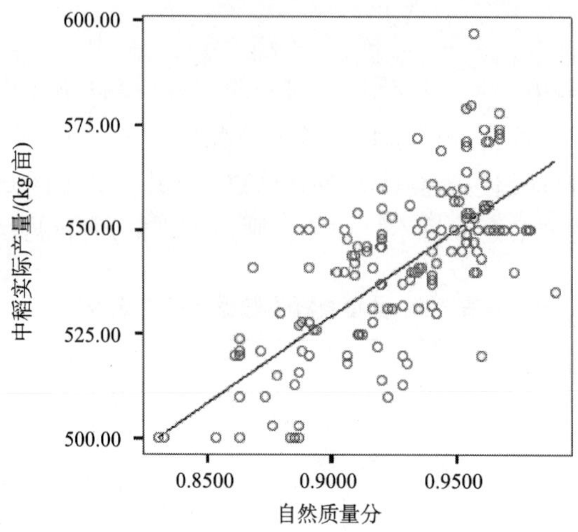

图 3-7 中稻实际产量与农用地自然质量分之间的拟合关系

6. 回归模型建立

由以上散点图，可以看出中稻实际标准粮产量与农用地自然质量分之间呈线性相关关系，其曲线拟合结果如图 3-8 所示。

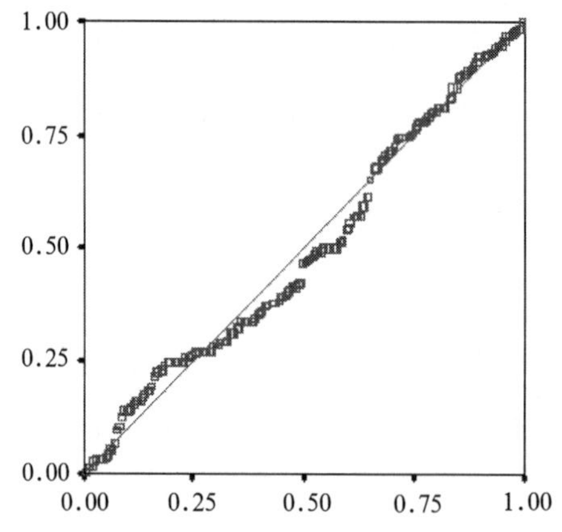

图 3-8 中稻与农用地自然质量分之间的拟合曲线

上述图形给出了公安县中稻实际标准粮产量(Y)与中稻自然质量分(X)的线性拟合模型为

$$Y = 155.48 + 415.37X \tag{3-56}$$

其中相关系数 R 为 0.72，R^2 为 0.51，根据 SPSS 输出结果的 ANOVA(方差分析表)可得到，$F=200.801$，$P=0.000<0.05$，所以拒绝零假设，回归方程的线性关系是显著的。表明公安中稻实际标准粮产量(Y)与中稻自然质量分(X)呈强相关关系。

7. 湖北省实际标准粮产量与农用地自然质量等指数定量关系

用相同的方法分别对其他选取的县市进行标准粮产量与自然质量分、标准粮产量与农用地自然质量等指数之间的相关性分析，研究它们之间的相关关系。各县市标准粮产量与农用地自然质量等指数之间的关系分析散点图如图 3-9 所示。

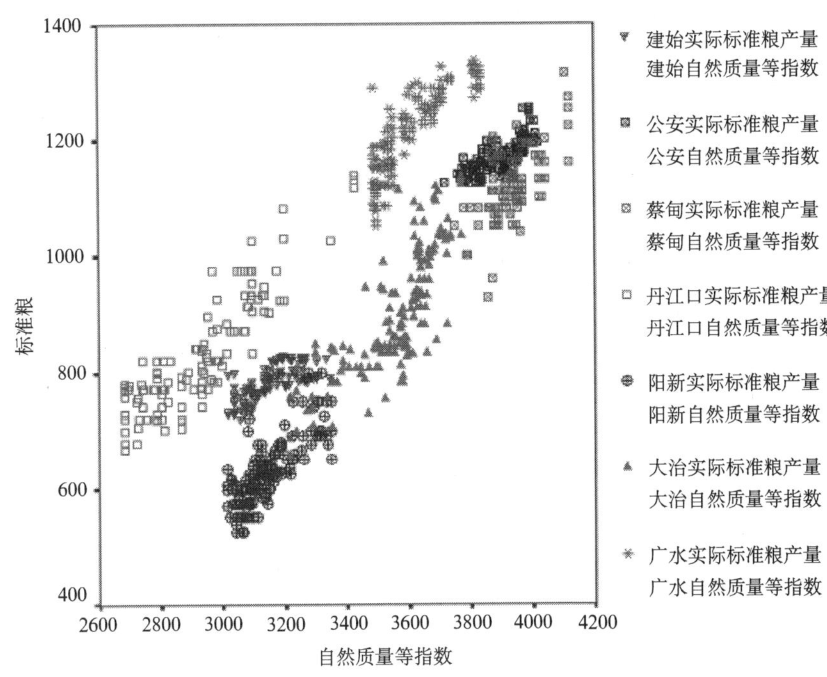

图 3-9　湖北省农用地自然质量等指数与标准粮产量之间的关系

得湖北省实际标准粮产量(Y)自然质量等指数(X)与的线性拟合模型为

$$Y = -685.96 + 0.48X \tag{3-57}$$

其中相关系数 R 为 0.80，R^2 为 0.64，$F=2768.333$，$P=0.000<0.05$，所以拒绝零假设，回归方程的线性关系是显著的。表明湖北省实际标准粮产量(Y)与自然质量等指数(X)呈强相关关系，从而验证了湖北省农用地自然质量等指数计算结果的合理性。

第三节　判 别 分 析

一、判别分析概述

判别分析的起源由来已久。第一次提出这种统计方法是用在种族的判别上，Pearson(1921)称之为种族相似系数法。Fisher(1963)第一次提出了表示一个不同特征变量的线性函数，随后称之为线性判别函数，并形成把一个个体归类到两个总体之一的判别法，从而促成了线性判别函数在多元统计分析中的广泛应用。它是根据观测得到的一些数量特征，对客观事物进行分类，分辨事物的种属，并有着广泛的应用。

判别分析方法是在已知要判别的类型和数目并已取得各种类型的一批已知样本的情况下，根据一个未知样品的多种性质而判定它究竟属于哪一类。

在实际工作中，会时常事先拥有类的知识，例如，事先已知某地区土壤分类，分为 G_1，G_2，…，G_m 类，现在又调查了一个土样，需要判定这个土样属于哪一类。类似的问题大量存在，例如判断一株植物属于哪个种，判断一个地区属于哪种气候类型等。这些问题的一个共同特点就是事先已有"类"的划分，或事先已对某些已知样本分好了"类"，需要判断那些还未分类的样本究竟属于哪一类。判别分析就是解决这类问题的一种数学方法。而聚类分析所处理的问题则是在分类前没有任何关于类的知识，类是分类的结果，所以很多文献也称聚类分析为无监督分类。它是在事先毫无关于"类"的情况下应用的。这正是两者的关键区别所在。以下分别介绍实际应用中常用到的几类判别方法。

（一）距离判别

距离判别的基本思想是将未知样本点判定为距离它最近的一类总体中。设事先知道有 m 类（总体），并且每个总体都是 p 维变量，第 j 类的平均向量为 $\mu_j(j=1,2,\cdots,m)$，未知样本为 y，考虑 y 到各总体的距离，并将未知样本归入距它距离最近的总体中。

在一个 p 元总体中观测了 n 个样本单元，得到原始数据，经常碰到的一个问题是如何判断两个样本之间有多大差异。例如，与我们在土地级别更新中进行级别的判断一样，希望各个级别间的差异能尽可能大一些，从而能根据未知地块的多种性质来判别它应该被划分到哪一个级别中，因此，需要有一个数值来衡量这个差异。类似的例子在各专业中都可以举出。根据这种实际要求，在数学中抽象出一个概念叫"距离"，用于描述样本之间的差异程度。

在应用中可能会根据实际要求的不同而采用不同的距离定义。因而距离的形式很多，如：马氏距离、欧氏距离或是 B 模距离等。在这里对这几种距离作一简单介绍。

1. 欧氏距离

由公式

$$d_{ij}=\sum_{\alpha=1}^{P}(x_{\alpha i}-x_{\alpha j})^2=\sum_{\alpha=1}^{P}[(x_{\alpha i}-x_{\alpha j})^{\mathrm{T}}(x_{\alpha i}-x_{\alpha j})] \tag{3-58}$$

算出的第 i 点和第 j 点之间的距离就叫欧几里得距离，简称欧氏距离，它也就是线性代数学中的欧几里得空间中两点之间的距离。

2. 马氏距离

若 X 是原始数据，$\boldsymbol{S}$ 是其协方差矩阵，按公式

$$d_{ij}^2=(x_i-x_j)^{\mathrm{T}}\boldsymbol{S}^{-1}(x_i-x_j) \tag{3-59}$$

算出的两点 x_i 和 x_j 之间的距离 $d_{ij}=\sqrt{d_{ij}^2}$ 称为马氏距离。

在统计学中马氏距离有很优越的性质，对任意可逆线性变换的不变性，它与测量无

关。由于标准化数据是由中心化数据经可逆变换得到的，因而，对于用原始数据、中心化数据以及标准化数据算出的马氏距离都相同。虽然马氏距离与测量无关，但是它夸大了变化微小的变量的作用，这是马氏距离在实用中的缺点。

3. **B** 模距离

任意取一个正定矩阵 **B**，由公式

$$d_{ij}^2 = (x_i - x_j)^{\mathrm{T}} \boldsymbol{B} (x_i - x_j) \tag{3-60}$$

所算出的距离叫做 **B** 模距离。

容易看出，当取 **B** 为单位矩阵 **I** 时，它变成了欧氏距离；而当 $\boldsymbol{B}=\boldsymbol{S}^{-1}$ 时则变成了马氏距离；**B** 也可以取其他不同的正定矩阵以适应不同的要求。矩阵 **B** 中的元素可以根据专业知识从理论上或用某种统计方法来确定，以更好地满足专业要求。

4. 其他距离

在数理统计中还常用其他各种距离，如绝对距离、切比雪夫距离等。它们的定义如下：

绝对距离：

$$d_{ij} = \sum_{\alpha=1}^{p} \mid x_{\alpha i} - x_{\alpha j} \mid \tag{3-61}$$

切比雪夫距离：

$$d_{ij} = \max_{1 \leqslant \alpha \leqslant p} \mid x_{\alpha i} - x_{\alpha j} \mid \tag{3-62}$$

以上介绍的是几种比较常用的距离，它们不仅可以用于定量数据，有些也可以用于定性数据的分析。

（二）贝叶斯(Bayes)判别

在分类问题中，人们往往希望尽量减少分类的错误，从这样的要求出发，利用概率论中的贝叶斯公式，建立目标函数，得到分类规则并对未知样点进行判定的方法，称之为贝叶斯判别。

在实际应用中，目标函数可以选取错判损失或是错判风险等，因而可以得到基于最小错误率的贝叶斯判别以及基于最小风险的贝叶斯判别等。在这里我们将以基于最小错误率的决策规则为例来具体阐述贝叶斯判别的基本原理。

假定在 d 维空间存在两类分类问题，两类总体分别为 G_1 和 G_2，识别的目的是要将 X 分类为 G_1 和 G_2。类别的状态是一个随机变量，而某种状态出现的概率是可以估计的，根据对大量样本的调查估计可以对这 d 维空间中 G_1 和 G_2 出现的比例作出估计，这就相当于在识别前已知 G_1 的概率 $\mathrm{P}(\omega_1)$ 和 G_2 的概率 $\mathrm{P}(\omega_2)$。这种由先验知识在识别前就得到的概率 $\mathrm{P}(\omega_1)$ 和 $\mathrm{P}(\omega_2)$ 称为状态的先验概率。在两类问题中显然有 $\mathrm{P}(\omega_1)+\mathrm{P}(\omega_2)=1$。如果不对未知样点作仔细分析和论证，只依赖先验概率 $\mathrm{P}(\omega_1)$ 和 $\mathrm{P}(\omega_2)$ 去作决策，合理的

决策规则就应为:若 $P(\omega_1)>P(\omega_2)$,则作出 $X\in G_1$;反之,则作出 $X\in G_2$ 的决策。在这种假定中由于 $P(\omega_1)>P(\omega_2)$,如果仅按先验概率决策就会把所有样点都归于 G_1,而根本没有达到要把两类样点分开的目的。这是因为先验概率提供的分类信息太少。为此我们还必须利用对样本进行观测和分析而得到的信息,也就是构成样本数据中的 d 维观测量。为简单起见,我们假定只用一个特征进行分类,即 $d=1$。根据本章开始时所做的假设,在自然条件下观察到的类别条件概率分布应为已知,$P(X|G_i)$,$i=1,2$,是 G_i 状态下样本 X 的类条件概率密度。至此,我们已知知道了先验概率 $P(\omega_i)$,$i=1,2$ 和类条件概率密度 $P(X|\omega_i)$,$i=1,2$,利用贝叶斯公式

$$P(\omega_i \mid x)=\frac{P(x \mid \omega_i)P(\omega_i)}{\sum_{j=1}^{2}P(x \mid \omega_j)P(\omega_j)}$$

得到的条件概率 $P(\omega_i|x)$称为状态的后验概率。因此,贝叶斯公式实质是通过观察 X 把状态的先验概率转化为状态的后验概率。

这样,基于最小错误率的贝叶斯决策规划为:如果 $P(\omega_1|x)>P(\omega_2|x)$,则把 x 归类于 G_1 类,反之 $P(\omega_1|x)<P(\omega_2|x)$,则把 x 归类于 G_2。

(三) Fisher 判 别

1. Fisher 判别基本思想

距离判别是在正态总体的假定下,用最大似然比准则导出统计量而建立的方法。距离判别函数 $(X^{(0)}-X_2)\sum^{-1}(X^{(0)}-X_2)^{\mathrm{T}}$ 实际上是为待判别样品 $X^{(0)}$ 所构造的线性判别函数,且它仅涉及一阶矩及二阶矩。而贝叶斯分类器要首先构造损失函数,并需要事先统计出各总体样本点的概率分布函数。现在问题是在总体分布非正态的情形下,仅知道总体的二阶矩存在,能否建立相应的判别准则? Fisher 判别准则就是针对这种情形而建立的。

Fisher 判别准则最初是针对两类模式识别问题而被提出来的。现以两类模式分类问题为例阐述 Fisher 判别准则的基本原理。对实际的分类问题,一般的策略是构造多个分类器,由形成的决策树来实现分类。

在实际研究和应用中,我们常用下列判别式来定义 n 维矢量空间中的一个超平面(常为两类模式):

$$D(x)=\omega^{\mathrm{T}}x+\omega_0 \tag{3-63}$$

式中,$\omega^{\mathrm{T}}x=(\omega\cdot x)=\sum_{i=1}^{n}\omega_i x_i$,是 n 维矢量空间中两个矢量的内积;ω 通常称为分界面的权重矢量,它确定超平面的取向,也就是分界面的方向矢量;ω_0 为分界面的阈值,它确定超平面相对于坐标原点的位置。

各种经典的统计模式识别中的许多方法都是研究如何设计分界面,使其具有较好(或最优)的分类性能。对于以上判别式,还可以从另外一个观点来看:由于它的计算结果是一个标量,因此它实际上是起到一个降维的作用,即把 n 维的特征矢量投影到一条直线

上，然后根据所得到的一维特征，即这个标量来进行模式分类。这种观点就是把线性判别式看成是一种特征提取的算法。Fisher 在 1936 年提出的判别法就是从特征抽取的角度研究如何求得最佳的投影方向，使投影得到的一维特征能将两类模式最好地加以区分。因此我们导出 Fisher 判别分析的核心思想：在特征空间建立一个线性分类面，把空间中的样本点沿着这个方向进行投影，并根据这些投影在此方向的值来进行类别的判定。

2. Fisher 判别基本原理

设样本集合为

$$X = \{\bar{x}_1, \bar{x}_2, \cdots, \bar{x}_l\} \tag{3-64}$$

式中，$\bar{x}_1(i=1,2,\cdots,l)$为 n 维矢量空间中的随机矢量。

这些样本划分为两类：

$$X_1 = \{\bar{x}_1^1 \mid k = 1,2,\cdots,l_1\} \tag{3-65}$$

$$X_2 = \{\bar{x}_1^2 \mid k = 1,2,\cdots,l_2\} \tag{3-66}$$

$$X_1 \cup X_2 = X, \qquad l_1 + l_2 = l \tag{3-67}$$

利用线性变换 $y=\omega \cdot x$ 将随机矢量 x 映射为标量 y，

$$\text{当 } x \in X_1 \text{ 时}, y \in \psi_1 = \{y_1^1, y_2^1, \cdots, y_{l_1}^1\} \tag{3-68}$$

$$\text{当 } x \in X_2 \text{ 时}, y \in \psi_2 = \{y_1^2, y_2^2, \cdots, y_{l_2}^2\} \tag{3-69}$$

图 3-10 给出一个二维例子的示意，投影到不同方向获得的一维特征，对于模式分类的性能可能会有很大的差别，例如投影到 y 方向就比投影到 y'方向效果好。分类效果可以定量地用两个指标来衡量：

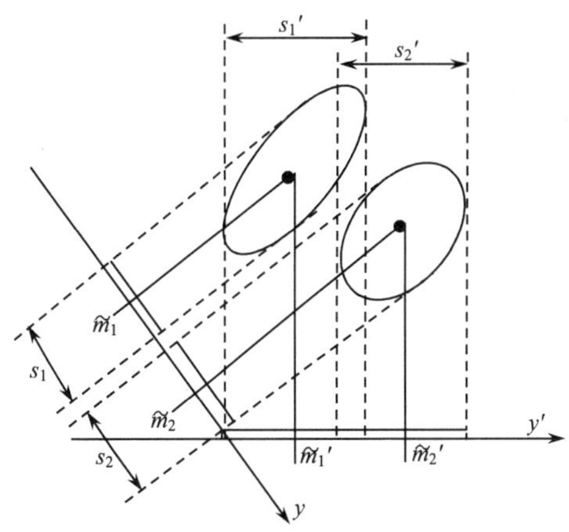

图 3-10　投影方向与分类效

(1) 两类样本投影的均值之差

$$E^2 = |\tilde{m}_1 - \tilde{m}_2|^2 \tag{3-70}$$

式中，$\widetilde{m}_i=\frac{1}{l}\sum_{k=1}^{l_i}y_k^i=\frac{1}{l_i}\sum_{k=1}^{l_i}(\omega\cdot\bar{x}_k^i)=\omega^{\mathrm{T}}m_i$，$i=1,2$ 是第 i 类样本的均值矢量。E^2 标志两类样本的投影之间分开的程度。从分类的要求来看，它应该是越大越好。

(2) 第一类样本的投影自身的分散程度(即均方差)

$$s_i^2=\sum_{k=1}^{l_i}(y_k^i-\widetilde{m}_i)^2\quad i=1,2 \tag{3-71}$$

$s_1^2+s_2^2$ 标志类中分散程度的总效果。为了在分类中尽量避免两类混淆，它应该越小越好。

综合上述两条，为了获得满意的分类，投影方向的选择应该使下列指标取极大值：

$$J(\omega)=\frac{|\widetilde{m}_1-\widetilde{m}_2|}{s_1^2+s_2^2} \tag{3-72}$$

要求使式(3-72)取极大值的方向矢量 ω，首先必须将其右端表示为方向矢量的显函数。定义下列矩阵：

类间分散度矩阵

$$\boldsymbol{S}_B=(m_1-m_2)(m_1-m_2)^{\mathrm{T}} \tag{3-73}$$

类中分散度矩阵

$$\boldsymbol{S}_W=\boldsymbol{S}_1+\boldsymbol{S}_2 \tag{3-74}$$

其中，$\boldsymbol{S}_i=\sum_{k=1}^{l_i}(\bar{x}_k^i-m_i)(\bar{x}_k^i-m_i)^{\mathrm{T}},i=1,2$，于是指标极值公式可以化为

$$J(\omega)=\frac{\omega^{\mathrm{T}}\boldsymbol{S}_B\omega}{\omega^{\mathrm{T}}\boldsymbol{S}_W\omega} \tag{3-75}$$

式(3-75)就是数学物理方法中著名的广义 Rayleigh 商。对 ω 求导可知，使 J 取极大值的 ω 是下列广义特征值方程的解：

$$\boldsymbol{S}_B\omega=\lambda\boldsymbol{S}_W\omega \tag{3-76}$$

若 $\boldsymbol{S}_W$ 为非奇异矩阵，则可将上述特征方程化成通常的特征值方程：

$$(\boldsymbol{S}_W^{-1}\boldsymbol{S}_B)\omega=\lambda\omega \tag{3-77}$$

从矩阵 $\boldsymbol{S}_B$ 的定义可以看出，$\boldsymbol{S}_B\omega$ 是与(m_1-m_2)同方向的矢量，因此可以不必求矩阵$(\boldsymbol{S}_W^{-1}\boldsymbol{S}_B)$的特征值和特征向量，直接得到上述特征方程式的解为

$$\omega=\boldsymbol{S}_W^{-1}(m_1-m_2) \tag{3-78}$$

对于多类判别问题我们有两种方式可以解决：一是构造判别树。这样做是由于把 Fisher 线性判别看作是一种二分器，每次只进行两种类别间的识别。另一种方法就是运用现在讨论很多的多类判别规则，直接对未知样点进行类别的划分，而不需要通过构造判别树来逐步进行。

Fisher 线性判别与最优贝叶斯线性判别有着较大的联系。最优贝叶斯分类器将各类中的后验概率进行比较并按照最大后验概率进行类别划分。但是这种后验概率通常是未

知的，而且需要从有限的样本数据中进行估计。对于大多数总体的分布来说，选择样本进行后验概率的估计是一件非常烦琐的事，而且常常不能得到准确性较高的结果。在应用中如果将每个类都假定为正态分布则可以进行二次分类判别，这种判别方式的实质是测量各点到总体中心的马氏距离。如果将问题简化并假定每个总体类的协方差结构相同，则二次判别就变成线性的了。对于两类分类问题，容易看出广义 Rayleigh 商最大化的向量 ω 与最优贝叶斯分类器所确定的方向相同。尽管 Fisher 判别所依赖的假设在很多应用中都可能不成立，但它的功效被证明是很强大的。这其中的一个原因主要是因为线性模型对噪声具有很强的抗干扰性。

（四）基于核的 Fisher 判别分析

将核函数的思想应用到其他线性学习机，可以得到非线性学习机的效果，称为基于核函数的方法（kernel-based approaches）。

1. 核函数

统计学习理论（statistical learning theory, SLT）是由 Vapnik 等提出的一种小样本学习理论，着重研究在小样本情况下的统计规律及学习方法性质。SLT 为机器学习问题建立了一个较好的理论框架，也发展了一种新的学习算法——支持矢量机（SVM），能够较好地解决小样本学习问题。近几年来，SVM 已在许多方面得到成功的应用，如模式识别回归分析、函数逼近和信号处理等。对 SVM 在理论方面的研究，当前主要集中在两个方面：一方面是对 SVM 算法的改进，以提高其计算速度和应用范围；另一方面是对核函数的分析和应用研究。以下主要对核函数作一简单介绍。

核函数方法就是用非线性变换 $\phi(\cdot)$ 将 n 维矢量空间中的随机矢量 x 映射到高维特征空间

$$x \to \phi(x) \in \cdots \tag{3-79}$$

在高维特征空间中设计的线性学习算法，若其中各坐标分量间的相互作用仅限于内积，则不需要知道非线性变换 $\phi(\cdot)$ 的具体形式，只要用满足 Mercer 条件的核函数替换线性算法中的内积，就能得到原输入空间中对应的非线性算法。对此有专门的 Hilbert-Schmidt 定理给出理论论述，它的论述如下：

根据 Hilbert-Schmidt 定理，只要 $K(x^i,x^j)$ 是一个对称正定函数，并满足下列 Mercer 条件，则 $K(x^i,x^j)$ 代表特征空间中两个矢量 z^i 和 z^j 的内积。这两个矢量 z^i 与 z^j 分别是输入空间中的矢量 x^i 与 x^j 到特征空间中的某个非线性映射的像。函数 $K(x^i,x^j)$ 称为核。

可以把 Mercer 条件表述为：要保证 L_2 下的对称函数 $K(u,v)$ 能以正的系数 $a_k>0$ 展开成式(3-80)即 $K(u,v)$ 描述了在某个特征空间中的一个内积的充分必要条件是，对式(3-81)的所有 $\xi\neq0$，条件式(3-82)均成立。

$$k(u,v)=\sum a_k\varphi_k(u)\varphi_k(v) \tag{3-80}$$

$$\int\xi^2(u)\mathrm{d}u<\infty \tag{3-81}$$

$$\iint K(u,v)\xi(u)\xi(v)\mathrm{d}u\mathrm{d}v>0 \tag{3-82}$$

传统意义上的核函数就是满足上述条件的函数。这时只需用它取代运算公式中的内积,便能将数据从输入空间映射到特征空间并在特征空间设计最优分类界面。

常用的满足 Mercer 条件的核函数有 d 次多项式、高斯函数(径向基函数)、双曲正切函数等。

2. 常用核函数

核函数 $K(x,y)$的选取应该使其满足 Mercer 条件,构成特征空间的一个点积,即只 $\phi(x)\cdot\phi(y)=K(x,y)$。常用的核函数有多种,如 d 次多项式、径向基函数等,选用不同的核函数可构造不同的核 Fisher 算法。

d 次多项式

$$K(x,x')=[(x\cdot x')+1]^d \tag{3-83}$$

式中,$d=1,2,\cdots$

由支撑矢量机的原理可知,对于给定的训练样本集,系统的 VC 维数取决于包含样本矢量的最小超球半径 r 和特征空间中权重矢量的模,这二者都取决于多项式的次数 d,因此通过 d 的选择可以控制系统的 VC 维数,从而可通过对 d 的选择来决定函数的泛化能力。

径向基(radial basis function,RBF)核函数

$$K(x,y)=\exp\left|-\frac{\|x-y\|^2}{2\sigma^2}\right| \tag{3-84}$$

Sigmoid 核函数

$$K(x,y)=\tan[\mathrm{b}(x\cdot y)-\mathrm{c}] \tag{3-85}$$

式中,b,c 为常数。这一核函数仅当 b,c 取值适当时才满足 Mercer 条件(一种可能是 b=2,c=1)。

在实际计算中采用哪种类型的核函数要根据数据本身的特点来进行选择。考虑到实际的复杂性和泛化能力,我们在本节后面的实验中采用了 d 次多项式,并对次数 d 取值不同时所得结果进行了比较。

3. 核 Fisher 判别分析的基本原理

在分类或是其他数据分析工作中,在对数据作具体处理之前对数据进行预处理常常很必要,并且通常先对数据进行特征提取有利于任务很好地解决。

用于数据分类的特征提取显著地不同于仅用于数据描述和分析的特征提取。例如 PCA(主成分分析法)用于寻找具有最小重构误差的方向,通过用这些数据在 M 个正交方向上的尽可能大的方差来给予描述。对于第一种用于分类的方向,不需要考虑(在实际中

也常会不考虑)揭示各类的结构。判别分析指出了这样一个问题:对于包括两种类别的一组数据集,什么样的特征才是将两类能区分开的最优特征呢?解决这个问题的传统方法是用最优贝叶斯分类法或是像二次或线性判别分析等标准算法,其中贝叶斯分类法的假设前提是假定每一类的样本总体分布服从正态分布。Fisher 判别分析法也就是前述标准算法中的一种。当然不同于高斯模型的其他模型也可以被采纳,但是这样常会损失一些简单的闭合形式的解。

可将核的思想引入进来定义一种非线性的广义 Fisher 判别分析,这种核的思想最先是应用在 SVM、KPCA 或是其他一些核算法中。我们的方法应用核特征空间以得到更灵活的算法,并证明与 Fisher 线性判别分析具有竞争性,能在一定程度上优于 Fisher 线性判别。

(1) Fisher 线性判别分析

现以两类分类判别为例,对 Fisher 线性判别分析的基本原理作一个简要的解释。

用$\chi_1=\{x_1^1,x_2^1,\cdots,x_{l_1}^1\}$和 $\chi_2=\{x_1^2,x_2^2,\cdots,x_{l_2}^2\}$分别表示两个不同的样本总体,用 $\chi=\chi_1\cup\chi_2=\{x_1,x_2,\cdots,x_l\}$表示样本总体的和,则 Fisher 线性判别分析对样本进行分类的实质是以"级间离差最大化,级内离差最小化"为目标,在输入空间构造一个分界面,并将将样本投影到此方向,获得下述等式:

$$J(\omega)=\frac{|\widetilde{m}_1-\widetilde{m}_2|}{s_1^2+s_2^2} \tag{3-86}$$

对式(3-86)再进行必要的化简和变换,则 Fisher 线性判别中所求的分类界面向量就可以等价为在式(3-87)最大化时求取的向量 ω:

$$J(\omega)=\frac{\omega^{\mathrm{T}}S_B\omega}{\omega^{\mathrm{T}}S_W\omega} \tag{3-87}$$

其中,

$$\boldsymbol{S}_B=(m_1-m_2)(m_1-m_2)^{\mathrm{T}} \tag{3-88}$$

$$\boldsymbol{S}_W=\sum_{i=1,2}\sum_{x\in\chi_i}(x-m_i)(x-m_i)^{\mathrm{T}} \tag{3-89}$$

式(3-88)和式(3-89)就分别表示级间离差和级内离差,而 m_i 被定义为 $m_i=\frac{1}{l_i}\sum_{j=1}^{l_i}x_j^i$,表示第 i 个样本总体的样本均值。最大化 $J(\omega)$的目的就是要寻找能使各总体均值的投影最大而能同时保证总体内部方差最小化的一个投影方向。

(2) 核特征空间的 Fisher 判别(KFD)

核 Fisher 判别分析(kernel-based fisher discriminant, KFD)就是要将 SVM 中用到的核函数的思想引入到 Fisher 线性判别中来。它利用 Fisher 线性判别的思想,在高维特征空间构造线性判别方程式和相应的判别规则,以完成对特征的提取与未知样本的级别判别。这对输入空间而言,就成为了非线性映射,提高了对样本特征的提取能力,充分利用了已知样本的特征,提高了小样本学习算法的准确性。

对于大多数实际应用来讲，线性判别分析的复杂度还是不够高。为了提高判别分析的表现力，我们可以试图用复杂度更高的分布来建立最优贝叶斯分类器，或是寻找非线性方向(或是两者皆可)。我们把在这里的讨论局限于：首先寻找非线性的方向将数据按非线性地映射到特征空间 F 中，接着再在特征空间进行 Fisher 线性判别，这样就隐含地得到：对于原输入空间而言就进行了非线性判别。

首先假定用 ϕ 表示到特征空间 F 的非线映射，要在 F 中寻找最优线性判别，我们需要对式(3-90)求最大值：

$$J(\omega)=\frac{\omega^{\mathrm{T}}\boldsymbol{S}_{B}^{\phi}\omega}{\omega^{\mathrm{T}}\boldsymbol{S}_{W}^{\phi}\omega} \tag{3-90}$$

在式(3-90)中 $\omega\in F$，而 $\boldsymbol{S}_B^{\phi}$ 和 $\boldsymbol{S}_W^{\phi}$ 则是 Fisher 线性判别分析中 $\boldsymbol{S}_B$ 和 $\boldsymbol{S}_W$ 在特征空间 F 中的对应矩阵，也就是说它们要通过式(3-91)和式(3-92)进行求解：

$$\boldsymbol{S}_B^{\phi}=(m_1^{\phi}-m_2^{\phi})(m_1^{\phi}-m_2^{\phi})^{\mathrm{T}} \tag{3-91}$$

$$\boldsymbol{S}_W^{\phi}=\sum_{i=1,2}\sum_{x\in\chi_i}[\phi(x)-m_i^{\phi}][\phi(x)-m_i^{\phi}]^{\mathrm{T}} \tag{3-92}$$

并且 $m_i^{\phi}=\frac{1}{l_i}\sum_{j=1}^{l_i}\phi(x_j^i)$，那么式(3-92)实际上就是 $J(\omega)=\frac{\omega^{\mathrm{T}}S_B^{\phi}\omega}{\omega^{\mathrm{T}}S_W^{\phi}\omega}$ 在特征空间 F 中的映射。

事实上，如果特征空间 F 的维数很高或者根本就是无穷维的，那要直接求解相应的映射方程是不可能的。为克服这种局限我们采用了如同在 KPCA 和 SVM 中相同的技巧：通过构造只涉及训练样本点积$[\phi(x)\cdot\phi(y)]$的算法公式来代替直接地对数据进行映射。如果我们能有效地计算这些点积，就可以绕过直接地将数据进行映射这一难点而解决原始问题。这可以通过 Mercer 核来得到解决：核 $k(x,y)$ 可以计算特征空间 F 中的点积，也就是说 $k(x,y)=\phi(x)\cdot\phi(y)$。正如前面所列举的，也是在 SVM 和 KPCA 中被证明可行的，$k(x,y)$ 的可能选择有多种形式，如高斯 RBF：$k(x,y)=\exp\left(\frac{-\|x-y\|^2}{c}\right)$，或者是多项式核函数：$k(x,y)=(x\cdot y)^d$(其中 c 和 d 分别是正常数)以及 Sigmoid 核函数等。

为了在特征空间 F 中寻找 Fisher 线性判别函数，我们首先需要将广义 Rayleigh 商化为只包含输入空间点积的形式，这些点积将会被核函数代替。根据再生核理论，任意属于特征空间 F 的方向矢量 ω 必位于所有训练样本在特征空间 F 所形成的张集上，因此我们可以为 ω 寻找到一个表达式：

$$\omega=\sum_{i=1}^{l}\alpha_i\phi(x_i) \tag{3-93}$$

运用这个式子将 m_i^{ϕ} 表示为

$$\omega^{\mathrm{T}}m_i^{\phi}=\frac{1}{l_i}\sum_{j=1}^{l}\sum_{k=1}^{l_i}\alpha_j k(x_j,x_k^i)=\alpha^{\mathrm{T}}M_i \tag{3-94}$$

在这里，定义 $(M_i)_j:=\frac{1}{l_i}\sum_{k=1}^{l_i}k(x_j,x_k^i)$，并用核函数来代替了点积。现在考虑 Rayleigh 商的分子，运用式(3-94)以及对 $\boldsymbol{S}_B^{\phi}$ 的定义可以将这个分子改写为：$\omega^{\mathrm{T}}\boldsymbol{S}_B^{\phi}\omega=\alpha^{\mathrm{T}}M\alpha$。

在这里 $M := (M_1 - M_2)(M_1 - M_2)^{\mathrm{T}}$；同样地，对分母可以写成：$\omega^{\mathrm{T}} \boldsymbol{S}_w^{\phi} \omega = \alpha^{\mathrm{T}} N \alpha$，$N$ 可以表示为：$N := \sum_{j=1,2} [K_j (I - 1_{l_j}) K_j^{\mathrm{T}}]$，而 $\boldsymbol{K}_j$ 是一个 $l \times l_j$ 的矩阵，它表示为：$(\boldsymbol{K}_j)_{nm} := k(x_n, x_m^j)$。这实际就是第 j 类的核矩阵，而 $\boldsymbol{I}$ 是单位矩阵，$\boldsymbol{1}_{l_j}$ 是全为 1 的矩阵。

则可得

$$J(\alpha) = \frac{\alpha^{\mathrm{T}} M \alpha}{\alpha^{\mathrm{T}} N \alpha} \tag{3-95}$$

求解式(3-95)的最大值有多种方法，可以通过求取 $N^{-1}M$ 的特征值来解决。这种对 $J(\alpha)$ 的非线性求解方式就称为 KFD。要把输入空间的一个未知样本 x 映射到特征空间 F，就可以通过式(3-96)得到：

$$\omega \cdot \phi(x) = \sum_{i=1}^{l} [\alpha_i k(x_i, x)] \tag{3-96}$$

显然，由以上方法导出的 KFD 算法的设置是不确定的。由于特征空间的维数大于或等于 l，观测数据(样本)只有 l 个，在运用式(3-96)进行计算时所用到的 l 维协方差结构是从这 l 个样本中来的，在具体求解时可能会出现问题，特别是当 l 较大时，更需要对算法作一些调整。一种调整方法就是利用正则化技术，对 F 的容量进行控制，为 $\boldsymbol{N}$ 加上一个单位矩阵的倍数，用 $\boldsymbol{N}_\mu$ 代替 $\boldsymbol{N}$：

$$\boldsymbol{N}_\mu := \boldsymbol{N} + \mu \boldsymbol{I} \tag{3-97}$$

这一方法的意义可以从不同角度来解释：① 因为当 μ 足够大时总可以保证 $\boldsymbol{N}_\mu$ 为正定矩阵，这样可以使得上述问题的解在数值上更趋于稳定；②正如某些文献中所分析的，这样可以降低基于特征值估计的样本偏差；③用于惩罚 $\|\alpha\|^2$，对 $\|\alpha\|^2$ 的大小进行了限制，利于小膨胀系数的求解。另一种调整方法就是给 $\boldsymbol{N}$ 加上一个全核矩阵 $\boldsymbol{K}_{ij} = k(x_i, x_j)$ 的倍数对 $\|\omega\|^2$ 进行惩罚。

二、判别分析在土地评价中的应用方法

以下以城镇土地定级成果更新为例，说明判别分析在土地评价中的应用方法。

（一）距离判别在土地评价中的应用方法

从已有的土地级别知识中选取 n 个具有代表性的地块作为样本点，这样就能得到 n 个地块，它们分别属于 m 个级别，这些样本总体可表示为 $G_1, \cdots, G_m$；可以把级别更新过程中所处理的未知级别地块当作距离判别中的未知样点。这样，将距离判别分析应用到土地级别更新的过程，就是要通过计算每个未知级别地块到各总体平均值之间的距离大小，将未知地块判定为距它最近总体所属的级别。

由于欧氏距离过于简单，而绝对距离和切比雪夫距离等又不能完整地表达多维数据在高维空间的特征差异，因此，在实验中我们通常采用马氏距离。马氏距离在判别时要求

计算样本地块的协方差矩阵，这样就很好地将不同定级因子之间的关系利用了起来，从而能使评价出的结果更客观准确。

（二）贝叶斯判别在土地评价中的应用方法

如果已知区域内的土地共有 k 个级别 $G_1,G_2,\cdots,G_k$，每个地块都包括 p 个定级因子，因而都是每个级别都是 p 维总体，如果假定每个总体分别具有分布密度 $f_1(x),f_2(x),\cdots,f_k(x)$。设任取一个样本 y，它属于 G_j 的事前概率为 q_j。现在要根据这些资料来判断 y 属于哪一个总体。

因为一个样本 y 是 p 维空间中一个点，我们设想把整个 p 维空间分成 k 块，分别记为 $D_1,D_2,\cdots,D_k$。若样本 y 落入 D_j，就将 y 判定属于总体 G_j，那么如何来划分这些块？

假定 y 实际属于 G_i，我们把它判定属于 G_j 造成的损失是 $L(i,j)$[在这里可以用任何需要的目标函数来衡量 $L(i,j)$]，造成这一损失的概率为

$$p(j/i)=\int_{D_j} f_i(x)\mathrm{d}x \quad (i\neq j) \tag{3-98}$$

于是通过划分 $D_1,D_2,\cdots,D_k$ 来进行判断造成的平均损失为

$$g(D_1,D_2,\cdots,D_k)=\sum_{i=1}^{k}q_i\sum_{j=1}^{k}L(i,j)p(j/i) \tag{3-99}$$

如果我们恒取 $L(i,i)=0$，即没有判错就没有损失。

我们希望找到一种划分 $D_1,D_2,\cdots,D_k$，使平均损失最小，可以证明，如果取

$$D_l=\{y \mid h_l(y)\leqslant h_j(y),j=1,2,\cdots,k\} \tag{3-100}$$

式中，$h_l(y)=\sum_{i=1}^{k}q_i f_i(y)L(i,l)$，则能使平均损失 $g(D_1,\cdots,D_k)$ 达到最小，其意思是制取一个样本 y，按公式分别算出 $h_1(y),\cdots,h_k(y)$，若这 k 个数中最小的是 $h_l(y)$，则认为 y 落入 D_l，即判断 y 属于 D_l。这样，就可以把判别分析引入到了土地定级与级别更新中。

采用贝叶斯判别方法，需要知道各总体的概率分布密度 $f_j(y)$，各总体 G_j 所占全部总体的权重 q_j，以及判错损失 $L(i,j)$。这些函数和数字可以由理论分析或根据已有资料或由预备调查确定。

将空间划分为 K 个块，如同在土地级别划分中将城镇内所有的地块共划分为 K 个级别，假定未知样本实际属于 G_i，而在实际判定时则把它判定为 G_j，则其中的损失为$L(i,j)$

模式识别的分类问题是根据识别对象特征的观察值将其分到某个类别中去。统计决策理论是处理模式分类问题的基本理论之一，它对模式分析和分类器的设计有着实际的指导意义。贝叶斯决策理论方法是统计模式识别中的一个基本方法，用这个方法进行分类时要求：①各类别总体的概率分布是已知的；②要决策分类的类别数是一定的。

（三）Fisher 判别分析在土地评价中的应用方法

设从研究区域不需要进行级别更新的土地中选取 N 个样点地块，它们分别属于 G 个

级别，$G_1,G_2,\cdots,G_G$；对进行级别更新的地块所选定的级别影响因子共有 K 个，即样本地块为 K 维变量。根据 Fisher 线性判别分析的思想：对待测地块进行级别划分就是要对任意给定的未知级别评价单元 X，利用 N 个样点地块与各自级别间的关系，寻找关于 X 的线性判别函数

$$Y = \boldsymbol{C}^{\mathrm{T}}X + C_0 = \sum_{m=1}^{k} c_m x_m + C_0 \tag{3-101}$$

通过建立判别规则来确定未知地块 X 应该属于哪个级别。

按什么原则来选择判别向量 $\boldsymbol{C}$ 是关键。按照数学的观点，向量 $\boldsymbol{C}$ 可以看作 p 维空间中的一个方向。如果按这个方向做一条直线，那么 $\boldsymbol{CX}$ 表示向量 $\boldsymbol{X}$ 在这条直线上投影的坐标。同样将各个级别样本地块的平均值投影到这条直线上，得到各级别样本均值在这条直线上的坐标 $c'\mu_1, c'\mu_2,\cdots,c'\mu_G$。显然如果这些坐标值相距“越大”，越容易分辨 X 究竟属于哪个级别(图 3-11)，c 比 b 更易判别。从 Fisher 线性判别分析的原理出发，我们在选取判别向量时的准则之一就是要力求各样本均值在这条直线上的投影尽量大。

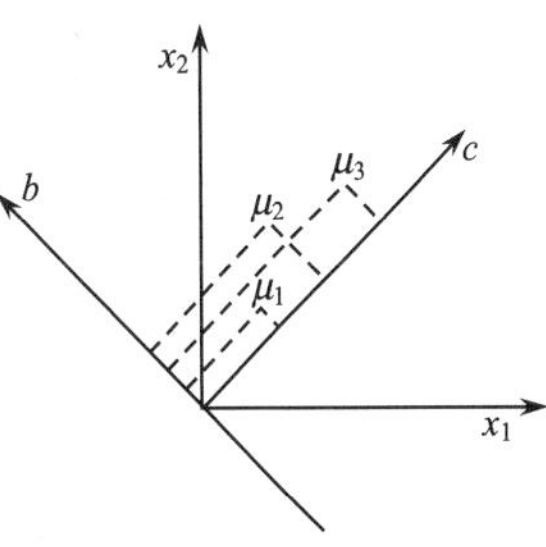

图 3-11　建立判别函数示意

假设第 g 个级别的样本容量为 N_g，$g=1,\cdots,G$，并记

$$\bar{x}_m^{(g)} = \frac{1}{N_g}\sum_{i=1}^{N_g} x_{im}^{(g)}, (g=1,\cdots,G), (m=1,\cdots,k) \tag{3-102}$$

$$\bar{x}_m = \frac{1}{N}\sum_{g=1}^{G}\sum_{i=1}^{N_g} x_{im}^{(g)} = \frac{1}{N}\sum_{g=1}^{G} N_g \bar{x}_m^{(g)} \tag{3-103}$$

式中，$\bar{x}_m^{(g)}$ 为第 g 级别中第 m 个影响因子的级内均值；$\bar{x}_m$ 为第 m 个因子的全平均值，那么，$\overline{X}^{(g)}=[\bar{x}_1^{(g)},\cdots,\bar{x}_k^{(g)}]$，$(g=1,\cdots,G)$，$\overline{X}=(\bar{x},\cdots,\bar{x}_k)^{\mathrm{T}}$。

由判别公式可得

$$\overline{Y}^{(g)} = \boldsymbol{C}^{\mathrm{T}}\overline{X}^{(g)}, g=1,\cdots,G \tag{3-104}$$

要将待估地块归属于 G 个级别，这 G 个总体之间应具有如下性质：

不同级别间的区分越大越好，其级间离差平方和为

$$Q_1 = \sum_{g=1}^{G} N_g[\bar{y}^{(g)} - \bar{y}]^2 \tag{3-105}$$

在每个级别内部，y 值的离散程度越小越好，其级内离差平方和为

$$Q_2 = \sum_{g=1}^{G}\sum_{i=1}^{N_g}[y_i^{(g)} - \bar{y}^{(g)}]^2 \tag{3-106}$$

由这两条性质导出的目标函数为：$\lambda(c)=\dfrac{Q_1}{Q_2}$。

可见，以上两条性质即可转化为求 $\lambda(c)$ 的极大解向量，

$$Q_1 = \sum_{g=1}^{G} N_g[c^{\mathrm{T}}\bar{x}^{(g)} - c^{\mathrm{T}}\bar{x}]^2$$

$$= C^{T}\sum_{g=1}^{G}N_{g}[\overline{x}^{(g)}-\overline{x}][\overline{x}^{(g)}-\overline{x}]^{T}*C \tag{3-107}$$

若令 $B=(b_{ij})_{k\times k}, i,j=1,\cdots,k$，并且 $b_{ij}=\sum\limits_{g=1}^{G}N_{g}[\overline{x}^{(g)}-\overline{x}][\overline{x}^{(g)}-\overline{x}]^{T}$，则 $Q_1=\boldsymbol{C}'B\boldsymbol{C}$，同理，$Q_2=\boldsymbol{C}^{T}W\boldsymbol{C}$，其中：

$$W=(w_{ij})_{k\times k}, i,j=1,\cdots,k, w_{ij}=\sum_{g=1}^{G}\sum_{t=1}^{N_g}[x_{ti}^{(g)}-\overline{x}_{i}^{(g)}][x_{tj}^{(g)}-\overline{x}_{j}^{(g)}] \tag{3-108}$$

那么，$\lambda(c)=\dfrac{Q_1}{Q_2}=\dfrac{\boldsymbol{C}^{T}B\boldsymbol{C}}{\boldsymbol{C}^{T}W\boldsymbol{C}}$，再由微积分的性质进行化简可知：

$$\lambda(c)*\frac{\partial(\boldsymbol{C}^{T}W\boldsymbol{C})}{\partial\boldsymbol{C}}=\frac{\partial(\boldsymbol{C}^{T}B\boldsymbol{C})}{\partial\boldsymbol{C}}\Rightarrow(W^{-1}B-\lambda I_k)\boldsymbol{C}=0 \tag{3-109}$$

这里就需要求解线性方程组 $W^{-1}B\boldsymbol{C}=\lambda I_k\boldsymbol{C}$，实际上，$\lambda$ 就是 $W^{-1}B$ 相对 I_k 的特征根。根据主分量分析的思想，$W^{-1}B$ 的最大特征根 λ_1 所对应的特征向量就是所求的 $\hat{\boldsymbol{C}}$，即判别系数向量，这样就构成了一个判别函数，$Y=\hat{\boldsymbol{C}}^{T}X=\sum\limits_{m=1}^{k}\hat{c}_{m}x_{m}$，由这个判别函数进行判别的方法称为一维判别。

对方程组 $W^{-1}B\boldsymbol{C}=\lambda I_k\boldsymbol{C}$ 的求解可得 K 个特征向量和特征根，所以 Fisher 法除有一维判别规则之外，还有多维之分。一维判别是只利用最大特征向量进行，而多维判别则需要选用多个特征向量，组成多个判别函数。在本实验中，对这两种判别规则进行了比较，得出一维判别规则与已有结论拟合情况更好。

一维判别规则原理如下：

求取各级别总体平均值在 $\hat{\boldsymbol{a}}$ 方向上的投影，可看作是各级别中心在直线上的投影：

$$\overline{Y}^{(g)}=\boldsymbol{C}^{T}\overline{X}^{(g)}=\sum_{m=1}^{k}C_{m}\overline{x}_{m}^{(g)},\ g=1,\cdots,G \tag{3-110}$$

将得到的 $\overline{Y}^{(1)},\cdots,\overline{Y}^{(g)}$ 由小到大重新排序：$\overline{Y}_{*}^{(1)}\leqslant\overline{Y}_{*}^{(1)}\leqslant\cdots\leqslant\overline{Y}_{*}^{(G)}$，再将这 G 个平均值每相邻两个取加权平均，即：

$$\overline{Y}_{c}^{(g)}=\frac{1}{N_g+N_{g+1}}[N_{g}\overline{Y}_{*}^{(g)}+N_{g+1}\overline{Y}_{*}^{(g+1)}],\quad(g=1,\cdots,G-1) \tag{3-111}$$

这样可以将 $\overline{Y}_{c}^{(1)},\cdots,\overline{Y}_{c}^{(g-1)}$ 作为判别的临界值。

（四）核 Fisher 判别分析在土地评价中的应用方法

传统的土地级别更新，是将土地定级的工作流程重新应用到要进行更新的区域，这样做不仅工作量巨大，而且还不能完全保证更新时的级别划分标准与土地级别评价过程中的标准相一致。采用数理统计的方法来替代传统级别更新流程中的总分频率法或是剖面图法等步骤，对这一更新过程和结果有着影响：首先，使用各种数理的方法，可以使更新过程跳过求取单元地块总分值的步骤，而且也不用通过诸如总分频率法、剖面图法等方法来划分级别的过程。这样可以大大减少工作量，并为以后的更新工作带来方便，还有效地减少了人为主观因素对级别划分结果的影响，提高了最后结果的准确性。其次，由于采用数理统计方法时的训练样本都是选用未发生太大变化的区域的典型地块，因而推导出的判别方程更客观，在简化工作的同时，保证了更新前后对地块级别的判定标准的一致性。将核 Fisher 判别分析应用到土地级别更新过程中，就是要用这种统计学习的方法来弥补传统土地级别更新流程的不足。

将级别未发生太大变化区域的典型地块选作核 Fisher 判别分析中的样本集合，影响地块级别的定级因子就构成了样本地块的高维矢量空间。

样本地块组成的集合为

$$X = \{\bar{x}_1, \bar{x}_2, \cdots, \bar{x}_l\} \tag{3-112}$$

其中 $\bar{x}_1(i=1,2,\cdots,l)$ 为其中任一典型样点地块，假定影响土地级别的定级因子共 n 个，则 $\bar{x}_1(i=1,2,\cdots,l)$ 可以表示为 n 维矢量空间中的随机矢量。

如果以分两个土地级别为例，样本地块可以被划分为两类：

$$X_1 = \{\bar{x}_1^1 \mid k = 1,2,\cdots,l_1\} \tag{3-113}$$

$$X_2 = \{\bar{x}_1^2 \mid k = 1,2,\cdots,l_2\} \tag{3-114}$$

$$X_1 \cup X_2 = X, l_1 + l_2 = l \tag{3-115}$$

由 Fisher 线性判别的原理可知，在特征空间 F 中运用线性 Fisher 判别就是要在 F 中寻找一个投影方向，将两个样本地块总体和未知级别地块的各定级因子的值按此方向在这特征空间进行投影，最终以此方向的投影坐标来进行级别的判断。使下列广义 Rayleigh 商取极大值的 ω 就是所要求的投影方向：

$$j(\omega) = \frac{\omega^{\mathrm{T}} \boldsymbol{S}_B^{\phi} \omega}{\omega^{\mathrm{T}} \boldsymbol{S}_W^{\phi} \omega} \quad 其中\ \omega \in F \tag{3-116}$$

类间分散度矩阵 $\boldsymbol{S}_B^{\phi}$ 可以看作是两级别地块总体的平均值在 F 中投影的分散程度，而类内分散度矩阵 $\boldsymbol{S}_W^{\phi}$ 则可以看作是各级别内样点地块在 F 中投影的分散程度。

利用核函数的知识将式(3-116)转化为只含有特征矢量点积的形式，则广义 Rayleigh 商化为下列表达形式：

$$\max_{\alpha} J(\alpha) = \frac{\alpha^{\mathrm{T}} M \alpha}{\alpha^{\mathrm{T}} N \alpha} \tag{3-117}$$

其解为

$$\alpha = N^{-1}(\mu_1 - \mu_2) \tag{3-118}$$

于是 α 就成为了使广义 Rayleigh 商在特征空间 F 中最大化的方向矢量 $\boldsymbol{\omega}$。选取适当的阈值 b，在 Fisher 判定最优方向的分界超平面为

$$z = \sin[\boldsymbol{\omega}^{\mathrm{T}} \phi(x) + b] \tag{3-119}$$

$$= \sin\left| \sum_{i=1}^{l} \alpha_i k \mid \bar{x}_i, x \mid + b \right| \tag{3-120}$$

其中 $z \in \{+1, -1\}$ 为分类指标。如果 $z = +1$ 则把未知级别地块判定为第一类，反之则为第二类。

三、实例分析

以武汉市城市土地级别更新为例，并以核 Fisher 分析作为更新方法，来具体说明判别分析在土地评价中的应用。在城市各种类型的用地中，由于商业用地对市场变化情况的反映较为灵敏，最能代表市场的真实情况，因而在本研究中均以商业用地为研究对象，并且为了与原级别评估结果能进行比较，以在定级过程中所确立的网格点为基本的评价单元。

在上面所叙述的多种判别分析方法中，贝叶斯判别分析需要预先知道样本总体的分布概率密度函数 $f_j(y)$，各总体 G_j 所占全部总体的权重 q_j，以及判错损失 $L(i,j)$。在实际应用时需要从大量的样本中进行调查确定，所以为了简化实验过程，这里省去了对贝叶斯判别分析的实例论证，只以距离判别分析、Fisher 判别分析和核 Fisher 判别分析为方法进行了实例验证，得出结论并进行了说明和分析。

1. 级别更新因子选择及权重

根据特尔菲法由专家对上述各因素、因子的权重进行打分，并结合专家意见进行综合，最后得出商业用地定级因素的权重情况如表 3-10 所示。

表 3-10　武汉市商业用地定级因素及权重方案

<table>
<tr><th>因素名称</th><th>权重</th><th>方差</th><th>因子名称</th><th>权重</th><th>方差</th></tr>
<tr><td>繁华程度</td><td>0.338</td><td>0.0280</td><td>商服中心</td><td>0.338</td><td>0.0280</td></tr>
<tr><td rowspan="5">交通条件</td><td rowspan="5">0.205</td><td rowspan="5">0.0205</td><td>长途汽车站</td><td>0.023</td><td>0.0044</td></tr>
<tr><td>火车站</td><td>0.020</td><td>0.0047</td></tr>
<tr><td>码头</td><td>0.015</td><td>0.0034</td></tr>
<tr><td>道路通达度</td><td>0.072</td><td>0.0127</td></tr>
<tr><td>公交便捷度</td><td>0.075</td><td>0.0137</td></tr>
<tr><td rowspan="4">基础公用
设施状况</td><td rowspan="4">0.152</td><td rowspan="4">0.0318</td><td>供水状况</td><td>0.040</td><td>0.0095</td></tr>
<tr><td>排水状况</td><td>0.040</td><td>0.0106</td></tr>
<tr><td>医院门诊部</td><td>0.034</td><td>0.0089</td></tr>
<tr><td>电讯营业厅</td><td>0.038</td><td>0.0097</td></tr>
<tr><td rowspan="5">环境条件</td><td rowspan="5">0.130</td><td rowspan="5">0.0162</td><td>噪音污染</td><td>0.022</td><td>0.0030</td></tr>
<tr><td>大气污染</td><td>0.024</td><td>0.0067</td></tr>
<tr><td>绿地覆盖率</td><td>0.028</td><td>0.0038</td></tr>
<tr><td>地形状况</td><td>0.030</td><td>0.0062</td></tr>
<tr><td>地质状况</td><td>0.026</td><td>0.0071</td></tr>
<tr><td>人口状况</td><td>0.122</td><td>0.0252</td><td>人口密度</td><td>0.122</td><td>0.0252</td></tr>
<tr><td rowspan="2">城市规划</td><td rowspan="2">0.053</td><td rowspan="2">0.0145</td><td>道路规划</td><td>0.029</td><td>0.0078</td></tr>
<tr><td>用地规划</td><td>0.024</td><td>0.0079</td></tr>
<tr><td>权重总计</td><td>1.0</td><td>—</td><td>—</td><td>1.0</td><td>—</td></tr>
</table>

2. 评价样点的选择

无论是 SVM 还是 KFD，都是应用核函数的小样本学习算法。在 KFD 中，选取的样本数直接决定了矩阵 N 和 M 的维数，从而决定了 KFD 算法的复杂性。经过比较，我们从每个级别中选取 20 个地块作为训练样本，要求这些地块要尽量均匀分布在整个评估区域，并且它们的各影响因子的值要具有代表性。它们在评估区域的分布状况如图 3-12 所示，各级别样点数目如表 3-11 所示。

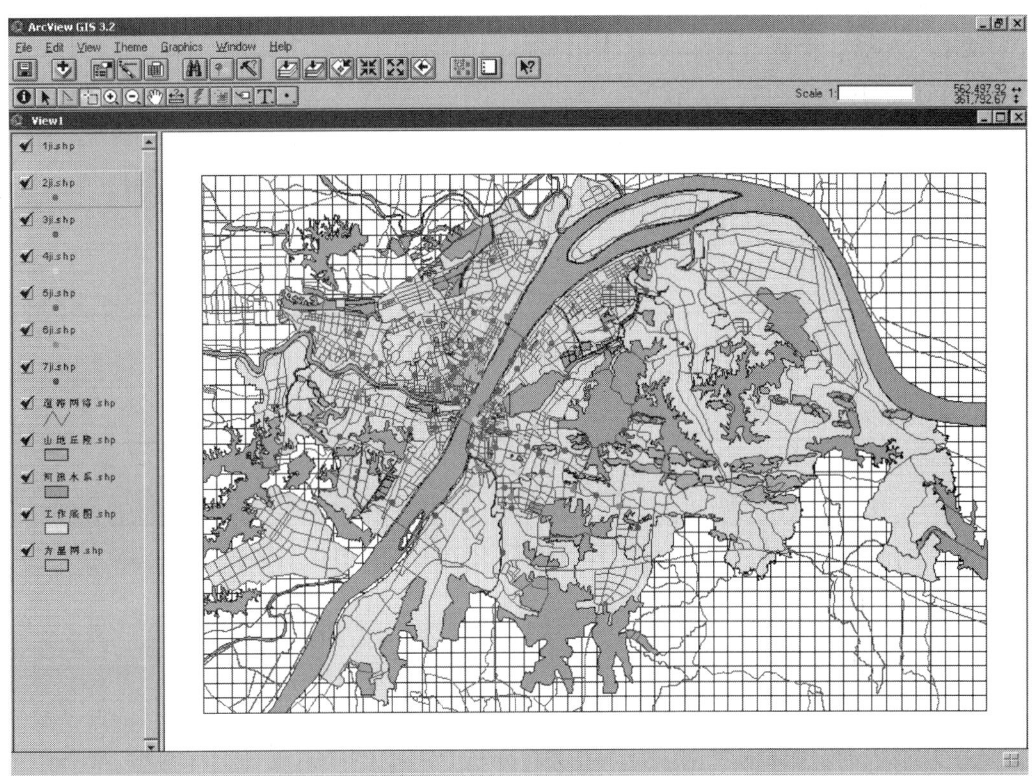

图 3-12　基于 KFD 的土地级别更新样点分布图

表 3-11　KFD 样点数目

地块级别	1 级	2 级	3 级	4 级	5 级	6 级	7 级	合　计
地块数目	20	20	20	20	20	20	20	140

3. 核函数的选择

满足 Mercer 条件的核函数有很多，在实验中我们选用了二次多项式函数：

$$k(x,y) = (xy + 1)^2$$

d 次多项式泛化能力比较强，而且结构简单，易于操作。

4. 判别过程的建立

在确立了核函数后，就要进行判别过程的建立。由于核 Fisher 判别分析讨论的是两个类判别，而进行土地级别更新时的商业用地级别在本节中选择了七级，在实际应用时，为完成七个级别的判定就需要构造一个判别二叉树。首先将第一级作为单独的一级，而把剩下六个级别的所有样点地块看作一个大的级别；在将第一级的样点成功地分离出来后，再把第二级的样点看作一个单独的级别，而将剩下的五个级别当作一个大的级别；以此类推，最终将七个级别的地块全部分离出来。

矩阵 N 和 M 构造出了进行判别的特征空间，向量 α 确定了特征空间中进行判别的方向。在用程序实现过程中，用 $X1N12,X2N12,\cdots,X6N12$ 表示在进行第一轮、第二轮，直到第六轮判别时的矩阵 N；$X1Uiu1,X1Uiu2,\cdots,X6Uiu1,X6Uiu2$ 则表示从第一轮到第六轮判别中的向量 μ_1,μ_2；$RsltX1A,\cdots,RsltX6A$ 是相应各轮判别的判别向量 α。用 Matlab 程序可计算出判别向量 α。所得结果如表 3-12 所示：

表 3-12　核 Fisher 判别分析结果

级　别	1 级	2 级	3 级	4 级	5 级	6 级	7 级
原始地块数目	10	10	10	10	10	10	10
核 Fisher 判别结果	11	7	12	9	11	8	12

第四节　趋势面分析

一、概　　述

空间分布趋势反映的是空间现象在空间区域上变化的主体特征，其主要特点是忽略局部的变异而突出总体的变化规律。趋势面分析是根据空间现象的抽样数据，拟合一个数学曲面，用该曲面来反映空间现象分布特征的变化趋势。

一定区域内的土地质量在空间上具有一定程度上的连续渐变特征。例如，一般来说，城镇地价从城镇的中心向其边缘的变化是连续的，城镇的地价也可看作是空间上的连续变化的一种特征，因此可以采用一定的模型来表现地价的变化。当然，在个别城镇存在河流、湖泊、山体等阻隔因素，使得地价呈现不连续变化。根据阻隔因素对城镇进行区域分割后，仍然可以得到地价的连续变化区域。采用趋势面分析用来进行城镇地价的空间变化分析，其本质上是根据空间样本拟合一个连续表面，以反映地价的变化趋势。

趋势面拟合可以分为整体拟合和局部拟合两大类。整体拟合技术即拟合模型是由研究区域内所有采样点的全部特征观测值建立的，通常采用的技术是整体趋势面拟合。这种内插技术的特点是不能提供内插区域的局部特性，一般适用于模拟大范围内的变化。局部拟合技术则是仅仅用邻近的数据点来估计未知点的值，因此可以提供局部区域的内插值，而不致受局部范围外其他点的影响。

通过趋势面拟合可以基于实地调查样本直接进行土地质量评价，这实际上属于一种空间内插方法。在基于插值方法的城镇基准地价评估中，样点地价内插就是根据已知样点上的地价求出其他待定点上的地价。由于所有的原始数据排列是不规则的，为了获取规则格网的基准地价，内插是必不可少的重要步骤，任意一种内插方法都是基于原始函数的连续光滑性，或者说邻近的数据点之间存在很大的相关性，这才有可能由邻近的数据点内插出待定点的数据。

二、趋势面分析的基本原理

趋势面是一种光滑的数学表面，它能集中地代表地理数据在大范围内的空间变化趋势。趋势面与实际上的地理数据的曲面不同，前者是连续曲面，后者是根据离散点勾绘的统计表面。

趋势面分析，是用一个多项式对地理现象的空间分布特征进行分析，用该多项式所代表的曲面来逼近（拟合）现象分布特征的趋势面变化，也就是用数学方法把观测值分解为两个部分：趋势部分和偏差部分。趋势面分析反映区域性的总变化，受大范围的系统性因素的控制；偏差部分反映局部范围的变化特点，受局部因素和随机因素的控制，趋势面分析的结果可以得到趋势面图和剩余面图，它们分别反映整个地区的变化和联系，以及局部变化的特点。

1. 原理

假设在二维空间中获得某种现象 n 个特征值数据 $Z_i(x_i, y_i)$，$i=1,2,\cdots,n$。其中，(x_i, y_i)为每个观测点的平面位置，即点在平面上的坐标。趋势面分析的本质就是要把 $Z_i(x_i, y_i)$的变化特征分解为两部分，即：

$$Z_i(x_i, y_i) = Z'_i + \delta_j \tag{3-121}$$

式中，$Z'_i(x_i, y_i)$为趋势值；δ_j 为剩余值。

为了使 $Z'_i(x_i, y_i)$尽可能地逼近 $Z_i(x_i, y_i)$，必须使 δ_j 尽可能小，即：

$$Q = \sum_{i=1}^{n}(Z_i - Z'_i)^2 = \min \tag{3-122}$$

这样，实际上就使趋势面分析转化为最小二乘估计意义下的曲面拟和问题，即根据观测值 $Z_i(x_i, y_i)$用回归分析方法求得一个回归曲面

$$\hat{Z} = f(x, y) \tag{3-123}$$

而以对应于回归面上的值

$$\hat{Z}_i = f(x_i, y_i) \tag{3-124}$$

作为趋势值，以残差 $Z_i - \hat{Z}_i$ 作为剩余值，以上所述，如图 3-13 所示。

2. 多项式趋势面的数学模型

在趋势面分析中，通常是选择多项式作为回归方程，因为任何一个函数在一个适当的

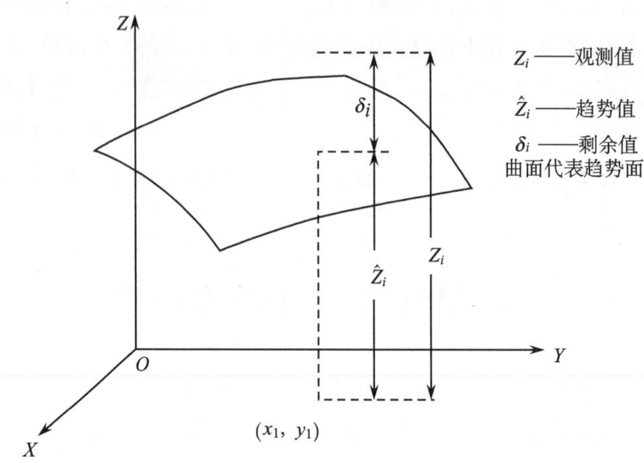

图 3-13　趋势面分析基本原理示意图

范围内总是可以用多项式来逼近，而且调整多项式的次数可以使所求的回归方程适合问题的需要。一般而言，多项式的次数越高，趋势值越接近于观测值，而剩余值越小。

用多项式函数拟和曲面的基本原理是，如果某种空间现象的数据值 Z_i 在二维空间的分布表现为平面、二次曲面（即抛物面）、三次曲面、四次曲面……可分别用一次多项式、二次多项式、三次多项式、四次多项式……来进行拟和，其基本数学模型如下：

一次多项式：$Z'=a_0+a_1x+a_2y$　　(3-125)

二次多项式：$Z'=a_0+a_1x+a_2y+a_3x^2+a_4xy+a_5y^2$　　(3-126)

三次多项式：$Z'=a_0+a_1x+a_2y+a_3x^2+a_4xy+a_5y^2+a_6x^3+a_7x^2y+a_8xy^2+a_9y^3$　　(3-127)

同理，还可以给出四次、五次、六次多项式的数学模型。
式中，$a_0, a_1, \cdots, a_n$ 为待定系数。

3. 多项式趋势面数学模型的解算

这就是求多项式系数的最佳线性无偏估值问题。最小二乘法可以给出多项式系数的最佳线性无偏估值，这些估值使残差平方和达到最小。所以，求回归方程也就是要求根据观测值 $Z_i(x_i, y_i)(i=1,2,\cdots,n)$，确定多项式的系数 $a_0, a_1, \cdots$，以使残差平方和最小，即：

$$Q=\sum_{i=1}^{n}(Z_i-Z_i')^2=\min \tag{3-128}$$

记 $x=x_1, y=x_2, x^2=x_3, xy=x_4, y^2=x_5, \cdots$

则多项式可以写为

$$\hat{Z}=a_0+a_1x_1+a_2x_2+a_3x_3+a_4x_4+a_5x_5+\cdots+a_Px_P \tag{3-129}$$

这样多项式回归问题可以化为多元线性回归问题来解决。现在，残差就是

$$Q=\sum_{i=1}^{n}(Z_i-Z_i')^2 \tag{3-130}$$

$$= \sum_{j=1}^{n}[Z_j - (a_0 + a_1x_1 + a_2x_2 + a_3x_3 + \cdots + a_Px_P)]^2 \tag{3-131}$$

式中，Q 是 $a_0, a_1, a_2, \cdots, a_P$ 的函数。

根据最小二乘法的原理，我们要选择这样的系数 $a_0, a_1, a_2, \cdots, a_P (P<n)$，以使 Q 达到最小。为此，求 Q 对 $a_0, a_1, a_2, \cdots, a_P$ 的偏导数，并令其等于零，则得正规方程组。解此正规方程组，即得 $P+1$ 个系数 $a_0, a_1, a_2, \cdots, a_P$。

正规方程组用矩阵形式写为

$$\boldsymbol{X}^{\mathrm{T}}\boldsymbol{X}\boldsymbol{A} = \boldsymbol{X}^{\mathrm{T}}\boldsymbol{Z}$$

于是

$$\boldsymbol{A} = [\boldsymbol{X}^{\mathrm{T}}\boldsymbol{X}]^{-1} - \boldsymbol{X}^{\mathrm{T}}\boldsymbol{Z} \tag{3-132}$$

式中：

$$\boldsymbol{A} = \begin{bmatrix} a_0 \\ a_1 \\ \vdots \\ a_P \end{bmatrix}, \boldsymbol{Z} = \begin{bmatrix} Z_1 \\ Z_2 \\ \vdots \\ Z_P \end{bmatrix} \tag{3-133}$$

$$\boldsymbol{X} = \begin{bmatrix} 1 & X_{11} & X_{12} & \cdots & X_{P1} \\ 1 & X_{21} & X_{22} & \cdots & X_{P2} \\ \vdots & \vdots & \vdots & & \vdots \\ 1 & X_{1n} & X_{2n} & \cdots & X_{Pn} \end{bmatrix} \tag{3-134}$$

以上是正规方程组的矩阵形式。

在原始数据很大的情况下，用矩阵方法求解在计算机上实现是困难的，因为占据存储空间太大。所以，一般采用高斯主元消去法或正交变换法求解正规方程组。

高斯主元消去法是电子计算机上常采用的方法之一，它是把系数矩阵变换为单位矩阵，直接求方程组的解，而不必再经过迭代过程，同时因为主元消去法总是用绝对值最大的数作为除数，所以解的精度较高。其方法步骤如下：

第一步，在增广系数矩阵中找出主元即绝对值最大的元素，并用它除主元所在行的所有元素(含常数项)，使主元化为 1；

第二步，消去主元所在列的其余各元素，完成第一步消元；

第三步，在剩下的其他各行中再挑选主元，继续进行与第一、二两步相同的消去过程。以此类推。直至系数矩阵化为单位矩阵，这时左端项即为所求解的向量。

把前述正规方程组中的矩阵 $\boldsymbol{X}$ 和 $\boldsymbol{Z}$ 记作：

$$\boldsymbol{X} = [x_{ij}^{(0)}]_{nx(P+1)}, \boldsymbol{Z} = [Z_j^{(0)}]_{n\times 1}^{\mathrm{T}} \tag{3-135}$$

消去过程中相邻两步元素间的关系为

$$\begin{cases} x_{j_0 i}^{(k)} = a_{j_0 i}^{(k-1)} / a_{i_0 j_0}^{(k-1)} \\ Z_{j_0}^{(k)} = Z_{j_0}^{(k-1)} / a_{i_0 j_0}^{(k-1)} \\ x_{ij}^{(k)} = x_{ij}^{(k-1)} - a_{i_0 j}^{(k-1)} \cdot x_{j_0}^{(k)} \\ Z_j^{(k)} = Z_j^{(k-1)} - x_{i_0 j}^{(k-1)} \cdot Z_{j_0}^{(k)} \end{cases} \tag{3-136}$$

式中，$k=1,2,\cdots,n;j=1,2,j_0-1,j_0+1,\cdots,n;i=1,2,\cdots,P,P+1;i_0,j_0$ 分别为第 $k-1$ 步消去过程时矩阵 $\boldsymbol{X}^{(k-1)}=[X_{ij}{}^{(k-1)}]$ 中绝对值最大的元素所在的行号和列号。

当趋势面拟合次数较高并且矩阵中元素在[0,1]区间上时，正规方程组的系数矩阵接近于病态，为了对病态方程的矩阵求逆，提高解的精度，采用正交变换法求解正规方程组。

将拟合趋势面的多项式写成多元线性方程：

$$Z=b_0+b_1x_1+b_2x_2+\cdots+b_Px_P \tag{3-137}$$

其中

$$b_0=\overline{Z}-(b_1\overline{x}_1+b_2\overline{x}_2+\cdots+b_P\overline{x}_P) \tag{3-138}$$

可得

$$Z-\overline{Z}=b_1(x_1-\overline{x}_1)+b_2(x_2-\overline{x}_2)+\cdots+b_P(x_P-\overline{x}_P) \tag{3-139}$$

用矩阵表示，得方程：

$$\boldsymbol{Z}=\boldsymbol{X}B$$

其中：

$$\boldsymbol{Z}=\begin{bmatrix}Z_1-\overline{Z}\\Z_2-\overline{Z}\\\vdots\\Z_P-\overline{Z}\end{bmatrix},\boldsymbol{X}=\begin{bmatrix}X_{11}-\overline{X}_1 & X_{21}-\overline{X}_2 & \cdots & X_{P1}-\overline{X}_P\\X_{12}-\overline{X}_1 & X_{22}-\overline{X}_2 & \cdots & X_{P2}-\overline{X}_P\\\vdots & \vdots & & \vdots\\X_{1n}-\overline{X} & X_{2n}-\overline{X}_2 & \cdots & X_{Pn}-\overline{X}_P\end{bmatrix} \tag{3-140}$$

所以，正规方程组为

$$\boldsymbol{X}^{\mathrm{T}}\boldsymbol{X}B=\boldsymbol{X}^{\mathrm{T}}\boldsymbol{Z} \tag{3-141}$$

正交变换法求解正规方程组的方法步骤如下：

第一步 计算 $\overline{\boldsymbol{Z}}$、$\overline{\boldsymbol{X}}_j$、$\boldsymbol{X}=[x_{ij}-\overline{x}_j]$ 和 $\boldsymbol{Z}=(Z_j-\overline{Z}),j=1,2,\cdots,P$

第二步 计算 $\boldsymbol{A}=\boldsymbol{X}^{\mathrm{T}}\boldsymbol{X}$ 的特征根 λ_j 及与其对应的特征向量

$$a_i=\begin{bmatrix}a_{j1}\\a_{j2}\\\vdots\\a_{jP}\end{bmatrix},j=1,2,\cdots,n \tag{3-142}$$

第三步 求正交变换后的新的正规方程组的回归系数

$$b_k^*=(\sum_{i=1}^{P}y_{ki}\cdot Z_i)/\lambda_k \tag{3-143}$$

式中，

$$y_{ki}=\sum_{i=1}^{P}a_{kj}\cdot x_{ji},\quad k=1,2,\cdots,n \tag{3-144}$$

并且

$$\sum_{i=1}^{P}a_{ij}\cdot a_{kj}=\delta_{ik}=\begin{cases}0 & (i\neq k)\\1 & (i=k)\end{cases} \tag{3-145}$$

第四步　求多项式系数

$$\begin{cases} b_k = \sum_{i=1}^{P} a_{ik} b_i^* \\ b_b = \overline{Z} - \sum_{i=1}^{P} \overline{x}_i b_i \end{cases} \tag{3-146}$$

4. 趋势面拟合程度的检验

为了对不同次数多项式的趋势面与原始数据曲面的逼进程度进行分析，可以对趋势面的拟和程度进行检验。检验的方法包括如下两种。

(1) 拟和指数公式检验

拟和指数公式为

$$c = \left[1 - \frac{\sum_{i=1}^{n}(z_i - z_i')^2}{\sum_{i=1}^{n}(z_i - \overline{z})^2}\right] \times 100\% \tag{3-147}$$

式中，c 为拟和程度，是一个百分数，z_i 为第 i 点的实际数据值；z/i 为第 i 点的趋势值；$\overline{z}$ 为全部实际数据的算术平均值，即

$$\overline{z} = \frac{1}{n}\sum_{i=1}^{n} z_i \tag{3-148}$$

当 $c=100\%$，说明趋势值与实际数据值完全吻合，但实际过工作中这种情况很少出现。通常当 c 为 70%以上，即可以认为趋势面的拟和程度良好。在进行趋势面分析时，通常只控制 c 在 60%～70%的范围内。

(2) F-分布检验

F-分布检验是根据数理统计原理，通过计算：

$$F = \frac{U/P}{Q/(n-P-1)} \tag{3-149}$$

式中，P 为多项式的项数(不含常数项 a_0)；n 为实际数据的总点数；U 和 Q 分别为回归平方和与偏差平方和，且可按式(3-150)计算：

$$\begin{cases} U = \sum_{i=1}^{n}(z_i' - \overline{z})^2 \\ Q = \sum_{i=1}^{n}(z_i - z_i')^2 \end{cases} \tag{3-150}$$

根据数理统计原理，在给定置信水平 a 的条件下，查 F_a 信度表得 F_a 值，并与计算的 F 值相比，若 $F>F_a$，则认为趋势面的拟和效果显著，否则，其拟合效果不显著。

三、移动趋势面分析

当区域范围较大时，土地质量通常不能保持连续变化趋势。如，大范围区域地价变化复杂，整个区域地价不可能像通常的数学插值那样用一个多项式趋势面来拟合。如果用低次多项式拟合，其精度必然很差，而高次多项式又可能产生解的不稳定性。因此，把整个区域分成若干分块，对各分块使用不同的趋势面函数进行拟合，以每一个待定点为中心，定义一个局部趋势面函数去拟合周围的数据点，这种方法十分灵活，一般情况下精度较高，计算方法简单又不需很大的计算机内存，其过程如下：

1）对每一个格网点，从数据点中检索出对应该格网点的几个分块格网中的数据点，并将坐标原点移至该格网点 $P(X_P,Y_P)$，

$$\left.\begin{aligned}\overline{X_i} &= X_i - X_P \\ \overline{Y_i} &= Y_i - Y_P\end{aligned}\right\} \tag{3-151}$$

2）为了选取邻近的数据点，以待定点 P 为圆心，以 R 为半径作圆（如图 3-14 所示），所落在圆内的数据点即被选用。所选择的点数根据所采用的局部拟合函数来确定，在二次曲面内插时，要求选用的数据点个数 $n>6$，当数据点 $P_i(X_i,Y_i)$ 到待定点 $P(X_P,Y_P)$ 的距离

$$d_i = \sqrt{\overline{X}_i^2 + \overline{Y}_i^2} \tag{3-152}$$

$d_i<R$ 时，该点即被选用。若选择的点数不够时，则应增大 R 的数值，直至数据点的个数 n 满足要求。

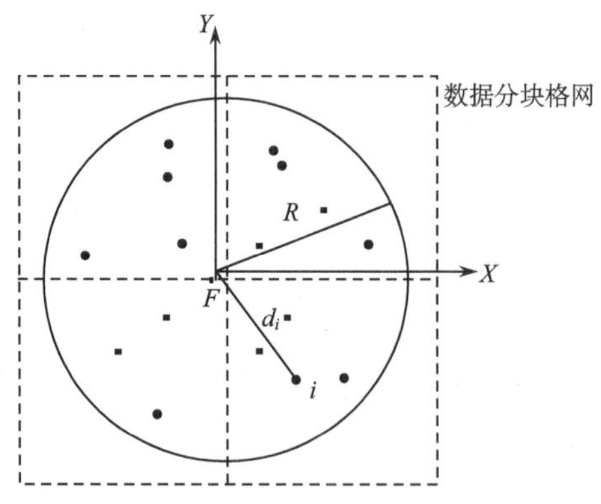

图 3-14　选取 P 为圆心，R 为半径的圆内数据点参加拟合计算

3）列出误差方程式。选择二次曲面作为拟合曲面。

$$Z = Ax^2 + Bxy + Cy^2 + Dx + Ey + F \tag{3-153}$$

则数据点 P_i 对应的误差方程式为

$$v_i = \overline{X}_i^2A + \overline{X}_i\overline{Y}_iB + \overline{Y}_i^2C + \overline{X}_iD + \overline{Y}_iE + F - Z_i \tag{3-154}$$

由 n 个数据点列出的误差方程为 $v=MX-Z$

其中

$$v=\begin{bmatrix} v_1 \\ v_2 \\ \vdots \\ v_3 \end{bmatrix};\quad M=\begin{bmatrix} \overline{X_1}^2 & \overline{X_1}\,\overline{Y_1} & \overline{Y_1}^2 & \overline{X_1} & \overline{Y_1} & 1 \\ \overline{X_2}^2 & \overline{X_2}\,\overline{Y_2} & \overline{Y_2}^2 & \overline{X_2} & \overline{Y_2} & 1 \\ \vdots & \vdots & \vdots & \vdots & \vdots & \vdots \\ \overline{X_n}^2 & \overline{X_n}\,\overline{Y_n} & \overline{Y_n}^2 & \overline{X_n} & \overline{Y_n} & 1 \end{bmatrix} \tag{3-155}$$

$$X=\begin{bmatrix} A \\ B \\ C \\ \vdots \\ F \end{bmatrix};\quad Z=\begin{bmatrix} Z_1 \\ Z_2 \\ \vdots \\ Z_n \end{bmatrix} \tag{3-156}$$

4）计算每一个数据点的权。这里的权 p_i 并不代表数据点 P_i 的观测精度，而是反映了该点与待定点相关的程度。因此，对于权 p_i 确定的原则应与该数据点与待定点的距离 d_i 有关，d_i 越小，它对待定点的影响越大，则权越大；反之当 d_i 越大，权越小。常采用的权有如下几种形式：

$$p_i=\frac{1}{d_i^2} \tag{3-157}$$

$$p_i=\left(\frac{R-d_i}{d_i}\right)^2 \tag{3-158}$$

$$p_i=\mathrm{e}^{\frac{d_i^2}{K^2}} \tag{3-159}$$

式中，R 是选点半径；d_i 为待定点到数据点的距离；K 是一个供选择的常数；e 是自然对数的底。这三种权的形式都可符合上述选择权的原则，但是它们与距离的关系有所不同，如图 3-15 所示，具体选用何种权的形式，需根据估价区域特点进行试验选取。

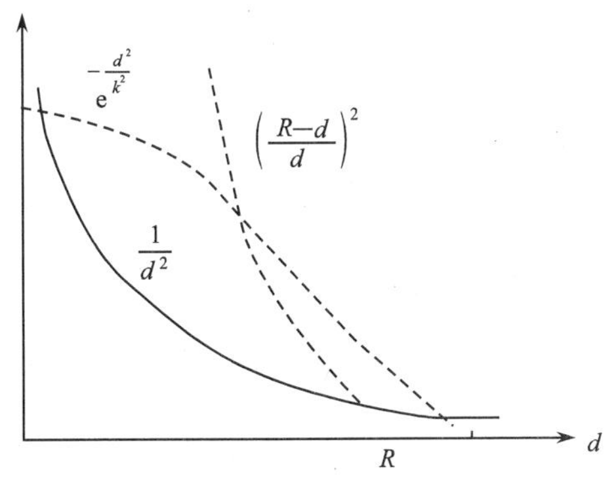

图 3-15　三种权函数图像

5）法化求解。根据平差理论，二次曲面系数的解为

$$X = (M^{T}PM)^{-1}M^{T}PZ \tag{3-160}$$

由于 $\overline{X}_P=0, \overline{Y}_P=0$，所以系数 F 就是待定点的内插地价值 PZ。

利用移动趋势面拟合法内插格网点地价时，对点的选择满足 $n>6$ 外，而且当地价变化较大时，半径 R 不能取得很大。

四、基于移动趋势面的城镇土地基准地价评估实例

以武汉市城镇土地基准地价为例，来具体说明移动趋势面分析在基准地价评估中的应用方法与步骤。

（一）移动趋势面用于城镇土地基准地价评估技术路线

影响土地价格的因素主要有一般因素、区域因素和个别因素。一般因素主要包括社会因素、人口因素、经济因素等，它从宏观上对地区整体地价水平产生全局性的影响。同一城镇内部土地价格的差异主要是由区域因素引起的。区域因素主要包括位置、交通条件、基础设施、环境质量、城市规划等因素，它是土地所在地区的自然条件与社会经济、行政因素相结合所形成的具有地区特点的因素。个别因素主要包括宗地形状、面积、容积率等因素，它影响具体宗地的价格。

从土地区位理论看，土地价格分布应该是连续而非跳跃的。土地的区位条件具体表现为土地的价格水平，从土地的交易实例样点看，离散的样点状况各不相同，表现为样点地价具有一定的独立性，但作用于样点的各种区位状况的变化一般是连续渐变的，表现在地价上就是若无特殊因素影响，土地价格分布也是连续而非跳跃的。

在数学上，趋势面分析问题实际上就是曲面拟合问题，是用某种形式的函数所代表的曲面来逼近该特征点的空间分布。这个函数从总体上反映了采样数据的区域性变化趋势，称为趋势面部分；采样数据的实测值与这个函数对应值之差，称为偏差部分，它反映了局部性的变化。这就是说，把采样数据的实测值分解成两部分，趋势面部分和偏差部分，趋势面部分用一个函数表示，它反映采样数据的总体变化，可以认为是由大范围的系统性因素引起的；偏差部分反映了局部性的变化特点，可以认为由局部因素和随机因素引起的（图 3-16）。

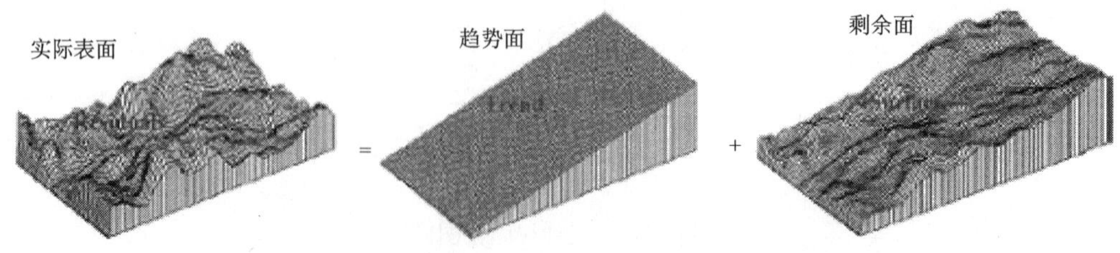

图 3-16　实际表面、趋势面、剩余面之间的关系

采用趋势面着重突出反映了地价变化趋势，把各个“孤立”的地价样点连成一个能比较客观描述整体地价状况的曲面，并通过研究该曲面，分析地价的成因及变化趋势。用一定的函数对城镇地价在空间上的分布进行拟合，即采用数学的方法把观测值分成趋势部分和偏差部分。前者反映区域性总的变化，受大范围系统性因素控制（即影响城镇地价的一般因素和区域因素）；后者反映局部范围变化特点，受局部因素和随机因素控制（即影响城市地价的个别因素）。进行趋势面分析的目的，就是排除随机性的干扰，寻找区域性变化规律。其评价技术路线如图 3-17 所示：

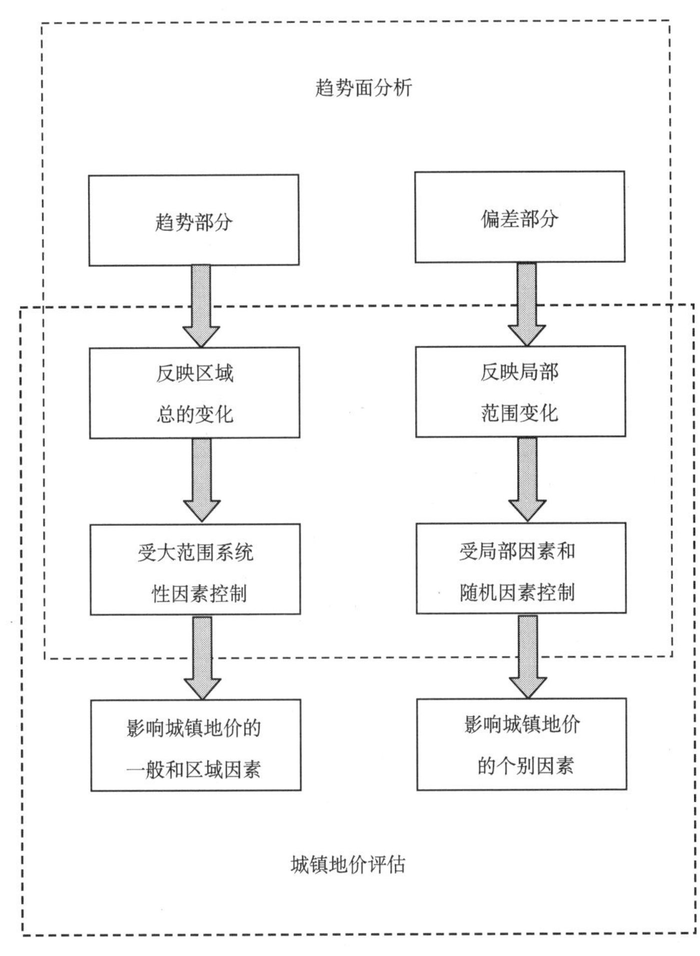

图 3-17　城镇地价评估和趋势面分析法

(二) 基于移动趋势面分析的城镇基准地价评估步骤

1. 样点资料的调查

在评估范围内收集商业的房地产市场交易样点资料，包括土地使用权出（转）让、商品房出售、私旧房买卖、房屋出租、土地使用权出租、土地联营入股、联合建房、以地换房、征地、拆迁、土地开发等样点资料。共取得商业用地样点 5611 个，详细情况见表 3-13。

表 3-13 武汉市商业用地基准地价评估样点选择结果表

用地类型	样点类型	总计/个
商业用地	土地使用权出让、转让	248
	商业私房买卖	10
	商业用房出售	8
	铺面出租	5345

2. 样点地价的计算

根据估价样点资料类型,选择相应的方法计算地价。各类用地市场交易样点地价计算方法详细情况见表 3-14。

表 3-14 武汉市基准地价评估不同类型样点地价计算方法

用地类型	样点类型	地价计算方法
商业用地	土地使用权出让、转让	成本逼近法
	私房买卖	剩余法
	商业用房出售	剩余法
	铺面出租	收益还原法

3. 样点地价的修正

基准地价要求样点资料具有可比性,因此,在利用样点地价评估基准地价前,需要对样点地价进行修正。样点地价的修正包括使用年期修正、交易时间修正、容积率修正和基础设施配套修正。

4. 样点数据的检验与剔除

样点资料处理中的可变参数选择,可能造成地价水平的系统误差。在将由不同方法处理所得的资料应用于基准地价评估时,要进行资料处理方法的检验。数据检验进行抽样样本的总体和方差检验。商业用地样点数据检验,用卡方检验与秩和检验法对已知数据总体分布类型和未知数据总体分布类型的样本进行总体一致性检验。统计结果如表 3-15。

图 3-18 为样点地价带有正态曲线的直方图,从图中可以看到数据的分布明显与标准正态分布不同,这与偏度、峰度值的结果是一致的(左偏且高于标准正态的峰)。采用均值-方差法对样本总体非正态分布的进行异常值剔除,得到有效样本 4946 个。

由于许多样点在空间位置上非常接近,对半径 50m 范围内的样点数据进行归并,并采用平均值代替其原始数据。归并后,共取得样点 1949 个,其分布如图 3-19。对其进行统计,结果如图 3-20 所示。

表 3-15　商业样点总体一致性检验结果

样本数		5638
均数的标准误		27.13999
标准差		2037.850
方差		4152834
偏度		1.357
偏度的标准误		0.033
峰度		11.616
峰度的标准误		0.065
范围		31171.83
最小值		106.700
最大值		31278.53
百分比	25	2740.120
	50	4071.690
	75	5927.800

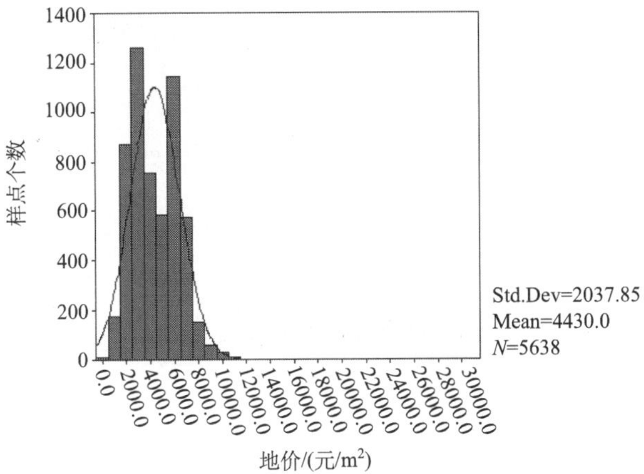

图 3-18　样点地价分布正态曲线图

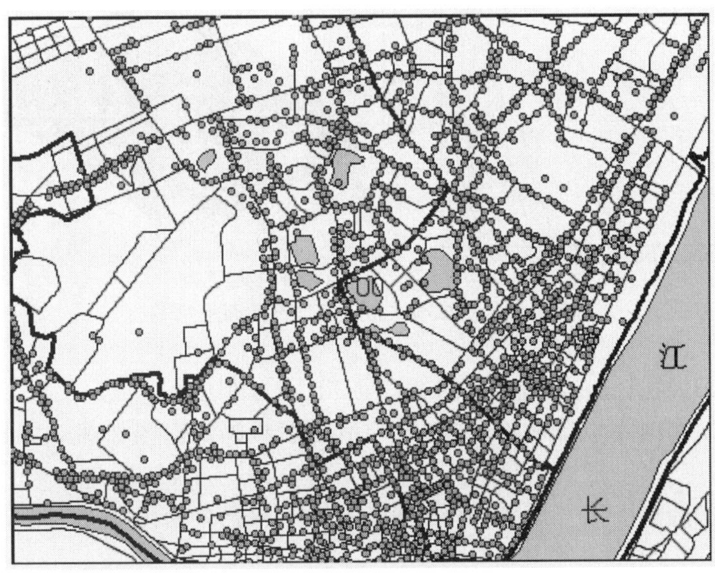

图 3-19　试验区商业样点分布图

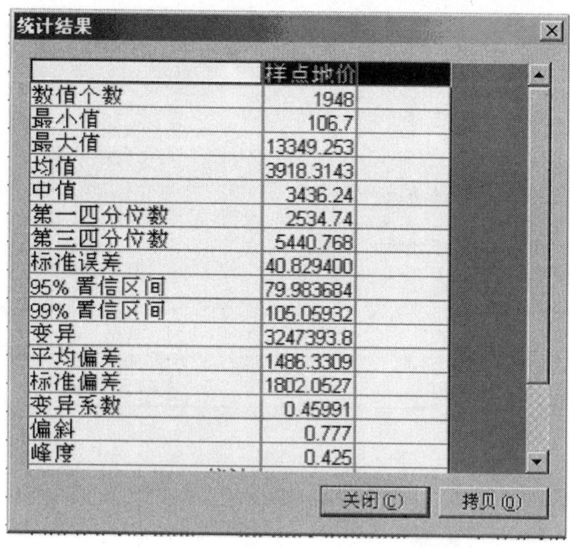

统计结果

	样点地价
数值个数	1948
最小值	106.7
最大值	13349.253
均值	3918.3143
中值	3436.24
第一四分位数	2534.74
第三四分位数	5440.768
标准误差	40.829400
95% 置信区间	79.983684
99% 置信区间	105.05932
变异	3247393.8
平均偏差	1486.3309
标准偏差	1802.0527
变异系数	0.45991
偏斜	0.777
峰度	0.425

关闭(C)　拷贝(O)

图 3-20　归并样点地价统计结果

5. 地价拟合分析

利用移动趋势面拟合的基本原理,在趋势面拟合软件中进行地价曲面的拟合。以下是采用不同拟合多项式得到的地价曲面拟合结果。

1）二次多项式拟合结果如图 3-21 所示,拟合度 C=41.8%。

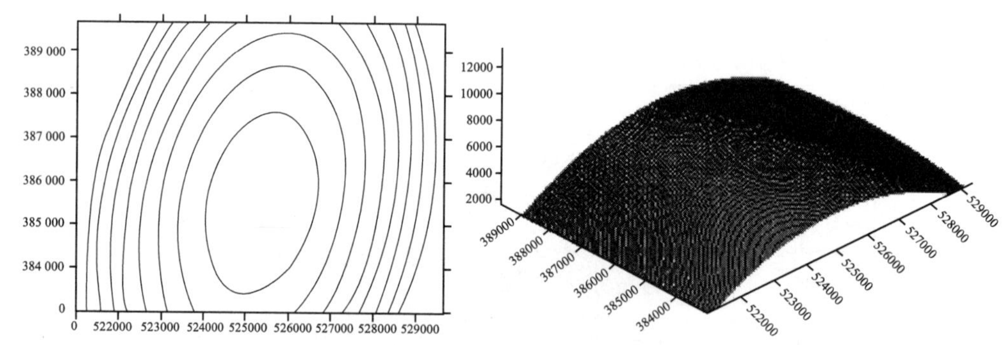

图 3-21　二次多项式拟合的地价曲面示意图

2）三次多项式拟合地价曲面,如图 3-22 所示,拟合度 C=49%。

3）采用四次多项式拟合地价,其结果等值线图和趋势面图如图 3-23,拟合度 C=58.8%。

4）采用五次趋势面拟合地价,其结果等值线图和趋势面图如图 3-24,拟合度 C=69.2%。

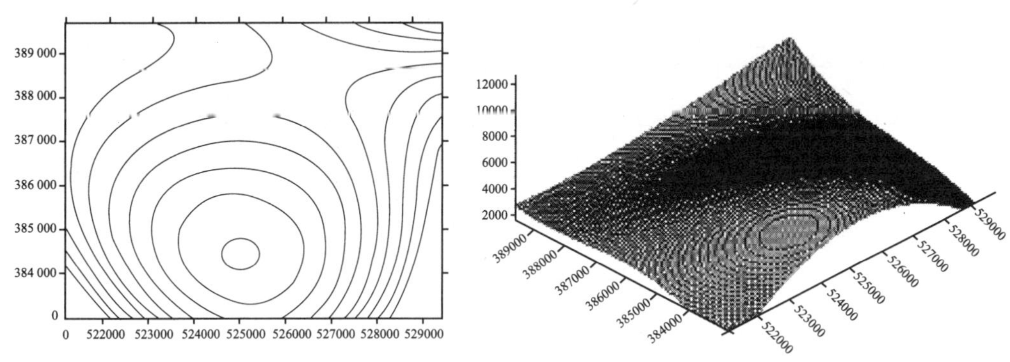

图 3-22　三次多项式拟合的地价曲面

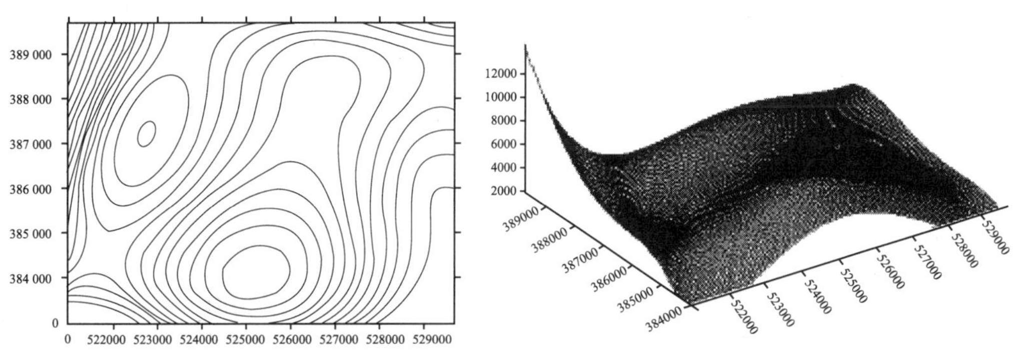

图 3-23　四次多项式拟合的地价曲面

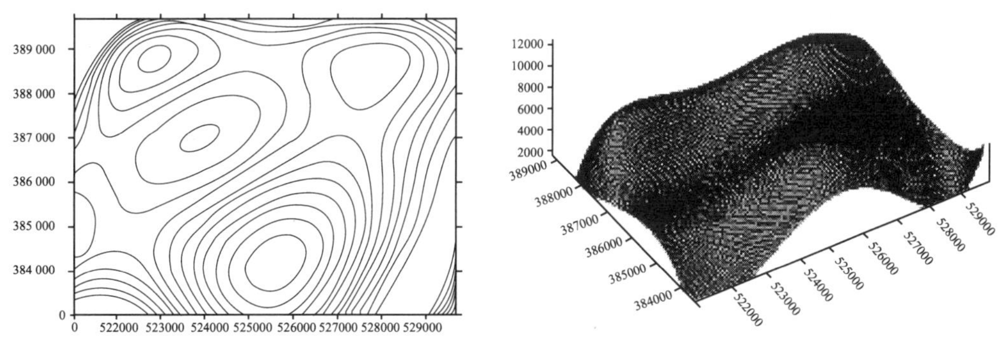

图 3-24　五次多项式拟合的地价曲面

5）采用六次趋势面拟合地价，其结果等值线图和趋势面图如图 3-25，拟合度 C＝71.3％。

6）采用七次趋势面拟合地价，其结果等值线图和趋势面图如图 3-26，拟合度 C＝75.3％。

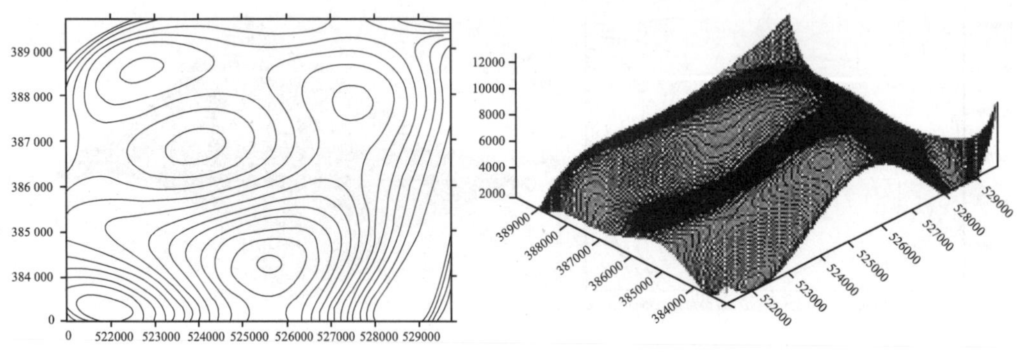

图 3-25　六次多项式拟合的地价曲面

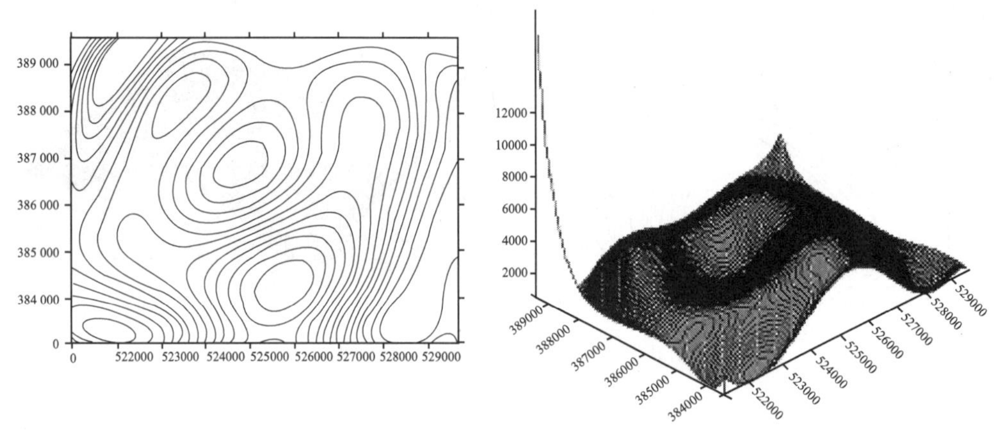

图 3-26　七次多项式拟合的地价曲面

从拟合结果上看，地价结果的拟合度随着拟合次数的增大而增高。但是，对其局部进行分析，发现从五次趋势面开始，逐渐偏离地价的真实分布，边部附近的趋势值与真实值差别较大，即边部效应明显。因此，可采用移动趋势面进行相应地价拟合。

6. 基于移动趋势面的基准地价拟合

采用移动趋势面拟合地价，其结果等值线图和趋势面图如图 3-27，图 3-28。

其拟合度 C=96.3%，趋势值在边缘和内部都是比较合理的。与现有武汉市商业网格点基准地价比较，平均价差 41.79 元，最大价差为 253.7 元。证明拟合结果客观合理，较好地反映了城市地价的分布特点。

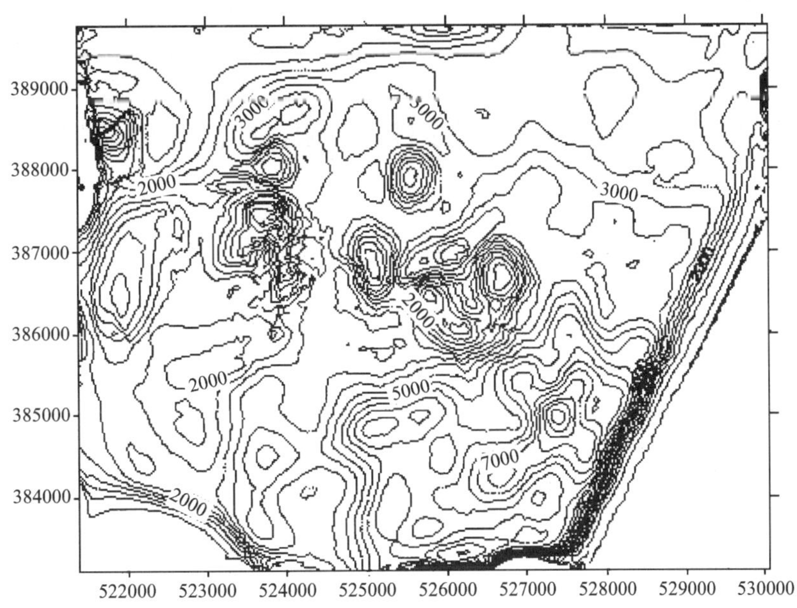

图 3-27　移动趋势面拟合地价结果等值线图

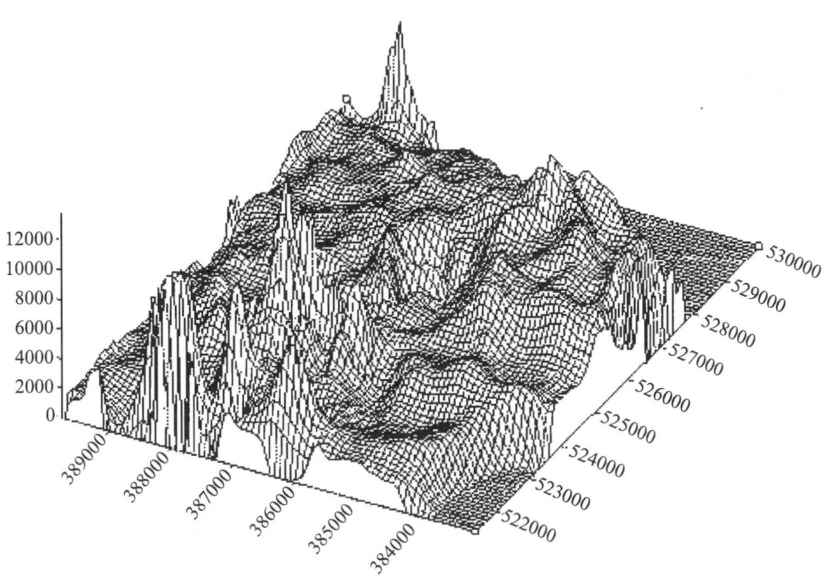

图 3-28　移动趋势面拟合地价结果趋势面图

第四章　土地评价的地统计学方法

第一节　地统计学基础

一、地统计学的基本概念

地统计学是以区域化变量理论为基础，以变异函数为基本工具的一种数学方法。它建立在区域化变量(regionalized variable theory)、随机函数(random function)、内蕴假设(the intrinsic hypothesis)和平稳性假设(the order stationarity)等概念的基础上。

(一) 区域化变量

区域化变量(也叫区域化随机变量)是以空间点 x 的三个直角坐标(x_u，x_v，x_w)为自变量的随机场 $Z(x_u,x_v,x_w)=Z(x)$。类似于随机过程，区域化变量在观测前可看成是随机场[依赖于坐标(x_u，x_v，x_w)]，观测后可看成一个普通三元实值函数(空间点函数)，一次观测就得到一个观测值 $Z(x)$。

随机性和结构性是空间变量最重要的特性，区域化变量在研究现象的空间结构和空间过程方面具有优势：一方面区域化变量是一个随机函数，具有局部、随机和异常的性质；另一方面，区域化变量具有一般或平均的结构性质，即变量在点 X 和 $X+h$ 处的数值 $Z(X)$ 和 $Z(X+h)$ 具有某种程度的相关性，依赖于两点间的距离 N 及变量的特征。

(二) 平稳假设

设 $Z(x_1)$，…，$Z(x_n)$ 是联合分布的随机变量，在这里，x_1，…，x_n 是在一维、二维或三维空间中样本点的位置，对于 x_1，…，x_n 和任何矢量 h 的任何集合，如果 $Z(x_1)$，…，$Z(x_n)$ 的联合分布与 $Z(x_1+h)$，…，$Z(x_n+h)$ 相同，那么就说变量 Z 是平稳的。如果 Z 是平稳的并且在某一点上的方差是有限的，那么变量在所有的点上都具有相同的有限方差，同理，变量在任何位置上的均值都相同。

平稳是对随机变量的一个比较严格的假定条件，如果我们只假定：

1) 区域化变量 $Z(x)$ 在整个研究区域内数据期望存在，且不依赖于测定点 x，即

$$E[Z(x)] = m \tag{4-1}$$

2) 每对 $Z(x)$、$Z(x+h)$ 其协方差存在，只取决于其间隔 h，即：

$$Cov[Z(x),Z(x+h)] = E[Z(x)Z(x+h)] - m^2 = C(h) \tag{4-2}$$

则称其为二阶平稳假设(the second order stationarity),这时区域化变量 $Z(x)$ 的方差称为先验方差(priori variance)。

(三) 内蕴(本征)假设

若在整个研究区域内,区域化变量 $Z(x)$ 的增量 $[Z(x)-Z(x+h)]$ 满足下列条件,称该区域化变量满足内蕴假设(the intrinsic hypothesis):

1) 随机函数 $Z(x)$ 的增量 $[Z(x)-Z(x+h)]$ 的数学期望为 0:

$$E[Z(x)-Z(x+h)]=0 \tag{4-3}$$

2) 所有区域化变量的增量 $[Z(x)-Z(x+h)]$ 的方差函数存在且平稳:

$$Var[Z(x)-Z(x+h)]=E[Z(x)-Z(x+h)]^2=2\gamma(x+h)=2\gamma(h) \tag{4-4}$$

即要求 $Z(x)$ 的变异函数 $\gamma(h)$ 存在且平稳。

内蕴假设是区域化变量最基本的假设。

(四) 准平稳(或准内蕴)假设

如果随机函数只在有限大小的邻域(如以 a 为半径的范围)内是平稳的(或内蕴的),则称该随机函数服从准平稳(或准内蕴)假设,准平稳或准内蕴假设同时兼顾了现象相似性的尺度和有效数据的多少。

二、地统计学的研究方法

(一) 变 异 函 数

变异函数能够反映区域局部范围和特定方向上特征的变化,由于它能透过其随机性反映区域化变量的结构性,因此,变异函数也称为结构函数。

变异函数,又称变差函数、变异矩,是地质统计分析所特有的基本工具。设 x 和 $x+h$ 为空间上的任意两点,h 为两点间的距离,$Z(x)$ 是随机变量 Z 在 x 处的取值,满足 $E[Z(x)]=\mu$,即随机变量 $Z(x)$ 的平均值不依赖于空间分布位置。在一维条件下变异函数定义为:当空间点 x 在一维 x 轴上变化时,区域化变量 $Z(x)$ 在点 x 和 $x+h$ 处的值 $Z(x)$ 与 $Z(x+h)$ 差的方差的一半为区域化变量 $Z(x)$ 在 x 轴方向上的变异函数,记为 $\gamma(h)$,即

$$\gamma(h)=\frac{1}{2}Var[Z(x)-Z(x+h)] \tag{4-5}$$

$$=\frac{1}{2}E[Z(x)-Z(x+h)]^2-\frac{1}{2}\{E[Z(x)]-E[Z(x+h)]\}^2 \tag{4-6}$$

在实际应用时,空间位置 x_i 和 x_i+h 的观测值分别为 $Z(x_i)$ 和 $Z(x_i+h)$,其中 $i=1,2,3,\cdots,N(h)$,$N(h)$ 表示相同空间距离 h 的观测值对数,则变异函数的离散计算公式为

$$\gamma^*(h) = \frac{1}{2N(h)} \sum_{i=1}^{N(h)} [Z(x_i) - Z(x_i + h)]^2 \tag{4-7}$$

变异函数一般用变异曲线来表示，它显示了滞后距 h 与相应的变异函数值 $\gamma^*(h)$ 的对应关系。图 4-1 为变异曲线示意图。

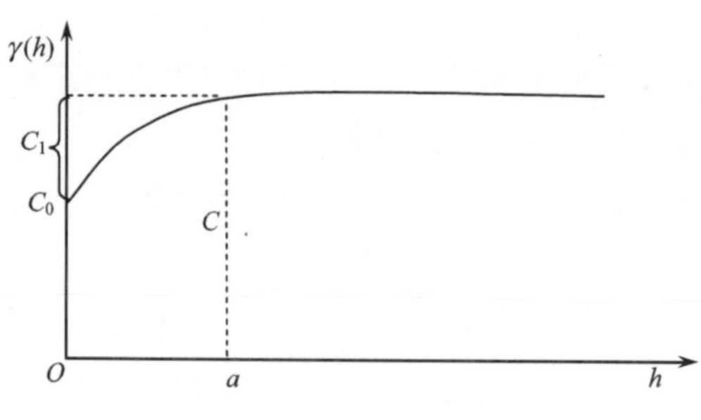

图 4-1　变异曲线图

图中 C_0 称为块金值，是变程等于 0 时的变异函数值，反映了在研究网度或取样范围内仍有“微结构”存在，即在短距离内两个样品的变异性或取样化验的误差。a 称为变程，当 $h \leqslant a$ 时，任意两点间的观测值有相关性，相关性随 h 的变大而减小，当 $h > a$ 是就不再具有相关性。a 的大小反映了研究对象中某一区域化变量的变化程度，a 也反映了影响范围，如可用范围 a 内的信息值对待估域进行估计。C 称为总基台值，它反映某区域化变量在研究范围内变异的强度，它是最大滞后距的可迁性变异函数的极限值，当 $h \to \infty$ 时，有

$$\gamma(\infty) = C(0) = Var[Z(x)] = C \tag{4-8}$$

即当 $h \to \infty$ 时，变异函数值近于先验方差 $C(0)$，当无块金效应时，$C = C_1$，当有块金效应时，$C = C_1 + C_0$；C_1 称为基台值，是先验方差与块金效应（常数）之差：$C = C - C_0$。

尽管变异函数有助于了解区域化变量的变化特征及结构性状，但在许多实际情况下，实验变异是十分混乱的，即当空间距离或方向发生改变时，变异值将发生剧烈的变化，这种现象使得掌握区域化变量的属性和利用变异函数进行结构分析变得困难。为了根据实验变异函数获取区域化现象的主要空间结构，理论模型是必需的。这与线性回归分析相似，根据一组随机实验，用线性函数拟合两个随机变量平均的线性相关性。需要构造理论变异模型的另一主要原因是要对变异值按分离距离采用内插法。例如，在估计网格结点时，样品点和估计点之间的空间相关性必须给定，这无法通过实验变异来产生，因为样品点和估计点间的距离可能是任何数而不是距离间隔，这类似于回归分析中的预测问题，拟合被用来预测与任何自变量值（不一定是观测值）相应的因变量的值。

常见的变异函数拟合模型可分为有基台值模型、无基台值模型和孔穴效应模型三大类。

有基台值的模型主有以下几种：

1）球状模型。其一般公式为

$$\gamma(h)=\begin{cases}0 & h=0\\ C_0+C\left(\dfrac{3h}{2a}-\dfrac{h^3}{2a^3}\right) & 0<h\leqslant a\\ C_0+C & h>a\end{cases} \tag{4-9}$$

2）指数模型。其一般公式为

$$\gamma(h)=\begin{cases}0 & h=0\\ C_0+C(1-\mathrm{e}^{-\frac{h}{a}}) & h>0\end{cases} \tag{4-10}$$

3）高斯模型。其一般公式为

$$\gamma(h)=\begin{cases}0 & h=0\\ C_0+C(1-\mathrm{e}^{-\frac{h^2}{a^2}}) & h>0\end{cases} \tag{4-11}$$

4）线性有基台值模型。其一般公式为

$$\gamma(h)=\begin{cases}C_0 & h=0\\ Ah & 0<h\leqslant a\\ C_0+C & h>a\end{cases} \tag{4-12}$$

而无基台值的模型则包括：

1）幂函数模型。其一般公式为

$$\gamma(h)=Ah^{\theta}\qquad 0<\theta<2 \tag{4-13}$$

2）对数模型。其一般公式为

$$\gamma(h)=A\lg h \tag{4-14}$$

3）纯块金效应模型。其一般公式为

$$\gamma(h)=\begin{cases}0 & h=0\\ C_0 & h>0\end{cases} \tag{4-15}$$

4）线性无基台值模型。其一般公式为

$$\gamma(h)=\begin{cases}C_0 & h=0\\ Ah & h>0\end{cases} \tag{4-16}$$

常用的一维孔穴效应模型的公式为

$$\gamma(h)=C_0+C\left[1-\mathrm{e}^{-\frac{r}{a}}\cdot\cos\left(2\pi\frac{r}{b}\right)\right] \tag{4-17}$$

变异函数模型的形状会对结果产生影响，在原点附近呈抛物线形的变异函数模型（比如高斯模型）表示了一种非常连续的现象，从而估值过程中更多地使用近距离的样本点而加强了屏蔽效应，这样就会出现负的权重。在实际应用中，应避免使用原点附近呈抛物线形的变异函数，因为负的权重太多会使结果过于异常。另一方面，增加块金值可使估值过程更接近于简单的数值算术平均。极端的情况为：如果变异函数模型是纯块金模型，那么样点之间就完全独立，待估点的估值就变成了 N 个样点值的算术平均，即每个样点的权重都相等（$1/N$）。这样一来，结果就同传统的统计方法的结果完全相同。并且，如果变异函数的变程变小了，则表示样点间的空间连续性也减小了。当变程变得很小时，样点与待估点之间、样点与样点之间都变得更独立，即它们之间的距离可认为几乎没有差别，从而导致与纯块金效应相似的结果：待估点的估值变成了样点值的简单算术平均。

(二) 结构分析

由于区域化变量的变化往往很复杂，可能在不同方向上具有不同的变化，甚至在同一个方向上也包含着不同尺度上的多层次变化，因此无法用一种理论模型来拟合，为了全面地了解区域化变量的变异性，就必须进行结构分析。

结构分析是指构造一个变异函数模型对于全部有效结构信息定量化的概括，以表征区域化变量的主要特征。结构分析的主要方法是套合结构，即将分别出现在不同距离 h 上和(或)不同方向 a 上同时起作用的变异性进行组合。套合结构可表示为多个变异函数之和，每一个变异函数代表一种特定尺度上的变异性，并可以是不同模型的变异函数[式(4-18)]。

$$\gamma(h) = \gamma_0(h) + \gamma_1(h) + \cdots + \gamma_n(h) \qquad (n = 1,2,3,\cdots) \tag{4-18}$$

套合结构可分为单方向上的套合结构和不同方向上的套合结构两大类。

1. 单方向套合结构

图 4-2 所示为单一方向上的套合结构过程。

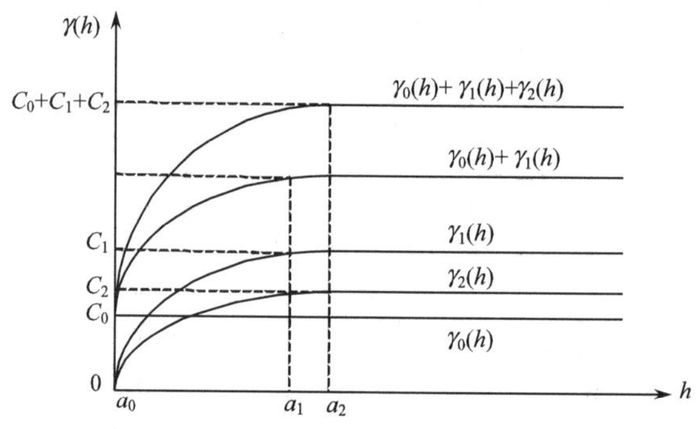

图 4-2　单一方向上套合结构过程

总的套合结构式为

$$\gamma(h) = \gamma_0(h) + \gamma_1(h) + \gamma_2(h) \tag{4-19}$$

2. 不同方向上的套合结构

当从多个方向上研究区域化变量时，就必须研究各个方向上的变异函数或协方差函数，以研究不同方向上的差异。各向异性分为几何异向性及带状异向性两类。

当区域化变量在不同方向上表现出变异程度相同而连续性不同时，称为几何异向性。它可以经过简单的几何图形变换化为各向同性。有相同的基台值 C(设 $C_0=0$)而变程 a

不同，如图 4-3(a)所示。

当区域化变量在不同方向上变异性之差不能用简单的几何变换得到时，称为带状异向性。其 $\gamma^*(h)$ 具有不同的基台值 C，如图 4-3(b)所示，变程可以相同也可以不同。每一组成结构可以是几何异向性，也可以是带状异向性。

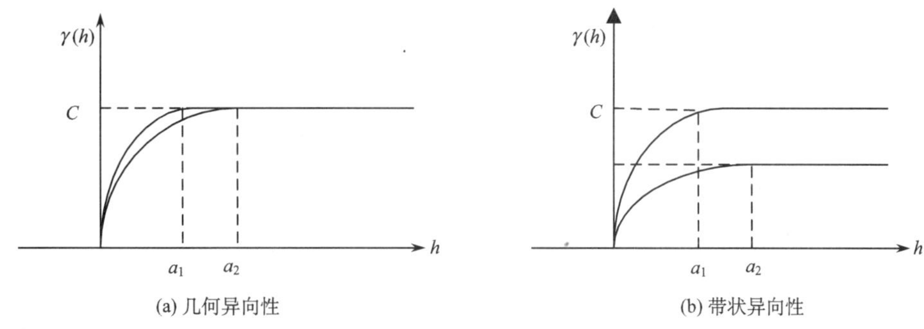

(a) 几何异向性　　(b) 带状异向性

图 4-3　各向异性图

(1) 几何异向性结构的套合

对于几何异向性，可以将向量 h 的直角坐标(h_u, h_v)作线性变换，将其约简为各向同性。即：

$$\gamma(h_u, h_v) = \gamma'\left(\sqrt{h_u'^2 + h_v'^2}\right) \tag{4-20}$$

其中：

$$\begin{cases} h_u' = a_{11}h_u + a_{12}h_v \\ h_v' = a_{21}h_u + a_{22}h_v \end{cases} \tag{4-21}$$

对于大多数各向异性来说，各个方向的变程图近似于一个椭圆(图 4-4)，所以在实际计算中，必须先将各向异性转换成各向同性，采用的方法是将变程椭圆转变为以长轴为半径的圆。即先将坐标轴旋转角 $\tilde{\omega}$ 使之平行于椭圆的主轴，再通过用椭圆的异向性比 $\lambda(>1)$乘以坐标 X_v，将椭圆变换为半径等于椭圆的主变程的圆，最后旋转角 $-\tilde{\omega}$，恢复坐标系的初始位向，即：

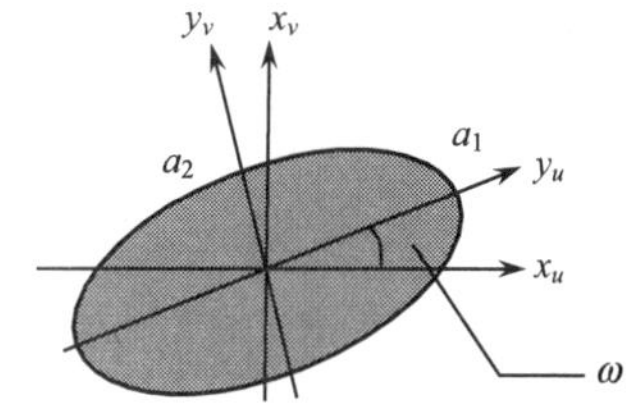

图 4-4　各向异性变程椭圆图

$$\begin{bmatrix} Y_u' \\ Y_v' \end{bmatrix} = [R_{-\omega}] \cdot [\lambda] \cdot [R_\omega] \cdot \begin{bmatrix} Y_u \\ Y_v \end{bmatrix} = A \cdot \begin{bmatrix} Y_u \\ Y_v \end{bmatrix} \tag{4-22}$$

其中：

$$A = \begin{bmatrix} a & c \\ c & b \end{bmatrix}, \quad \begin{cases} a = \cos^2\omega + \lambda\sin^2\omega \\ b = \sin^2\omega + \lambda\cos^2\omega \\ c = (1-\lambda)\sin\omega \cdot \cos\omega \end{cases} \tag{4-23}$$

(2) 带状各向异性的套合

带状异向性模型主要包括水平和垂直方向上的结构,可将两个方向的结构各自当作独立成分进入套合结构式,结构模型中不同方向上的变异函数值以变换矩阵区别。具体步骤为:

设变换前的坐标向量为 $h=[h_u \quad h_v \quad h_w]'$,选用线性变换矩阵先对垂向结构 $\gamma_1(h_w)$ 的坐标进行变换,变换后的坐标为

$$h' = \begin{bmatrix} h'_u \\ h'_v \\ h'_w \end{bmatrix} = \begin{bmatrix} 0 & 0 & 0 \\ 0 & 0 & 0 \\ 0 & 0 & 1 \end{bmatrix} \begin{bmatrix} h_u \\ h_v \\ h_w \end{bmatrix} = \begin{bmatrix} 0 \\ 0 \\ h_w \end{bmatrix} \tag{4-24}$$

即 $h'_u=0, h'_v=0, h'_w=h_w, \gamma_1(h')$即为三维各向异性。
其中

$$\begin{aligned} \gamma_1(h') &= \gamma_1(h'_u, h'_v, h'_w) = \gamma_1(0,0,h_w) = \gamma_1(h_w) \\ &= \gamma_1(\sqrt{h'^2_u + h'^2_v + h'^2_w}) = \gamma_1(|\ h'\ |) \end{aligned}$$

对水平方向的二维各向同性结构,$\gamma_2(\sqrt{h_u^2+h_v^2})$,可对其坐标 $h=[h_u \quad h_v \quad h_w]'$ 选用线性变换矩阵进行变换,于是,变换后的坐标为

$$h'' = \begin{bmatrix} h''_u \\ h''_v \\ h''_w \end{bmatrix} = \begin{bmatrix} 1 & 0 & 0 \\ 0 & 1 & 0 \\ 0 & 0 & 0 \end{bmatrix} \begin{bmatrix} h_u \\ h_v \\ h_w \end{bmatrix} = \begin{bmatrix} h_u \\ h_v \\ 0 \end{bmatrix} \tag{4-25}$$

即 $h''_u=h_u, h''_v=h_v, h''_w=0, \gamma_2(h'')$即为三维各向同性。
其中

$$\begin{aligned} \gamma_2(h'') &= \gamma_2(h''_u, h''_v, h''_w) = \gamma_2(h_u, h_v, 0) = \gamma_2(h_u, h_v) \\ &= \gamma_2(\sqrt{h''^2_u + h''^2_v + h''^2_w}) = \gamma_1(|\ h''\ |) \end{aligned}$$

把两者进行套合,则构成一个统一的各向异性结构

$$\gamma(h) = \gamma_1(|\ h'\ |) + \gamma_2(|\ h''\ |) = \gamma_1(h_w) + \gamma_2(\sqrt{h_u^2 + h_v^2}) \tag{4-26}$$

3. 结构分析的基本步骤

进行结构分析的具体步骤可归纳如下:

1) 选择区域化变量。必须注意选择合理的支撑大小及形状,同时要充分考虑到取样方法及测试方法的一致性,以免引起系统偏差影响结构分析。

2) 数据预处理。要注意空间取样设计、样点间距离、数据的代表性等。由于地统计学研究要求有效数据必须确定在定长的支撑上,可能需要对有关数据进行预处理。

3) 进行数据的统计分析。计算数据数字特征,目的是了解数据的分布特征,从而决定对数据是否进行必要的变换处理。

4) 计算变异函数。当数据是非等间距的网格线时,应先将数据分成距离组和角组,其划分依据为:与 $Z(x_0)$ 相比,角度在 $\alpha\pm\Delta\alpha$ 范围内;距离在 $h\pm\Delta h$ 范围内的点均可看成

与点 x_0 在 α 方向上相距为 h 的数据点。一般先划分角组再划分距离组。

5）变异函数结构分析。分析区域化现象的结构特征，主要包括各向同性、各向异性分析，块金效应分析和套合结构分析。

6）结构模型的检验。有两个方法可供选择：交叉验证法：即把各实测点上的观测值与用已选出的结构模型计算出的估计值进行比较，选择误差的均值趋于零且方差最小的结构模型。也可用离差方法进行检验。

（三）Kriging 法估计

克立格法(Kriging)，又称空间局部估计或空间局部插值法，是地统计学的中最主要的目的。所谓空间局部估计，就是在一个有限的估计邻域内求出某个待估块段的最佳估计量，估计邻域应小于区域的准平稳(均匀)带。最佳局部估计即是寻求准平稳带内待估块段的平均取值的最佳估计量。

Kriging 法是建立在变异函数理论及结构分析基础之上的。它是在有限区域对区域化变量的取值进行无偏最优估计的一种方法。对于一种估计方法，要求是无偏估值，即没有系统误差，同时要求误差方差最小。Kriging 法就是一种最好的线性无偏方法，即 BLUE(best linear unbiased estimator)方法。Kriging 法是线性的(linear)，因为它的估计值是根据已有资料的加权线性结合而获得；是不偏的(unbiased)，因为此方法使平均残差或误差接近于零；是最好的(best)，因为 Kriging 法使估计误差的方差最小。与其他的估计方法相比，使误差的方差最小是 Kriging 法的显著特点。

Kriging 法适用的条件是：如果变异函数和相关分析的结果表明区域化变量存在空间相关性，则可以运用 Kriging 法对空间未抽样点或未抽样区域进行估计。其实质是利用区域化变量的原始数据和变异函数的结构特点，对未采样点的区域化变量的取值进行线性无偏、最优估计。具体而言，Kriging 法是根据待估样本点(或块段)有限邻域内若干已测定的样本点数据，在考虑了样本点的形状、大小和空间相互位置关系，与待估样本点的相互空间位置关系，以及变异函数提供的结构信息之后，对待估样本点值实行的一种线性无偏最优估计。

Kriging 法是一簇空间局部插值模型的总称。一般来说，Kriging 法有以下几种类型：普通克立格法(ordinary Kriging)，包括对点估计的点克立格法(puctual Kriging)和对块段估计的块段克立格法(block Kriging)两种；泛克立格法(universal Kriging)，适用于样本存在非平稳或有漂移现象的区域化变量；协同克立格法(co-Kriging)，适用于有多个变量存在的协同区域化现象；对数正态克立格法(logistic normal Kriging)，适用于样本服从对数正态分布的区域化变量。此外还有指示克立格法(indicator Kriging)、折取克立格法(disjuctive Kriging)等，以下将对普通 Kriging 法进行重点介绍。

假设某一空间区域内(图 4-5)，x 是区域内任一点，$Z(x)$是该点的测量值，在所研究的区域内总共有 n 个点，即 $x_1, x_2, \cdots, x_n$。

那么，对于任意待估点或待估块段 V 的实际值 $Z_v(x)$，其估计值是通过该待估点或待估块段影响范围内的 n 个有效样本值 $Z_v(x_i)$($i=1,2,\cdots,n$)的线性组合来表示，即

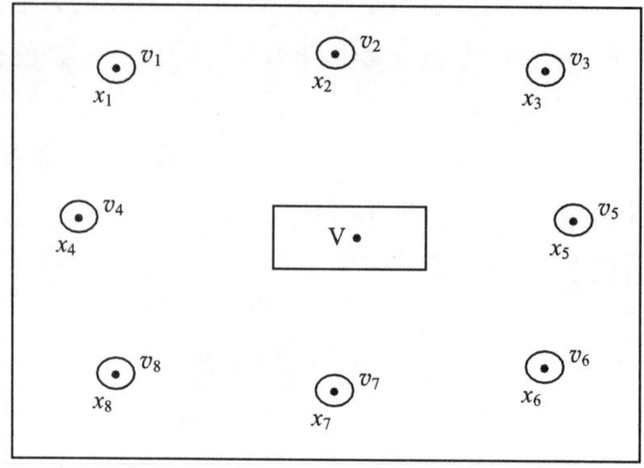

图 4-5　待估块段 V 与其邻域内样点分布示意图

$$Z_v^*(x)=\sum_{i=1}^{n}\lambda_i Z(x_i) \tag{4-27}$$

式中，λ_i 为权重系数，是各已知样本 $Z(x_i)$ 在估计 $Z_v^*(x)$ 时影响大小的系数。可见，估计量 $Z_v^*(x)$ 就是实际值 $Z_v(x)$ 的克立格估计量(Kriging estimator)。

Kriging 法的目标就是求一组权重系数 $\lambda_i(i=1,2,\cdots,n)$，使得加权平均值 $Z_v^*(x)=\sum_{i=1}^{n}\lambda_i Z(x_i)$ 成为待估块段 V 的平均值 $Z_v(x_0)$ 的线性、无偏最优估计量，即 Kriging 估计量。为此，要满足以下两个条件：

1) 无偏性，指 Z_v 与 Z_v^* 偏差的期望 $[E(Z_v-Z_v^*)]=0$，即满足 $\sum_{i=1}^{n}\lambda_i=1$ 。

2) 最优性，指估计方差 $\sigma_E^2=Var(Z_v-Z_v^*)=E[(Z_v-Z_v^*)]^2$ 应尽可能小。

由此可得 Kriging 方程组

$$\begin{cases}\sum_{i=1}^{n}\lambda_i=1\\ \sum_{j=1}^{n}\lambda_j\bar{c}(v_i-v_j)-\mu=\bar{c}(v_i-V)\end{cases} \tag{4-28}$$

Kriging 方差为

$$\sigma_K^2=\bar{c}(V,V)-\sum_{i=1}^{n}\lambda_i c(v_i,V)+\mu \tag{4-29}$$

令 Kriging 方程组为

$$K\lambda=D \tag{4-30}$$

其方程组的解 λ 为

$$\lambda=K^{-1}D \tag{4-31}$$

其中：

$$K=\begin{bmatrix}\bar{c}_{11} & \bar{c}_{12} & \cdots & \bar{c}_{1n} & 1\\ \bar{c}_{21} & \bar{c}_{22} & \cdots & \bar{c}_{2n} & 1\\ \vdots & \vdots & & \vdots & \vdots\\ \bar{c}_{n1} & \bar{c}_{n2} & \cdots & \bar{c}_{nn} & 1\\ 1 & 1 & 1 & 1 & 0\end{bmatrix},\quad \lambda=\begin{bmatrix}\lambda_1\\ \lambda_2\\ \vdots\\ \lambda_n\\ -\mu\end{bmatrix},\quad D=\begin{bmatrix}\bar{c}(v_1,V)\\ \bar{c}(v_2,V)\\ \vdots\\ \bar{c}(v_n,V)\\ 1\end{bmatrix} \tag{4-32}$$

组成 Kriging 方程组及 Kriging 方差的四部分也就是影响 Kriging 方差的主要因素：

1）协方差函数或变异函数；

2）待估块段或样点的几何特征；

3）已知样点的数据构形；

4）已知样点与待估块段或样点间的几何关系。

在 Kriging 计算中有几点值得注意：①Kriging 方程的系数矩阵是对称的，可减少计算量和简化计算系统；②对每一点的估值并不需要用所有的样本值(一般取相邻的样本，具体的样本数由估计邻域确定)，因为用太多的数据会增加计算量，而精度并不会明显提高，同时用远距离的数据点可能会更容易违反二阶平稳的假设；③Kriging 方程的解(权重和拉格朗日系数)取决于变异函数和样本点及估计点位置的分布类型，而与样本值无关，估计方差与样本值也无关。

第二节　地统计学空间分析模型的拓展

一、基于遗传算法的特异值识别

(一) 特异值识别及其基本方法

1. 特异值

特异值(outlier)的概念目前在统计学上还没有确切的定义，现阶段较广泛引用的是 Hawkin 提出的特异值理论：特异值是指与其他的数据“不一致”，以至于引起怀疑的那些观测值。一般而言，这种“不一致”的数据是指少数能够对统计量(或模型)产生强烈影响从而使我们对总体情况做出不正确(或偏差很大)推断的数据，并且通过对它们进行处理后可以使模型更加贴近实测数据(如可以提高 Kriging 预测的准确性)。在统计分析中，这种“不一致”主要包含两个方面：一是与抽样母体的概率模型“不一致”；二是在做分析时所采用的统计量或模型中表现出的与其他数据的“不一致”。特异值产生的原因很多，可能是数据中的个别记录或测量错误的数据，或数据受到其他数据的混杂而受污染，也可能为出现概率很小的数据中的极值等。

用统计学方法描述变量的空间变异性时，无论是地统计学(goestatistics，GS)方法或是经典统计方法(如随机理论)都以实验信息服从基本统计假定（正态或对数正态分布）为前提。大量的国内外研究发现：原始的实验样本一般均呈有偏分布。当数据偏离基本统计假设时，根据经验，小的偏离也可能产生十分灵敏的反映，或是使估计的预测性能很快降低，甚至可能出现谬误结果，严重影响 $\gamma(h)$ 的稳健性和由此而得到的预测和模拟结果。产生有偏的主要原因是采样过程存在混合总体或是受特异值的影响，即不能代表总体背景非人为误差所致的异常值。统计结果一方面依赖观测数据，与样本容量大小有关，另一方面依赖于信息总体分布特性对统计假设的服从程度，研究表明：即使容量超过 200 的大样本，少数特异值仍可能歪曲统计结果。

2. 特异值识别的常用方法

在传统的地统计学中，实验变异函数的计算公式表示为 $\gamma^*(h)=\frac{1}{2N(h)}\sum_{i=1}^{N(h)}[Z(x_i)-Z(x_i+h)]^2$，即 $\gamma^*(h)$ 是作为 $[Z(x_i)-Z(x_i+h)]^2$ 项的平均值来估计的。Omer H 指出：根据统计学的推理，当 $[Z(x_i),Z(x_i+h)]$ 呈二元正态分布，且观测值 $\{z(x_i),z(x_j):(i,j)\in D\}$ 完全不相关时，这种估计值是最佳的，这一要求称为变异函数的理想情况。即使相对于理想情况很小的偏离也可能引起估计值较大偏离最佳状态。因此只有当 $[Z(x_i)-Z(x_i+h)]^2$ 具有正态分布时，$\gamma^*(h)$ 才是期望的一切最小方差无偏估计。而实际上，$[Z(x_i)-Z(x_i+h)]^2$ 一般呈有偏分布，故上式所计算出的 $\gamma^*(h)$ 不是无偏的。另一方面，特异值是计算变异函数时产生不稳健性的主要原因之一。所以使用上式计算 $\gamma^*(h)$ 的计算方法的缺点是它对特异值及非正态分布的反应太敏感。

针对数据呈“长尾巴”和偏态分布可采用修改数据以适应变异函数要求的方法，目的是适应变异函数对数据的要求。对原始数据进行处理，包括正态变换及识别并剔除特异值。常用的正态变换方法有对数变换、平方根变换、反正弦和反余弦变换，这三种方法都属于使偏态变量接近于正态的变换方法，也包括识别并剔除特异值，估计邻域法、影响系数法等。

3. 常用方法的缺点

常用的几种特异值识别方法有其自身的优点，但却也存在不同程度上的缺陷。总结起来，以上几种方法都存在的一个共同的缺陷：对样点的识别按照一定的顺序进行，即并不是同时识别处理所有的样点，因此存在“拖尾(smearing)”和“掩盖(masking)”的可能性。“拖尾”意味着在特异值识别过程中，由于识别存在着先后顺序，因此可能由于后面特异值的存在而导致前面的正常观测值被误认为是特异值；而“掩盖”则是指由于某一个特异值的存在而使其后的特异值被误认为是正常观测值。有人证实了在数据中出现多个特异值时前面所述的几种方法都易受掩盖效应的影响。因此，如果特异值的识别由于“拖尾”、“掩盖”或其他的原因导致后续的识别工作被干扰，那么其结果必将存在一定的误差。在特异值的识别研究中，关键的问题在于两点：一是如何找到特异值识别用的合适的统计量；二是如何避免多个特异值出现时产生的“拖尾”和“掩盖”效应。

（二）基于遗传算法的特异值识别方法

在特异值识别过程中，为了避免“拖尾”和“掩盖”效应，应最好采用“同步”的识别方法,即同时对所有观测值进行识别,而不是常用的依次识别处理,即每次识别工作的对象不局限于考虑单个样点是否为特异值,而是将对象扩展为整个样本集,考虑样本集中所有可能存在的特异值组合情况,然后基于某种特定标准将存在的特异值全部识别出来。然而,在实际工作中,由于可能存在的组合情况太多(当 N 表示观测值的数目时,可能的组合情况有 $2N-1$ 种),因此将所有可能的组合情况一一进行计算比较显然是不可能的。这里采用遗传算法对识别方法进行改进以提高效率。

遗传算法是一种寻求最大概率的方法,该算法在每一次迭代时都拥有一组解答。这组解答最初是随机生成的,在每次迭代时又有一组新的解答由模拟进化和继承的遗传操作生成。每个解答都由一个目标函数——适应度函数给予评价,而这一过程不断重复,直至达到某种形式的收敛。新的一组解答不但可以有选择地保留一些目标函数值较高的旧的解答,而且可以包括一些经由其他解答结合而得的新的解答。在这一过程中,群体个体(问题的解)一代一代地得以优化并逐渐逼近最优解。因此,可以说遗传算法是一类用于复杂系统优化技术的具有强鲁棒性的全局搜索算法。采用遗传算法来直接识别空间数据中存在的特异值,是用标准化差异作为遗传算法中的适应度函数,用以反映数据间的差异和“不一致”,而使用遗传操作来避免“拖尾”和“掩盖”效应的影响,以达到“同步”识别的目的。其基本方法如下:

1. 特异值遗传算法识别的控制参数

在遗传算法的运行过程中,存在着对其性能产生重大影响的一组参数。这些参数的设定直接影响遗传算法的执行效果。这组参数在初始阶段或群体进化过程中需要合理的选择和控制,以使 GA 以最佳的搜索轨迹达到最优解。遗传算法的控制参数主要有:染色体位串长度 L、群体规模 n、交叉概率 P_c、变异概率 P_m。

(1) 染色体位串长度 L

在特异值的识别处理过程中,由于采用长度为 N(N 为样点总数)的二进制串来表示个体,因此染色体位串长度是固定的,等于观测样点的总数,即 $L=N$。

(2) 群体规模 n

大群体含有较多模式,为遗传算法提供了足够的模式采样容量,可以改进 GA 搜索的质量,防止成熟前收敛。但大群体增加了个体适应性评价的计算量,从而使收敛速度降低。

(3) 交叉概率 P_c

交叉概率 P_c 控制着交叉操作被使用的频度,较大的交叉概率可增强遗传算法开辟新的搜索的能力,但高性能的模式遇到破坏的可能性增大;若交叉概率太低,遗传算法搜索可能陷入迟钝状态。建议 P_c 的一般取值范围是 0.25～0.6。

(4) 变异概率 P_m

变异在遗传算法中属于辅助性的搜索操作，它的主要目的是维持解群体的多样性。一般，低频度的变异可防止群体中重要的、单一基因的可能丢失，高频度的变异将使遗传算法趋于纯粹的随机搜索。

实际上，上述参数与问题的类型有着直接的关系。问题的目标函数越复杂，参数选择就越困难。从理论上讲，不存在一组适用于所有问题的最佳参数值，随着问题特征的变化，有效参数的差异往往非常显著。

2. 编码

编码是应用遗传算法时要解决的首要问题，也是设计遗传算法时的一个关键步骤。编码方法除了决定个体的染色体排列形式之外，它还决定个体从搜索空间的基因型变换到解空间的表示型时的解码方法。编码方法也影响到交叉算子、变异算子等遗传算子的运算方法。它在很大程度上决定了如何进行群体的遗传进化运算以及遗传进化运算的效率。

这里采用一个很显然的编码方案，就是用长度为 N(N 为样点总数)的二进制串来表示每一个个体，每一个基因位对应一个样点的状态值。这样一来，每个染色体个体即代表一种特异值出现概率的组合，它可以通过一个二进制向量 $Z=(z_1, z_2, \cdots, z_N)$($N$ 为样点总数)来描述。当 $z_i=0$ 表示第 i 个观测值为正常观测值，当 $z_i=1$ 则表示第 i 个观测值为异常观测值，例如：$z_1=(1,0,\cdots,0)$，表示样点集中第一个观测值是特异值，其余观测值为正常值。

另外有一点应当注意，应用科学的谱分析经验表明：一组观测数据中的异常值一般不超过 10%。因此，在产生染色体时，基因值为 0 的概率取 0.9，为 1 的概率为 0.1。

3. 产生初始群体

当编码原则确定之后，还需要产生初始群体以保证优化操作的进行。通过完全随机法，随机产生初始群体。此步骤的关键是设定群体规模。

群体规模作为遗传算法的主要控制参数之一，对于遗传算法效能的发挥具有很大影响。群体规模越大，遗传操作所处理的模式就越多，群体中个体的多样性越高，算法陷入局部解的危险就越小。所以从群体多样性出发，群体规模应较大。但是，群体规模太大会带来若干弊病：一是从计算效率着眼，群体越大，其适应度评估次数增加，计算量也增加，从而影响算法的效能；二是群体中个体生存下来概率(选择概率)大多采用和适应度成比例的方法，当群体中个体非常多时，少量适应度很高的个体会被选择而生存下来，但大多数个体却会被淘汰，这会影响配对库的形成，从而影响交叉操作。另一方面，群体规模太小，会使遗传算法的搜索空间中分布范围有限，因而搜索有可能停止在未成熟阶段，引起未成熟收敛现象。显然，要避免早熟收敛现象，必须保持群体的多样性，即群体规模不能太小。

按照模式理论，染色体位串长度为 L 的编码空间包含 2^L 个个体，为了满足隐并行性，群体个体数只要设定为 $2^{L/2}$ 即可，但对于目前大多数优化问题和可获得的计算能力而言，这个数值设置偏大。因此，在正常的情况下：对于适应值函数性质比较简单的情况，群体规模与位串长度之比为 1 左右比较适宜；对于适应值函数性质比较复杂的情况，群体规模与位串长度之比应当保持在 1.5 以上为佳。但由于在特异值识别过程中，染色体位串的长度等于样点总数，并不是严格按照模式理论来定义的，因此可根据实际情况来设定群体规模的大小，一般将其设为位串长度的 0.5～1 倍即可。

二、基于进化规划的变异函数拟合

（一）变异函数拟合及常用方法

变异函数（variogram）是地统计学中区域化变量空间结构分析和空间局部插值的主要分析工具。克里格插值为了对未知变量进行估计，需要先求出权系数，而其基础就是建立实验变异函数，以得出所需要的权系数。

由区域化变量理论和变异函数的性质可知，实际上，理论变异函数 $\gamma(h)$ 是未知的，往往要从有效的空间取样数据中去估计它，根据变异函数的计算公式 $\gamma^*(h)=\frac{1}{2N(h)}\sum_{i=1}^{N(h)}[Z(x_i)-Z(x_i+h)]^2$，对各种不同的 h 值可计算出一系列 $\gamma^*(h)$ 值，以 h 为横坐标，以 $\gamma^*(h)$ 为纵坐标作图，得到实验变异函数曲线，因此，需要用一个理论模型去拟合这一系列的 $\gamma^*(h)$ 值，并且根据拟合实际变异函数曲线的理论模型得到变程（range）、块金值（nugget）、基台值（sill）这 3 个极为重要的地统计学参数。

目前常用的变异函数理论模型可分三大类：一是有基台值模型，如球状模型、指数模型、高斯模型、线性有基台值模型和纯块金效应模型；二是无基台值模型，如幂函数模型、线性无基台值模型、抛物线模型；三是孔穴效应模型。其中球状模型应用最为广泛，大多数情况下可用球状模型进行拟合。对于变异性很大的空间变量，其变异函数常需要采用多个模型进行套合模拟，如二级套合球状模型。

变异函数理论模型的最优拟合问题是当前地统计学中尚未完全解决的基本问题之一。地统计学中变异函数的理论模型主要是非线性模型，其参数需要由实验变异函数进行拟合得到，由于理论变异函数常常为非连续可导，且参数较多，如最常用的球状模型是分段函数，对变程而言是不可微的，对变异性很大的区域化变量，其变异函数常需采用多个模型进行套合，并且由于实际变异函数曲线在原点附近的几个点在反映区域化变量的空间相关结构方面与其他的点相比，具有较重要价值，因此，实际变异函数曲线上的点的重要性和计算精度不是等同的。上述情况给变异函数理论模型的参数估计带来很大的困难，至今仍未有一种比较理想的通用方法。

目前常用的变异函数模型拟合方法可分为人工拟合与自动拟合两种，如图 4-6 所示。

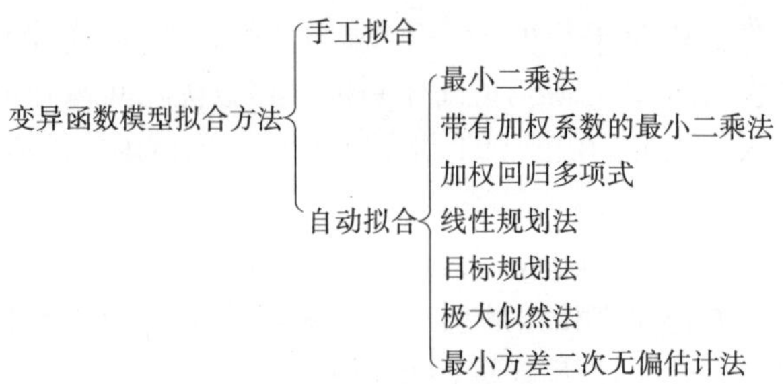

图 4-6　常用的变异函数模型拟合方法

(二) 基于进化规划的变异函数模型拟合方法

变异函数的模型拟合，即模型参数的估计，实质上是一个非线性优化问题，基本方法是求出一组参数值，使得实验变异函数值与拟合值最接近。求解最优化问题通常采用迭代方法，给定一个初值点 $x_0 \in R^n$，按照某一迭代规则产生一个序列 $\{x_k\}$，使得当 $\{x_k\}$ 为有穷点列时，其最后一个点是最优化问题的最优解；当 $\{x_k\}$ 为无穷列时，它有极限点，且其极限点是最优化问题的最优解。因此，一个好的算法应该具备的特征是：迭代点能够稳定地接近局部极小点 x^* 的邻域，然后迅速收敛于 x^*。

基于自然选择机制的进化规划是当前处理一般非线性数学模型优化的一种优秀方法。它与传统算法具有很多不同之处，但其最主要的特点体现在两方面：一是智能性，进化计算的智能性包括自组织、自适应和自学习性等；二是本质并行性，进化计算本身非常适合大规模并行，同时进化计算本身内含并行性。进化规划具有许多优良的特性，如不需要导数信息、适用面广、简单易行、容易操作、具有较强的鲁棒性等。另外，由于进化规划算法具有并行随机自适应寻优的功能，且对模型是否线性、连续、可微等不作限制，也不受优化数目、约束条件的束缚，可直接在优化准则函数（目标函数）引导下进行全局自适应寻优。在对传统进化规划技术改进的基础上，将进化规划引入到变异函数理论模型参数估计的计算中，构建一种新的变异函数模型拟合的方法。其实质是：采用某种设定的优化准则作为适应度函数，再通过适当的编码方法及各种进化操作，以逐渐得到最优解（变异函数的基台值、变程等各个参数）。

基于进化规划的变异函数的模型拟合的基本过程是：首先应确定编码原则，根据此原则对变量进行编码，然后在可行域中按编码方式随机产生一定数量的个体，作为进化起点的第一代群体，依此对个体进行变异操作，计算适应度函数值，并通过选择操作产生新一代群体。以新产生的群体作为父本，重复以上过程，直到满足终止条件为止。

1. 构建目标函数

区域化变量 $Z(x)$ 满足二阶平稳和本征假设时，变异函数值 $\gamma^*(h)$ 的计算公式为 $\gamma^*(h)=\dfrac{1}{2N(h)}\sum_{i=1}^{N(h)}[Z(x_i)-Z(x_i+h)]^2$ 。按照统计学的思想，对理论模型的最优拟合实

质上就是要让理论函数值 $\gamma^*(h)$ 和实际函数值 $\gamma(h)$ 之间的方差最小，即能够实现最优无偏估计。因此，可以利用求最小值对理论变异模型进行优化，目标函数为 $f_{\min}=\sum_{i=1}^{m}|\gamma^*(h)-\gamma(h)|^2$，其中 m 为样本数，决策变量为 C_0、C、a。

在实际计算中，变异函数曲线上离原点越近的点落在变程范围以内的可能性越大，在反映区域化变量的空间相关结构方面就越重要，得到这些点所需的区域化变量样本对数一般也明显多于实际变异函数曲线上其他点所需的样本对数，即实际变异函数曲线上各点的重要性和计算精度不是等同的。具体来说，在计算实验变异函数时，间隔 h_i 较小时参与计算 $\gamma^*(h_i)$ 的数据对数目较多，计算结果有较高的可靠性和重要性，拟合将会精确些。随着 h_i 的增大，参与计算 $\gamma^*(h_i)$ 的数据对数目相对较少，结果的可靠性则相对降低。因此，在进行理论变异函数拟合时，应使所拟合的理论变异函数在 h_i 较小时尽可能逼近 $\gamma^*(h_i)$，h_i 较大时误差将大些。上述这种思想可通过给各点赋予不同的权值来实现。

在实际应用中，由于样点的分布往往是不规则的，上述所说的得到原点越近的点所需的区域化变量样本对数一般也明显多于实际变异函数曲线上其他点所需的样本对数这一情况并不适用所有可能的情况，因此并不具有通用性。因此，如果以 $N(h_i)$[$N(h_i)$ 为滞后距 h_i 的观测数据点对数]为权系数，就有可能会出现前几个点的权系数过小，需要人为地提高它们的权系数的情况。这样做将缺乏统一的标准，不利于实现变异函数的自动拟合，为此，本书采用以滞后距的倒数作为权系数，这样做既可以重视实验变异函数前面的几个点，又可以得到一个客观统一的结果。

于是可得变异函数理论模型的参数加权估计公式为极小化，见式(4-33)：

$$f=\sum_{i=1}^{m}w(i)[r^*(h)-r(h_i)]^2 \tag{4-33}$$

式中，$w(i)=m/h_i(i=1,2,\cdots,n)$；$m$ 为放大作用的常数，以避免权系数 $w(i)$ 与 $[r^*(h)-r(h_i)]^2$ 的乘积过小；$r^*(h)$ 为依据变异函数理论模型拟合的值；$r(h_i)$ 为变异函数实测值。

2. 个体编码与群体初始化

进化规划采用十进制的实型数表达问题，每个个体的目标变量 X 可以有 n 个分量，即

$$X=(x_1,x_2,\cdots,x_i,\cdots,x_n) \tag{4-34}$$

相应地，每个个体的控制因子 σ_i 和 x_i 是一一对应的，n 个 x_i 要有 n 个 σ_i，σ_i 为第 N 个分量的标准差。

由 X 和 σ 组成的二元组 (X,σ) 是进化规划最常用的表达形式。

结合变异函数模型拟合的实际，在变异函数中有 C_0、C、a 三个参数，因此每个个体的目标变量 X 有三个分量，编码如图 4-7 所示，即

$$X=(C_0,C,a)$$

进化规划中初始群体由 μ 个个体组成，每个个体 (X,σ) 内又包含三个 x_i 及 σ_i 分量。产生初始个体的方法是随机生成。为了便于和传统的方法比较，可以从某一初始点

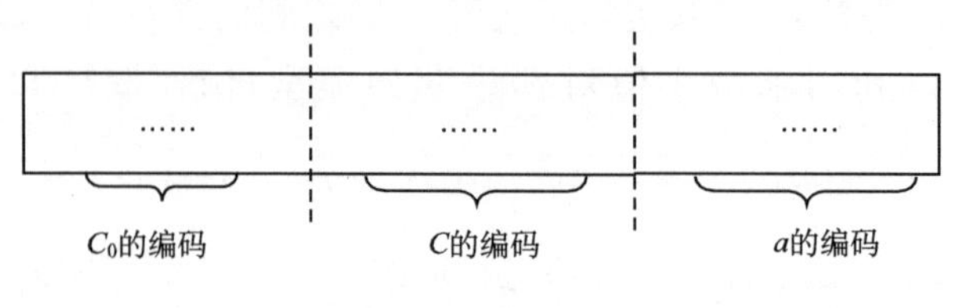

图 4-7　编码方法

$[X(0), \sigma(0)]$出发，通过多次突变产生 μ 个初始个体，该初始点从可行域中通过随机方法选取。

初始个体的标准差 $\sigma(0)$，可由式(4-35)计算：

$$\sigma(0) = \Delta X / \sqrt{n} \tag{4-35}$$

式中，ΔX 为初始点与最优点的距离；N 为个体中所含分量个数。

由于 ΔX 在初始时不便确定，可人为给定一数值，如取 $\sigma(0)=5.0$。$\sigma(0)$不宜取太大，若 $\sigma(0)$太大而且 μ 也大时，选择力度不够，易使群体过于分散。若 $\sigma(0)$较小，则在进化过程中通过个体的自适应调整仍可使搜索点很快散布在整个可行域内。

3. 变异操作

在进化规划中不采用交叉算子，因此变异是进化规划产生新群体的唯一方法。在变异函数模型的拟合中，我们采用以下变异操作：

$$x'_i(j) = x_i(j) + \sigma_i(j) \cdot N(0,1) \tag{4-36}$$

$$\sigma'_i(j) = \sigma_i(j)\exp[\tau' N(0,1) + \tau N_j(0,1)] \tag{4-37}$$

式中，$x_i(j)$、$x'_i(j)$、$\sigma_i(j)$和 $\sigma'_i(j)$分别表示向量 x_i、x'_i、σ_i 和 σ'_i 的第 j 个分量；$N(0,1)$表示一个服从标准正态分布的随机数，该随机数的产生如图 4-8 所示(C++语言开发环境)。$N_j(0,1)$中的下标 j 表示对于每个 j 值都要重新产生，常数 τ、τ' 设置为 $\left(\sqrt{2\sqrt{n}}\right)^{-1}$和$(\sqrt{2n})^{-1}$。在这种变异操作中，增加了方差这个控制因子，它可使 x_i 在小范围内变动，有利于算法的收敛。通过变异操作，产生新的 μ 个子个体，分别计算每个子个体的适应值。

```
double U1,U2,X1,X2;
srand((unsigned)time(NULL)+rand());
U1 = 1.0*rand()/(RAND_MAX+1.0);
U2 = 1.0*rand()/(RAND_MAX+1.0);
X1 = sqrt(-2*log(U1)) * cos(2*PI*U2);
X2 = sqrt(-2*log(U1)) * sin(2*PI*U2);
```

图 4-8　正态分布的随机数发生器

4. 选择操作

在进化规划中，新群体的个体数目μ'等于旧群体的个体数目μ，即$\mu'=\mu$。选择便是在2μ个个体中选择μ个个体组成新群体，即$(\mu+\mu)$选择。进化规划采用随机型的q^-竞争选择法，q^-竞争选择法是一种随机选择，总体上讲，优良个体入选的可能性较大。但是由于测试群体q每次都是随机选择的，当q个个体都不甚好时，有可能使较差的个体因得分高而入选，但这正是随机选择的本意。q^-竞争选择法工作步骤如下：

1）从$1\sim2\mu$个新旧个体中，依次选择个体i；

2）从2μ个个体中随机选择$q(q=0.9\mu)$个测试个体；

3）按适应度比较个体i与q个测试个体的优劣，记录i优于或等于q的次数，即为个体i的得分W_i；

$$W_i=\sum_{j=1}^{q}\begin{cases}1 & f_i\text{ 优于或等于 }f_j\\0 & \text{其他}\end{cases}\tag{4-38}$$

式中，f_i为个体i的适应度；f_j为q个测试群体中第j个个体的适应度。

4）重复步骤1)、2)、3)，直至2μ个个体都有得分W；

5）按得分W_i的大小，挑选得分大的前μ个个体组成新群体。

5. 终止准则

进化规划在进化过程中，每代都执行变异、计算适应度、选择等操作，不断反复执行，使群体素质得到不断地改进，直至取得满意的结果。进化规划的终止准则可根据最大进化代次、最优个体与期望值的偏差、适应度的变化趋势以及最优适应度与最差适应度之差等四个依据进行判断。

这里采用最优适应度与最差适应度之差来决定算法是否终止。一旦最优适应度与最差适应度的差值小于允许值，则令算法终止。这种终止准则可用式(4-39)表示：

$$(f_{\max}-f_{\min})\leqslant\zeta\tag{4-39}$$

式中，$f_{\max}$，$f_{\min}$分别为适应度的最大值及最小值；ζ为大于零的定值。

三、基于 Delaunay 三角剖分的 Kriging 估计领域

（一）Kriging 估计邻域确定及其一般方法

Kriging 估计邻域确定就是判定哪些数据点为拟合（插值）的有效信息点，即应该参与插值计算。邻域的大小和估计精度之间有很大的联系。如果选择的邻域存在误差，那么将对估计的结果造成影响，从而降低估计的精度；相反，一个精确邻域的选择将获得各个方向上所有围绕问题点（如插值点）最近的有效点集。

邻域搜索（也可叫子集选择）必须符合以下几点要求：

1）选择的子集必须均衡地分布在插值点周围，从某种程度上说，这将可以避免在某

个方向上样点数目不足或导致外推的问题出现。

2）采用的搜索方法不能使寻找到的子集规模过大或过小，因为集合规模过大将可能掩盖局部的细节，而过小将无法提供足够的信息来进行精确的预测。

3）每个数据点都不能遮挡其他的数据点。当 Kriging 权重非零的点较集中分布在待估点（块）附近的区域时，“屏蔽效应”经常会发生。“屏蔽效应”的出现将会屏蔽某些有效信息点，对待估点的计算结果产生的影响，因此应尽量避免该现象的出现。

4）样点数越多，计算也越复杂。在普通 Kriging 计算中，计算 Kriging 权重的复杂度与样点的数据成立方。

5）随着样点与待估点距离的增大，其平稳随机函数模型适当性也随之降低。

以下是几种当前常用的邻域搜索方法：

1. 固定数目搜索

根据事先确定的数目（N），选择距离待估点最近的 N 个样点组成相应的子集，其中 $N \geqslant 12$。这种方法的好处是算法比较简单，并且因为产生的矩阵的维数是固定的（N），所以对其进行优化。但是该方法的缺点也十分明显，当样点明显成簇状不均匀分布时，待估点将有可能不位于所选择的邻域内，这样将不得不进行外推估计。

2. 固定距离邻域搜索

该方法所采用的邻域的选择是以待估块为圆心，指定半径为搜索半径，从最近点开始搜索样本点，直到搜完为止。该方法应用在数据分布一致且规则的情况下可以得到较好的效果。然而，当数据在某一区域内明显成簇状不均匀分布的程度比其他区域要高时，该方法会产生在样点密集的区域内选择较多的样点，而在样点稀疏的区域被选中的样点较少的情况。

3. 象限搜索

象限搜索是一种较好的邻域选择方法，在运算速度和不同方向上的样点数量两个方面均具有一些好的特性。象限搜索是将一个结点的周围分为 4 个 90°的象限，根据指定的每一象限内样点数（N），分析每个象限的数据点数目，搜索 4 个扇区内最近的数据点。如果某个指定的象限内的样点总数比指定的样点数少的话，那么将选择该象限内的所有样点，但如果某个象限内有较多的样点，那么只保留最近的 N 个样点。象限搜索法可以通过象限树来实现，象限树是一种拥有高效搜索算法的层次数据结构方法。该算法是基于递归分析原则，将整个区域划分成固定正方形，每个正方形都有固定数量的样点。当然，还有许多层次数据结构可用于邻域搜索中。

4. 卦限搜索

另一种比较复杂的方法是卦限搜索，即将一个结点周围分为 8 个 45°的卦限，分析每个卦限内的数据点数目，搜寻 8 个扇区内最近的 N 个数据点。该方法较象限搜索慢，但能构成比较平滑的网格。

以上这些方法都存在着一定的局限性，比如没有考虑到在某一个方向上是否可能出现样点不足的情况，当该情况出现时，就会出现确定的邻域范围比实际的影响范围小的现象，这样一来，就会影响到最后的结果。

(二) 基于 Delaunay 三角剖分的邻域估计

1. Delaunay 三角剖分

对于一个平面离散点群，经过三个或三个以上的观测数据点作圆周，且每一个圆周内都不含其他任何观测数据点的所有圆周(图 4-9)。同一圆周上的三个观测数据点互为自然邻近点，构成的三角形就称为 Delaunay 三角形。显然，这三个观测数据点离该圆心的距离比其他数据点的都要近。

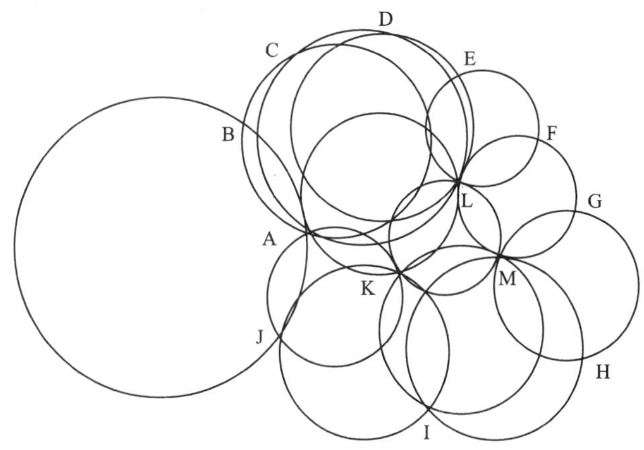

图 4-9　Delaunay 三角形剖分(Watson，1989)

由图 4-9 可以看出，这些圆周的半径的平均值要小于用任何其他的三角形剖分得到的外接圆的半径的平均值。Delaunay 三角形剖分还有利于避免出现尖锐角三角形。它所具有的紧凑性和等角性有利于变量变异性质的度量，有利于基于领域的内插技术的完成。

Delaunay 三角形剖分所形成的三角网具有以下特征：Delaunay 三角网是唯一的；三角网的外边界构成了点集 P 的凸多边形“外壳”；没有任何点在三角形的外接圆内部。反之，如果一个三角网满足这些条件，那么它就是 Delaunay 三角网。如果将三角网中的每个三角形的最小角进行升序排列，则 Delaunay 三角网的排列得到的数值最大，从这个意义上讲，Delaunay 三角网是“最接近于规则化”的三角网。

根据 Delaunay 三角剖分的最大化最小角原则，可以将整个数据集进行划分并使不同的方向上的样点较平均。因此，可以将 Delaunay 数据结构应用到 Kriging 估值中。

2. Kriging 估计邻域选择算法

最优的确定估计邻域方法应该是根据每个样点(块段)的实际情况不断地调整邻域的

大小，每个样点(块段)对应不同的邻域，并且，尽量保证以待估点作为原点的坐标系的每个象限方向上有相同数量的样点，即控制变程内的样点的规模与分布，以避免某一个方向上出现样点不足的情况。这里利用 Delaunay 三角剖分算法生成待估点的 Delaunay 三角网邻阶体系，并通过对真值与估计值线性表达式的斜率 a 的分析确定 Kriging 估计邻域搜索方法。

在点不规则分布的情况下，按以下方式定义一种相似的邻域体系。

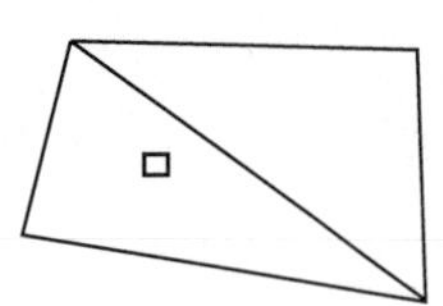

图 4-10　4 个点的 1 阶 Delaunay 邻阶

1) 0 阶 Delaunay 邻阶：包含待估点的 Delaunay 三角形的三个点(顶点)。

2) 1 阶 Delaunay 邻阶：包括 0 阶点及与 0 阶三角形有公共边的三角形的顶点，一般有 4～6 个点(顶点)。比如，当 0 阶邻阶的三个顶点都位于凸包的边界上时，那么和它有公共边的三角形就只有一个，即 1 阶邻阶共有 4 个点(图 4-10)。

3) 2 阶 Delaunay 邻阶：包括 1 阶点与所有 1 阶三角形有公共边的三角形的顶点，最少有 5 个点，最多有 12 个点。

根据相同的定义，可以递归地定义 n 阶 Delaunay 邻阶：即所有$(n-1)$阶点以及和$(n-1)$阶三角形有公共边的三角形的顶点。图 4-11 和图 4-12 说明了三角剖分及阶的概念。

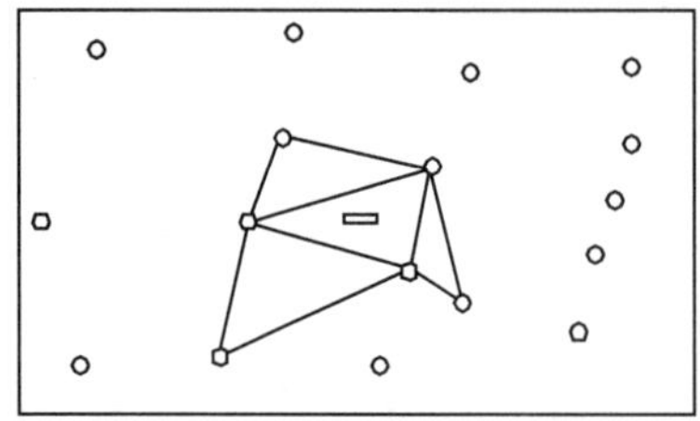

图 4-11　1 阶 Delaunay 邻阶

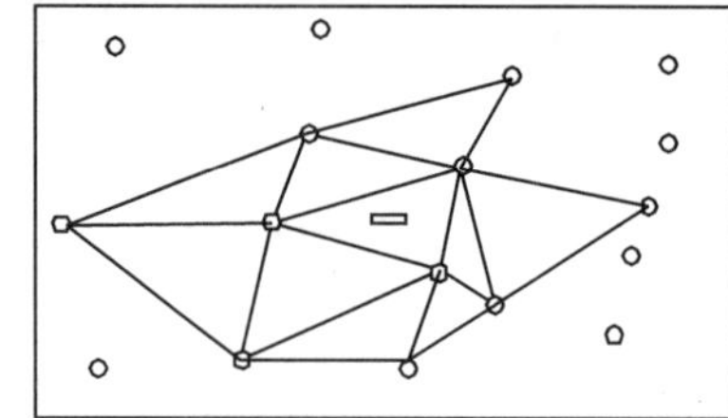

图 4-12　2 阶 Delaunay 邻阶

基于 Delaunay 三角剖分进行 Kriging 邻域估计的基本过程为：根据 Delaunay 三角剖分原理邻阶体系的定义生成待估点的 Delaunay 三角网邻阶体系，通过判断以各邻阶点(在变程范围以内)作为相关信息点计算出的待估点真值与估计值线性表达式的斜率 a，选择最优的邻阶数，以确定出“最适当的”估计邻域范围。以下是其具体算法：

1) 将待估区进行三角网格剖分，即根据三角形剖分算法生成 Delaunay 三角网，其中每个样点都是三角形的顶点。

2) 生成待估点的 Delaunay 三角网邻阶体系，待估点所在的三角形为 0 阶 Delaunay 邻阶，以此类推。

3) 根据计算出的变异函数模型变程，求取该变程范围内最大的 Delaunay 邻阶数 N。

4) 设 $n=0$。

5) 回归计算过程：选择 n 阶邻近点，计算待估点真值与估计值线性表达式的斜率 a，其中$(n=0,\cdots,N)$。

6）终止条件判定：判断终止条件是否满足，若满足转到 7），否则 $n=n+1$，转 5）。

终止条件设定为 $n=n_{max}$、a 等于 1 或 a 增大的趋势趋于稳定或停止。

7）根据确定的邻阶数，选择该 Delaunay 邻阶内的点作为已知点（此时的 Delaunay 邻阶为最佳估计邻域），根据 Kriging 方程组，计算待估点的估计值与估计方差。

图 4-13 描述了整个的计算流程。

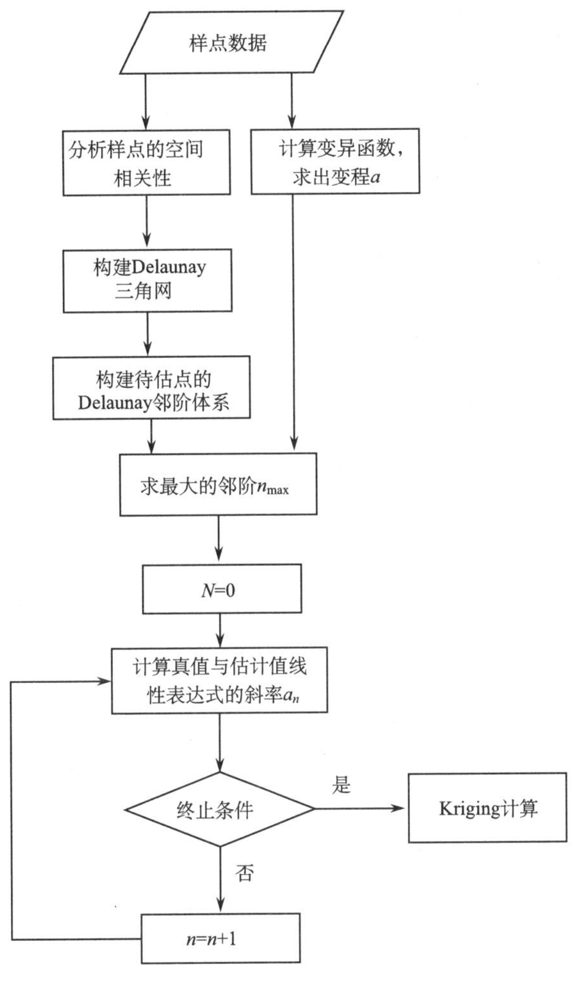

图 4-13　估计邻域确定流程图

第三节　基于地统计学空间分析拓展模型的土地评价步骤

一、支撑尺度与区域化变量的确定

地统计研究是以区域化变量为基础的，区域化变量被限制在一定的空间范围内，变量才能表现出空间特性。所以首先应根据估价的区域确定支撑尺度和区域化变量，并对区域化变量进行检验和误差处理。基于空间样本的土地评价一般是位于一个局部区域内的，如基准地价评估，因此通常情况下可将某次土地评价区域作为地统计空间分析的支撑尺度。

区域化变量的选择应根据所研究的目的而定。在利用土地评价调查样本采用空间插值法进行直接土地评价时，区域化变量应该选为土地评价结果的量化值，如土地适宜性程度、土地潜力值、地价等。

区域化变量能同时反映变量的结构性与随机性。以基准地价评估为例，一个待估区域中样点地价的分布具有混杂的特征，其中一部分是结构性的，而另一部分则是随机性的。因此，对任一待估区域进行科学的（至少是符合实际的）评估时，必须既要考虑到待估区域固有的结构性，又要考虑到待估区域固有的随机性。那么，区域化变量怎么能够同时反映待估区域的结构性与随机性的呢？一方面，当空间一点 x 固定之后，$Z(x)$（表示 x 点处的土地评价量化值）就是一个随机变量，这就体现了其随机性；另一方面，在空间两个不同点 x 及 $(x+h)$［此处 h 是个二维向量 (h_u, h_v)，它的模 $|h|=\sqrt{h_u^2+h_v^2}$ 表示 x 点与 $(x+h)$ 点的距离］处的地价 $Z(x)$ 与 $Z(x+h)$ 具有某种程度的相关性，这就体现了其结构性的一面。

二、样本数据预处理

样本数据预处理的主要目的是剔除样本中的特异值。特异值一般是引起实际采样的 $[Z(x_i)-Z(x_i+h)]^2$ 有偏的主要原因，但在对原始数据的处理过程中，一般要对原始数据先进行正态判别或正态变换，然后识别样本中的特异值。对原始数据进行正态判别（正态变换）是通过生成各种视图，进行交互性分析来发现数据的特点。

将经过归并处理后的样点生成实验数据频率分布直方图及正态 QQ Plot 图，其中频率分布直方图显示出数据的概率分布特征以及概括性的统计指标；正态 QQ Plot 图主要是检查数据的正态分布情况，从图中可以看出实际数据分布与正态分布的接近程度。如果实验数据的频率分布近似于正态分布，但存在“拖尾”现象，则说明在数据样本中存在特异值，需要识别并剔除特异值。可以利用前面介绍的基于遗传算法的特异值识别方法对样本数据进行处理。

三、变异函数计算及结构分析

区域化变量的变异函数反映其空间变异特征以及样本的空间相关性。在 Kriging 插值中，实验变异函数是求解 Kriging 权系数的基础。

在进行土地评价的实际操作中，由于所采集的样点之间的间隔是不规则的，因此，需要选择两个参数来确定变异函数分离距离：一个是分离距离的增量 h，另一个是分离距离可允许的变化值或窗口 $\varepsilon(r)$［$\varepsilon(r)$ 也称为距离允许误差限，$\varepsilon(r)$ 通常不大于 $h/2$］。那么分离距离就是根据这两个参数在研究的区域内搜索到的各对样本数之间的距离的平均值，即可以将样点按间隔［$k \cdot h \pm \varepsilon(r)$］组合成距离组，然后以此计算 $\gamma^*(k \cdot h)$

的值。

根据实验变异函数的特性选择适当的变异函数模型。如常用的带块金常数的球状模型,其计算公式如下.

$$\gamma(h)=\begin{cases}0 & h=0\\ C_0+C\left(\frac{3h}{2a}-\frac{h^3}{2a^3}\right) & 0<h\leqslant a\\ C_0+C & h>a\end{cases}\tag{4-40}$$

利用求参数加权最小值对变异函数理论模型进行优化,即目标函数为极小化:

$$f=\sum_{i=1}^{m}w(i)[r^*(h)-r(h_i)]^2\tag{4-41}$$

式中,$w(i)=m/h_i(i=1,2,\cdots,n)$;$N$ 为放大作用的常数,以避免权系数 $w(i)$ 与$[r^*(h)-r(h_i)]^2$ 的乘积过小;$r^*(h)$为依据变异函数理论模型拟合的值;$r(h_i)$为变异函数实测值;决策变量为 C_0、C、a。

对于变异函数中的 C_0、C、a 三个参数,在可行域内随机产生 μ 个初始个体 X_i,其中每个个体的目标变量 N 可以有三个分量,即 $X=(C_0,C,a)$。

变异函数模型拟合可以采用通常的方法或本章介绍的进化规划的方法,对各个方向的变异函数的几何异向性进行分析,如当相同的基台值而变程不同时,若各个方向的变程图近似于一个椭圆,则对其进行简单的几何图形变转换化为各向同性。对各方向进行各向异性转变后,对变异函数进行拟合,得到的最终的参数拟合值。

四、计算 Kriging 方程组

基于 Delaunay 三角剖分方法确定 Kriging 估计邻域,选出用于对待估点进行估值的已知点。根据各个待估点的邻域范围内的样点数(N),生成相应的 Kriging 方程组。各待估点的 Kriging 方程组中的 Kriging 权重系数 λ_i 的个数应等于其邻域范围内的样点数 N,而不是所用的样点数,再加上拉格朗日乘数 μ,Kriging 矩阵应是一个$(N+1)\times(N+1)$维的矩阵。估计邻域以外的样点都可看作对待估点没有影响,在计算待估点估值时可不予考虑。Kriging 方程组表示为

$$\begin{bmatrix}\lambda_1\\ \lambda_2\\ \vdots\\ \lambda_\alpha\\ \vdots\\ \lambda_N\\ \mu\end{bmatrix}=\begin{bmatrix}\bar{c}_{1,1} & \cdots & \bar{c}_{1,\beta} & \cdots & \bar{c}_{1,N} & 1\\ \bar{c}_{2,1} & \cdots & \bar{c}_{2,\beta} & \cdots & \bar{c}_{2,N} & 1\\ \vdots & & \vdots & & \vdots & \vdots\\ \bar{c}_{\alpha,1} & \cdots & \bar{c}_{\alpha,\beta} & \cdots & \bar{c}_{\alpha,N} & 1\\ \vdots & & \vdots & & \vdots & \vdots\\ \bar{c}_{N,1} & \cdots & \bar{c}_{N,\beta} & \cdots & \bar{c}_{N,N} & 1\\ 1 & \cdots & 1 & \cdots & 1 & 0\end{bmatrix}^{-1}\begin{bmatrix}c_{0,1}\\ c_{0,2}\\ \vdots\\ c_{0,\alpha}\\ \vdots\\ c_{0,N}\\ 1\end{bmatrix}\tag{4-42}$$

式中，$K=\begin{bmatrix} \overline{c}_{1,1} & \cdots & \overline{c}_{1,\beta} & \cdots & \overline{c}_{1,N} & 1 \\ \overline{c}_{2,1} & \cdots & \overline{c}_{2,\beta} & \cdots & \overline{c}_{2,N} & 1 \\ \vdots & & \vdots & & \vdots & \vdots \\ \overline{c}_{\alpha,1} & \cdots & \overline{c}_{\alpha,\beta} & \cdots & \overline{c}_{\alpha,N} & 1 \\ \vdots & & \vdots & & \vdots & \vdots \\ \overline{c}_{N,1} & \cdots & \overline{c}_{N,\beta} & \cdots & \overline{c}_{N,N} & 1 \\ 1 & \cdots & 1 & \cdots & 1 & 0 \end{bmatrix}^{-1}$，表示的是各个样点之间的协方差值，并且计算出来的 K 应为一个正定对称矩阵，即以对角线为轴的上半部与下半部是对称的；

$D=\begin{bmatrix} c_{0,1} \\ c_{0,2} \\ \vdots \\ c_{0,\alpha} \\ \vdots \\ c_{0,N} \\ 1 \end{bmatrix}$，表示的是待估点与各样点之间的协方差值。

根据 $C(h)=C(0)-\gamma(h)$，可得协方差函数。根据各样点之间的距离 h 分别计算出各样点之间的协方差值 $c_{ij}(i=1,2,\cdots,N;j=1,2,\cdots,N)$，根据所求待估点与各样点之间的距离 h 计算出待估点与各样点之间的协方差值 $c_{ij}(i=0;i=1,2,\cdots,N)$。计算出的 *Kriging* 矩阵 K 应为一个正定对称矩阵，对其求逆并将结果代入 *Kriging* 方程组中，即可计算出待估点的 *Kriging* 权利系数 $\lambda_i(i=1,2,\cdots,N)$ 及拉格朗日乘数 μ。

五、计算土地评价结果及估计方差

对于任意待估点 V 的土地评价量化值 $Z_v(x)$，其估计值是通过该待估点或待估块段影响范围内的 n 个有效样本值 $Z_v(x_i)(i=1,2,\cdots,n)$ 的线性组合来表示，即

$$Z_v^*(x)=\sum_{i=1}^{n}\lambda_i Z(x_i) \tag{4-43}$$

式中，λ_i 为前面求取得权重系数；$Z(x_i)$ 为已知样本值；$Z_v^*(x)$ 为待估点 V 的估计值。

Kriging 估计方差的计算公式为

$$\sigma_k^2=\overline{C}(\mathrm{V},\mathrm{V})-\sum_{i=1}^{n}\lambda_i\overline{C}(\chi_i,\mathrm{V})+\mu \tag{4-44}$$

根据变异函数球状模型的参数、各样点的已知土地评价值及计算出的拉格朗日乘数 μ，通过 Kriging 估计方差的计算公式就可以计算出各待估点的估计方差。

求得可待估点的土地评价值之后，可根据事先制订的土地评价量化值和土地评价等级或价格之间的对应关系对 Kriging 估计结果进行解释，并根据估计方差的计算结果判定结果的可靠性。

综上所述，应用地统计学空间分析拓展模型进行土地评价的基本步骤可归纳如下：

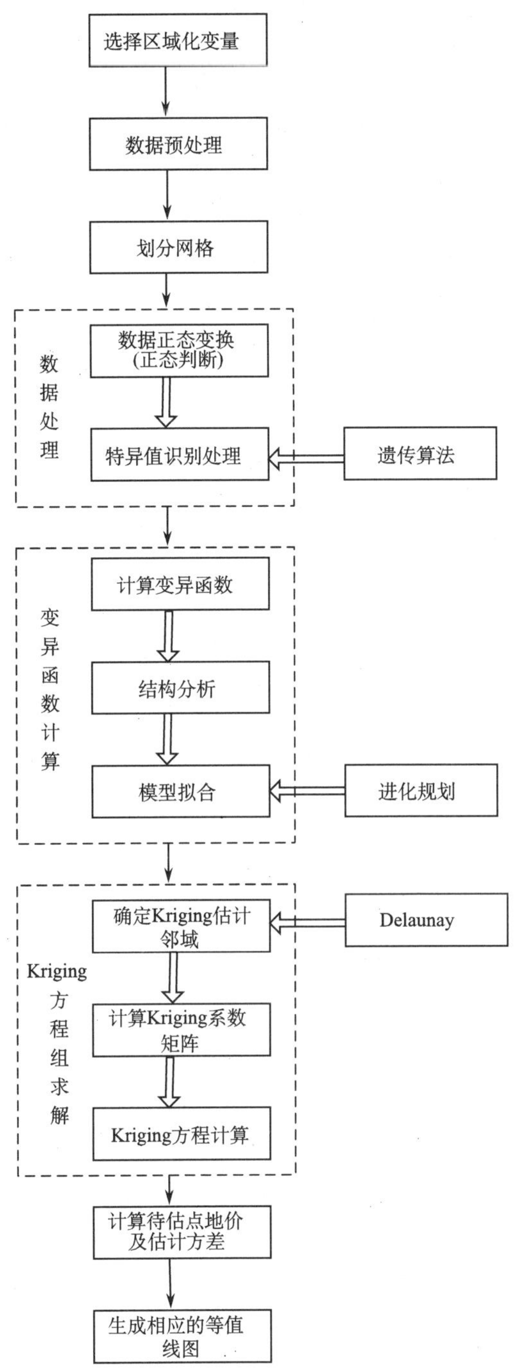

图 4-14　基于地统计学空间分析模型的基准地价评估方法的流程图

1）确定支撑尺度和区域化变量，并对区域化变量进行检验和误差处理，即进行正态判断或正态变换，识别处理样本中存在的特异值；

2) 对不同的 h 值建立相应的变异函数 $\gamma(h)$，根据变异函数 $\gamma(h)$ 来分析区域化变量的空间数据分布规律；

3) 根据本章提出的基于进化规划的变异函数模型拟合方法选择适当的模型对计算出来的变异函数进行拟合，计算出变异函数的基本参数 a、C_0、C，并进行相应的结构分析；

4) 采用基于 Delaunay 的 Kriging 估计邻域搜索方法确定估计邻域的范围；

5) 根据计算出的变异函数模型的参数及确定的估计邻域范围，计算出 *Kriging* 权利系数矩阵和拉格朗日系数，进而计算各待估点的基准地价和估计方差，并生成相应的等值线。

基于地统计学空间分析模型的基准地价评估方法的流程图如图 4-14 所示。

第四节　应用实例

一、研究区概况

这里以武汉市住宅用地基准地价评估为实例进行研究。武汉市地处华中腹地，位于江汉平原东部和长江中游与汉水交汇处。地理位置为东经 113°41′～115°05′，北纬 29°58′～31°22′。武汉市辖 7 个城区、6 个郊区和 2 个开发区，全市土地总面积 854 908.83 hm^2，扣除工作底图上水域和道路面积，实际进行估价的土地总面积为 75 108.35 hm^2。在平面直角坐标上，东西最大横距 134 km，南北最大纵距 155 km。武汉市市区由长江、汉水分成武昌、汉口、汉阳三部分，通称武汉三镇，如图 4-15 所示。

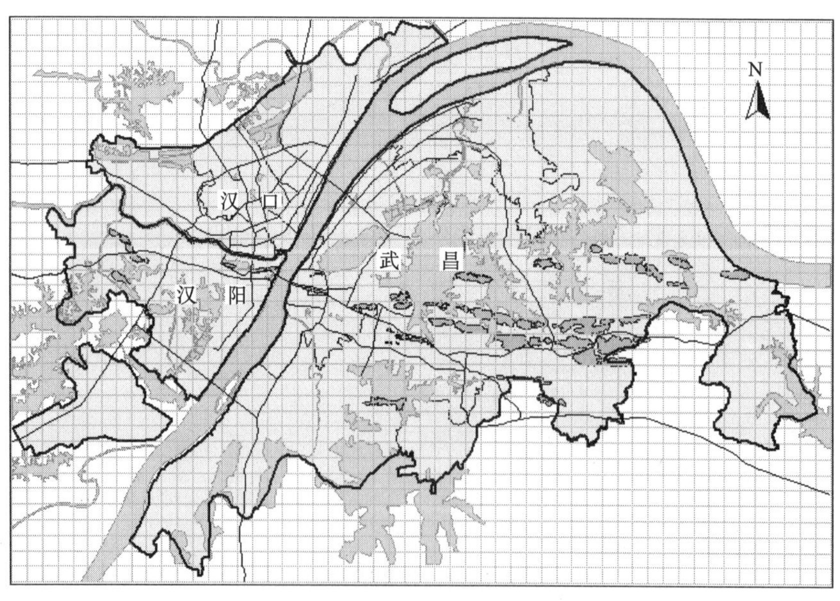

图 4-15　研究区域

从图中可看出，武汉的地理环境较为特殊，其中武昌为文教中心，汉口为商业中心，而汉阳则是工业中心。不同的发展重心造成3个区地价水平相差较大。在进行评估计算时，对沿江两岸的样点进行计算，不能简单地取其空间距离，而应考虑到空间阻隔因素的影响。以下采用的方法是将3个区各自作为独立的单元，分别计算各区的基准地价值。下面以武昌区的住宅用地为例，建立基于地统计学空间分析模型的地价评估方法。

二、支撑尺度及区域化变量

在进行基准地价评估时，可将整个待估区域作为支撑尺度。即认为，在整个研究区域内区域化变量具有一致的结构性，建立的变异函数对整个区域都是适合的。

本节所采用的地价样点来源于武汉市规划国土管理局2004年武汉市市区土地定级及基准地价更新的统计数据，其中武昌区共有住宅样点1289个。采用网格法划分了城区范围，以50 m×50 m大小的固定网格作为基准地价的基本单元，生成相应的网格图层。将网格的大小定为50 m×50 m的原因是：若网格间隔太大，则不能反映实际的空间特征变化；间隔太小则过多地出现一样本跨多个网格，不利于样本定位和计算。同时，以固定网格单元作为基本评价单元，适于计算机系统处理。

在所研究的原始样点数据中，应对重复样点和同一坐标位置有两个以上的地价值的样点进行剔除，否则所计算的各坐标方向的基本滞后距将趋于零，导致最后的计算结果不正确。另外，由于许多样点在空间位置上是非常接近的，所以可将实际距离相差25 m的样点进行归并，确保每个网格中最多只选择一个样本。经过归并处理后，武昌区共有住宅样点1244个，样点分布如图4-16所示。从图中可以看出地价样点主要沿东北-西南方向分布。

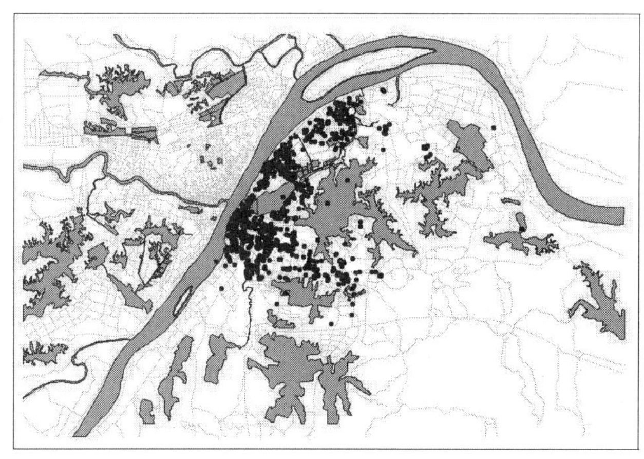

图4-16 样点分布图

三、数据处理

(一) 正态判别

将经过归并处理后的样点生成实验数据频率分布直方图及正态 QQ Plot 图(图4-17、图 4-18),其中频率分布直方图显示出数据的概率分布特征以及概括性的统计指标;正态 QQ Plot 图主要是检查数据的正态分布情况,其作图原理是采用分位图思想,图中的直线表示正态分布,散点则表示原始数据样点,从图中可以看出实际数据分布与正态分布的接近程度。从两图中可看出实验数据的频率分布近似于正态分布,但在左侧有明显的"拖尾"现象,这主要是因为在数据样本中存在特异值的缘故,下一步应对样本数据进行特异值识别处理。

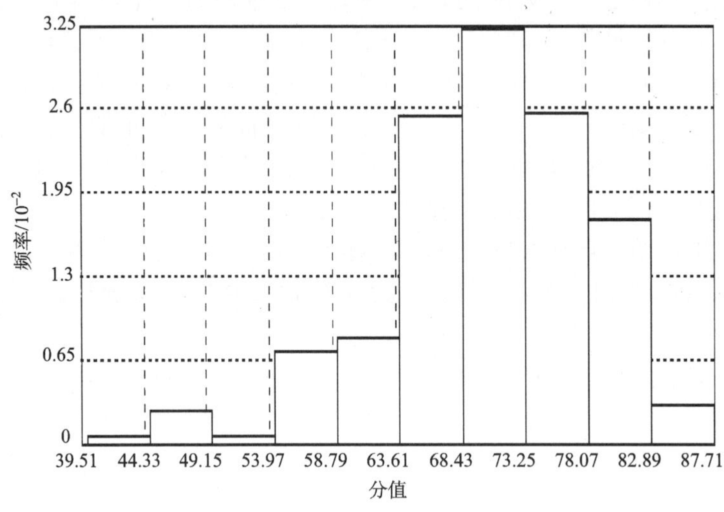

图 4-17　样点频率分布直方图

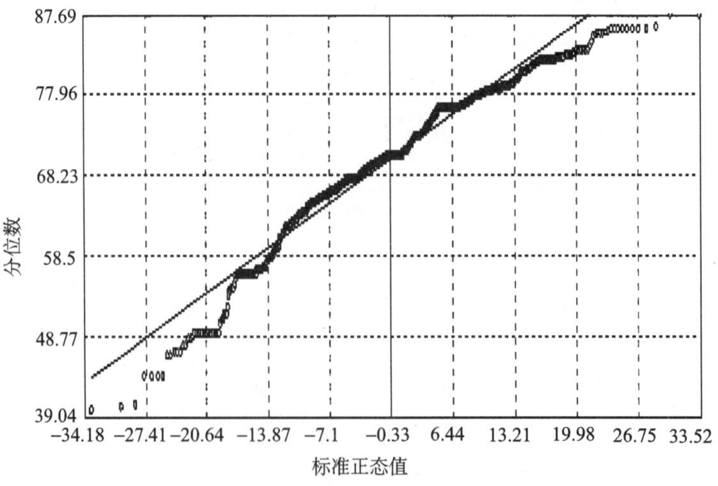

图 4-18　样点正态 QQ Plot 图

（二）识别并剔除特异值

利用基于遗传算法的特异值识别方法对样本数据进行处理。运算之前先将所有的数据生成一个向量文件，格式为$[z_1, z_2, \cdots, z_N]$（$N=1,2,\cdots,1244$）（图 4-19）。在设置群体规模时，若严格根据标准，应将群体的规模设为 1200，但由于根据实际情况，将群体的规模设为 600，整个程序的计算界面如图 4-20 所示。

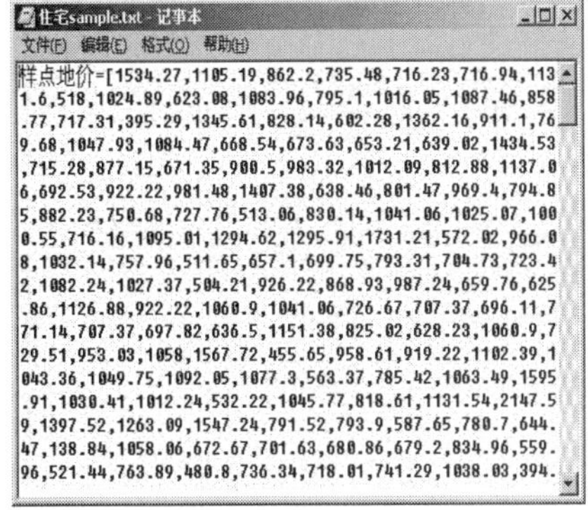

图 4-19　样点数据文件

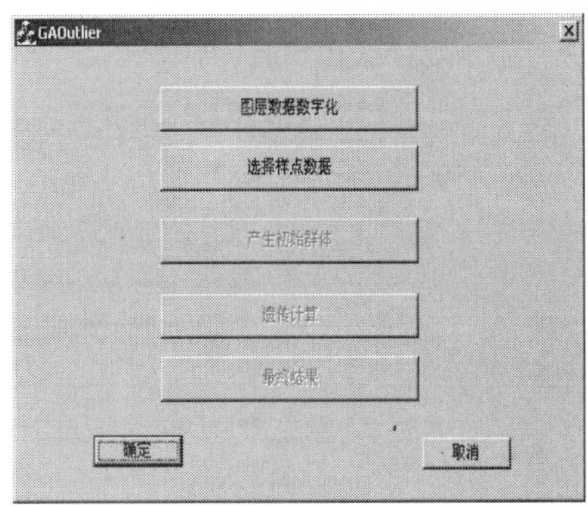

图 4-20　计算界面

根据播撒的种子随机产生一个群体规模为 $n=600$，基因位数为 $l=1244$ 的二进制染色体群体，其中基因值为 1，代表该位所代表的向量文件中的相应样点为特异值，但应注意，基因值为 1 的概率不应超过 0.1（图 4-21），即特异值在全部样本数据中所点的比例不超过 10％。

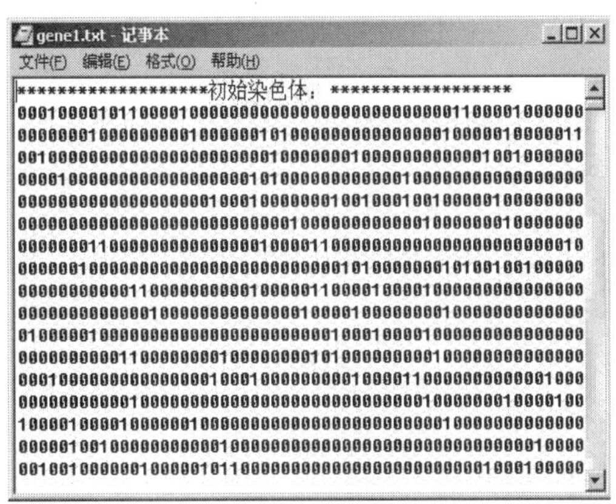

图 4-21　初始染色体

应用适应度比例选择来进行遗传操作，采用单点交叉法来进行交叉运算，交叉概率为 0.5，变异运算则选用的是基本位变异，变异概率为 0.08。实验结果（图 4-22）显示最优解出现在第 397 代，其最优染色体中含有 36 个值为 1 的基因，即该数据集中含有 36 个特异值，在以后的计算中这些数据将被剔除。

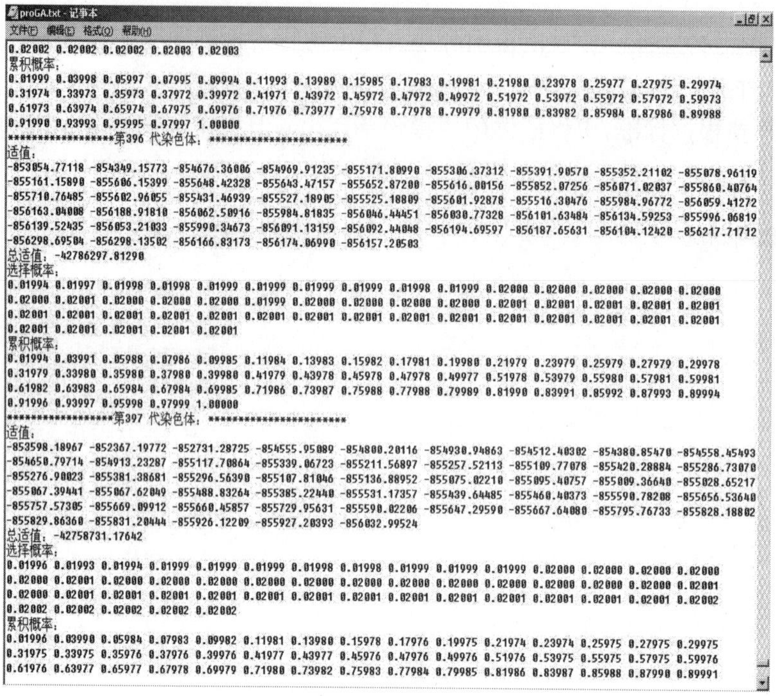

```
proGA.txt - 记事本
文件(F) 编辑(E) 格式(O) 帮助(H)
0.02002 0.02002 0.02002 0.02003 0.02003
累积概率：
0.01999 0.03998 0.05997 0.07995 0.09994 0.11993 0.13989 0.15985 0.17983 0.19981 0.21980 0.23978 0.25977 0.27975 0.29974
0.31974 0.33973 0.35973 0.37972 0.39972 0.41971 0.43972 0.45972 0.47972 0.49972 0.51972 0.53972 0.55972 0.57972 0.59973
0.61973 0.63974 0.65974 0.67975 0.69976 0.71976 0.73977 0.75978 0.77978 0.79979 0.81980 0.83982 0.85984 0.87986 0.89988
0.91990 0.93993 0.95995 0.97997 1.00000
*****************第396 代染色体：**********************
适值：
-853054.77118 -854349.15773 -854676.36006 -854969.91235 -855171.80990 -855306.37312 -855391.90570 -855352.21102 -855078.96119
-855161.15890 -855606.15399 -855648.42328 -855643.47157 -855652.87200 -855616.00156 -855852.07256 -856071.02037 -855860.40764
-855710.76485 -855602.96055 -855431.46939 -855527.18905 -855525.18809 -855601.92878 -855516.30476 -855984.96772 -856059.41272
-856163.04008 -856188.91810 -856062.50916 -855984.81835 -856046.44451 -856030.77328 -856101.63484 -856134.59253 -855996.06819
-856139.52435 -856053.21033 -855990.34673 -856091.13159 -856092.44048 -856194.69597 -856187.65631 -856104.12420 -856217.71712
-856298.69504 -856298.13502 -856166.83173 -856174.06990 -856157.20503
总适值：-42786297.81290
选择概率：
0.01994 0.01997 0.01998 0.01998 0.01999 0.01999 0.01999 0.01999 0.01998 0.01999 0.02000 0.02000 0.02000 0.02000 0.02000
0.02000 0.02001 0.02000 0.02000 0.02000 0.01999 0.02000 0.02000 0.02000 0.02000 0.02001 0.02001 0.02001 0.02001 0.02001
0.02001 0.02001 0.02001 0.02001 0.02001 0.02001 0.02001 0.02001 0.02001 0.02001 0.02001 0.02001 0.02001 0.02001 0.02001
0.02001 0.02001 0.02001 0.02001 0.02001
累积概率：
0.01994 0.03991 0.05988 0.07986 0.09985 0.11984 0.13983 0.15982 0.17981 0.19980 0.21979 0.23979 0.25979 0.27979 0.29978
0.31979 0.33980 0.35980 0.37980 0.39980 0.41979 0.43978 0.45978 0.47978 0.49977 0.51978 0.53979 0.55980 0.57981 0.59981
0.61982 0.63983 0.65984 0.67984 0.69985 0.71986 0.73987 0.75988 0.77988 0.79989 0.81990 0.83991 0.85992 0.87993 0.89994
0.91996 0.93997 0.95998 0.97999 1.00000
*****************第397 代染色体：**********************
适值：
-853598.18967 -852367.19772 -852731.28725 -854555.95089 -854800.20116 -854930.94863 -854512.40302 -854380.85470 -854558.45493
-854650.79714 -854913.23287 -855117.70864 -855339.06723 -855211.56897 -855257.52113 -855109.77078 -855420.28884 -855286.73070
-855276.90023 -855381.38681 -855296.56390 -855107.81046 -855136.88952 -855075.02210 -855095.40757 -855009.36640 -855028.65217
-855067.39441 -855067.62049 -855488.83264 -855385.22440 -855531.17357 -855439.64485 -855460.40373 -855590.78208 -855656.53640
-855757.57305 -855669.09912 -855660.45857 -855729.95631 -855590.02206 -855647.29590 -855667.64080 -855795.76733 -855828.18802
-855829.86360 -855831.20444 -855926.12209 -855927.20393 -856032.99524
总适值：-42758731.17642
选择概率：
0.01996 0.01993 0.01994 0.01999 0.01999 0.01999 0.01998 0.01998 0.01999 0.01999 0.01999 0.02000 0.02000 0.02000 0.02000
0.02000 0.02001 0.02000 0.02000 0.02000 0.02000 0.02000 0.02000 0.02000 0.02000 0.02000 0.02000 0.02000 0.02000 0.02001
0.02000 0.02001 0.02001 0.02001 0.02001 0.02001 0.02001 0.02001 0.02001 0.02001 0.02001 0.02001 0.02001 0.02001 0.02002
0.02002 0.02002 0.02002 0.02002 0.02002
累积概率：
0.01996 0.03990 0.05984 0.07983 0.09982 0.11981 0.13980 0.15978 0.17976 0.19975 0.21974 0.23974 0.25975 0.27975 0.29975
0.31975 0.33975 0.35976 0.37976 0.39976 0.41977 0.43977 0.45976 0.47976 0.49976 0.51976 0.53975 0.55975 0.57975 0.59976
0.61976 0.63977 0.65977 0.67978 0.69979 0.71980 0.73982 0.75983 0.77984 0.79985 0.81986 0.83987 0.85988 0.87990 0.89991
```

图 4-22　实验计算结果图

根据以上对原始样点进行基于遗传算法的特异检验剔除工作，共得到有效样点 1208 个(图 4-23、图 4-24)。

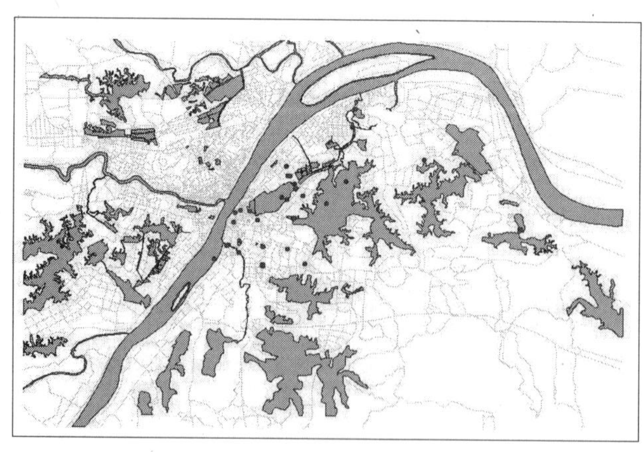

图 4-23　样本中的特异值

将处理特异值后的样本数据重新生成实验数据频率分布直方图及正态 QQ Plot 图(图 4-25、图 4-26)，从图中可看出，经过特异值处理后，样点数据已基本符合正态分布。

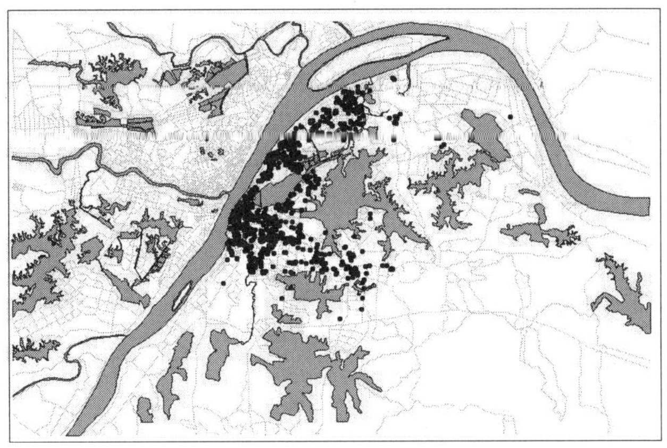

图 4-24　最终的样点分布图

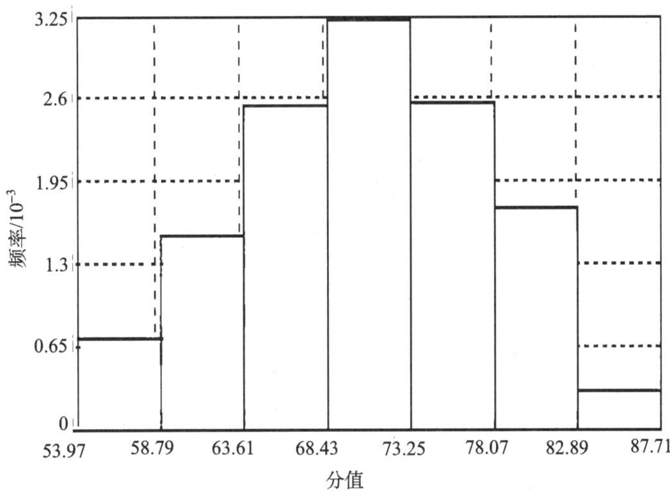

图 4-25　频率直方图(处理特异值后)

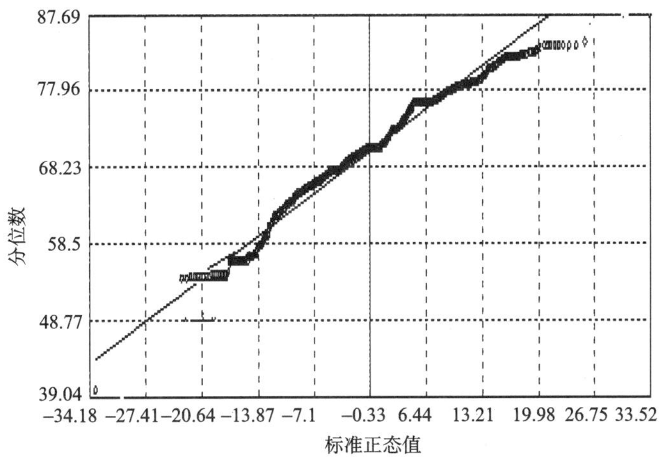

图 4-26　正态 QQ Plot 图(处理特异值后)

四、变异函数计算及结构分析

本研究针对东西、南北两个方向,分离距离的增量取网格的边长 50 m 的整数倍,$\varepsilon(r)=25$ m(分离距离$\leqslant L/2$,L 为估计最长的对角线的长度),而对东南-西北、东北-西南方面则分离距离的增量取网格的对角线的距离$\sqrt{2}\times 50$ m,根据变异函数的计算公式,经所编制的程序自动处理,分别计算得到四个方向的变异函数 $\gamma(h)$,并绘制出相应的变异函数图(图 4-27~图 4-30)。

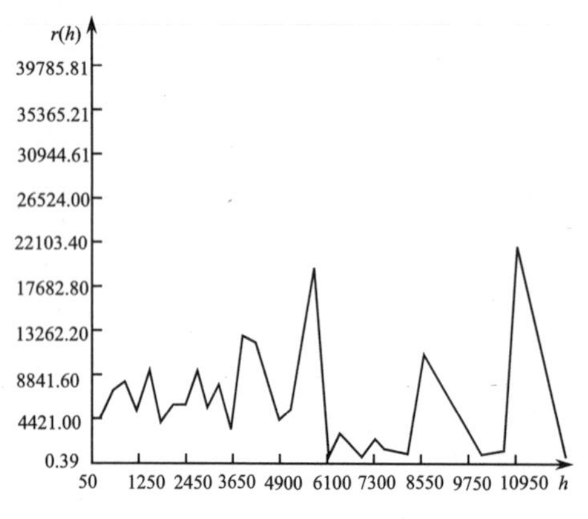

图 4-27 东西方向变异函数

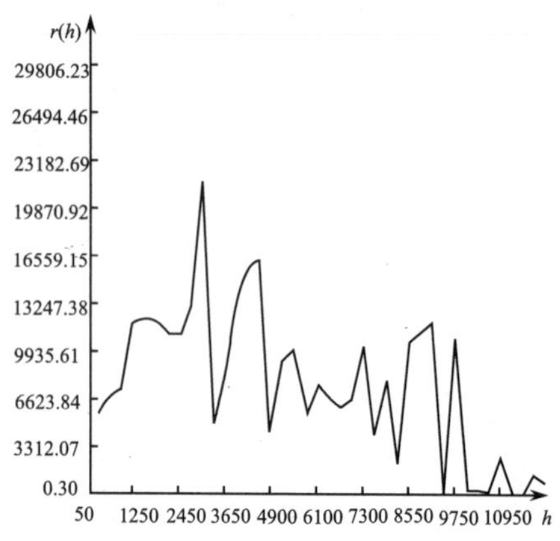

图 4-28 南北方向变异函数

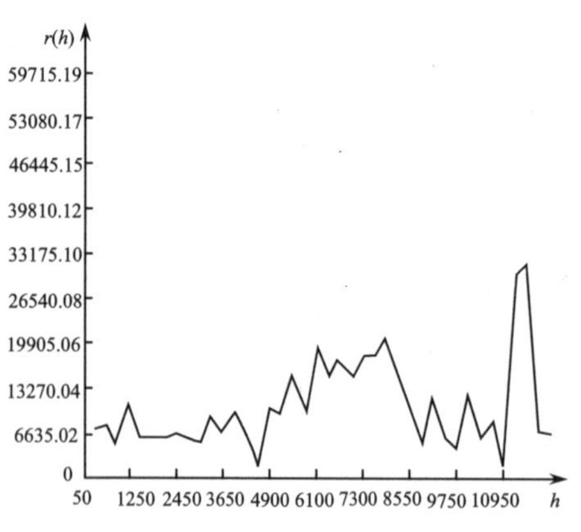

图 4-29 东南-西北方向变异函数

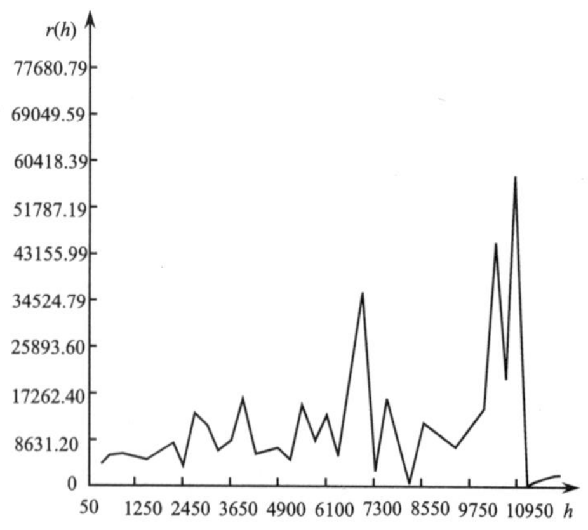

图 4-30 东北-西南方向变异函数

变异函数的形状反映了随机变量空间分布的结构或空间相关的类型,同时还反映出区域化变量空间相关的范围。如果空间相关性存在,$\gamma(h)$会随着 h 的增大而增大。

通过对计算出来实验变异函数的研究,发现实验变异函数在原点附近具有线性行为,因此,选择原点处为线性性状的带块金常数的球状模型对变异函数进行拟合。本次实验采用完全随机法,随机产生初始群体,将群体的规模设为 300(即 $\mu=300$)。采用基于进化规划的变异函数模型拟合方法，分别对东西、南北、东南-西北、东北-西南这四个方向的变异函数进行模型拟合，计算出相应的模型参数，如图 4-31～图 4-34 所示。

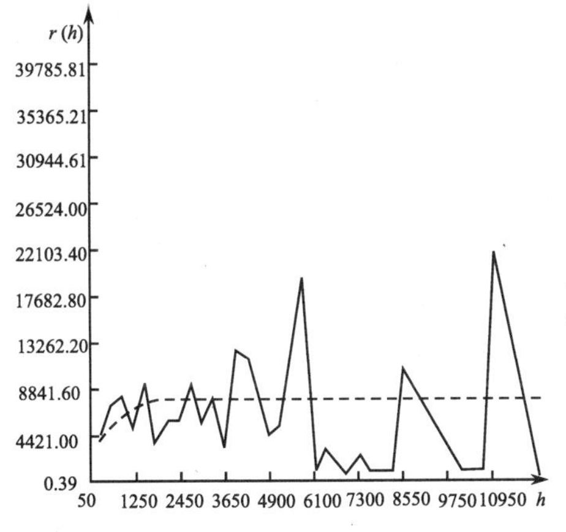

图 4-31　东西方向拟合变异函数图

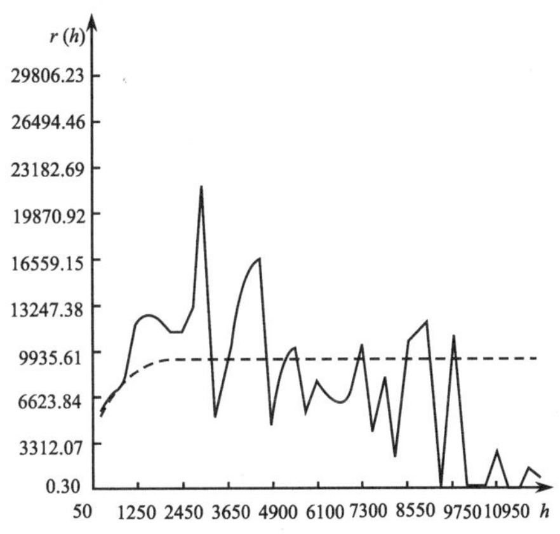

图 4-32　南北方向拟合变异函数图

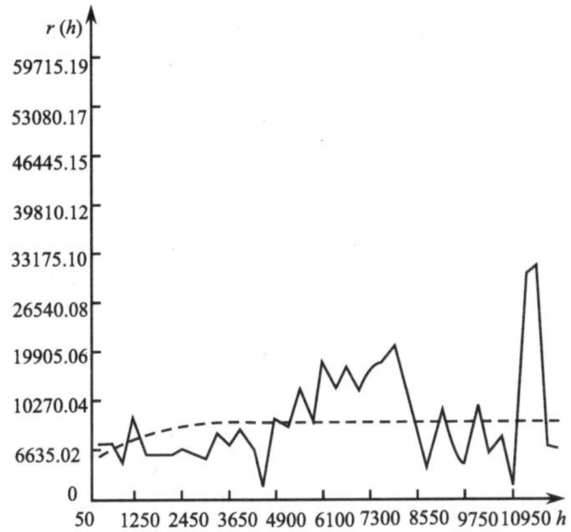

图 4-33　东南-西北方向拟合变异函数图

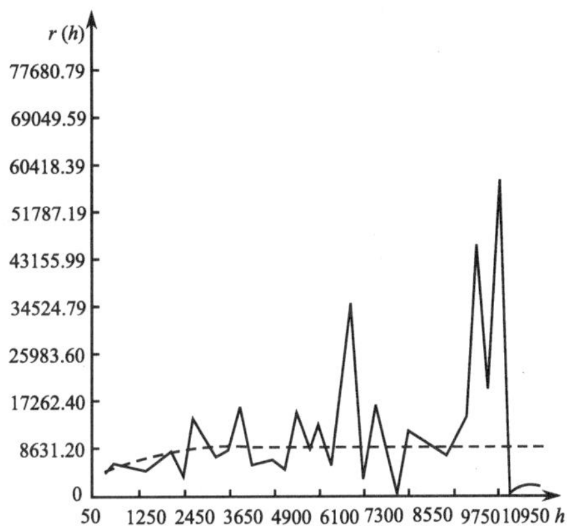

图 4-34　东北-西南方向拟合变异函数图

四个方向变异函数的参数分别见表 4-1。

表 4-1　四个方向变异函数参数拟合值

方　向	C_0	C_1	总基台值(C)	a
东西	3802	5191	8993	2097
南北	3921	5279	9200	1835
东南-西北	4376	4829	9205	3170
东北-西南	3846	4991	8837	3474

上述模型中的不同参数均具有确定的物理涵义，它们从定量角度揭示了不同的参数、变量在研究尺度下所表现出的空间连续性及非连续性特征。变程 a 定量揭示了区域化变

量在空间各方向上自相关的平均影响范围。a 值愈大，其自相关平均影响范围愈大，相应方向上区域化变量的变化速度就愈小。基台值 C 是在考虑空间值点相对位置的基础上对区域化变量值相对离散程度的一种定量描述，它是区域化变量空间随机变化与结构变化的极限值。一般来讲，基台值越大，其区域化变量值总的变化幅度就越大。块金常数 C_0 反映的是一种随机变化成分，它一方面提供观测尺度上区域化变量非连续性变化和试验量测误差的信息，另一方面也提供小于观侧尺度时区域化变量结构性与随机性的整体变化信息。

由表 4-1 可以看到，四个方向的变异函数存在几何异向性，即有相同的基台值而变程不同，其各个方向的变程图近似于一个椭圆，对其进行简单的几何图形变换化为各向同性。对四个方向进行各向异性转变后，对变异函数进行拟合，得到的参数拟合值见表 4-2。

表 4-2　变异函数参数拟合值

C_0	C_1	C	a
3936	5042	8978	2551

即拟合的球状变异函数为

$$\gamma(h)=\begin{cases}0 & h=0\\ 3936+5042\left(\dfrac{3h}{2\times 2551}-\dfrac{h^3}{2\times 2551^3}\right) & 0<h\leqslant 2551\\ 8978 & h>2551\end{cases}\tag{4-45}$$

$\gamma(h)$ 为变异函数值，h 表示样点之间的距离。

五、确定 Kriging 估计邻域

利用前面介绍的 Watson 算法将待估区进行三角网格剖分，生成 Delaunay 三角网，其中每个样点都是三角形的顶点。

以每个网格单元中心为待估点，生成相应的 Delaunay 三角网邻阶体系，即待估点所在的三角形为 0 阶 Delaunay 邻阶，以此类推。根据上一节所确定的变异函数的变程确定待估点大致的估计邻域，并求取该邻域内最大的 Delaunay 邻阶数 N，分别计算取各阶邻近点参与估值时真值与估计值线性表达式的斜率 a。根据终止条件确定的最佳邻阶数，选择该 Delaunay 邻阶内的点对待估点进行估计(此时的 Delaunay 邻阶为最佳估计邻域)。

六、计算 Kriging 方程组

根据 $C(h)=C(0)-\gamma(h)$，可得协方差函数为

$$c^*(h)=\begin{cases}8978 & h=0\\ 5042\times\left[1-\left(\dfrac{3h}{2\times 2551}-\dfrac{h^3}{2\times 2551^3}\right)\right] & 0<h\leqslant 2551\\ 0 & h>2551\end{cases}\tag{4-46}$$

因此可根据各样点之间的距离 h 分别计算出各样点之间的协方差值 $c_{ij}(i=1,2,\cdots,N;j=1,2,\cdots,N)$以及根据所求待估点与各样点之间的距离 h 计算出待估点与各样点之间的协方差值 $c_{ij}(i=0;j=1,2,\cdots,N)$。计算出的 Kriging 矩阵 K 应为一个正定对称矩阵，对其求逆并将结果代入 Kriging 方程组中，即可计算出待估点的 Kriging 权系数 $\lambda_i(i=1,2,\cdots,N)$及拉格朗日乘数 μ。

七、计算基准地价及估计方差

将研究区域分成边长为 50 m 的正方形共 203 566 个。根据武汉市武昌地区住宅地价样点变异函数球状模型的参数和各样点的已知地价值，利用 Kriging 估计值的计算公式可分别计算出各个待估点的估计值。计算结果如图 4-35 所示。

样点编号	用地类型	基准地价值
191	住宅土地	1918.70
193	住宅土地	1160.08
195	住宅土地	1362.16
201	住宅土地	1172.85
202	住宅土地	1792.09
203	住宅土地	911.10
204	住宅土地	1521.33
209	住宅土地	823.38
212	住宅土地	769.68
213	住宅土地	1047.93
214	住宅土地	1584.21
215	住宅土地	1084.47
216	住宅土地	1042.56
220	住宅土地	1230.20
221	住宅土地	1452.18
222	住宅土地	1522.48
223	住宅土地	1138.84
229	住宅土地	668.54
233	住宅土地	619.92
236	住宅土地	673.63
238	住宅土地	1049.95
240	住宅土地	653.21
245	住宅土地	639.02
246	住宅土地	[illegible]

图 4-35　基准地价成果一览表图

根据计算出的各待估点的基准地价，绘制出相应的基准地价等值图，如图 4-36 所示。

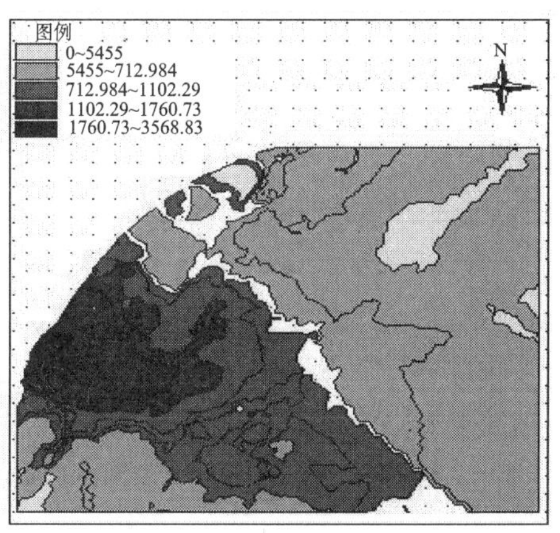

图 4-36　基准地价等值区图

根据武昌地区住宅用地变异函数球状模型的参数、各样点的已知基准地价值及计算出的拉格朗日乘数 μ，通过 Kriging 估计方差的计算公式就可以计算出各待估点的估计方差，相应的估计方差图如图 4-37。

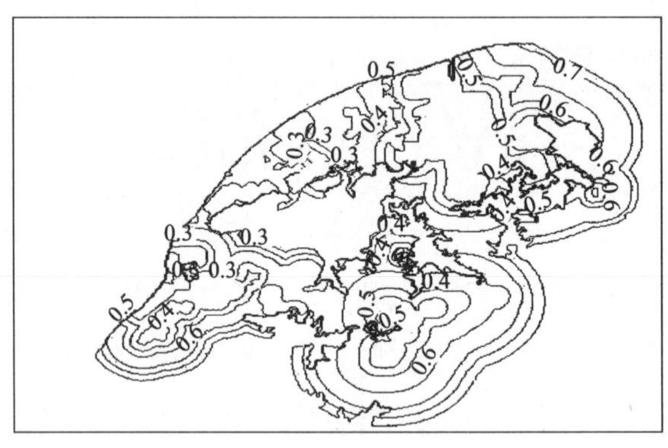

图 4-37　武昌区住宅用地地价估计方差图

八、评估结果分析

（一）与市场调查结果比较

从基准地价等值图中可以看出，武昌城区地价的变化不像大多数城市呈连续变化，而是在局部呈现一种跳跃式变化。在城区中心，东南-西北方向沿垂直于长江方向出现明显的地价变化，东北-西南方向沿垂直于几条主干道方向地价变化明显。这种情况一方面是由武汉特殊的地理环境造成的，另一方面跟地价样点呈东南、东北方向分布明显也有一定的关系。从图中可以看出，武昌地区住宅用地地价最高的区域主要集中在东湖和水果湖附近，这主要是因为东湖的自然环境优美和省政府周围人文环境较好。由于积玉桥地区的旧城改造、沙湖水质综合治理，积玉桥-五青三干道附近地价上扬。武珞路-珞瑜路方向住宅用地地价向两边辐射递减。此外，光谷的兴建、南湖地区的开发，使得这部分地区的地价较高。

在本研究中，为了验证基于改进地统计学方法的基准地价评估方法计算结果的可靠性，将其与市场结果进行了对照，并与根据市场情况建立的地价图进行了叠加分析，两者总体上基本吻合，但是在局部小区域反映出较大的差异。这种差异产生的主要原因是在局部小区域内样点稀疏且空间分布不均匀所致。

基准地价估计方差图则从另一方面表明了估价的准确性，从图 4-37 中可看出整个武汉市区中哪些区域的评估比较准确，哪些区域评估的可信程度不高。对于武昌区而言，越靠近市区中心的区域，所计算出的估计方差较小，可信程度较高；反之，越远的区域，估计方差较大，可信程度较低。这主要是因为样点分布主要集中在市区中心，中心地区分布较为密集，从中心向四周，样点逐渐减少。

（二）与普通地统计学结果比较

为了所提出的地统计学空间分析模型与普通地统计学方法进行比较，运用普通地统计学方法进行同一研究区域的基准地价评估工作，生成相应的地价等值区图（图 4-38）。通过对两种方法生成的等值图进行比较分析，可看出在普通地统计学方法生成的地价等值线图中，等值线明显地呈向左紧缩状，而在右侧大部分区域，等值线分布稀疏，且地价值严重偏低。而在改进地统计学方法所生成的等值线图中，一方面，整体等值线分布较为均匀，这比较符合武昌区的实际情况；另一方面，右侧大部分区域的地价值明显升高，而呈分级状，这与实际情况相符。造成这一情况产生的原因是由于在研究区域的右侧样点数目较少，且存在着相对较多的特异值。因此，采用地统计学空间分析拓展模型对进行基准地价评估的结果明显比采用普通地统计学方法评估的结果更为理想。

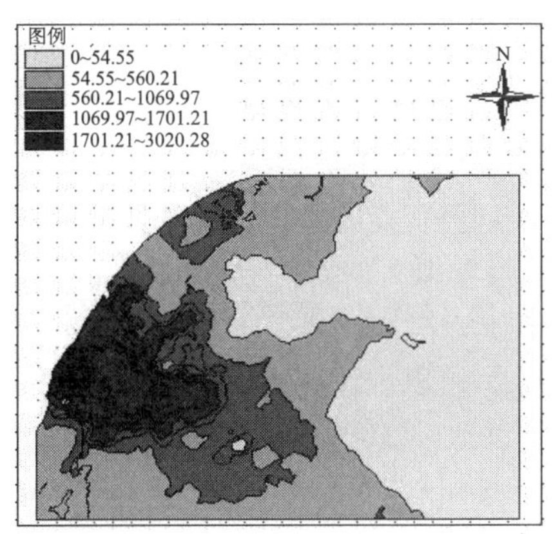

图 4-38　基准地价等值区图（普通地统计学方法）

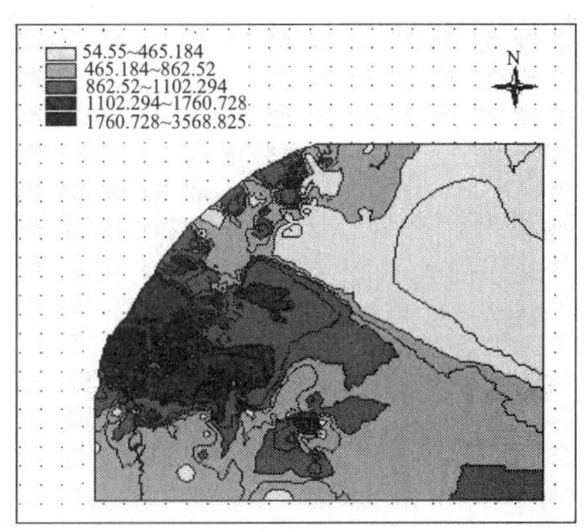

图 4-39　基准地价等值区图（IDW 方法）

（三）与其他内插方法结果比较

为了与其他空间插值方法进行比较，产用反距离加权法进行相应区域的基准地价评估，生成地价等值区图（图 4-39）。

利用 IDW 方法插值结果绘出的等值线，平滑美观，但与实际有出入。主要表现在：左侧区域的等值线较为紧密，通过与实际数据的比较，其右侧的结果偏差大于左侧区域。经分析发现上述问题产生的原因：没有考虑数据场在空间的分布，因为右侧区域采样点的分布远小于左侧区域，样点的不均而使得估值结果产生偏差。基于地统计学拓展模型的空间插值结果避免了该问题。

第五章　基于计算智能的土地评价模型

第一节　计算智能的基本原理

一、计算智能的基本概念

计算智能属于智能研究的范畴，是人工智能的新近发展。当前对于计算智能的定义、内容以及与其他智能学科分支的关系尚没有完全统一的看法。1992 年，美国学者 James C. Bezdek 首次提出了计算智能的概念，认为计算智能依靠生产者提供的数字材料，而不是依赖于知识，而传统人工智能使用的是知识精华。1994 年，关于神经网络、演化程序设计、模糊系统的三个 IEEE 国际学术会议在美国佛罗里达州奥兰多市联合举行了"首届计算智能世界大会"（WCCI'94），进行了题为"计算智能：模仿生命（computational intelligence：imitating the life）"的主题讨论会，取得了关于计算智能的共识。通常来讲，计算智能是以数据为基础，以模型为核心，借助现代计算工具模拟人的智能机制、生命演化过程和人的智能行为而进行信息获取、处理、利用的理论与方法。

从实现计算机智能化信息处理的方法论角度来看，可以说计算智能包含了一大类"软计算"方法，当前主要有人工神经网络、演化计算（又包括：遗传算法、演化程序设计、演化策略）和模糊计算。

人工神经网络（artificial neural networks，ANN）是通过模仿生物脑神经网络结构和功能而发展起来的一类计算体系。人工神经网络是从微观结构与功能上对人脑神经系统的模拟而建立起来的一类模型，具有模拟人的部分形象思维的能力，其特点主要是具有非线性特性、学习能力和自适应性，是模拟人的智能的一条重要途径。

模糊计算是在计算语义变量隶属度函数值的基础上，进行概念聚类，是对人在日常生活中进行近似或非精确推断、决策能力进行模拟的计算和推理方法。基于模糊计算理论的模型和技术主要有模糊聚类分析、模糊模式识别、模糊综合评判、模糊控制、模糊推理、模糊决策、模糊自动机等。

遗传算法是建立在自然选择和自然遗传学机理基础上的迭代自适应概率性搜索算法。遗传算法是演化计算这一类算法体系中的代表性算法。该算法采用染色体（个体，individual）来表示问题的一个候选解，一定数量（population size）的个体组成种群（群体，population），通过对一个初始群体实施一系列的遗传操作：选择（selection）、交叉（crossover）、变异（mutation），并循环迭代，不断进化到更优化的群体，直至找到满足问题要求的最优解。

二、计算智能的主要算法原理

(一) 模 糊 计 算

1. 模糊集合、隶属度与隶属函数

对于普通集合而言，其论域中的任一元素，要么属于某个集合，要么不属于某个集合，是具有确定性的，但是现实生活中却充满了模糊事物和模糊概念。将这类边界不明确的集合称为模糊集合，可以定义为：给定论域 U，对于任意 $x\in U$ 都指定了隶属函数 $\mu_A(x)$ 的一个值(称为隶属度)，将序对集

$$A=[\mu_A(x)\mid x],\forall x\in U,\mu_A(x)\in[0,1] \tag{5-1}$$

称为论域上的一个模糊子集，简称模糊集。

根据以上定义，模糊集合实质是论域 U 到[0,1]闭区间的一个映射。模糊子集完全由其隶属函数所刻画。特别的，当 $\mu_A(x)$的值域取[0,1]闭区间的两个端点，即{0,1}两个值时，隶属函数就退化为特征函数，模糊集合就退化为普通集合。因此，特征函数是隶属函数的特例，模糊子集是普通子集的推广。

2. 模糊集合的基本运算

设 A、B 是论域 U 上的两个模糊子集，规定 A 与 B 的"并"($A\cup B$)、"交"($A\cap B$)、"补"($\overline{A},\overline{B}$)的隶属函数分别为 $\mu_{A\cup B}(x)$、$\mu_{A\cap B}(x)$、$\mu_{\overline{A}}(x)$和 $\mu_{\overline{B}}(x)$，则有

$$\mu_{A\cup B}(x)=\max[\mu_A(x),\mu_B(x)]=\mu_A(x)\vee\mu_B(x),\forall x\in U \tag{5-2}$$

$$\mu_{A\cap B}(x)=\min[\mu_A(x),\mu_B(x)]=\mu_A(x)\wedge\mu_B(x),\forall x\in U \tag{5-3}$$

$$\mu_{\overline{A}}(x)=1-\mu_A(x),\forall x\in U \tag{5-4}$$

$$\mu_{\overline{B}}(x)=1-\mu_B(x),\forall x\in U \tag{5-5}$$

其中，max 及 $\vee$ 表示取大运算，即取两个隶属度较大者作为运算结果；min 及 $\wedge$ 表示取小运算，即取两个隶属度较小者作为运算结果。

3. 模糊关系、模糊逻辑和模糊推理

设模糊集合 A、B 的论域分别为 X、Y，则直积 $X\times Y=\{(x,y)\mid x\in X,y\in Y\}$中的模糊关系 R 是指以 $X\times Y$ 为论域的一个模糊子集 R，其序偶(x,y)的隶属函数为 $\mu_R(x,y)$。

当论域 $X\times Y$ 为有限集，也即 X、Y 都是有限集，模糊关系 R 可以用矩阵来表示，并把这个矩阵称之为模糊关系矩阵，用 M_R 表示，记作

$$M_R=[r_{ij}]=[\mu_R(x_i,y_j)] \tag{5-6}$$

式中，r_{ij} 表示隶属度，为矩阵的元素，且 $0\leqslant r_{ij}\leqslant 1,0\leqslant\mu_R(x_i,y_j)\leqslant 1,i=1,2,\cdots,m,j=1,2,\cdots,p$，$m,p$ 分别为 X、Y 的元素个数。

模糊逻辑的真值 x 在[0,1]中连续取值，x 越接近于 1，说明真的程度越大。模糊逻辑实质上是无限多值逻辑，是一种形式化的连续值逻辑。应用模糊理论，可以对用模糊语

言描述的模糊命题进行符合模糊逻辑的推理。

设 X、Y 是两个各自具有基础变量 x 和 y 的论域，其中模糊集合 $A\in X$、$B\in Y$ 的隶属函数分别为 $\mu_A(x)$和 $\mu_B(y)$。又设 $R_{A\to B}$是 $X\times Y$ 论域上描述模糊条件语言"if A then B"的模糊关系，其隶属函数为

$$\mu_{A\to B}(x,y)=[\mu_A(x)\wedge\mu_B(y)]\vee[1-\mu_A(x)] \tag{5-7}$$

模糊关系 $R_{A\to B}$可写成

$$R_{A\to B}=[A\times B]\cup[\overline{A}\times E] \tag{5-8}$$

其中，E 为代表全域的全称矩阵。

近似推理情况下的假言推理具有如下逻辑结构：

$$\frac{\begin{array}{c}\text{若 } A \text{ 则 } B\\ \text{如令 } A_1\end{array}}{\text{结论 } B_1=A_1\circ R_{A\to B}}$$

其中 $B_1=A_1\circ R_{A\to B}$表示推理合成规则，算符"$\circ$"表示合成运算。

类似的，还有多种模糊条件推理形式，如"if A then B else C"、"if A and B then C"、"if A and B then C else D"等。

（二）人工神经网络

1. 人工神经网络概述

（1）人工神经网络的生物学原理

人工神经网络是通过模仿生物脑神经网络结构和功能而发展起来的一类计算体系。神经生理学和神经解剖学的发展表明：神经元是组成人脑的最基本单元，能够接受并处理信息。人脑约由 1011 或 1012 个神经元组成，其中每个神经元约与 104 或 105 个神经元通过突触连接。人脑是一个复杂的信息并行加工处理巨系统。探索脑组织的结构、工作原理及信息处理的机制，是整个人类面临的一项挑战，也是整个自然科学的前沿领域。

研究表明，人脑的功能主要与以下两个方面有关：一是神经网络的结构，这主要是受先天因素的制约，由遗传信息决定的；二是神经元之间的连接强度等特性，受后天因素影响而发生变化。大脑可通过其自组织（self-organization）、自学习（self-learning），不断适应外界环境的变化，表现为神经网络结构的可塑性（plasticity），主要是神经元之间连接强度的可变性。

人工神经网络是从微观结构与功能上对人脑神经系统的模拟而建立起来的一类模型，具有模拟人的部分形象思维的能力，其特点主要是具有非线性特性、学习能力和自适应性，是模拟人的智能的一条重要途径。它是由简单信息处理单元（人工神经元，简称神经元）互联组成的网络，能接受并处理信息。网络的信息处理由处理单元之间的相互作用来实现，它是通过把问题表达成处理单元之间的连接权来处理的。神经网络是高度非线性的系统，具有一般非线性系统的特性。虽然单个神经元的组成和功能极其有限，但大量神经元构成的网络系统所能实现的功能则是非常丰富的。

(2) 人工神经网络的工作原理

神经网络的工作方式由两个阶段组成:学习期和工作期。

1) 学习期。学习(训练)过程是人获得知识、掌握技能的过程,学习是人的重要智能之一。学者们建立的多种神经网络模型,模拟人的学习机理,有多种学习规则。在学习期,神经元之间的连接权值可由学习规则进行调整,搜索寻优以使准则(或称目标)函数达到最小,从而改善人工神经网络自身性能。

2) 工作期。该时期是保持训练好的神经网络的连接权值不变,由网络的输入得到相应的输出。

(3) 人工神经网络的分类

从不同的角度,可以将人工神经网络划分为不同的类型:

1) 按性能:连续型与离散型,确定型与随机型,静态与动态网络。

2) 按连接方式:前馈(或称前向型)与反馈型。

3) 按逼近特性:全局逼近型与局部逼近型。

4) 按学习方式:监督学习(也称有导师学习)、无监督学习(也称无导师学习或自组织)和再励学习(也称强化学习)三种,它们都是模拟人类适应环境的学习过程的一种机器学习模型,也称为学习系统或学习机。

监督学习(supervised learning,SL)如图 5-1(a)所示,在学习过程中,网络根据实际输出与期望输出的比较进行连接权系数的调整。将期望输出称为导师信号,它是评价学习的标准。

无监督学习(nonsupervised learning,NSL)如图 5-1(b)所示,没有导师信号提供给网络,网络根据其特有的结构和学习规则进行连接权系数的调整。此时,网络的学习评价标准隐含于其内部。

再励学习(reinforcement learning,RL)如图 5-1(c)所示,它把学习看作试探评价(奖或惩)过程,学习机选择一个动作(输出)作用于环境之后,使环境的状态改变,并产生一个

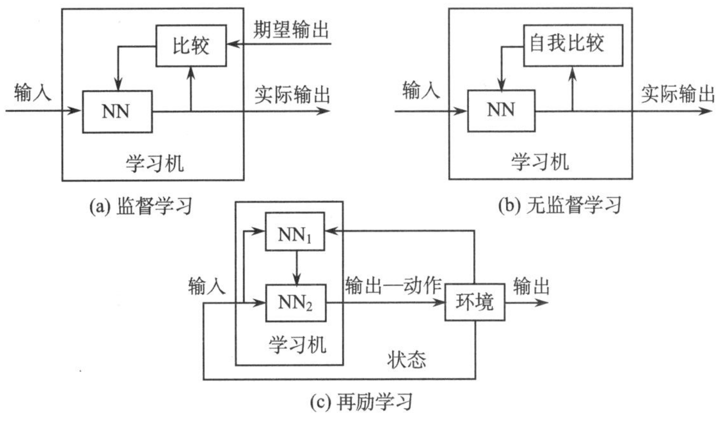

图 5-1 人工神经网络的学习方式

再励信号 rc(奖或惩)反馈至学习机。学习机依据再励信号与环境当前的状态选择下一动作作用于环境,选择的原则是使受到奖励的可能性增大。

近十几年来,针对神经网络的学术研究非常活跃,且提出上百种的神经网络模型,涉及模式识别、联想记忆、信号处理、自动控制、组合优化、故障诊断及计算机视觉等众多方面,取得了引人注目的进展。表 5-1 列出了一些有重要影响的人工神经网络模型。

表 5-1 部分人工神经网络模型简介

网络名称	提出者	提出时间	特点	局限性
感知器 (Perceptron)	Frank Rosenblatt (康奈尔大学)	1957	最早的神经网络,有学习能力,只能进行线性分类	不能识别复杂字符,对输入模式的大小、平移和旋转敏感
自适应线性单元 (Adaline)	Bernard Widrow (斯坦福大学)	1960～1962	学习能力较强,较早开始商业应用	要求输入—输出之间是线性关系
小脑自动机 (Cerellatron)	Marr D. (麻省理工学院)	1969～1982	能调和各种指令系列,按需要缓慢地插入动作	需要复杂的控制输入
误差反传网络 BP(Back Propagation)	Werbs P. (哈佛大学) Rumelhart D. Mcclelland (斯坦福大学)	1974～1985	多层前馈网络,采用最小均方差学习方式,是目前应用最广泛的网络	需要大量输入—输出数据,训练时间长,易陷入局部极小
自适应共振理论 ART(Adaptive Resonance Theory)	Carpenter G. Grossberg S. (波士顿大学)	1976～1990	可以对任意多个和任意复杂的二维模式进行自组织学习	受平移、旋转和尺度的影响;系统较复杂
自组织特征映射网络 SOM(Self Organizing Feature Map)	Tuevo Konhonen (芬兰赫尔辛基技术大学)	1980	对输入样本自组织聚类,可映射样本空间的分布	模式类型数需要事先知道
玻尔兹曼机 (Boltzman machine); 柯西机 (Cauchy machine)	Hinton J. (多伦多大学) Sejnowski T. (霍普金斯大学)	1985～1986	采用随机学习算法的网络,可训练实现全局最优	玻尔兹曼机训练时间长;柯西机在某些统计分布下产生噪声
双向联想记忆网 BAM(Bidirectional Associative Memory)	Bart Kosko (南加州大学)	1985～1988	双向联想式单层网络,有学习功能,简单易学	双向联想式单层网络,有学习功能,简单易学

近年来人工神经网络技术还与模糊技术、遗传算法相结合产生了模糊神经网络、遗传神经网络等。本书涉及的人工神经网络模型是 BP 网络和模糊神经网络。

2. BP 人工神经网络

人工神经网络 BP 模型,又称 BP 神经网络或 BP 网络(BP Network, BPNN),是人工神经网络的一个典型代表,因采用误差反传(back propagation, BP)训练算法而得名。因其产生较早,并具有很强的对连续映射的逼近能力,应用最为广泛。

BP 网络由众多人工神经元相互联结而成。一个典型的三层 BP 网络的拓扑结构如图 5-2 所示。BP 网络的各个神经元接受前一层的输入，并输出到下一层，没有反馈。输入层节点称为输入单元，用于接受网络输入。中间层(又称为隐含层)和输出层节点属于计算单元。计算单元可有任意多个输入，但只有一个输出，该输出可以连接到任意多个其他节点作为其输入。

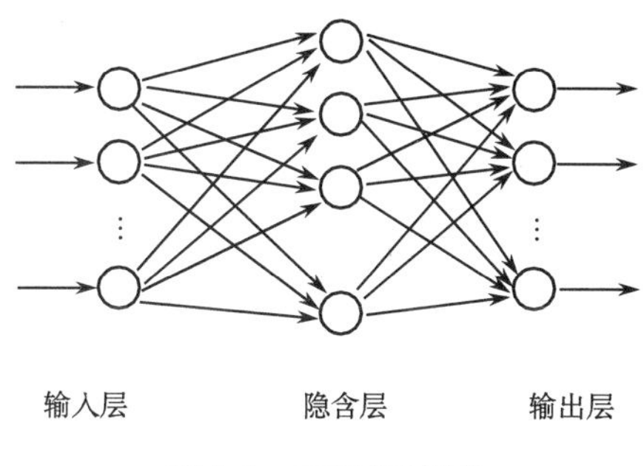

图 5-2　三层 BP 网络

每个神经元有一个单一的输出，它可以连接到很多其他的神经元。其输入有多个连接通路，每个连接通路对应一个连接权系数。神经元模型中的激发函数 $f(v)$ 可以有如下几种形式：

a. 阈值函数

$$f(v)=\begin{cases}1, & v\geqslant 0\\ 0, & v<0\end{cases} \tag{5-9}$$

式中，$f(v)$ 表示激励函数，v 表示神经元的输入，下同。

b. 分段线性函数

$$f(v)=\begin{cases}1, & v\geqslant 1\\ v, & -1<v<1\\ 0, & v\leqslant -1\end{cases} \tag{5-10}$$

该函数类似于一个带限幅的线性放大器，当工作于线性区时，它的放大倍数为 1。

c. Sigmoid 函数

该类函数具有平滑和渐近性，并保持单调性，最常用的函数形式为

$$f(v)=\frac{1}{1+\exp(-av)} \tag{5-11}$$

式中，a 为一实常数，用以控制激励函数倾斜度。

d. 比例函数

$$f(v)=kv \tag{5-12}$$

式中，k 为一实常数，用以控制激励函数斜率。

e. 符号函数

$$f(v)=\begin{cases}1, & v\geqslant 0\\ -1, & v<0\end{cases} \tag{5-13}$$

f. 双曲函数

$$f(v)=\frac{1-e^{-v}}{1+e^{-v}} \tag{5-14}$$

上述各种函数的图形见图 5-3。

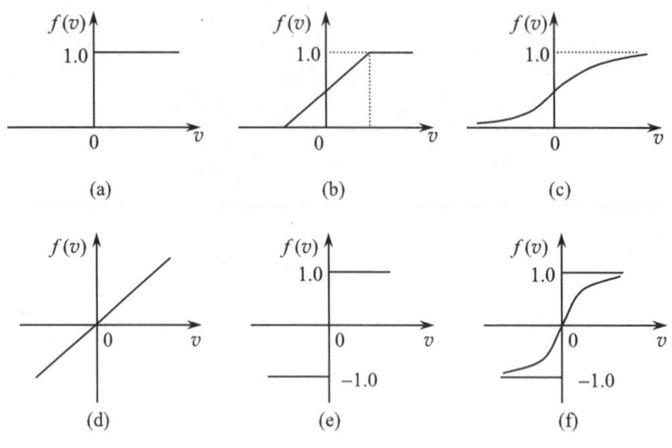

图 5-3　激发函数

(a)阈值函数;(b)分段线性函数;(c)sigmoid 函数;
(d)比例函数;(e)符号函数;(f)双曲函数

BP 网络在进行误差反向传播计算时需要对激发函数进行求导,上述函数中 sigmoid 函数、比例函数、双曲函数连续可导,可以用作 BP 网络的激发函数。

从结构上讲,三层 BP 网络是一个典型的前馈型层次网络,分为输入层、隐含层和输出层。同层神经元间无关联,异层神经元间前向连接。其中输入层节点对应于网络可感知的输入变量,输出层节点对应于网络的输出响应,隐含层节点数目可根据需要设置。

BP 神经网络的工作过程主要分为两个阶段,第一个阶段是学习期,此时各计算单元状态已知,各连线上的权重值通过学习算法来逐步调整。学习过程根据测试结果来决定是否需要重新开始。当学习完成后,进入第二个阶段,即工作期。此时连接权固定,计算单元状态变化,以得到相应的输出。对于 BP 网络,首先利用给定的输入输出样本集对网络进行训练,即对网络的连接权系数和神经元的阈值进行反复调整,以使该网络实现给定的输入输出映射关系。经过训练后的网络,对于不是样本集中的输入也能给出合适的输出。

BP 算法即误差反向传播算法,其基本原理是:在神经网络的训练过程中,对于每一个给定的输入输出模式(学习样本),输入信号由输入层到输出层的传递是一个前向传播的过程;如果输出信号与期望值有差别,即存在误差,则将该误差逐层向输入端传播,即按照各层的误差大小来调节各层之间的连接权重值;经过反复调整,使得神经网络在训练样本集上的误差达到最小。

BP 学习算法由正向传播和反向传播所组成。在正面传播过程中,输入信息经隐含单元逐层处理并传向输出层。如果输出层不能得到期望的输出,则转入反向传播过程,将实际值与网络输出之间误差沿原来的联结通路返回，通过修改各层神经元的联系权值，使误差减小，然后再转入正向传播过程，反复迭代，直到误差小于给定值为止。BP 算法的计算过程如下：

(1) 计算隐含单元输入

$$sy_j = \sum_{i>1}^{N} W1_{ij} x_i \tag{5-15}$$

式中，$W1_{ij}$ 为第 i 输入单元至第 j 隐含单元的权重；x_i 为输入单元 i 的输入信息(第 i 个影响因子的指标值)；sy_j 为隐含单元 j 的输入信息；N 为输入单元数。

(2) 计算隐含单元输出

采用的激发函数是 Sigmoid 函数：

$$y_j = 1/[1 + \exp(- sy_j + q1_j)] \tag{5-16}$$

式中，y_j 为隐含单元输出；$q1_j$ 为隐含单元阈值。

(3) 计算输出单元输入

$$s2_k = \sum_{j=1}^{M} W2_{jk} y_j \tag{5-17}$$

式中，$W2_{jk}$ 为第 j 隐含单元至第 k 输出单元的权重；$s2_k$ 为第 k 输出单元的输入信息；M 为隐含单元数，当只有一个输出单元时，k 恒为 1，下同。

(4) 计算输出单元输出

输出单元的激发函数常用线性阈值函数，其输出为

$$z_k = s2_k + q2_k \tag{5-18}$$

式中，z_k 为输出单元输出；$q2_k$ 为输出单元的阈值。

(5) 计算训练误差

线性输出单元的训练误差计算公式为

$$e_k = z0_k - z_k \tag{5-19}$$

式中，$z0_k$ 为第 k 个输出单元的期望值。

(6) 计算输出层权重和阈值调整量

$$\Delta W2_{jk}^{p} = \alpha * e_k * y_j \tag{5-20}$$

$$W2_{k}^{p+1} = W2_{jk}^{p} + \Delta W2_{jk}^{p} + \mu * \Delta W2_{jk}^{p-1} \tag{5-21}$$

$$q2_k^{p+1} = q2_k^{p} + \alpha \times e_k + \mu \times (q2_k^{p} - q2_k^{p-1}) \tag{5-22}$$

式中，$\Delta W2_{jk}^{p}$ 为第 p 个样本的权重调整量；$\Delta W2_{jk}^{p-1}$ 为第 $p-1$ 个样本的权重调整量；$W2_{jk}^{p+1}$ 为第 $p+1$ 个样本的权重；$q2_k^{p-1}$、$q2_k^{p}$、$q2_k^{p+1}$ 分别为第 $p-1$ 个、第 p 个、第 $p+1$ 个样本的阈值；α 为学习率，μ 是一个小于 1 的正数(动量项系数)。

(7) 计算隐含层权重和阈值的调整量

$$\Delta W1_{ij}^{p} = \alpha \times e'_j \times x_i \tag{5-23}$$

$$e'_j = y_j(1-y_j) \times (f\sum_{k-1}^{w} W2_{jk}^{p} \times e_k) \tag{5-24}$$

$$W1_{ij}^{p+1} = W1_{ij}^{p} + \Delta W1_{ij}^{p} + \mu \times \Delta W2_{ij}^{p-1} \tag{5-25}$$

$$q1_j^{p+1} = q1_j^{p} + \partial \times e'_j + \mu \times (q1_j^{p} - q1_j^{p-1}) \tag{5-26}$$

式中，$\Delta W1_{ij}^{p}$、$\Delta W1_{ij}^{p-1}$分别为第p个，第$p-1$个样本的权重调整量；$W1_{ij}^{p+1}$为第$p+1$个样本的权重；$q1_j^{p-1}$、$q1_j^{p}$、$q1_j^{p+1}$分别为第$p-1$个、第p个、第$p+1$个样本的阈值；α、μ含义同上。

(8) 计算一批 L 个样本的均方差

$$R = \frac{1}{L}\sum_{p=1}^{L}\sum_{k=1}^{w}(Z0_k^p - Z_k^p)^2 \tag{5-27}$$

若R达到误差要求则终止过程，学习完毕，否则重复上述过程进行循环迭代。

3. 模糊神经网络

神经网络和模糊系统既有联系又有区别。它们在应用方面极为相似，都可以应用在模式识别、分类和函数逼近中，模糊系统和神经网络系统在数学上具有一定的等价性，它们是可以互换的(可逆)。但是，因为两种方法计算原理的不同，二者各有优缺点，具体地说，模糊系统试图描述和处理人的语言和思维中存在的模糊性概念，从而模仿人的智能；神经网络则是根据人脑的生理结构和信息处理过程，来创造人工神经网络，其目的也是模仿人的智能。

模糊系统和神经网络具有很多互补特征，将二者有机地结合起来，至少可以在以下几个方面实现它们单独使用所不具备的性能：利用已有知识，加快神经网络的学习速度；向样本数据学习，修正不完整的原始规则；增加系统的透明度，同时又具有自学习、自适应能力。

模糊神经网络由多种结构形式，这里简要介绍两种有代表性的模糊神经网络模型。

(1) Horikawa 模糊神经网络模型

根据用神经网络来构造模糊系统的思想，Horikawa 等提出了一类模糊神经网络模型。该类模型根据模糊推理的结论分为三类：结论为数值、线性函数、模糊集合。其中结论为数值型比较适合多输入单输出的模糊推理，包括输入层、偏移层、S 函数层、合成层、规则层和解模糊层。该类模型给输入变量定义了三个模糊集合，采用的隶属函数为

$$A_{3j}(x_j) = \frac{1}{1+\exp[-w_g(x_j - w_c^2)]} \tag{5-28}$$

$$A_{1j}(x_j) = \frac{-1}{1+\exp[-w_g(x_j - w_c^1)]} + 1 \tag{5-29}$$

$$A_{2j}(x_j) = \frac{1}{1+\exp[-w_g(x_j - w_c^1)]} + \frac{-1}{1+\exp[-w_g(x_j - w_c^2)]} \tag{5-30}$$

式中，A_{1j}、A_{2j}、A_{3j}分别表示第 1、2、3 个模糊集合的隶属函数；x_j 为输入变量；w_c^1 和 w_c^2 为 S 函数的中心；w_g 决定 S 函数的斜度。

函数曲线见图 5-4。

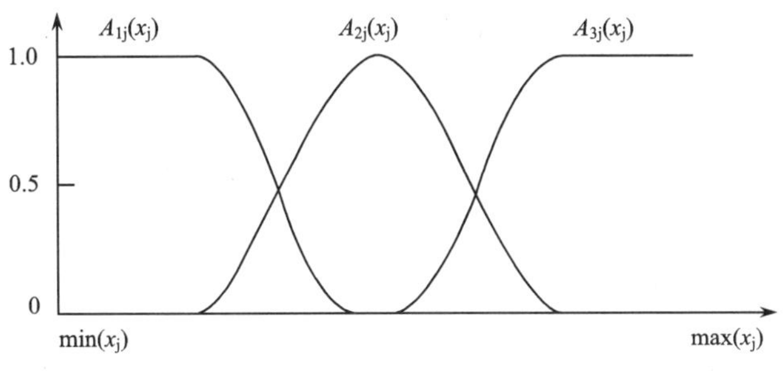

图 5-4 隶属函数曲线

从该网络的隶属函数定义可以看出：$A_{2j}(x_j)=1-A_{1j}(x_j)-A_{3j}(x_j)$，因此，该模型的隶属函数形式只能表示三个模糊集合，当模糊子集个数大于三个时，该模型不再适用。

(2) 用神经网络直接实现的模糊系统

根据一般形式的模糊系统，构造等价的神经网络模型。该模型包括输入层、隶属函数层、规则层、解模糊层。隶属函数层神经元采用一般的隶属函数(如高斯函数)作为激发函数，故可以表达多于三个模糊集合。采用 sum-product 模糊推理和加权求和法解模糊。一个简单的只有两个输入变量的模糊神经网络结构如图 5-5。

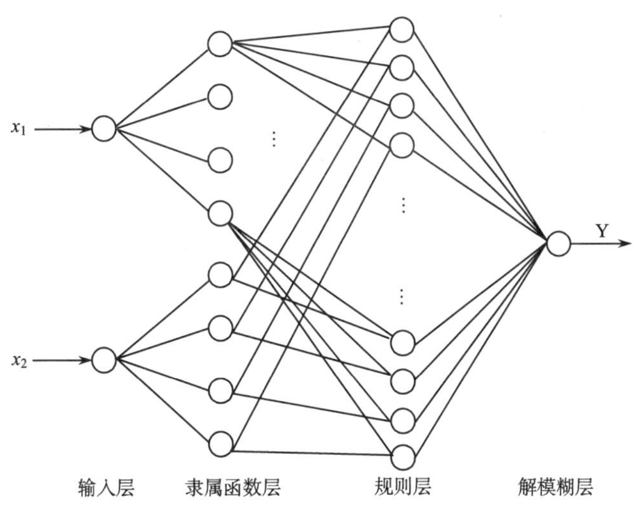

图 5-5 用神经网络直接实现的模糊系统

上述两种模糊神经网络模型均可以采用 BP 算法原理进行训练。

(三) 遗 传 算 法

1. 遗传算法的基本步骤

遗传算法的基本过程包括编码、遗传操作(选择、交叉、变异)和解码。将搜索空间中的参数或解转换成遗传空间中的染色体或个体,即表现型(phenotype)到基因型(genetype)的转换,称为编码(coding);与此相对应的相反的操作,称为解码(decoding)。编码就是将实际问题所涉及的参数排列组合,形成染色体,也就是用染色体来表示问题。通常染色体的长度固定,可以采用二进制或实数进行编码。解码是编码的反过程。

衡量染色体或群体好坏的指标是适应度(fitness)。根据适应度的大小,决定某些个体是繁殖或消亡。因此,适应度是驱动遗传算法的动力。从生物学角度讲,适应度相当于"生存竞争"中生物的生存能力,在遗传过程中具有重要意义。在实际问题中,有时希望适应度越大越好,有时要求适应度越小越好。为了使所讨论的遗传算法有通用性,通常将最小值问题都统一转换为最大值问题处理,而且适应度不小于零。在实际中,可能还需要一些适应度的特殊处理,如适应度缩放、惩罚函数处理等。

简单遗传算法基本步骤可以描述为

1) 随机建立所研究问题的一组初始解,并编码形成初始群体。

2) 计算各个体的适应度。

3) 根据遗传概率,利用下述操作产生新群体:

a. 选择。在当前群体中选出优良个体。

b. 交叉。将选出的两个个体的部分基因进行对应交换,产生新个体加入新群体中。

c. 变异。随机的改变某个个体的某个字符后添入新群体中。

4) 反复执行 2)、3)后,一旦达到终止条件,选择最佳个体作为遗传算法的结果。

2. 遗传操作算子

遗传算法通过一系列的遗传操作产生新一代群体,这些遗传操作又称为遗传算子。遗传算法优胜劣汰的进化思想和全局优化的性能正是基于此来体现的。

(1) 选择

选择运算用于模拟生物界去劣存优的自然选择现象。它从上一代种群中选择出适应性强的某些染色体,作为进行交换和变异的操作对象,以产生下一代种群。适应度越高的染色体被选择的可能性越大,其遗传基因在下一代群体中的分布就越广,其后代在下一代中出现的数量就越多。适应度比例法是一种使用比较普遍的选择方法,又称为轮转法或轮盘法。它采用式(5-31)计算某一染色体被选中的概率:

$$\mathrm{P}_c = f(x_i)/\sum f(x_i) \tag{5-31}$$

式中,P_c 为某一染色体被选中的概率;x_i 为种群中第 i 个染色体;$f(x_i)$为第 i 个染色体的适应度值;$\sum f(x_i)$为种群中所有染色体的适应度值之和。用适应度比例法进行选择时,首先计算每个染色体的适应度,然后按根据适应度计算的选中概率对个体实施选择。从统计意义上讲,适应度越大的个体被选择的机会越大;当然,适应度小的个体尽管被选择的概率较小,但仍有可能被选择,这样就增加了个体的多样性。适应度比例选择方法既体现了适者生存的原则,又保持个体性态的多种多样。

该方法的实现比较简单,但潜在的问题是:种群中最好的个体可能产生不了后代,或者被交换或变异操作破坏,造成随机误差。已经证明,当采用比例选择法时,简单 GA 都不会以 1 的概率收敛到全局最优点。但是当对搜索过程中所发现的最佳个体作适时"记录",则全局最优个体总能被找到,可以保证 GA 能收敛到全局最优点。这种选择方法称为最佳个体保存法或杰出者记录策略,一种简单的做法是把种群中最优秀的个体直接复制到下一代。

应该指出,选择个体的随机方法还有别的形式,不过适应度比例法或杰出者记录策略的适应度比例法是最常用的方法。

(2) 交叉

将群体中的优秀个体选出并进行复制,虽然能够从旧种群中选择出优秀者,但不能创造出新的染色体。交换操作模拟了自然界中的繁殖现象,通过两个染色体的部分基因的交换组合,来产生新的优良的个体。执行交换的个体是随机选择的,按照给定的选择概率采用前述的选择方法选出用于交叉的个体。交叉点的选择也是随机的,分为单点交叉、两点交叉和多点交叉。单点交叉只选取一个交叉点,该点之后全部字符参加交换;两点交叉选取两个交叉点,只有两点间的字符才参加交换;多点交叉一般是针对长染色体进行多段交换。交叉是遗传算法产生新个体的主要手段,是支撑遗传算法的有效性的重要操作。

(3) 变异

突变操作随机选取染色体中的一个基因并将其改变为一个不同的等位基因以生成一个新的染色体。它将可变性引入群体,从而提供逃脱局部最小值的手段。注意一个仅应用突变操作的算法等同于随机搜索。通常采用交叉概率来控制群体中发生突变的个体数目。

第二节　基于计算智能的土地评价建模方法

一、土地评价的 BP 神经网络模型构建

(一) 模型结构建立

BP 神经网络模型通常由输入层、隐含层、输出层组成。输入层和输出层一般都是和具体问题相联系,代表一定的实际意义。隐含层主要是根据模型要求和问题的复杂程度设置。土地评价的 BP 神经网络模型必须首先确定输入层和输出层,然后再确定隐含层。

1. 输入层

土地评价一般包括评价因素、评价标准和评价结果,土地评价 BP 神经网络的输入层主要用于表示土地评价的参评因素。以土地适宜性评价为例,这类评价针对不同的土地用途来评定土地的适宜等级,对于不同用途的土地,各土地因子对其质量的影响是不同的。在应用人工神经网络方法进行土地适宜性评价时,应先选取各种用地的影响因子(不需要确定权重),再建立相应的模型。如某地宜旱地评价(2000 年)共选取了土壤有机质含量、土壤质地、水利条件、地形坡度、耕层厚度、全氮、全磷、全钾等八个影响因子。故宜旱地评价的 BP 模型的输入层应有八个神经元,分别对应于这八个影响因子,这就是网络可感知的输入变量。实际计算时,因子指标值应先标准化至(0,1)之间。

2. 输出层

土地评价 BP 神经网络的输出层用于表示土地评价结果,往往是土地适宜程度、土地生产潜力或土地价格的标准量化值。如土地适宜性评价的结果是土地的适宜程度或等级,一般说来,我们可用一个在一定范围内(如 0～1)连续变化的实数代表适宜程度的量化,故输出层可用一个神经元来表示。

3. 隐含层

隐含层神经元只具有计算意义,其数目没有严格的规定。一个公认的指导原则是在没有其他经验知识时,能与给定样本符合(一致)的最简单(规模最小)的网络就是最好的选择,这相当于是样本点的偏差在允许范围条件下用最平滑的函数去逼近未知的非线性映射。

隐含层神经元数目增加,优化曲面的维数增加,使得网络能鉴别各种样本,但计算和存储量增加,同时有可能出现过拟合,此时随着训练次数的增加,虽然网络在训练集上的误差继续下降,但在其他样本上的误差反而可能上升(推广能力下降)。根据有关文献和研究实践,兼顾系统精度和运算速度,其个数应满足下述条件:

$$\begin{cases}2^m > n \\ m = \sqrt{w+n} + R(10)\end{cases} \tag{5-32}$$

式中,m 为隐含层神经元数;n 为输入层神经元数;w 为输出层神经元数;$R(10)$表示 0 至 10 间的任意整数。满足这两个条件的 m 仍可在较大范围内变动。

实际应用中,可用试错法确定隐含层节点的最佳个数。表 5-2 是某地宜旱地评价 BP 网络模型隐含层确定实验的结果(网络学习参数为:隐含层学习率 0.015,输出层学习率 0.010,动量项系数 0.9;表中的训练次数和均方误差为给定条件下的平均值)。

表 5-2　宜旱地评价 BP 网络训练和测试结果表

隐含层神经元数	4	5	6	7	8	11	13
均方误差≤0.001时的训练次数	87	73	73	76	68	70	69
均方误差≤10^{-4}时的训练次数	396	362	320	300	281	250	236
测试集上的均方误差/10^{-4}	1.30	1.30	1.06	1.30	1.38	1.64	1.67

可以看出，当隐含层神经元数大于 6 时，虽然网络能以更快的速度达到预定的精度（10^{-4}），但在测试集上的误差上升，这表明网络维数过多，出现过拟合现象，推广能力相应下降。

根据上面的分析，土地评价的 BP 神经网络模型结构如图 5-6 所示（图中每一个圆圈代表一个人工神经元）：

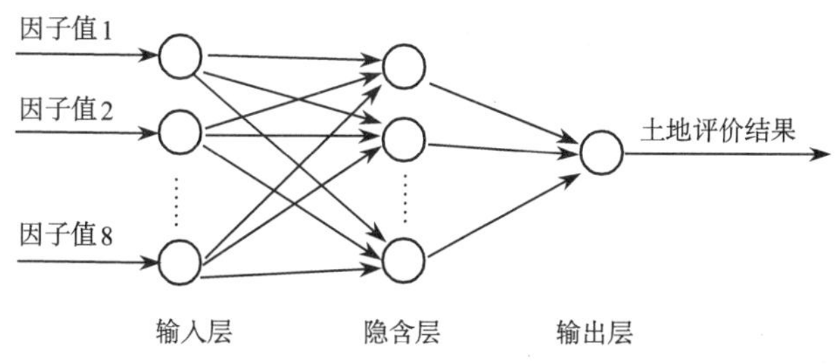

图 5-6　宜旱地评价的三层 BP 网络

输入层中神经元不对输入信息作任何变化。同层神经元间无关联，异层神经元间前向连接。隐含层激发函数采用 Sigmoid 函数，输出层采用线性函数。根据人工神经网络的逼近特性可知，在足够样本条件下，这种网络模型可以任意精度逼近任意从 n 维空间到 w 维空间的连续映射（n 为输入单元数，w 为输出单元数）。这是人工神经网络用于土地评价的可行性的重要依据之一。

（二）训练算法及其改进

建立的土地评价 BP 神经网络模型是标准的 BP 神经网络结构，可直接采用 BP 算法训练。采用 BP 算法可能会存在两个问题：收敛（均方误差的变化充分小）速度慢和目标函数存在局部极小。采用以下优化措施可以较好解决上述问题。

1. 收敛加速算法

在提高收敛速度方面，我们可以采取如下几项措施。

1）在修正权值和阈值时加动量项。

$$\Delta w_{ji}(n)=\mu\Delta w_{ji}(n-1)+\Delta w'_{ji}(n)\qquad(0<\alpha<1)\tag{5-33}$$

式中，μ 为动量项系数；$\Delta w_{ji}(n)$为第 n 次计算的权值修正量；$\Delta w_{ji}(n-1)$为第 $n-1$ 次计算的权值修正量；$\Delta w'_{ji}(n)$为常规 BP 算法的修正量。

动量项系数对学习速度的影响可参见本节实例部分对学习参数的讨论。

2) 最好使网络中各种神经元的学习速度差不多。一般说来，输出单元的局部梯度比输入端的大，可使前者的步长(学习率)小些。另外，有较多输入端的单元的步长可比较少输入端的小些。

学习率对学习速度的影响可参见本节实例部分对学习参数的讨论。

3) 使目标值在输出单元的作用函数的值域内。对用于土地适宜性评价的神经网络模型而言，应使其输出单元的作用函数值域与土地适宜程度的量化值的变化范围相吻合。

4) 各权值及阈值的起始值选用均匀分布的小数经验值，采用$(-2.4/F, 2.4/F)$或$(-3/\sqrt{F}, 3/\sqrt{F})$为其范围，其中 F 为所连单元的输入端个数。

5) 对每一个周期的样本进行随机排序。

6) 采用变步长法。在上述 BP 算法中采用了一阶梯度法寻找最优解，其收敛速度慢的一个主要原因是学习率不好选择。学习率选得太小，收敛速度慢，若学习率选得太大，则有可能修正过头，导致振荡甚至发散。变步长法则是针对这个问题提出的。

$$W^{p+1}=W^{p}+\alpha(k)D^{p}\tag{5-34}$$

$$\alpha(k)=2^{\lambda}\alpha(k-1)\tag{5-35}$$

$$\lambda=\mathrm{sgn}(D^{p}D^{p-1})\tag{5-36}$$

式中，W^{p}、W^{p+1}分别为第 p 次、第 $p+1$ 次计算的权重值；D^{p}、D^{p-1}分别为第 p 次、第 $p-1$ 次计算的权重值修正量；$\alpha(k)$、$\alpha(k-1)$分别为当前和前一次计算的学习步长。

上面的算法说明，当连续两次迭代其梯度方向相同时，表明下降速度还可以加快，这时步长加倍；当连续两次迭代其梯度方向相反时，表明下降过头，这时可以使步长减半。

2. 全局极小算法

为避免陷入局部极小，可采用加入非线性特性动量项算法方法对 BP 算法进行优化。

BP 算法本质上是利用梯度信息来调整权值。在误差曲面较平坦处，导数值较小使权值调整较小，从而收敛缓慢；在曲率较大处，导数值较大使权值调整较大，但会出现跃冲极小点现象而难以收敛。由于目标函数高维曲面存在多个极小点，且不能保证目标函数在权空间的正定性，单一梯度下降法难免陷入局部极小。基于物理学中“系统下一运行状态同时取决于当前状态的能量和动量”的思想，在 BP 梯度搜索中引入一类非线性特性的动量项[非线性函数 $g(\cdot)$]，构成一种新的权值迭代式，使权值下一步的调整量同时依赖于当前目标函数相对于权值的导数和当前权值变化量的非线性作用。

$$W_{ij}^{p+1}=W_{ij}^{p}-\eta\partial E/\partial W_{ij}^{p}+s(p)g[W_{ij}^{p}-W_{ij}^{p-1}]\tag{5-37}$$

$$g(x)=x\cdot\exp(-x^{2n}),n=1,2,\cdots\tag{5-38}$$

式中，W_{ij}^{p}、W_{ij}^{p-1}、W_{ij}^{p+1}分别为第 p 次、第 $p-1$ 次、第 $p+1$ 次计算的权重值；E 为目标函数；η 为学习率；$s(p)$为非线性强度系数。对于传统 BP 算法，$g(x)=0$；对于传统的带动

量项 BP 算法，$g(x)=x$。

由于 $g(0)=0$，上述迭代式保留了 BP 算法原先的不动点。由于函数 $g(x)$ 的非线性特性，当 ΔW^p 较大时，即系统当前处于远离不动点（局部极小）的位置，$g(\Delta W^p)$ 的作用较小，系统几乎以梯度下降方式趋于不动点；当 ΔW^p 较小时，即系统已进入不动点的小邻域，系统由 $g(\Delta W^p)$ 得到较大的驱动，能够爬越能量波峰以克服局部极小而进入其他能量低谷，并最终趋于全局极小。因此，将基于这类非线性特性的动量项引入 BP 梯度搜索，权值具有快速和平稳的变化过程，增强了克服局部极小的能力，尤其能克服神经元激励函数饱和区和目标函数平坦区的影响，可大幅度改善收敛性能。

为避免不合适非线性作用引起随机振荡使算法难以收敛，可通过自适应改变非线性作用项的强度得到较强的综合性能，如式(5-39)：

$$s(p) = \min(0.988, s(p-1) \times \ln\{e + \lambda[1 - s(p-1)]\}),$$
$$s(0) = 0.9, p = 1,2,\cdots \tag{5-39}$$

式中，$s(p)$、$s(p-1)$分别为第 p 次、第 $p-1$ 次计算的非线性强度系数；min 表示取小运算；e 为自然对数的底；λ 为常数。

训练初始阶段，权值变化幅度较大，较小的强度系数驱动系统在适当突跳性引导下较平滑地遍历局部极小，逐步进入性能较好区域。随着训练的进行，搜索可能陷入某些局部极小或平坦区，以致权值变化较小，但强度系数的增大使非线性项作用增大，系统穿越平坦区和跳跃局部极小的能力加强，能进一步趋于高精度解，从而克服 BP 达到有限精度后难以全局收敛的缺点。为避免局部极小，还可采用随机梯度法、模拟退火算法、遗传算法等。

二、土地评价的遗传模糊神经网络模型构建

（一）模型结构建立

如前所述，现有的模糊神经网络模型，如 Horikawa 模糊神经网络模型、用神经网络直接实现的模糊系统等，应用于多因素评判问题，主要存在以下问题。

1）个别模型的网络结构无法表达输入变量存在多个模糊子集的情况，如 Horikawa 模糊神经网络模型；

2）现有模型应用于多因素评判，由于输入变量较多，使系统面临“规则爆炸”问题。

因此，现有的模糊神经网络模型均不能直接应用于土地评价问题。必须根据多因素评判的特点对其加以改造，构造出合适的模型结构。土地评价一般是多输入的，设计的网络结构必须避免“规则灾”问题。土地评价一般具有一定的经验知识，尽管这些经验可能需要根据当时当地的情况进行修改。采用模糊神经网络时有效利用这些知识可以提高建模效率，通过基于样本数据的自学习加以修正。按照不同的应用目的和设计思想，可以设计不同结构的模糊神经网络，但本质上都是模糊推理技术和神经网络技术的结合。这里以土地适宜性评价为例，依据模糊综合评判的思想来构造模糊神经网络模型。

模糊综合评判实质上是模糊变换问题，也就是已知模糊变换（单因素评判矩阵）和权

重分配矩阵去求综合评判结果的问题。应用模糊综合评判方法进行土地适宜评价的基本过程是：首先建立参评因子对每个适宜性等级的隶属函数(一般采用高斯函数)，计算参评因子对每一个适宜性等级的隶属度，建立参评因子对各等级的隶属度矩阵；用权重系数表示参评因子对土地适宜性的影响程度，构成权重矩阵。然后将权重矩阵与隶属值矩阵进行乘积运算，得到一个综合评价矩阵，表示该土地单元对每一个适宜性等级的隶属度，根据最大隶属度原则确定最终评判结果。通过设计模糊神经网络实现该过程：计算单因素的隶属度、多因素隶属度的加权计算、评判结果的判别。如某次土地适宜性评价，共有九个参评因素，设计模糊神经网络的结构如图 5-7。

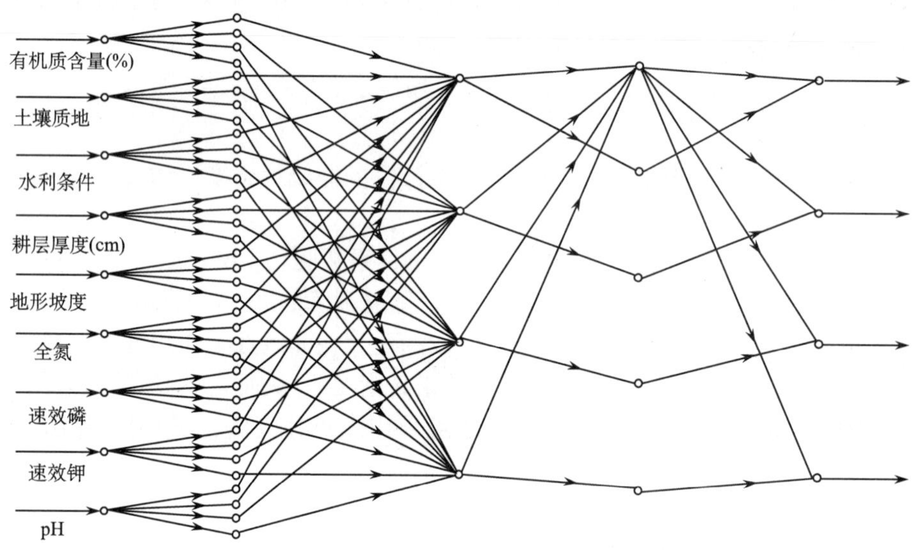

图 5-7　模糊神经网络结构

各层的神经元激发函数和连接权重描述如下：

第一层为输入层，

$$y_i^{(0)} = x_i \tag{5-40}$$

式中，x_i 为第 i 个因子值，即网络的第 i 个输入；$y_i^{(0)}$ 为第 i 个神经元的输出。设共有 n 个因子，$i=1,2,\cdots,n$，该层共有 n 个神经元，每个神经元对应一个参评因子。

第二层为隶属函数层，

$$s_{ij}^{(1)} = -\frac{(x_i - m_{ij})^2}{\sigma_{ij}^2}$$

$$y_{ij}^{(1)} = \exp[s_{ij}^{(1)}] \tag{5-41}$$

式中，$s_{ij}^{(1)}$ 为代表第 i 个因子第 j 个级别的隶属函数的神经元的净输入；$y_{ij}^{(1)}$ 为神经元的输出；m_{ij} 和 σ_{ij} 分别为隶属函数的中心和方差。设每个输入变量定义了四个模糊子集，则每个输入变量对应四个隶属函数神经元，分别代表四个隶属函数，$i=1,2,\cdots,n$，$j=1,2,3,4$。该层共有 $4n$ 个神经元。

第三层为模糊运算层，对各因子隶属度进行加权求和运算，

$$s_k^{(2)} = \sum_{i=1}^{n} w_i^{(2)} y_{ij}^{(1)}, j = k \tag{5-42}$$

$$y_k^{(2)} = s_k^{(2)} \tag{5-43}$$

式中，$s_k^{(2)}$ 为第三层第 k 个节点的净输入；$y_k^{(2)}$ 为第三层第 k 个节点的输出；$w_i^{(2)}$ 为隶属函数层神经元和模糊运算神经元之间的连接权系数，从同一个因子的 4 个隶属函数结点引出的连接权是相等的，表示第 i 个因子的权重。该层用于分级别对各因子隶属度进行加权求和，共有四个神经元。

第四层、第五层实现综合评判结果的判定，即通过对隶属度取大，输出隶属度最大的级别。

第四层，

$$y_0^{(3)} = \max[y_k^{(2)}] \tag{5-44}$$

$$y_l^{(3)} = y_k^{(2)}, k = l-1, l = 1,2,3,4 \tag{5-45}$$

式中，$y_0^{(3)}$ 为第四层第 1 个节点的输出；max 表示取大运算；$y_l^{(3)}$ 为第四层第 l 个节点的输出。

第五层，

$$y_m^{(4)} = \text{int}[y_l^{(3)} - y_0^{(3)} + 1], l = 1,2,3,4 \tag{5-46}$$

式中，$y_m^{(4)}$ 为第五层第 m 个节点的输出；int 表示取整运算。输出层的四个神经元只有一个输出为 1，其他为 0，输出为 1 的神经元代表的级别即为综合评判的结果。

(二) 遗传训练

在该模糊神经网络模型中，隶属函数层神经元的激发函数是经验隶属函数，连续可导；而在推理层中，却存在取大和取整运算，这两种运算是不可导的。在存在不可导或阶跃函数的情况下，BP 算法效率很低或不收敛。采用遗传算法进行模型训练则可以取得较好的效果。

建立的模糊神经网络模型中，网络变量包括各因子隶属函数的中心和宽度、各因子的权重值。遗传算法用于模糊神经网络训练，就是将上述变量编排成染色体(编码)，并生成初始种群(初始候选解)，每个染色体完全描述了一个模糊神经网络，通过种群的遗传进化(选择、复制、交换、变异)逐步得到满足网络收敛条件的最优个体，解码后即得到训练完成的模糊神经网络。

1. 编码

在模糊神经网络的隶属函数层，从表面上看，网络变量是各隶属函数的中心和宽度，实际上，由于规定了隶属函数的形式，一个因子的各个隶属函数的参数之间存在相关性，只要确定了因子分级界限，隶属函数就唯一确定了。为了表示和计算的方便，以 $\Delta c_1 = c_1 - c_0$、$\Delta c_2 = c_2 - c_1$、$\Delta c_3 = c_3 - c_2$ 作为描述隶属函数的变量。其取值应满足：

$$\Delta c_1 + \Delta c_2 + \Delta c_3 < c_4 - c_1 \qquad \Delta c_1, \Delta c_2, \Delta c_3 > 0 \tag{5-47}$$

在模型的推理层，各因子权重值是网络变量，且应满足权重之和为 1 的条件：

$$a_1 + a_2 + \cdots + a_n = 1 \qquad a_1, a_2, \cdots, a_n > 0 \tag{5-48}$$

$a_1, a_2, \cdots, a_n$ 表示各因子权重。编码就是将各因子的分级变量 Δc_1、Δc_2、Δc_3 以及因子权重 $a_1, a_2, \cdots, a_n$ 按序排列成染色体。为减少数制转换的工作量和便于表示，本节采用实数编码。

2. 适应度计算

遗传算法用适应度函数来评价染色体的优劣，本节以模糊神经网络在训练样本集上的均方误差的倒数作为适应度函数。对于某个染色体个体 x_i 所描述的模糊神经网络，一批训练样本的均方误差可表示为

$$E(x_i) = \frac{1}{N}\sum_{n=1}^{N}\sum_{m=1}^{M}\frac{1}{2}[d_m^{(n)} - z_m^{(n)}]^2 \tag{5-49}$$

式中，$E(x_i)$为均方误差；$d_m^{(n)}$ 和 $z_m^{(n)}$ 分别为第 n 个样本在第 m 个输出神经元的期望输出和实际输出；M 为输出层神经元数；N 为样本个数。则适应度函数可表示为

$$f'(x_i) = 1/E(x_i) \tag{5-50}$$

3. 选择

选择运算通过模拟生物界去劣存优的自然选择现象来实现对优势解的选择。它从上一代种群（模糊神经网络编码染色体群体）中选择出适应性强的某些染色体，作为进行交换和变异的操作对象，以产生下一代种群。适应度越高的染色体被选择的可能性越大，其遗传基因在下一代群体中的分布就越广，其后代在下一代中出现的数量就越多。适应度比例法是一种使用比较普遍的选择方法，又称为轮转法。它采用式(5-51)计算某一染色体被选中的概率：

$$P_c = f(x_i)/\sum f(x_i) \tag{5-51}$$

式中，x_i 为种群中第 i 个染色体；$f(x_i)$为第 i 个染色体的适应度值；$\sum f(x_i)$ 为种群中所有染色体的适应度值之和。

一种改进的选择方法称为最佳个体保存法或杰出者记录策略，其做法是把种群中最优秀的个体直接复制到下一代。

4. 交换

复制操作虽然能够从旧种群中选择出优秀者，但不能创造出新的染色体。交换操作模拟了自然界中的繁殖现象，通过两个染色体的交换组合，来产生新的优良的个体。在神经网络中，与一个结点相联系的一系列权值组成一个逻辑子集。实验表明，在神经网络遗传学习中，将逻辑子集作为一个整体进行遗传操作能够获得更好的进化。按照这种逻辑子集划分规则，在隶属函数层，每一个因子的四个隶属函数结点组成一个逻辑子集，n 个因子在隶属函数层的 $4n$ 个结点共构成 n 个逻辑子集。如前所述，每个逻辑子集以因子的分级界限表示。在模糊推论层，各因子权重之和为 1，n 个因子权重值构成一个逻辑子集，

因此，该模型共包含了 $n+1$ 个逻辑子集。交换操作是对染色体的逻辑子集的交换，即选择两个父辈染色体，以一点或多点交换方式将对应的逻辑子集交换。

5. 变异

与交换相似，变异操作也以逻辑子集为单位进行。变异采用有偏变异权值的方式，即从初始化概率分布中取一系列值分别加到逻辑子集的各数值上，但要保证变异后逻辑子集还应满足原有的数值条件，如因子分级界限非负、有序以及因子权重值之和为 1。

综上所述，采用遗传算法进行模糊神经网络训练的基本流程如图 5-8 所示。

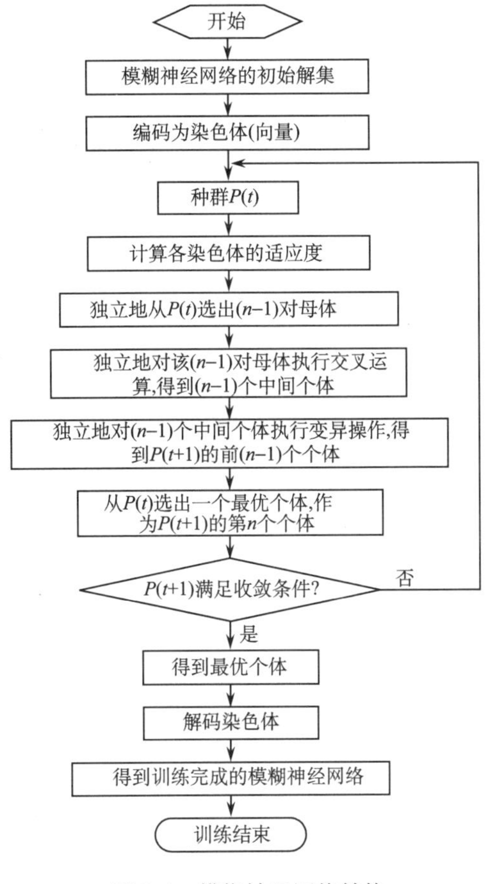

图 5-8　模糊神经网络结构

第三节　应用实例

一、土地适宜性评价的 BP 神经网络模型应用

这里以海南省琼海市土地适宜性评价为例来说明土地评价神经网络模型的应用。本次评价是针对不同土地用途的多用途评价，共进行了宜水田、宜旱地、宜林地、宜牧草地、

宜水产养殖、宜草本经济作物、宜木本经济作物等七种用地的适宜性评价。这里讨论图5-3所示宜旱地评价神经网络模型,该模型输入层8个神经元,对应8个参评因子,输出层1个神经元,表示评价结果(适宜程度的量化值)。

为方便计算,应先量化定性指标,并对所有因子指标值进行标准化。在本次应用中,因子指标值统一量化为0～1之间的实数。以土壤有机质含量(定量指标)和水利条件(定性指标)为例说明因子指标值标准化的过程。对土壤有机质因子图层的统计分析表明,评价区域内土壤有机质含量的最大值为4.5%,故应用式(5-52)对实际获得的指标值(x_0)进行变换,得到标准值(x)。

$$x = x_0/0.045 \tag{5-52}$$

式中,x、x_0 分别为标准化值和实际值。

水利条件为定性指标,以"好"、"较好"、"一般"、"差"表示。按表5-3进行标准化。

表5-3　定性指标量化对照表

定性指标	好	较好	一般	差
标准化值	0.8	0.6	0.4	0.2

采集的样本总数为196,其中训练集样本137个,测试集样本59个。如前所述,采用试错法确定了隐含层神经元的最佳数目为6。应用人工神经网络进行土地适宜性评价首先要对网络模型进行训练和测试,其基本过程如图5-9所示。

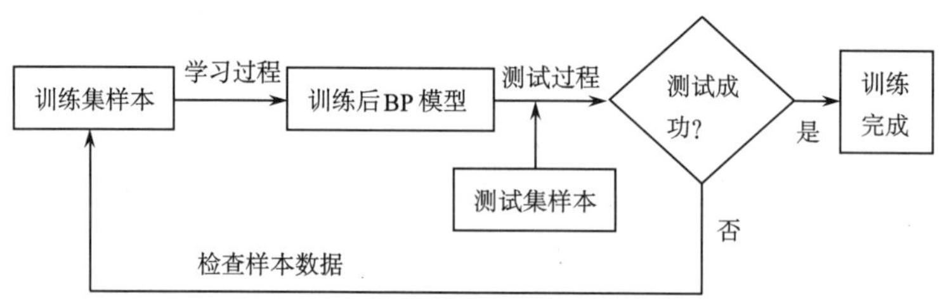

图5-9　神经网络的训练和测试

训练结束后,在测试集上进行测试,正确率为93.2%,共有4个样本没有得到正确结果。图5-10是测试结果示例(图中因子值和适宜程度数据为标准化值)。

神经网络给出的结果是适宜性程度的量化值,而不仅仅是级别。级别内部的差别也可以得到反映。从最后结果看,神经网络的应用还是成功的。没有得到正确结果的评价单元是由于其因子指标值组合比较特殊,相类似的组合在训练集中没有出现或出现极少。为此可以将这些特殊样本作为训练集样本重新训练网络以提高网络的识别能力,相当于让网络学到了新的知识,这将进一步改善网络的性能。采用传统的模糊综合评判算法进行该实验区域的宜旱地评价,在上述测试集上的正确率为88.1%,共有7个样本没有得到正确结果。此次应用模糊综合评判的结果略逊于人工神经网络。影响模糊综合评判结果的因素除评价指标体系外,还有隶属函数等。

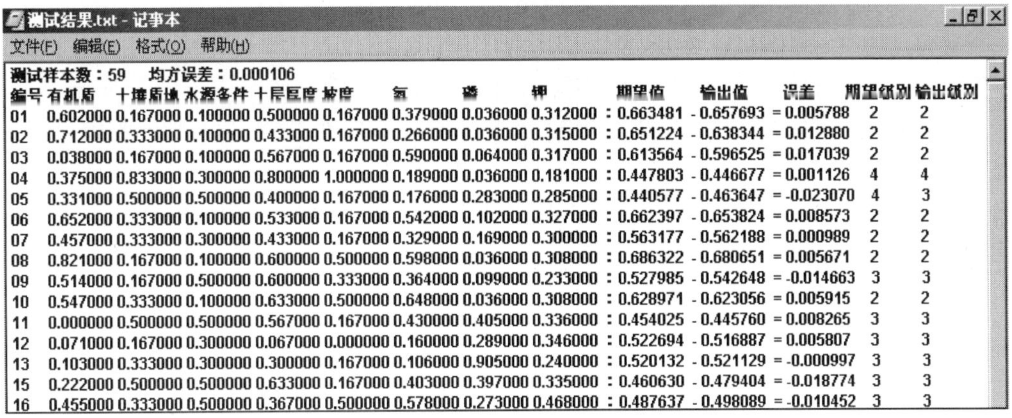

```
测试结果.txt - 记事本
文件(F) 编辑(E) 格式(O) 帮助(H)
测试样本数：59   均方误差：0.000106
编号 有机质   土壤质地 水源条件 土层厚度 坡度     氮       磷       钾         期望值     输出值     误差       期望级别 输出级别
01  0.602000 0.167000 0.100000 0.500000 0.167000 0.379000 0.036000 0.312000 : 0.663481 - 0.657693 = 0.005788   2  2
02  0.712000 0.333000 0.100000 0.433000 0.167000 0.266000 0.036000 0.315000 : 0.651224 - 0.638344 = 0.012880   2  2
03  0.038000 0.167000 0.100000 0.567000 0.167000 0.590000 0.064000 0.317000 : 0.613564 - 0.596525 = 0.017039   2  2
04  0.375000 0.833000 0.300000 0.800000 1.000000 0.189000 0.036000 0.181000 : 0.447803 - 0.446677 = 0.001126   4  4
05  0.331000 0.500000 0.500000 0.400000 0.167000 0.176000 0.283000 0.285000 : 0.440577 - 0.463647 = -0.023070  4  3
06  0.652000 0.333000 0.100000 0.533000 0.167000 0.542000 0.102000 0.327000 : 0.662397 - 0.653824 = 0.008573   2  2
07  0.457000 0.333000 0.300000 0.433000 0.167000 0.329000 0.169000 0.300000 : 0.563177 - 0.562188 = 0.000989   2  2
08  0.821000 0.167000 0.100000 0.600000 0.500000 0.598000 0.036000 0.308000 : 0.686322 - 0.680651 = 0.005671   2  2
09  0.514000 0.167000 0.500000 0.600000 0.333000 0.364000 0.099000 0.233000 : 0.527985 - 0.542648 = -0.014663  3  3
10  0.547000 0.333000 0.100000 0.633000 0.500000 0.648000 0.036000 0.308000 : 0.628971 - 0.623056 = 0.005915   2  2
11  0.000000 0.500000 0.500000 0.567000 0.167000 0.430000 0.405000 0.336000 : 0.454025 - 0.445760 = 0.008265   3  3
12  0.071000 0.167000 0.300000 0.067000 0.000000 0.160000 0.289000 0.346000 : 0.522694 - 0.516887 = 0.005807   3  3
13  0.103000 0.333000 0.300000 0.300000 0.167000 0.106000 0.905000 0.240000 : 0.520132 - 0.521129 = -0.000997  3  3
15  0.222000 0.500000 0.500000 0.633000 0.167000 0.403000 0.397000 0.335000 : 0.460630 - 0.479404 = -0.018774  3  3
16  0.455000 0.333000 0.500000 0.367000 0.500000 0.578000 0.273000 0.468000 : 0.487637 - 0.498089 = -0.010452  3  3
```

图 5-10　神经网络测试结果(部分)

二、土地适宜性评价的遗传模糊神经网络模型应用

这里以海南省琼海市宜水田评价的模糊神经网络模型的进行实例分析。宜水田评价初始因子指标体系如表 5-4 所示。

表 5-4　初始宜水田评价因子指标体系

参评因子	权重	Ⅰ	Ⅱ	Ⅲ	Ⅳ
有机质含量/%	0.2	>3	3～2	2～1	<1
土壤质地	0.1	中壤、重壤	轻黏、轻壤	砂壤	砂土、中黏
水源条件	0.2	好	较好	一般	差
耕层厚度/cm	0.2	>30	20～30	10～20	<10
地形坡度/(°)	0.1	<1	1～2	2～3	>3
全氮	0.05	>0.15	0.10～0.15	0.05～0.10	<0.05
全磷	0.05	>0.15	0.10～0.15	0.05～0.10	<0.05
全钾	0.05	>2	1.0～2	0.5～1.0	<0.5
pH	0.05	<5.0	5.0～7.0	7.0～8.0	>8.0

根据实验区域的具体情况确定因子指标的最大、最小值，将指标体系的指标值标准化为 0～1 之间的实数，以适合神经网络模型的需要。

根据因子指标体系建立模糊神经网络结构，输入层 9 个神经元，对应于 9 个参评因子；每个因子进行 4 个级别的划分，隶属函数层共有 4×9=36 个神经元，每个因子对应的 4 个隶属函数神经元的输出分别为单因子对 4 个级别的隶属度值；第三层 4 个神经元，其输出分别对应于 4 个级别的隶属度；第四层、第五层实现对隶属度的取大运算，输出为综合评判的结果。根据初始的因子指标体系，对模糊神经网络进行初始化(训练前的初始状态)。

训练集和测试集样本数据的获取以实地随机抽样为主，兼顾地域分布平衡和各现状类型、等级均匀分布。样本应具有一定的代表性和准确性。收集样本总数为 200,其中训练集样本 140 个,测试集样本 60 个。采用前述改进的遗传算法进行训练。初始种群通过以模糊神经网络的初始状态为基础加随机值的方法生成,种群规模为 20。交换概率取为 0.7,对未被交换的个体以概率为 1.0 进行变异操作。为缩小搜索空间,加速收敛,按照前述方法以逻辑子集为基本单元执行交叉和变异操作。图 5-11 为训练中最优个体适应度值和群体平均适应度值随进化代数的变化曲线。其中上方曲线为最优个体适应度值的变化曲线,下方曲线为群体平均适应度值的变化曲线;图 5-11(a)和图 5-11(b)分别为将最大迭代次数设定为 100 和 500 的情况。

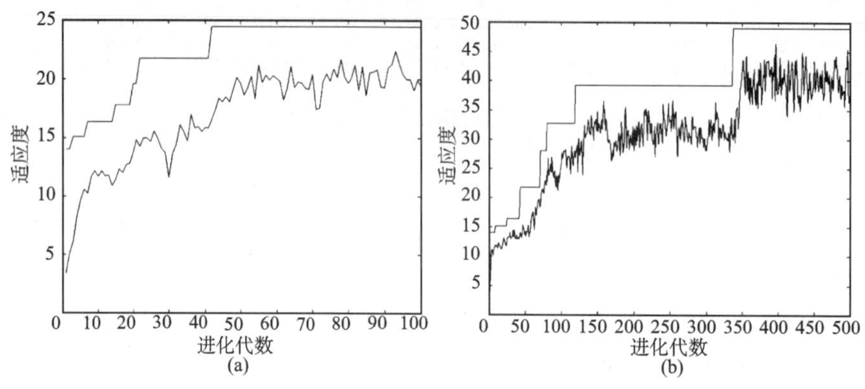

图 5-11 最优个体适应度值和群体平均适应度值的变化曲线

根据该模糊神经网络模型输出层的结构特点和均方误差的计算公式[式(5-53)]可知,对一批训练样本(设为 n 个)而言,每一个输出与期望不符的样本,均方误差的增加量为

$$\delta = 1/n \tag{5-53}$$

因此,在训练过程中,该模糊神经网络的均方误差实际上代表了模型输出与期望值不符的样本所占样本总量的百分比。假定当训练集中 95%的样本都能得到正确输出时认为模型收敛,此时模糊神经网络的均方误差小于 0.05(最优个体适应度值大于 20),则从图 5-11 可以看出,遗传训练所需要的迭代次数约为 30。当然随着训练次数的增加,可以进一步提高模型和样本集之间的吻合程度。

训练完成后,可以从模糊神经网络(最优染色体)中导出调整后的规则库,由于该规则库是在初始规则库的基础上通过向实际调查样本"学习"、调整得到的,因而更加符合实际情况。调整后的因子指标体系见表 5-5 。图 5-12 是一个典型地区的样本分布情况以及训练前和训练后的结果对比示例。

表 5-5 调整后宜水田评价因子及指标体系

参评因子	权重	Ⅰ	Ⅱ	Ⅲ	Ⅳ
有机质含量/%	0.2	>3	3~2	2~1	<1
土壤质地	0.2	中壤、重壤	轻黏、轻壤	砂壤	砂土、中黏
水源条件	0.25	好	较好	一般	差

续表

参评因子	权重	Ⅰ	Ⅱ	Ⅲ	Ⅳ
耕层厚度/cm	0.1	>20	20～15	15～10	<10
地形坡度	0.1°	<1°	1°～2°	2°～4°	>4°
全氮/(g/kg)	0.04	>0.15	0.15～0.10	0.10～0.05	<0.05
全磷/(g/kg)	0.03	>0.18	0.18～0.09	0.09～0.04	<0.04
全钾/(g/kg)	0.03	>1.8	1.8～0.9	0.9～0.6	<0.6
pH	0.05	<5.5	5.5～7.0	7.0～8.2	>8.2

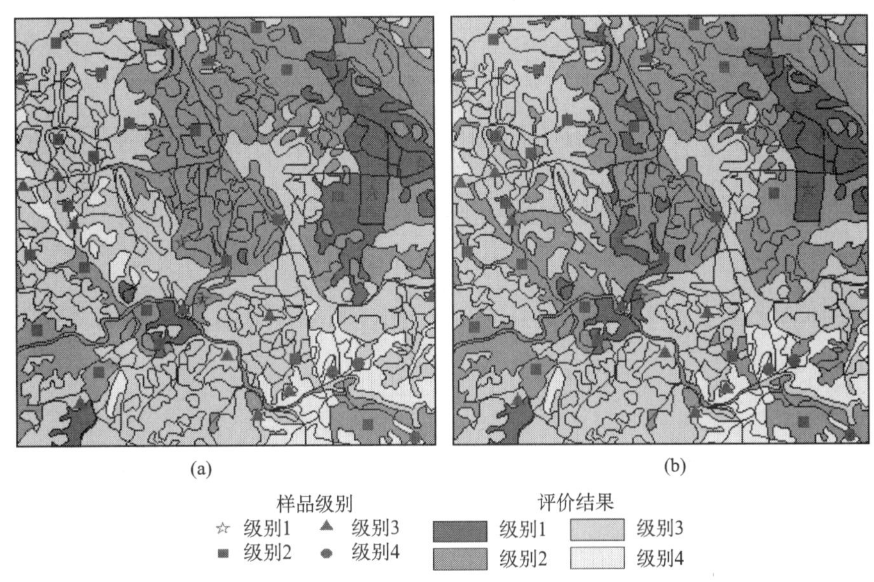

图 5-12　样本分布情况以及训练前和训练后的结果对比示例

从图 5-12 可以看出，训练前的评价结果图中(采用初始的指标体系评价)，有许多样本落在与其等级不一致的级别区域，主要有两种情况：一是在级别变换的交界处，二是在连续级别区域内有零星分布的异质样本。这反映了指标体系和调查结果的差异，也即经验知识的不完备性和不准确性。训练后这种情况得以改善和纠正，评价结果和调查样本保持了较高的一致性。

为了研究初始规则对于遗传训练算法的影响，对初始的因子指标体系根据前面的训练结果进行少许改进，再进行遗传训练。可以看出，遗传训练的收敛速度加快，图 5-13 展示了模糊神经网络从两个改进的初始状态开始遗传训练的情况。这说明，尽管遗传训练不依赖于初始规则，具有全局收敛性，但是初始规则的好坏对训练速度是有影响的，初始规则越接近客观规律(样本集所代表的映射)，训练速度越快。因此，实践中根据经验知识获取比较客观的初始规则，有利于加快收敛速度。

在土地评价模糊神经网络模型中，可能会存在收敛速度慢、网络结构难以优化、无法使用 BP 算法等问题，随着遗传算法的引入都迎刃而解了。遗传算法与神经网络、模糊逻辑的结合,大大提高了土地评价模型的适应性,使得土地评价系统成为一个自学习、自适应的智能系统。

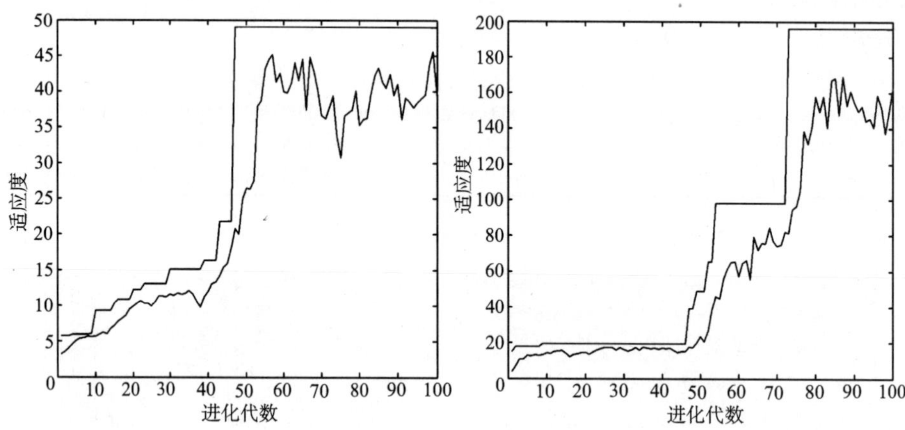

图 5-13　从两个改进的初始状态进行模糊神经网络的遗传训练

第六章　基于专家系统的土地评价方法

第一节　专家系统概述

一、专家系统的定义

专家系统(expert system,ES)也被称为基于知识的系统(knowledge-based system)、基于规则的系统(rule-based system)或基于知识的专家系统(knowledge-based expert system),目前尚无统一的、公认的定义。但从当前专家系统的研究内容、应用领域,及解决实际问题的能力来看,可被定义为:具有大量的专业知识,并能通过运用这些知识解决特定领域中只有领域专家或经验丰富的专业人员才能解决的实际问题的计算机系统。它集成了某个特殊领域的专家的知识和经验,能像人类专家那样运用这些知识,通过推理模拟人类专家做出决定的过程,来解决人类专家才能解决的复杂问题。

与人类专家相比,专家系统具有如下优点:

1) 解决问题具有极高的效率。由于计算机具有极快的计算速度,以及专家系统的符号处理能力,因此,在某些需要立即做出决策的场合,专家系统具有优势。

2) 可靠性好。在危险性较高的场合,或由于专家本身的身体状况及工作压力等情况,专家可能会得出错误的结论或建议,但专家系统可在任何时间及场合作出结论,如果输入正确的话,得到的结果是一致的。另外,专家知识库通常依靠许多领域专家构建而成,从而在解决实际问题时,理论上其能力要比一个或几个领域专家要高。

3) 成本低。一般来说,花费一定的人力、物力在有限的时间内就可以开发出专家系统,但是若培养一个专家,则需要花费若干年,而且人类专家还存在退休、疾病等问题,相反,随着时间的推移,专家系统的功能只能是越来越强,所以,开发专家系统有时是一劳永逸的事情。

4) 有利于知识的存储。专家的知识在专家系统中是以知识库的形势存储的,而且可以被无限次的重复使用,并由于其具有学习能力,可以被实时更新。

5) 灵活性高。同一个专家系统的外壳,装入不同的知识库,可以用来解决不同领域的问题,并且由于专家系统的应用,可以在很大程度上解放人类专家,使人类专家有足够的时间从事理论研究及需要更高智能的事情上去。

二、专家系统的体系结构

专家系统通常由知识库、推理机、知识获取、解释器、数据库、人机交互界面等六部分组成,知识库和推理机是它的核心(图 6-1)。

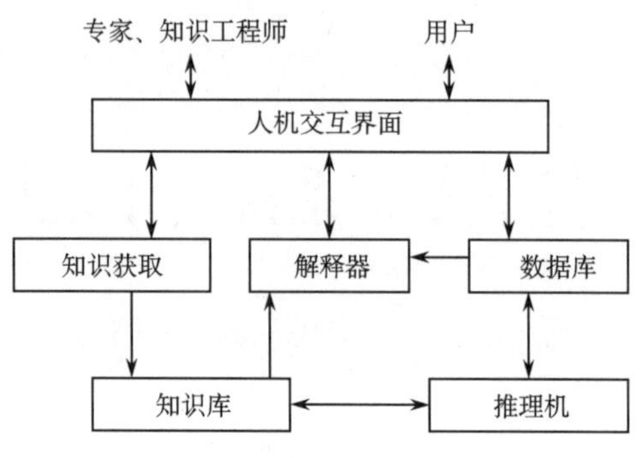

图 6-1　专家系统的基本结构

知识库用来存放专家提供的知识。专家系统的问题求解过程是通过知识库中的知识来模拟专家的思维方式的，因此，知识库是专家系统质量是否优越的关键所在，即知识库中知识的质量和数量决定着专家系统的质量水平。一般来说，专家系统中的知识库与专家系统程序是相互独立的，用户可以通过改变、完善知识库中的知识内容来提高专家系统的性能。

推理机针对当前问题的条件或已知信息，反复匹配知识库中的规则，获得新的结论，以得到问题求解结果。在这里，推理方式可以有正向和反向推理两种。正向推理是从前件匹配到结论，反向推理则先假设一个结论成立，看它的条件有没有得到满足。由此可见，推理机就如同专家解决问题的思维方式，知识库就是通过推理机来实现其价值的。

数据库专门用于存储推理过程中所需的原始数据、中间结果和最终结论，往往是作为暂时的存储区。

知识获取是专家系统知识库是否优越的关键，也是专家系统设计的“瓶颈”问题，通过知识获取，可以扩充和修改知识库中的内容，也可以实现自动学习功能。

解释器能够根据用户的提问，对结论、求解过程做出说明。

人机交互界面是系统与用户进行交流时的界面。通过该界面，用户输入基本信息、回答系统提出的相关问题，并输出推理结果及相关的解释等。

第二节　土地评价专家系统的关键技术

一、土地评价知识处理

（一）土地评价知识分类与表示

知识表示实际上是研究各种存储知识的数据结构的设计，目的是便于知识在计算机中存储、检索、使用和修改。知识表示得恰当与否不仅与知识的有效存储有关，也直接影响着系统的知识获取能力和知识的运用效率。土地评价专家知识库主要由土地评价知识（定性因子量化规则、因素因子的级别划分规则、土地评价单元划分规则等）、土地评价方法(多因素综合评定法等)、土地评价模型(因子量化模型、土地级别计算模型等)等组成。系统中计算机所处理的知识,按其作用分类,大致可分为如下三类。

1) 说明性知识。说明性知识描述具体问题及问题求解的当前状态,即它描述与对象相关的事实、动作、事件等。例如:对大气污染的范围描述“一类区:九峰山森林公园和白沙洲地区”、对大气污染程度描述“一类区:无污染”、“二类区:基本无污染”等。说明性知识不但描述对象,而且还能描述对象的范畴或类。另外,说明性知识不仅需要描述事件本身,而且还需要描述事件的因果关系、时间顺序等。

2) 问题求解知识。问题求解知识主要指与领域相关的知识,也称为领域知识。这些知识看起来是过程性知识,它说明如何处理与问题相关的数据以获得问题的解。这类知识通常用产生式规则描述和表示。例如:对汽车站定级因子有“IF 站地面积≥3 万 m^2 and 年客运量≥60 万人 THEN 因子级别=1”;对商业用地级别评定有“IF 商服中心级别=1 and 集贸市场级别={1,2}or 商服中心级别={1,2}and 集贸市场级别=1 THEN 土地级别 Class=1”等。问题求解知识是专家系统的关键所在,也是人工智能程序能达到专家水平的重要原因。

3) 元知识。元知识是关于知识的知识。一般说来元知识可分为两类:一类是关于我们所知道些什么的元知识,这些元知识描述了领域知识的内容和结构的一般特征;另一类是关于如何运用我们所知道的知识的元知识,这类知识通常用于描述问题求解的推理方法,以及为解决一个特殊任务而完成的活动的计划、组织和选择。元知识常以控制知识的形式出现。

知识表示方法从表示的技术特征上大致可分成两类:一类是说明性方法,按这种方法,大多数的知识可以表示为一个稳定的事实集合,以及同一小组中控制这些事实的通用过程。这种方法严密性强,易于模块化,具有推理完备性,但推理的效率比较低。另一类为过程性方法,按这种表示方法,一组知识被表达成如何应用这些知识的过程,这种方法不易扩充,但推理效率比较高。两种表示方法各有利弊,对不同性质的问题应采用不同形式的表示方法。适用的具体技术方法:逻辑(logic)、语义网络(semantic network)、产生式规则(production rule)、框架(frame)、剧本(script)、面向对象的表示法、原型、神经网络的知识表示。

上述知识分类中的问题求解知识又可进行分级。以土地定级专家系统为例,对于土地定级推理器直接作用的问题求解知识可分为三级表示,其知识的分级及各级知识的表示如下:

1) 一级知识。土地定级专家系统的一级知识是定级因子选择及其级别划分的专家知识。其知识表示形式为〈因子名〉、〈因子分级〉,其中因子分级表示为〈因子级别〉〈上限、下限〉。或者用产生式规则表示,即如果〈条件表〉,则〈结论〉,其中条件表示为〈因子名,因子属性〉,条件表内可包含多个条件(即多个属性);结论部分为〈因子名,因子级别〉,一级知识的知识规则示例如表 6-1 所示。

表 6-1　系统一级知识的表示示例之汽车站因子级别划分知识规则

序号	IF(汽车站因子属性)	THEN(因子级别)
1	占地面积>3 万 m^2 and 年客运量>60 万人 and 影响半径>10 km	Class 1
2	占地面积≤3 万 m^2 and 占地面积>2 万 m^2 and 年客运量≤60 万人 and 年客运量>40 万人 and 影响半径≤10 km and 影响半径>8 km	Class 2
3	占地面积≤2 万 m^2 and 占地面积>1.5 万 m^2 and 年客运量≤40 万人 and 年客运量>20 万人 and 影响半径≤8 km and 影响半径>5 km	Class 3
4	占地面积≤1.5 万 m^2 and 占地面积>1 万 m^2 and 年客运量≤20 万人 and 年客运量>10 万人 and 影响半径≤5 km and 影响半径>3 km	Class 4
5	占地面积≤1 万 m^2 and 年客运量≤10 万人 and 影响半径≤3 km	Class 5

2）二级知识。土地定级专家系统的二级知识是定级因素因子分值计算、评价单元总分值计算模型的专家知识，用产生式规则或者嵌套产生式规则表示为：如果〈条件表〉，则〈结论〉，或者如果〈条件表〉并〈中间结论〉，则〈最终结论〉。其中条件表示为〈因子名，因子级别〉，条件表内可包含多个条件；结论部分为〈因子名，因子级别〉，这里的因子名也可为综合因子名(因素名)。〈中间结论〉为〈因子名，因子级别〉，因子名可为综合因子名(同二级知识)；〈最终结论〉为最终划分因素级别的结果。以交通条件(包括：对外交通便利度、道路通达度、公交便捷度等)为例，二级知识的表示示例如表 6-2 所示。

表 6-2　系统二级知识的规则示例之交通条件因素级别划分知识规则

序号	IF(因子属性)	THEN(交通条件)
1	{公交便捷度={1}and 对外交通便捷度={1,2,3}and 道路通达度={1,2}} OR{公交便捷度={2}and 对外交通便捷度={1,2,3}and 道路通达度={1}}	Class 1
2	{公交便捷度={1}and 对外交通便捷度={1,2,3,4}and 道路通达度={2,3,4}} OR{公交便捷度={3}and 对外交通便捷度={1,2,3,4}and 道路通达度={1,2}}	Class 2
3	{公交便捷度={2}and 对外交通便捷度={2,3,4}and 道路通达度={3,4}} OR{公交便捷度={3}and 对外交通便捷度={2,3,4}and 道路通达度={2}}	Class 3
4	{公交便捷度={3}and 对外交通便捷度={2,3,4,5}and 道路通达度={3,4}} OR{公交便捷度={4}and 对外交通便捷度={2,3,4}and 道路通达度={1,2,3}}	Class 4
5	{公交便捷度={3,4,5}and 对外交通便捷度={3,4,5}and 道路通达度={4,5}} OR{公交便捷度={4,5}and 对外交通便捷度={2,3,4,5}and 道路通达度={2,3,4,5}}	Class 5
……	……	……

3）三级知识。土地定级专家系统的三级知识是土地级别划分的专家知识，用产生式规则或嵌套的产生式规则表示为：如果〈条件表〉，则〈结论〉，或者如果〈条件表〉并〈中间结论〉，则〈最终结论〉。其中〈条件表〉表示为〈因子名，因子等级〉，条件表内可包含多个条件，也可为空；〈中间结论〉为〈因子名，因子级别〉，因子名可为综合因子名(同二级知识)；〈最终结论〉为最终划分土地级别的结果。三级知识的表示示例如表 6-3 所示。

表 6-3　系统三级知识的规则示例之土地级别划分知识规则

序号	IF(因子条件)	THEN(土地级别)	CF
1	商服中心=1 and 集贸市场={1,2}and 交通条件{1,2}	Class 1	0.99
2	商服中心={2,3,4}and 集贸市场={2,3}and 交通条件{1,2,3}and 人口密度={1,2}	Class 2	0.85
3	商服中心={2,3,4}and 集贸市场={2,3,4}and 道路通达度={2,3} and 人口密度={2,3}or 交通便捷度={2,3}	Class 3	0.90
4	商服中心={3,4}and 集贸市场={3,4}and 道路通达度={3,4}and 人口密度={1,2,3}and 火车站={2,3}	Class 4	0.88
5	商服中心={2,3,4}and 集贸市场={2,3}and 交通便捷度={3,4} and 汽车站={2,3}and 人口密度={2,3,4}	Class 4	0.78
6	商服中心={4,5}and 集贸市场={4,5}and 道路通达度={4,5}and 人口密度={3,4,5}and 汽车站={3,4,5}	Class 5	0.94
……	……	……	……

知识表示方法有事实、规则、框架、计算模型等表示法。不同的知识表示方法适合于表示不同的知识类型，因此有必要根据所选定的领域范围选定一或两种知识表示模式，以最合适地表达相应的领域知识。一般来说，规则结构适合于表达因果关系的知识；框架结构适合于表达具有层次结构的知识；计算模型则完全是数学模型的一种程序化；逻辑结构用于表达组合动作及逻辑。系统采用把几种方法有机地综合在一起的方法，因为这样能对不同的领域知识采用最合适的方法来表示，发挥各种方法的长处。

此外，土地定级中很多知识是模糊的，需要采用模糊知识框架结构表示领域知识，利用模糊集匹配，加权综合模糊匹配及隶属度函数等理论与技术表示定性的定级知识。模糊产生式规则表示运用了动态模糊(DF)或语义图来分析定级知识，采用动态模糊逻辑(DFL)理论描述定级问题。其专家系统部分的开发设计要符合定级专家的思维方式，反映其分析问题的特点，因每个知识库的知识以类、属性、对象的形式表示，类则有类名、分类名、子类名特点等，系统通过类定义实现模块化设计，由于把各子部分设计封装成一体，从而使各模块之间的联系降到最小程度，当某模块修改时，对整个系统的影响减到最小。

(二) 土地评价知识获取

1. 知识获取预处理

(1) 土地信息缺失处理

土地评价是一项非常复杂的综合性的工作，评价工作中涉及大量的图形和属性数据的处理。在土地评价的实际工作中，由于种种原因，评价数据库中采集到的因素因子的信息必然存在不完整的情形，即用于土地评价的土地资源数据库中必然存在不完整的、含噪声的和不一致的数据。这些不完整数据的出现可能有多种原因，主要表现为：数据输入时疏漏和有些数据无法获得。由于某些重要属性对于一个地块的评价非常重要，这种数据的缺损如果不采用必要的方法加以解决必然导致土地评价结果与实际土地级别不相符，直接导致评价结果不可靠。因此，有必要在土地评价工作中采用合理、有效的方法对缺损属性值尽可能地给出一个近似于真实值的属性值。对于数据缺损的处理方法目前主要有以下几种方法：

1）忽略元组。通常当类标号缺少时这样处理（假定挖掘任务涉及分类或描述时）。如果某一元组有多个属性缺少值，那么该方法并不是很有效。如果某个属性缺少值的百分比很大时，其性能就比较差。

2）人工填写空缺值。一般来说，该方法一方面比较费时，并且当数据集很大、缺少很多值时，该方法的准确性和效率也会大大下降。另一方面，本身就不可获取的数据人工填写也无法实现。

3）使用一个全局常量来填充空缺值。将空缺的属性值用同一个常数来替换。

4）使用属性的平均值填充空缺值。例如，某评价区域人口密度平均值为 1000 人/km^2，则使用该值替换“人口密度”属性中的缺损值。

5）使用与给定元组属同一类的所有样本的平均值。例如，如果我们按“商服繁华度”属性级别进行初步分类，则用具有相同“商服繁华度”属性值的平均人口密度来替换“人口密度”属性中的空缺值。

6）使用基于统计的方法推导出最可能的值来填充空缺值。可以用回归、Bayes 计算共识或决策树推断出该条记录属性的最大可能的取值。例如，利用我们所收集到的数据中其他地块的属性，可以构造一棵判定树来预测数据缺损地块的空缺值。

7）使用基于知识的方法推导最可能的值来填充空缺值。将缺损的属性值作为挖掘目标，利用土地定级资源数据库中的具有完整数据的地块数据产生关于缺损数据的知识或规则，从而推导出最可能的值。

以上处理方法中，前五种方法均有很明显的缺陷，某些方法无法实现，某些方法处理的缺损值与真值之间的差别很大，总体上这五种方法对缺损数据的处理都不能取得较好的效果。因此，现在一般使用上述第六、七两种方法进行缺损值的处理。

Bayesian 网络是用来表示变量集合的连接概率分布的图形模型，它提供了一种自然地表示因果信息的方法。Bayesian 网络本身并没有输入和输出的概念，各节点的计算也是独立的。因此，Bayesian 网络的学习可以由上级节点向下级节点推理，也可以由下级节点向上级节点推理。Bayesian 网络能够有效地将先验知识和样本信息结合起来，为在数据挖掘中处理缺损数据提供了一种有效的方法。但是，Bayesian 网络也存在前提条件要求比较苛刻、计算量大等一些问题。

对于缺损属性值，可以采用上述方法结合一种基于先验知识的土地信息缺失处理方法来综合实现。即基于属性完整性约束、概念分级以及其他领域专门知识的逻辑推理，通过给缺失属性指定一个取值区间的方法来更新数据库。例如，在土地定级因子数据库中我们知道某地块（宗地）A 的“商服繁华度”属性是空的，但是同时可以从因子数据库表中获取地块 A 的其他属性，比如：某属性完整的地块（宗地）其交通条件综合评定为 1 级，人口密度为 1 级，基础设施综合评定为 2 级，公共设施综合评定为 1 级，环境条件为 2 级。这种以完整性约束形式出现的先验知识告诉我们具备以上条件的“商服繁华度”的取值区间是[1级,2级]。这样通过逻辑推理算法我们可以推导出地块(宗地)A的“商服繁华度”属性的取值区间也是[1级,2级],那么就可以给地块(宗地)A的“商服繁华度”这个属性赋值,然后在更新的数据库中就可以进行数据挖掘等任务并对地块A进行定级了。更进一步,我们还可以利用这种领域知识对数据库进行简化,来替代原数据库中的缺失数据。

(2) 连续值属性离散化

离散化是分类过程中处理连续属性的一种有效技术。很多的分类规则产生系统只能处理离散属性,对于这些系统,对连续属性值进行离散化是一个必要的步骤。即使是在能够处理连续属性的系统中,离散化也是系统中集成的一个步骤。离散化不仅可以缩短推导分类器的时间,而且有助于提高数据的可理解性,得到精度更高的分类规则。在土地评价实际应用问题中,也涉及一些连续属性的离散化问题。

离散化方法总体上可以分为两类:局部方法和全局方法。局部方法每次只对一个属性进行离散,而全局方法同时对所有属性进行离散。总的说来,局部离散方法相对简单易行,并已得到广泛的应用。但是,它被认为是一种次优方法。因为在离散化一个属性时忽略了其他属性的影响,因此数据中的有用信息容易丢失,数据中的重要关系容易受到破坏。另一方面,全局化方法由于考虑了属性间的相互作用往往可以得到比局部化方法更好的结果。但是它的计算代价很高,有时难以得到应用。

离散化是指将数值属性的值域划分为若干子区间,每个区间对应一个离散值,最后将原始数据更新为离散值。数值离散化算法要求自动确定连续型属性到离散型属性的对应关系。离散化算法可分为无监督离散化算法,如等宽区间法、等频区间法、K-means算法等;有监督离散化算法,如决策树离散化算法、ChiMerge算法、D-2算法等。

如在对土地定级数据库中连续数值属性离散化中,可以采取等宽区间法、数据项二元分裂法和WILD算法等。等宽区间法是最简单的无监督离散化算法,根据用户指定的区间数目,将数值属性的值域分为若干个区间,并使每个区间宽度相等。数据项二元分裂法,将连续型数据划分为两个区间,具体步骤如下:

1) 寻找连续型属性的最小值,并把它赋值给min,寻找连续型属性的最大值,并把它赋值给max;

2) 设置区间[min,max]中的N个等分断点A_i,它们分别是

$$A_i = \min + [\max - \min]/N * i, \text{其中}, i = 1,2,\cdots,N$$

3) 分别计算把[min,A_i]和[A_i,max](i=1,2,⋯,N),作为区间值时的分类准确率并进行比较。

$$\text{分类准确率} = \frac{\text{正确分类实例数}}{\text{实例总数}}$$

4) 选取分类准确率最大的A_k作为该连续属性值的断点,把属性值设置为[min,A_k]和[A_k,max]两个区间。

WILD离散化算法是基于信息论的有监督离散化算法(weighted information loss discretization,WILD)。下面简单阐述WILD的基本方法。

设样本集合中有两个属性：待离散化的数值属性，其值域为$[X_{\min}, X_{\max}]$，类别属性C，其值域为离散型，记为：$\{C_1, C_2, \cdots, C_k\}$。

首先，利用样本集合中属性X的所有不同观测值构造初始区间。设不同观测值由大到小为$x_1, x_2, \cdots, x_n$，则n个初始区间$I_1, I_2, \cdots, I_n$构造如下：

$$[x_{\min}, x_1], (x_1, x_2), (x_2, x_3), \cdots, (x_{n-1}, x_{\max})$$

其中，每个初始区间恰好只含有一个观测值。极端情况下，当样本集合所有样本的x属性值均不相同时，初始区间数等于样本数。

然后以m个相邻区间为一组，WILD比较各组区间$[I_1, I_2, \cdots, I_n]$，$[I_2, I_3, \cdots, I_{m+1}]$，…，$[I_{n-m+1}, I_{n-m+2}, \cdots, I_n]$挑选出最合适一组归并为一个大区间，如此循环进行直到满足条件。

由于WILD在离散化过程中存在信息损耗，需要计算信息损耗量，并将其中加权信息损耗最小的区间组合并。

加权信息损耗为：

$$\text{WILD} = \frac{|I|}{N}\text{Information-loss} \tag{6-1}$$

$|I|$为X属性值在区间I上的样本数目。Information-loss为相邻区间归并前后的信息损耗：

Information-loss＝$\text{Ent}(I) - \text{Ent}(I_1, I_2, \cdots, I_m)$，其中$\text{Ent}(I_i)$为类别熵，定义：

$$\text{Ent}(I_i) = -\sum_{i=1}^{k} p(C_i, I_i) \times \lg p(C_i, I_i) \tag{6-2}$$

式中，$p(C_i, I_i)$为样本的X属性值在区间I_i上时，其类别属性为C_i的概率。

$\text{Ent}(I_1, I_2, \cdots, I_m)$为将一组相邻区间归并一个区间前的类别熵：

$$\text{Ent}(I_1, I_2, \cdots, I_m) = \sum_{i=1}^{m} \frac{|I_i|}{|I|} \times \text{Ent}(I_i) \tag{6-3}$$

以武汉市土地定级中商服中心因子为例，采用上述方法进行离散化处理，结果见表6-4。

表 6-4　商服中心离散化结果示例

离散化值	1	2	3	4	5
营业面积/m^2	＞100 000	80 000～100 000	25 000～80 000	1000～25 000	＜1000
职工数/人	＞500	400～500	250～400	100～250	＜100
年营业额/万元	＞15 000	80 000～15 000	3000～8000	500～3000	＜500
完备程度	好	较好	一般	较差	差

2. 知识获取方法

知识获取的途径分两种：一种是由知识工程师通过与领域专家交流，阅读、分析各类资料获得相关领域的知识，再借助知识编辑系统把知识输入计算机。另一种是通过专家系统程序自己学习，从处理问题的过程和结果中获得知识、积累知识。知识获取又可分为领域知识的获取和元知识的获取，这两者并无本质区别。但元知识的来源比领域知识广泛得多，主要有三个方面：

1）由领域专家提供。领域专家在提供领域知识的同时，也能够提供某种类型的关于领域知识的知识，如用于选择规则的策略元知识、用于论证规则的元知识等。

2）由知识工程师提供。通过获取和分析领域知识，使知识工程师熟悉了领域背景，并逐步提出了该领域专家系统的设计方案，包括系统结构、推理机以及知识表达方法，也可以从有长期经验的知识工程师或书本中获取元知识。

3）系统自动归纳。该知识是由系统根据事实进行推理、得到验证并保存的知识。

对于既是领域专家，又是知识工程师的人，自我构造理论给他们提供了一种表达自己概念的结构，它是由用户需求和解决方案的二元序列对组成的系列，称之为构造。通过这种自我构造可以使系统高效、准确地获得知识。

决策树是一种常用的知识获取方法，通过决策树学习可以实现知识的自动获取（即机器学习）。决策树学习的目的就是从大量的实例中归纳出以决策树形式表示的知识，故可以认为决策树的学习过程就是一种知识获取过程。因此，可以把决策树的学习与知识获取问题联系起来，通过把知识获取问题转换为决策树的学习问题，从而实现知识的自动获取。由于决策树知识获取就是决策树学习，而决策树学习的核心就是决策树的学习算法，因此研究决策树的知识获取方法实际上就是研究决策树的学习算法。决策树归纳学习方法的基本思想是：首先建立根结点，在根结点上对所有的训练数据，如果所有的训练例属于同一类的，则将之作为叶结点并在结点上标明所属类别。否则，根据某种策略选择一个属性（或者属性集合），按照当前结点测试属性的不同取值，把训练数据集合划分为若干子集合，使得每个子集合上的所有记录对于该属性具有同样的属性值。然后再依次递归处理直到最终各训练例所属的类别一致为止。下面介绍两种常用的决策树的学习算法：C4.5 算法和 SLIQ 算法。

(1) C4.5 算法

C4.5 算法挑选具有最高信息增益率（ratio of information gain）的属性作为测试属性。

定义：设样本集 T 按离散属性 A 的 S 个不同的取值，划分为 $T_1,\cdots,T_S$ 共 S 个子集，则用 A 对 T 进行划分的信息增益率为

$$\text{ratio}(A,T)=\text{gain}(A,T)/\text{split}(A,T) \tag{6-4}$$

式中，$\text{split}(A,T)=-\sum |T_i|/|T|\times\log_2{}^{(|T_i|/|T|)}$，$(i=1,\cdots,S)$

该算法从树的根节点处的所有训练样本开始，选取一个属性来区分这些样本。对属性的每一个值产生一个分支，分支属性值的相应样本子集被移到新生成的子节点上，这个算法递归地应用于每个子节点上，直到节点的所有样本都分区到某个类中，到达决策树的叶节点的每条路径表示一个分类规则。这样自顶向下的决策树的生成算法的关键性决策是对节点属性值的选择。选择不同的属性值会使划分出来的记录子集不同，影响决策树

生长的快慢以及决策树结构的好坏，从而导致找到的规则信息的优劣。C4.5 算法的属性选择的基础是基于使生成的决策树中节点所含的信息熵最小。所谓熵在系统学上是表示事物的无序度。不难理解熵越小则记录集合的无序性越小，也就是说记录集合内的属性越有顺序、有规律，这也正是我们所追求的目标。集合 S 的熵的计算公式如下：

$$\mathrm{info}(S)=-\sum_{i=1}^{k}\{[\mathrm{freq}(C_i,S)/|S|]\times\log_2[\mathrm{freq}(G_i,S)/|S|]\}\qquad(6\text{-}5)$$

式中，$\mathrm{freq}(C_i,S)$代表集合 S 中属于类 C_i(k 个可能类中的一个)的样本数量；$|S|$ 表示集合 S 中的样本数量。

式(6-5)仅仅给出了一个子集的熵的计算，如果按照某个属性进行分区后就涉及若干个子集，则需要对这些子集进行熵的加权和的计算，公式如下：

$$\mathrm{info}_x(T)=-\sum[(|T_i|/|T|)\times\mathrm{info}(T_i)]\qquad(6\text{-}6)$$

其中 T 是按照属性 X 进行分区的集合。为了更加明显的比较不同集合的熵的大小，计算分区前的集合的熵和分区后的熵的差(把这个差叫做增益)，增益大的就是要选取的节点。公式如下：

$$\mathrm{gain}(X)=\mathrm{info}(T)-\mathrm{info}_x(T)\qquad(6\text{-}7)$$

生成决策树后，算法采取剪枝技术来纠正过度适合 C4.5 问题，即剪去的树中不能提高预测准确率的分支。若分支节点 N 的分类错误多于将 N 中所有样本归为一类而导致的分类错误，则说明 N 无须划分，因而将节点的分支剪去。

以下是 C4.5 算法在土地定级中的一个应用示例。给出数据集合如表 6-5 所示，其中有 9 个定级样本数据，通过三个定级因子(即决策树的三个输入属性描述)，其中有两个定级因子属于离散型属性值即“商服中心”、“环境质量优劣度”，一个定级因子属于连续型属性值即“交通条件综合评分”，将 9 个定级样本划分为两个级别(即将决策树样本数据分成两个类)。下面将根据 C4.5 算法步骤构建一棵决策树。

表 6-5　建立土地定级决策树样本数据表

定级因子	商服中心								
	市级				区级			小区级	
交通条件综合评分	85	70	95	56	80	65	70	90	75
环境质量优劣度	较优	优	差	较差	优	较优	优	优	较优
土地级别	1 级	1 级	1 级	2 级	2 级	2 级	2 级	2 级	2 级

现在需要研究得出的就是三个因子属性中分别属于 1 级和 2 级的因子共性的值。从表中可以看出有 3 个样本属于 1 级，有 6 个样本属于 2 级，则分区前的熵计算如下：

$$\mathrm{info}(T)=-3/9\log_2^{3/9}-6/9\log_2^{6/9}=0.9184\ \text{比特}$$

首先，分别根据离散值属性因子“商服中心”和“环境质量优劣度”对样本进行分类，所得的信息增益(information gain)计算如下所示：

$$\mathrm{info}_{x_1}(T)=4/9(-3/4\log_2^{3/4}-1/4\log_2^{1/4})+3/9(-3/3\log_2^{3/3})+$$

$$2/9(-2/2\log_2^{2/2}) = 0.3606 \text{ 比特}$$

$$\mathrm{Gain}(x_1) = 0.9184 - 0.3606 = 0.5578 \text{ 比特}$$

$$\mathrm{info}_{x_3}(T) = 3/9(-1/3\log_2^{1/3} - 2/3\log_2^{2/3}) + 4/9(-1/4\log_2^{1/4} - 2/3\log_2^{3/4}) + 1/9(-1/1\log_2^{1/1}) + 1/9(-1/1\log_2^{1/1}) = 0.6513 \text{ 比特}$$

$$\mathrm{gain}(x_3) = 0.9184 - 0.6513 = 0.2671 \text{ 比特}$$

其中 x_1 和 x_3 分别表示商服中心和环境质量优劣度因子属性，现在交通条件综合评分因子还没有计算，因为交通条件综合评分是连续值属性变量，必须先把它离散化。这里的离散化是把连续的样本排成顺序，然后找出它的中间某个值(把这个值叫作阈值)，使得根据阈值计算出来的信息增益达到最大。不同的算法对阈值的计算是不同的，C4.5 算法与别的算法不同之处在于它选择每个分区的最小值作为阈值，例如上个例子中交通条件综合评分的阈值是{56，65，70，75，80}，从这几个值中选取最优阈值(最高信息增益)，对于此例子的阈值为 70。

$$\mathrm{info}_{x_2}(T) = 4/9\log_2^{1/2} + 5/9(1/5\log_2^{1/5} + 4/5\log_2^{4/5}) = 0.8455 \text{ 比特}$$

$$\mathrm{gain}(x_2) = 0.9184 - 0.8455 = 0.0729 \text{ 比特}$$

现在，比较一下三个因子属性的信息增益有：$\mathrm{gain}(x_1) = 0.5578$ 比特＞$\mathrm{gain}(x_3) = 0.2671$ 比特＞$\mathrm{gain}(x_2) = 0.0729$ 比特，可以看出商服中心因子具有最高信息增益，所以选择商服中心作为根节点对决策树进行首次分区(这与商业用地的土地级别受商服繁华度的影响最为显著的理论和实际情况完全吻合)。首次划分生成的决策树如图 6-2 所示。

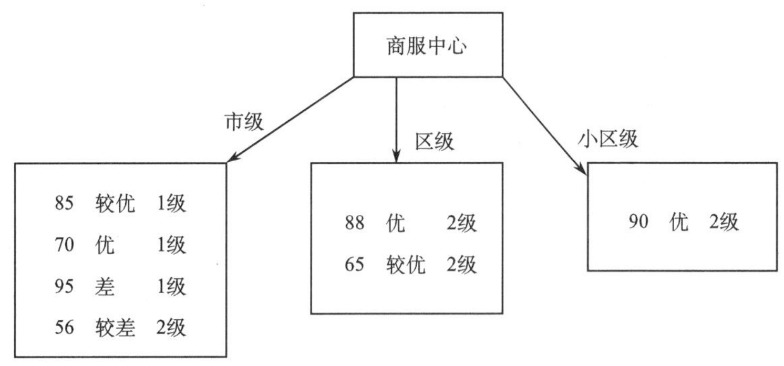

图 6-2　以商服中心因子进行首次分区生成的决策树

初始分区后，每个子节点包含几个样本，可是第一个子节点所包含的样本仍然不属于同一个级别(即同一个类)，所以还要继续对第一个节点采取同样的方法进行分区，直到树的每个分支都属于同一个级别为止。实际上创建决策树的过程应该是一个递归的过程，中间建树的过程在此省略，只给出递归划分生成的最终结果决策树如图 6-3 所示。

从上面的树中可以看到商服中心因子属性为区级或者小区级时，其地块对应的土地级别都是 2 级，所以把两个记录集合并，对上面的结果进行整理去除属性数据得到决策树简化形式如图 6-4 所示。

从上述结果决策树可以很明显地得到一些信息：在上述给定的条件下，满足条件“商

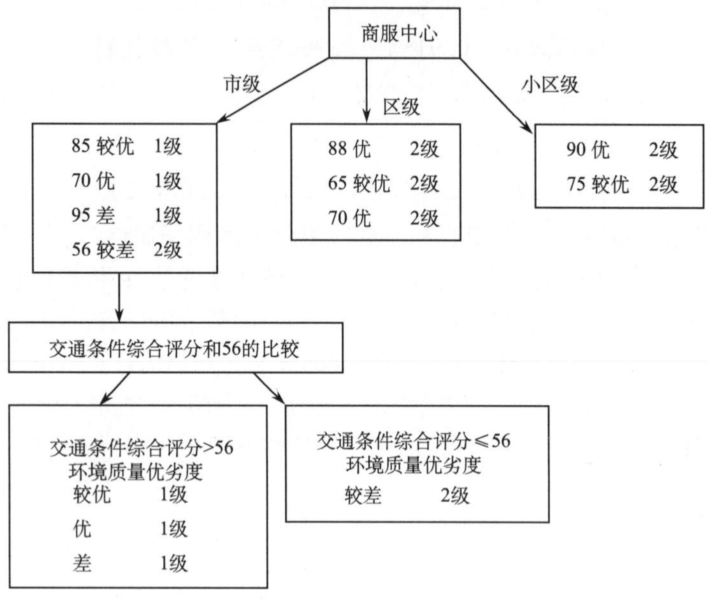

图 6-3　最终生成的土地级别划分因子决策树

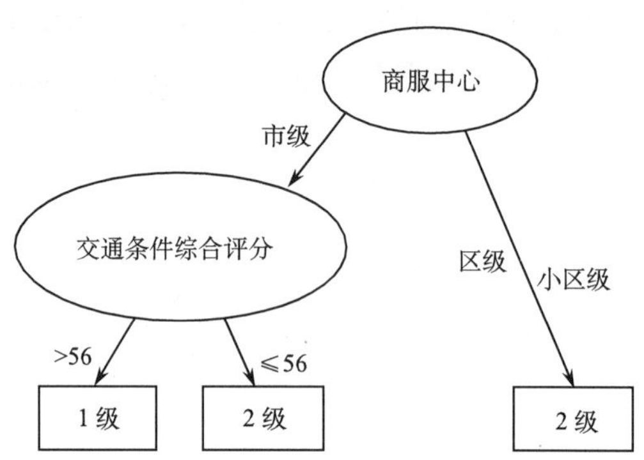

图 6-4　最终生成的去掉属性的土地级别划分因子决策

服中心为市级并且交通条件综合评分＞56”的所有地块其对应的土地级别为 1 级；满足条件“商服中心为区级、小区级或者商服中心为市级但交通条件综合评分≤56”的所有地块其对应的土地级别为 2 级。这可以看出，土地级别受商服中心因子的影响最为显著，其次是受交通条件的影响，影响最小的因子条件为环境质量。这与商业用地的土地级别受商服繁华度的影响最为明显的特征完全相符，根据土地定级过程中专家打分的结果进行比较，也一般表现出因子权重会满足：商服中心＞交通条件＞环境质量的关系。这说明了 C4.5 决策树算法用于土地定级是可行的，而且其计算结果是比较准确可靠的。但是，C4.5 有一个最大的缺点就是不能处理大规模的数据，然而，土地定级的因素因子数据也是相当庞大的，因此，我们必须采用别的方法作为辅助手段以协助解决大规模数据的分类问题，下面将介绍可以较好解决此问题的 SLIQ 算法。

(2) SLIQ 算法

一般决策树算法由于要求训练样本驻留内存,因此不适合处理大规模数据。为此,IBM Almaden Research Center 的研究人员于 1996 年提出了一种快速的、可伸缩的、适合处理较大规模数据的高速可调节决策树分类算法 SLIQ(supervised learning in quest)。该算法利用 3 种数据结构来构造树,分别是属性表、类表和类直方图。属性表含有两个字段:属性值和样本号。类表也含有两个字段:样本类别和样本所属叶节点。类表的第 k 条记录对应于训练集中第 k 个样本(样本号为 k),所以属性表和类表之间可以建立关联。类表可以随时指示样本所属的划分,所以必须常驻内存。每个属性都有一张属性表,可以驻留磁盘。类直方图附属在叶节点上,用来描述节点上某个属性的类别分布。描述连续属性分布时,它由一组二元组〈类别,该类别的样本数〉组成;描述离散属性分布时,它由一组三元组〈属性值,类别,该类别中取该属性值的样本数〉组成。随着算法的执行,类直方图中的值不断更新。

SLIQ 算法在建树阶段,区别于一般的决策树,SLIQ 采用二分查找树结构。对每个节点都需要先计算最佳分裂方案,然后执行分裂。

对连续属性采取预排序技术与广度优先相结合的策略生成树,即对于连续属性字段(numeric attribute)分裂的形式 A≤v。所以,可以先对数值型字段排序,假设排序后的结果为 $v_1, v_2, \cdots, v_n$,因为分裂只会发生在两个节点之间,所以有 $n-1$ 种可能性。通常取中点 $(v_i+v_{i+1})/2$ 作为分裂点。从小到大依次取不同的 split point,取 Information Gain 指标最大(gini 最小)的一个就是分裂点。因为每个节点都需要排序,所以这项操作的代价极大,降低排序成本成为一个重要的问题,SLIQ 算法对排序是一种很好的解决方案。

对离散属性采取快速的求子集算法确定划分条件,即对于离散型字段(categorical attribute),设 S(A)为 A 的所有可能的值,分裂测试将要取遍 S 的所有子集 S′。寻找当分裂成 S′和 S-S′两块时的 gini 指标,取到 gini 最小的时候,就是最佳分裂方法。显然,这是一个对集合 S 的所有子集进行遍历的过程,共需要计算 $2^{|S|}$ 次,代价很大。SLIQ 算法对此也有一定程度的优化。

SLIQ 算法的具体步骤如下:

1) 建立类表和各个属性表,并且进行预排序,即对每个连续属性的属性表进行独立排序,以避免在每个节点都要给连续属性值重新排序。

2) 如果每个叶节点中的样本都能归成一类,则算法停止;否则转至 3)。

3) 利用属性表寻找拥有最小值的划分作为最佳划分方案。gini 算法一次只处理一张属性表(假设对应于属性 A),从上往下每读一条记录,就根据样本号关联到类表的相关记录,找到样本所在的叶节点,从而更新叶节点上的类直方图,若 A 是连续的,则还要根据 A 的当前取值 v 计算对应于判断 A≤v 的 gini 值。若 A 是离散的,则在扫描完 A 属性表后,用贪心算法或穷举法计算最佳的 S′。当扫描结束时,就可确定在各叶节点上依据属性 A 进行划分的最佳方案,各叶节点上的划分方案不一定相同。同理,当扫描完所有属性表时,可确定当前树中所有叶节点的最佳划分。

4) 根据 3)步得到的最佳方案划分节点,判断为真的样本划归左孩子节点,否则划归右孩子节点。这样，3)、4)步就构成了广度优先的生成树策略。

5) 更新类表中的第二项使之指向样本划分后所在的叶节点。

6) 转 2)。

SLIQ 算法采取基于 MDL(最小描述长度)原则进行剪枝，即根据决策树的编码代价的大小进行剪枝。剪枝的目标就是寻找最小代价树。

决策树编码代价 ＝ 树结构的编码代价 ＋ 在内部节点上进行测试的编码代价 ＋ 训练集的编码代价

树结构的编码代价等于树中各节点 t 的编码代价 L(t)之和，而 L(t)按如下情况进行定义：①若树中只含有叶节点或度为 2 的节点，只需 1bit 区分节点，则 L(t)为 1；②若树中含有叶节点、只有左孩子的节点、只有右孩子的节点及度为 2 的节点，需 2bit 区分节点，则 L(t)为 2；③若树中仅考虑分支节点，即只有左孩子的节点、只有右孩子的节点及度为 2 的节点，需 $\log_2 3$ 个 bit 区分节点，则 L(t)为 $\log_2 3$。

在内部节点上进行测试的编码代价 L_{test}与测试属性的类型有关。若测试属性是连续属性，则 L_{test}定义为 1；若测试属性是离散属性 A，设在决策树中 A 用进行测试的次数为 S，则 L_{test}定义为 lnS。训练集的编码代价定义为给训练集分类得到的所有分类错误之和 Errors。

根据上述定义，每个节点 t 的编码代价 C(t)的计算方法如下：

① 如果 t 为叶节点，则 $C(t)=L(t)+Errors(t)$

② 如果 t 含有两个孩子 t_1、t_2，则 $C(t)=L(t)+L_{test}+C(t_1)+C(t_2)$

③ 如果 t 只有左孩子 t_1，则 $C(t)=L(t)+L_{test}+C(t_1)+C'(t_2)$

④ 如果 t 只有右孩子 t_2，则 $C(t)=L(t)+L_{test}+C(t_2)+C'(t_1)$

剪枝一般有 3 种策略，分别是完全剪枝、部分剪枝和混合剪枝。对于某个分支节点，完全剪枝只考虑上述情况①、②，即要么不剪枝，要么将该节点的两个孩子全部剪去；部分剪枝考虑上述 4 种情况，从而决定不剪枝、剪去节点的两个孩子、还是只剪去其中一个孩子，其中 3)、4)中的 C′(ti)表示被剪枝孩子中的样本留在父节点 t 中导致的分类错误；混合策略分别使用前两种策略进行分步剪枝。选定一种剪枝策略后从叶节点向上为每个节点 t 计算不同情况时的 C(t)，再根据最小的 C(t)所对应的情况进行剪枝。

实践证明，对于小规模训练集，SLIQ 运行速度更快，生成的决策树更小，预测的精确度较高；对于一般决策树算法无法处理的大型训练集，SILQ 精确度更高，优势更明显。

以下是 SLIQ 算法在土地定级中的一个应用示例。

这里用土地定级中“公交便捷度”定级因子中的简单数据为例说明 SLIQ 算法中涉及到的排序、最佳分裂及分裂指标的计算过程。其中我们取“公交便捷度”因子的两个连续的属性“线路数(XL)”和“站点数(ZHD)”作为训练集(training Data)进行因子级别划分的排序和分裂计算，其数据如表 6-6 所示。由此可以看出系统输入训练集是样本向量：$(v_1, v_2, \cdots, v_n; c)$组成的集合，每个属性对应训练集的一列。训练集进入以后，分成一个一个的属性表(Attribute List)$\{(v_i, i) \mid i \leqslant \text{training data num} \ \&\& \ i \geqslant 0\}$，$i$ 是属性 v_i 的记录索引号(Index)。将所有类标志放入类表(Class List)，类表中的 leaf 字段指向该记录对应的决策树的叶子，初始状态下，所有记录指向树根。

表 6-6　土地定级公交便捷度因子决策树样本数据表

线路数(XL)	30	23	40	55	55	45
站点数(ZHD)	65	15	75	40	100	60
Class	C2	C1	C2	C1	C2	C2
Index	1	2	3	4	5	6

数据准备好以后，首先对属性表进行内部排序，交换属性值 v_i，同时交换 i，生成有序的属性表序列。这是 SLIQ 算法中对属性进行的唯一一次排序，也是 SLIQ 算法的重要优点之一。排序完成后，属性表中的 i 是属性值指向类表的指针。完成属性表的排序后，数据初始化工作就完成了。上述土地定级应用中简单实例的定级因子属性数据处理的预排序结果如图 6-5 所示。

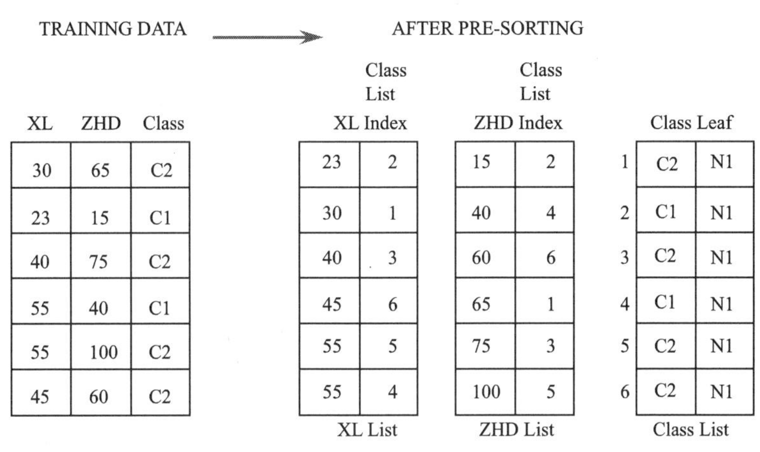

图 6-5　预排序的例子(N1 为初始时根节点)

当完成数据预处理之后算法进入求最佳分裂指标的阶段。这一阶段，经过一次对所有属性表的遍历，可以找出所有叶子节点的最佳分裂方案。在这个阶段有一个重要的结构：类直方图(class histogram)。它位于决策树的每个顶点内，存放每个节点当前的类信息——左子树、右子树的每个类各拥有多少节点。其算法如下：

```
1)  Evaluate Splits( )
2)      for each attribute A do
3)          traverse attribute list of A
4)          for each value v in the attribute list do
5)              find the correct entry in the class list,
                then read out the correct class label and leaf node(say l)
6)              update the class histogram in the leaf l
7)              if A is a numeric attribute then
8)                  compute splitting index for test(A≤v)for leaf l
9)              if A is a categorical attribute then
```

```
            for each leaf of the tree do
                find subset of A with best split
```

当属性是数值型字段时，每次作遍历时，类直方图也随之改变，随时表征以当前属性的当前值 v 为阈值的节点分裂方式对叶子 L 的分裂状况。由 class histogram 即可算出某个分裂方案的 gini index。完成遍历后，gini index 最低的(information gain 最高的)的值就是用属性分裂的最佳阈值。新方案可以存入决策树节点。

当属性是离散型字段时，在遍历过程中，记录下每个属性值对应的类的个数。遍历完成后，利用贪心算法得到 information gain 最高的子集。即为所求的分裂方案。新方案可以存入决策树节点。对整个属性表的每个属性进行一次完全的遍历之后，对每个节点而言，最佳分裂方案，包括用哪个属性进行分类以及分类的阈值是什么，已经形成，并且存放在决策树的节点内。上述实例分裂指标的计算实例如图 6-6 所示。

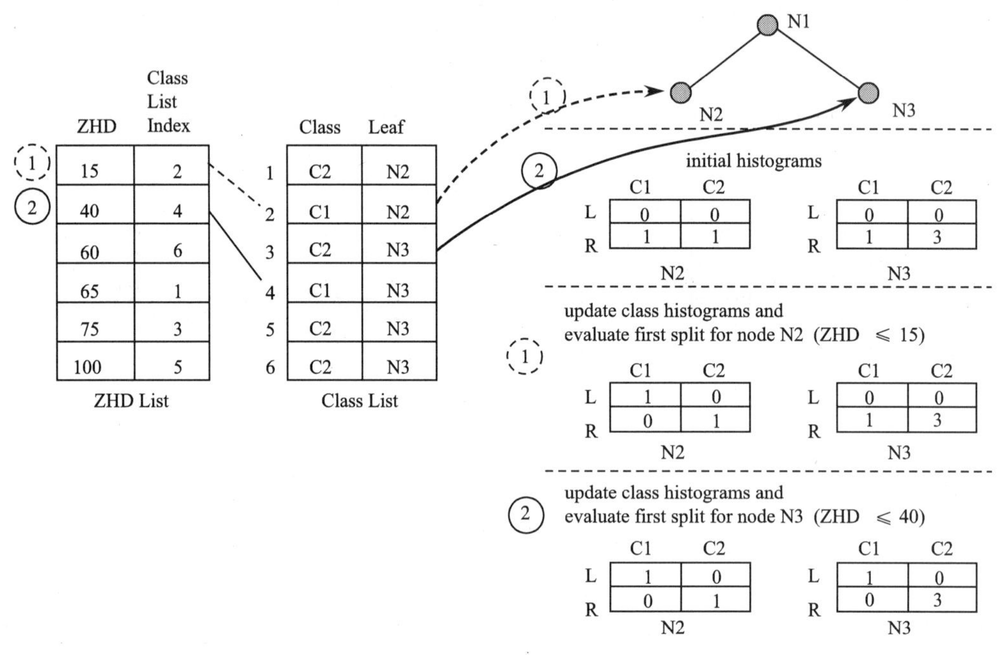

图 6-6 计算分裂指标的例子

图中当前待分裂属性 ZHD，右边为 class histogram 的变化过程。属性表从上往下扫描。这时，叶子队列里面的节点有 N2，N3。

当最佳分裂参数已经存放在节点中以后，下一步是创建子节点、执行节点分裂(升级类表)。其算法如下：

```
Update Label( )
    for each attribute A used in a split do
        traverse attribute list of A
        for each value v in the attribute list do
            find the correct entry in the class list(say e)
```

6)　　　　find the new class c to which v belongs by applying
　　　　　the splitting test at node referenced for e
7)　　　　update the class label for e to c
8)　　update node referenced in e to the child corresponding to the class c

这一步的主要任务是对应该分裂的类表进行更改。上述实例此步结果如图 6-7 所示。

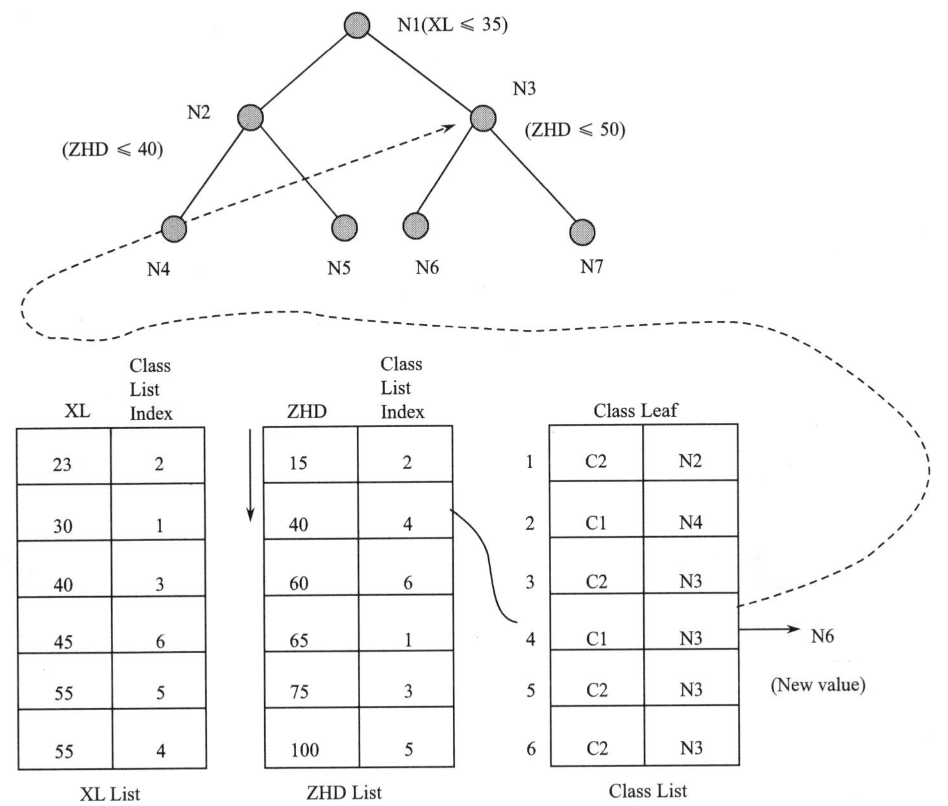

图 6-7　执行节点分裂的例子(节点 N3 分裂成 N6、N7,N3 转为内部节点)

3. 知识获取步骤

知识获取过程可分为 4 个阶段:①识别领域知识的基本结构与特点,寻找适当的知识表示方法,这是知识获取过程中最困难的一步;②确定适当的知识库存储结构;③抽取领域知识转化成计算机可识别的代码;④调试精炼知识库。

若基于已有的知识库系统,一般通过以下几个步骤完成:①用户通过规则知识编辑对话框向系统输入规则的前提、结论、规则强度、不确定性因子及解释等;或者通过事实编辑对话框向系统输入事实的内容、可信度等。②系统用语法检查器检查输入知识的语法是否有错,后者是否有遗漏或重复,如果有,则提示用户按正确格式进行修改。③对新知识与知识库中已有的知识进行一致性检查,如果发现有错,及时报告,请专家修改。④将正确的知识送入知识库。

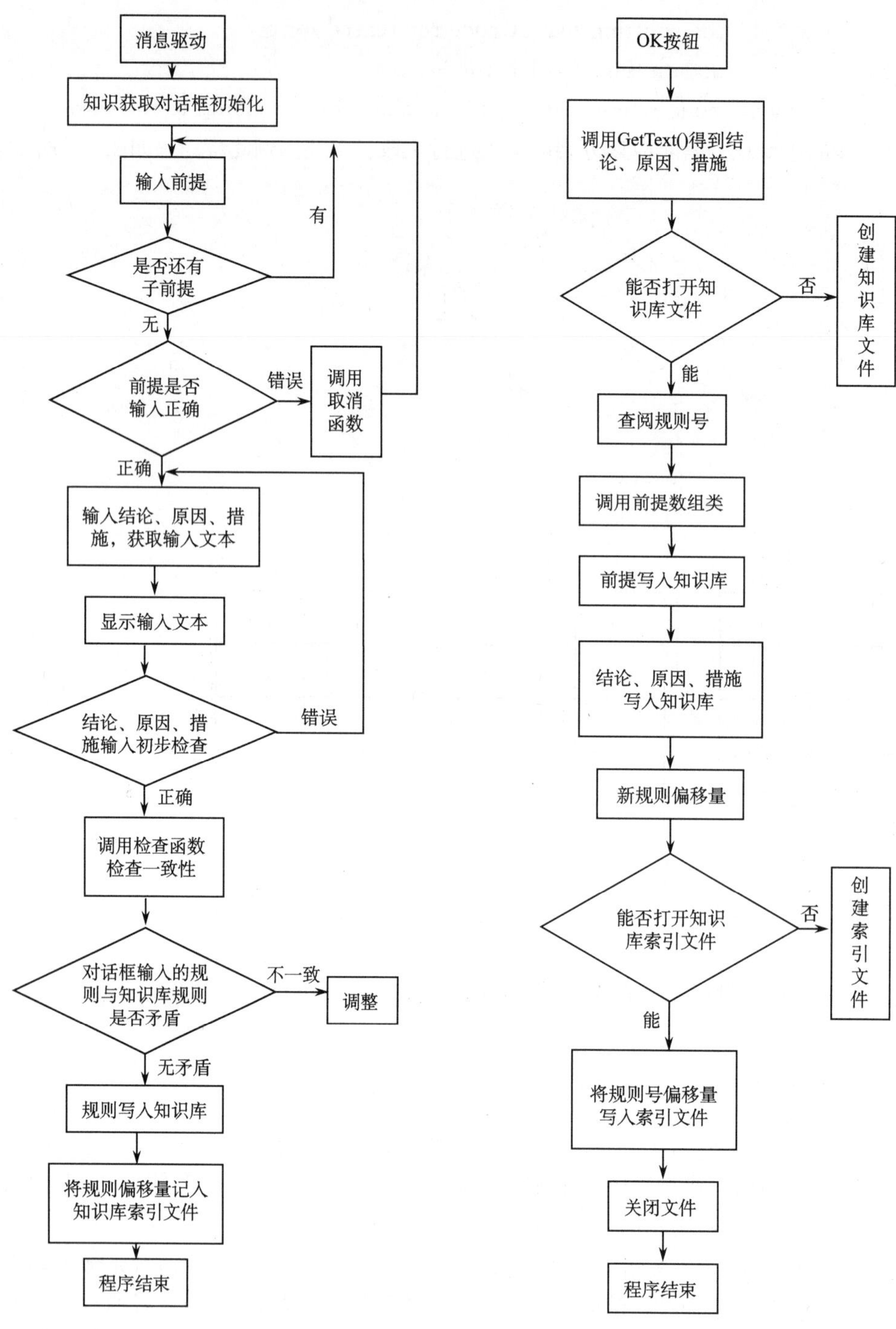

图 6-8　知识获取主程序流程

图 6-9　规则写入知识库流程

4. 知识获取程序实现

知识库将规则定义成对象，规则的结构定义成类，规则类生成的所有规则对象组成知识库。以在 VC++6.0 开发环境中采用面向对象技术实现知识获取为例，知识获取工具的工作则是获取每个编辑框输入的数据，将不同知识源的知识加入到各自类库中，其具体过程如下：

1）获取前提域编辑框数据，使用数组迭代器模板保存每次输入的子前提；

2）结论、原因和措施域是变长结构，须调用 VC++中的 GetText()库函数来获取输入的不定长字符；

3）打开知识库文件（如“LGEIS_Rule. mdb”）；

4）调用规则检查函数（如“CoherenceCheck()”）；

5）将新规则写入知识库文件（如“LGEIS_Rule. mdb”）；

6）打开知识库索引文件（如“LGEIS_Index. mdb”）；

7）将新规则偏移量写入知识库管理索引文件（如“LGEIS_Index. mdb”）；

8）关闭所有文件。

程序流程图如图 6-8 所示。对每个子前提的获取，由于用户在参数域、代码域、值域输入的字符较少，设为定长结构，前提的三个域为定长结构，可利用 VC++中基类的数据自动传输机制直接获取，自动传递数据。为了每次输入的子前提能够保留，以便显示纠错和存入知识库，将前提节点定义成数组模板类，对每次输入的子前提，调用 VC++中数组模板类的 Add()函数；将子前提逐次加入到不同数组元素中，通过使用数组向量迭代器，在显示保存时可方便地传递每一子前提的数据。另外将前提定义成数组类，为系统推理机制实现奠定了基础。数据类的每一数组元素应设定三个域：参数、代码、阈值，系统调用推理机制时，从知识库中将多个子前提依次读到数组元素中，动态生成数组链，可直接利用数组类库的查询和增删函数进行匹配。

将新创建的规则写入知识库函数，是知识获取工具的关键函数。其流程如图 6-9 所示。它可将输入的知识自动转化为计算机内部格式。将规则及其偏移量写入文件时，由于知识库文件和知识库索引文件设计成流式结构，所以我们只要重载输出、输入操作符即可，使得知识的写入、读出非常方便。

（三）土地评价专家系统知识库

1. 知识库的构建方法

这里采用原型的方法表示每一类知识。原型是关于典型实体以及该实体所产生作用的统一体，它表示典型的知识对象，能根据当前的环境数据，自动进行类比推理。软件设计可以采用瀑布型和原型相结合的自顶向下的方法实现，原型采用面向对象的方法设计为类，原型类设计示例如下：

```
Class ProtoType
{
Private:
CString FactorName[40];   //因子名称
int Flag;                 //因子作用标志
char *ExplainURL          //知识类型文件指针
......
public:
int ShowExplain();        //显示知识类型
float GetRule_parms();    //通过调用规则获取函数获得规则的状态参数
......
}
```

原型设计为类，可以通过调用函数，由类间通讯获得知识规则的状态参数，作为专家决策系统的决策依据。系统推理机也可以很灵活方便地调用原型类的各参数，对各因子进行综合，显示出该类型的知识。

对于一条具体的规则，规则由前提、结论和置信度三部分组成。前提是条件，在这些条件下规则被激活，它在未知的环境中假定为真。规则的结论是规则激活的结果，当规则被激活时，它就为真。规则的激活通过增加或修改事实来影响知识库。一个规则受到它的确定性的影响，这些新事实的确定性有下述两个条件组合来确定：用于激活规则的事实的确定性、规则本身的确定性。规则的结构实现通常包括下述特征：①以 IF 部分(条件部分)、THEN 部分(结论部分)、可信度因子顺序读取规则；②在规则库中加入规则；③定位和打印所要求的规则，并删除那些以激活的规则。系统中规则结构表示如下：

```
Typedef struct tagRules{      //一个规则单元
CString R_Name;               //规则名称
Cons *R_Premise;              //规则前提
Cons *R_Conclusion;           //规则结论
CString *R_Explanation;       //规则解释
double *R_Certainty;          //规则置信度
double LS;                    //规则的充分性因子
double LN;                    //规则的必要性因子
struct Rules *next;           //指向规则库中的下一个规则
}Rules;
```

则结构定义以后，还要定义一些操作规则的函数，这些函数包括：规则的读取、规则的添加、规则的删除、规则的一致性检查、打印规则等。其形式分别为：

```
Void read_rules();
Void delete_rules();
Void add_rules();
Void find_rules();
```

```
BOOL check_rules();
Void print_rules();
```

2. 知识库的维护

知识库的维护主要包括知识的添加、查询及显示，知识的检查和修改；对知识库进行扩充、调试等。系统通过把这些功能放入一个子菜单，用户可以任意选择所需要的操作进行维护。具体包括以下内容：

1）知识的查询。对于规则库，系统提供以下的基本查询：

a. 查找具体指定结论的所有规则；

b. 查找含有指定条件的所有规则；

c. 查找可信度满足一定条件（等于、大于、小于、大于等于、小于等于指定值）的所有规则；

2）知识的显示。用户给出规则号后，可以要求显示整个规则、规则的前提、结论和可信度，也可按一定排序方法对整个规则库的规则进行浏览。

3）知识的修改。知识的修改主要包括添加知识、删除知识、更换和部分修改某一规则等。即用户可以添加一条新规则、删除一条已有的但是用户认为有误的规则，修改某一条规则的前提、结论或者可信度等。

4）知识库的一致性和完整性检查。对知识库的一致性检查包括对矛盾、冗余、包含和环路现象的处理；知识的不完整性是指知识库的知识不完全，不能满足预先定义的约束条件，当存在应该推出某一结论的条件时，却推不出这一结论，不能形成产生这一结论的推理链。

二、土地评价专家系统推理机制

（一）土地评价专家系统推理方法

土地评价专家系统推理可以采用常用的专家系统推理方法，如产生式规则推理（亦称假言推理）等。这里介绍两种可以在土地评价专家系统中使用的较新的推理方法：决策树推理方法和模糊推理方法。

1. 决策树推理方法

决策树是由内部的属性结点、属性值构成的边和用于保存结果的叶子结点组成，它的推理过程是利用其内部所蕴含的知识进行问题求解的过程。也就是说，决策树推理就是从根结点开始，通过重复地在内部结点上进行属性及其取值的比较，确定决策树向下延伸（即搜索）的分支，最终到达叶子结点，得到所要的结论（决策树的推理过程结束）。事实上，决策树的推理过程就是对决策树按深度优先策略进行遍历的过程，只要到达叶子结点，便结束它的推理（或遍历）过程。具体推理算法描述如下：

1）在根结点上进行属性及其取值的比较。

a. 当已知事实的某个属性及其取值与根结点上的属性及其某个属性值(即分支)相匹配时,便沿着该属性值的分支向下延伸(搜索),到达下一结点。

b. 如果已知事实的所有属性都与根结点上的属性不匹配,则推理过程结束,给出已知事实不足、无法进行推理。

c. 如果已知事实中有属性与根结点上的属性匹配,但它们的属性值不完全匹配,则根据最临近原则,选择匹配度最大的分支向下搜索,到达新结点。

2) 如果当前结点是决策树的叶子结点,则给出叶子结点中所包含的结论,决策树推理过程结束。

3) 如果当前结点不是叶子结点,则在其上进行属性及其取值的比较,以确定向下延伸的分支。通常包括以下 3 种情形:

a. 当已知事实的某个属性及其取值与当前结点上属性及其某个属性值相匹配时,便沿着该属性值的分支向下延伸(搜索),从而到达下一结点。

b. 如果已知事实中有属性与当前结点上的属性相匹配,但它们的属性值不匹配,则根据最临近原则,选择匹配度最大的分支向下搜索,到达新结点。

c. 如果已知事实的所有属性都与当前结点上的属性不匹配,则给出已知事实不足、无法进行推理,推理过程结束。

4) 递归的进行上述步骤 2)和 3),直到所有属性用完。

以上决策树推理流程如图 6-10 所示。

从决策树的推理过程可以看出,它的搜索路径是一条沿根结点到叶结点的路径。也就是说,决策树推理总是沿着匹配结点与分支向前进行,避免了不必要的盲目搜索。最坏的情况下,它的搜索深度等于决策树的深度。因此决策树推理有较高的推理效率和推理速度。另外,决策树推理是从对结论贡献最大的属性开始的(这是由决策树知识的特点决定的),故当推理进行到某个结点、无法继续下去时,就可以根据已经进行的推理过程,给出与真实结论最贴近的结果。

2. 模糊推理技术

专家系统发展过程中遇到的"瓶颈"问题之一就是在建立实际的专家系统时,常常遇到无法解决的不确定性问题。不确定性推理亦称不精确推理,专家系统中的不确定性主要是模糊性,即要描述的客观事物的不确定性和人对客观事物认识的模糊性,而使用这些模糊信息进行推理的方法就是不确定性推理。不确定推理过程反映了知识的不确定性的动态积累和传播过程。在推理的每一步都需要综合证据和规则的不确定因素,为此,通常要通过某种不确定的度量选择尽可能符合客观实际的计算模式,随着推理步骤的展开和不确定度量的传递计算,最终得到结果的不确定性度量。一个专家系统的不确定推理网络可以分解为 3 种基本模式。

① 证据的逻辑组合。已知证据的不确定度量,求证据的逻辑组合关系式的不确定度量,有关的 3 种基本组合为证据的合取∧、证据的析取∨和证据的否定┐,其他复杂的证据逻辑组合可以由这 3 种基本组合推导得到。

② 并行规则模式。已知每一单条规则"if E_i then h"的不确定度量为 MU_i($i=1$,

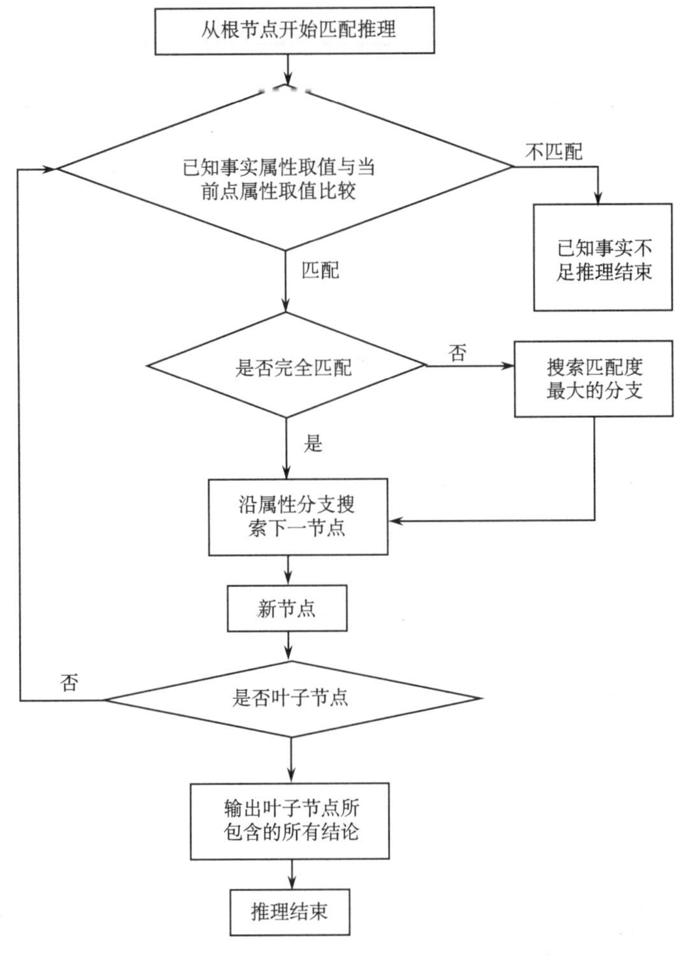

图 6-10 决策树推理流程

2,…,n),所有规则都满足时 h 的不确定度量 MU=p(MU_1,MU_2,…,MU_n)。并行法则给出了推理网络中有多条路径导致同一假设的情况下不确定性的组合计算模式。

③ 顺序规则模式。已知规则"if e' then e"、"if e then h"的不确定度量分别为 MU_0 和 MU_1,规则"if e' then h"的不确定度量为 MU=s(MU_0,MU_1)。

对于某个专家系统,给定上述 3 种组合模式中不确定性的计算方法,即可由最初的观察证据得出相应结论的不确定性度量。专家系统的不确定推理模型指的就是证据和规则不确定性的度量方法以及上述 3 种不确定性的组合计算模式。

(二) 土地评价专家系统推理机设计

土地评价专家系统的推理过程是在一定推理策略的控制下,利用土地评价知识库中的规则对数据进行匹配或操作并获得土地评价结果的过程。其基本结构及推理机基本工作流程分别如图 6-11、图 6-12 所示。

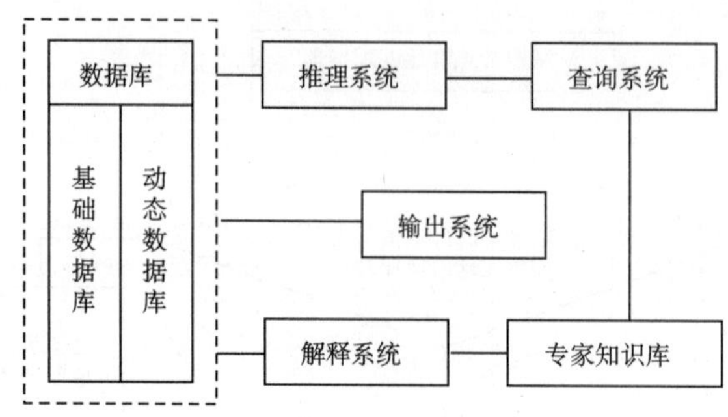

图 6-11 推理机的基本结构

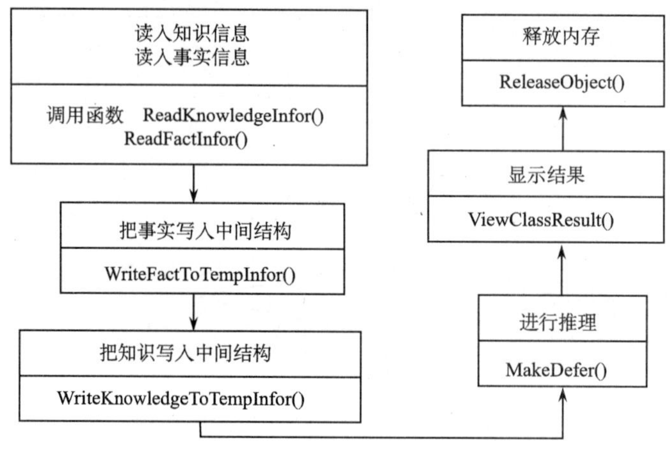

图 6-12 系统推理机的工作流程

(三) 土地评价专家系统推理实现

土地评价专家系统一次完整的推理过程包括 3 个层次的推理，即底层推理、中层推理和顶层推理。各层推理分别使用一、二、三级知识，以提高推理效率。

1. 底层推理

利用一级知识的因子分级条件去匹配给定的因子值，以得出给定数据的因子级别。

2. 中层推理

根据底层推理得出的各因子分级与相应的分值计算规则相匹配，得出各评价单元的因子分级结果。该层次推理采用正向链接，沿规则网络搜集证据(从数据库中获取或向用户询问)，并与相应的规则匹配。

3. 顶层推理

根据底、中层推理结果和三级知识(专家经验)推断出土地级别结果。该层推理采用正向和逆向链接相结合的方式进行推理。当证据充分时，采用正向链接，逐步搜索证据，最终推演出结论。当证据不充分时，采用逆向链接，先在专家给定的方案中选择目标，再逐步求证，以证明方案的可用性。

为保证推理的可信性，系统的解释程序用以回答用户对推理过程和推理结论的询问。系统中推理机设有一动态缓冲区，用来记录每一步推理所涉及的因子名和规则号，以及推理的中间结果。每一次推理都涉及到多条规则。推理结束后，动态缓冲区便将各条规则的规则号和中间结果记录下来，形成一条由基本因子条件到最终结论的推理路径。系统推理机的解释机构根据推理路径向用户解释推理过程。可通过查询知识库解释因子选择，因子分级和性质，以及规则使用的理论等。

第三节　土地评价专家系统设计与实现

一、系统总体框架

本节将基于可视化交互空间数据挖掘技术构建土地评价专家系统。空间数据挖掘和地理可视化都可以促进人们对于空间数据的科学理解，并从中进行相关高层次空间知识的构建，而且二者都是循序渐进，不断优化的过程，差别仅仅在于对人类视觉能力和计算机计算能力的依赖程度不同。由于空间数据其特有的特点，决定了空间数据挖掘同一般数据挖掘不仅仅从技术方法上，而且从实现环境上必须考虑到空间数据的特殊要求。而地图作为一般公众所熟悉的空间数据载体，其负载的空间信息量是相当大的，同时它也可以作为空间处理中人机交互的界面，这是因为地图可以有效地传递空间信息并促进用户的空间可视化思考。所以实现地理可视化环境下的空间数据挖掘系统应该考虑将地图作为信息传输的中心，根据以上思想，本文研究的基于 GIS、可视化、专家系统和空间数据挖掘等多种技术相结合的土地评价专家系统的原型总体框架设计如图 6-13 所示。

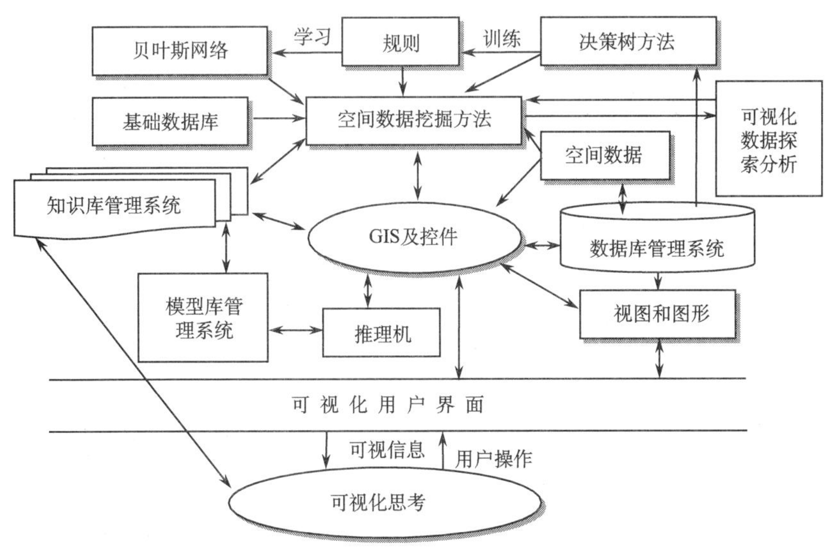

图 6-13　多种技术集成的系统总体框架

由上述总体框架可以看出，系统通过图形用户界面进行人机交互，计算机将空间源数据(评价空间数据库，包括:评价基础数据库、历史数据库、待定地区因子库等)、数据挖掘中间结果(评价因子级别划分和量化知识规则、挖掘生成的决策树等)和发现的高层次知识(土地评价规则知识等)都同地图为主的各种图形表达相联系，用户接收这些信息之后通过可视化思考过程决定继续的交互操作。这样的交互操作可能会改变当前的地图以及其他视图的表现形式，使得评价空间数据的内在规律变得更加明显，同时结合空间数据挖掘方法得到的一些知识，用户可以对所得的中间结果进行推理、验证、提炼直到满意为止。其中 GIS 为系统提供了一个数据分析和表达的直观平台，而且为系统中多模型组合建模提供高效的空间分布式参数的输入、组织和前后处理功能。将其放在人机交互的中心位置可以充分利用地图作为空间信息存储、传输的中心的作用，同时通过交互操作将地图动态化，使其进一步成为信息处理和认知的中心。对于其他视图，包括统计视图和图例等，也可以进行动态交互操作，即同样服务于可视化交互分析空间数据的目的，它们同地图一起从多角度表现当前数据的各个侧面，这样互相连接的各种图形就提供了较为完整的空间数据观察模式。地图还可以表达初步获取的各种知识，用户可以实时地了解数据挖掘的进展并及时做出调整，使得最后的评价结果满足需要。将数据挖掘方法得到的模型根据其特点可视化，并同地图相连，这样用户可以随时捕捉被地图所放大了的模型的细微变化，一方面可以从不同模型的具体细节来发现评价空间数据分布规律，另一方面可以比较各模型的优缺点。使用地图作为空间数据探索分析的交互中心，使用户的思索和计算机运算结果都可以实时在地图上显示，如此实现较高层次的地理可视化和空间数据挖掘相结合，使土地评价过程更加透明，评价结果的调整更加便捷。

二、系统开发环境

系统运行和实现环境是 Windows XP 版，开发语言是 Visual C++6.0。程序调试和运行全部在微机单机上进行。对于空间数据的属性部分使用 ADO 数据库访问技术来连接处理，而空间部分使用 ESRI 公司的 MapObject2.0 组件管理。属性部分和图形部分分开处理可以加快数据连接和访问的速度，同时也可以避免同时访问同一数据的错误发生。ADO(ActiveX Data Object)数据库访问技术是 Microsoft 公司研发的开发数据库应用程序的面向对象的一种接口。ADO 是一种高层次的自动化访问接口。它具有简单灵活，访问速度快，占用内存少等特点。而 MapObjects 是 ESRI 公司推出的 GIS 软件组件，它的特点是可操作的数据源格式多样，功能强大，使用简单而且运行稳定。

三、系统功能模块

系统首先通过数据连接和预处理模块完成数据源的导入、土地评价因素因子的选取分析、基础资料的预处理、历史数据的处理和样本数据抽取等任务；然后通过决策树数据挖掘算法对上述处理的中间结果数据进行初始训练生成基本决策树，并产生初始评价规则，在此基础上通过与历史数据和样本数据库信息的结合进行测试和再训练对决策树不断修剪改良，对初始评价规则进行约简精炼后与历史评价规则（从专家获得的规则知识）一并存入评价规则库。最后综合基础数据库、历史数据库、样本库和规则库中的规则进行预测分类即初步定级，对初步定级结果不满意时可以重新设置训练参数进行再训练，最后对评价结果通过用户的先验知识及传统土地评价方法的比较进一步进行调整和确认。并将最终认为满意的评价结果属性数据与 GIS 图形数据库相连接通过可视化技术输出土地评价成果图。系统的基本模块结构如图 6-14 所示。

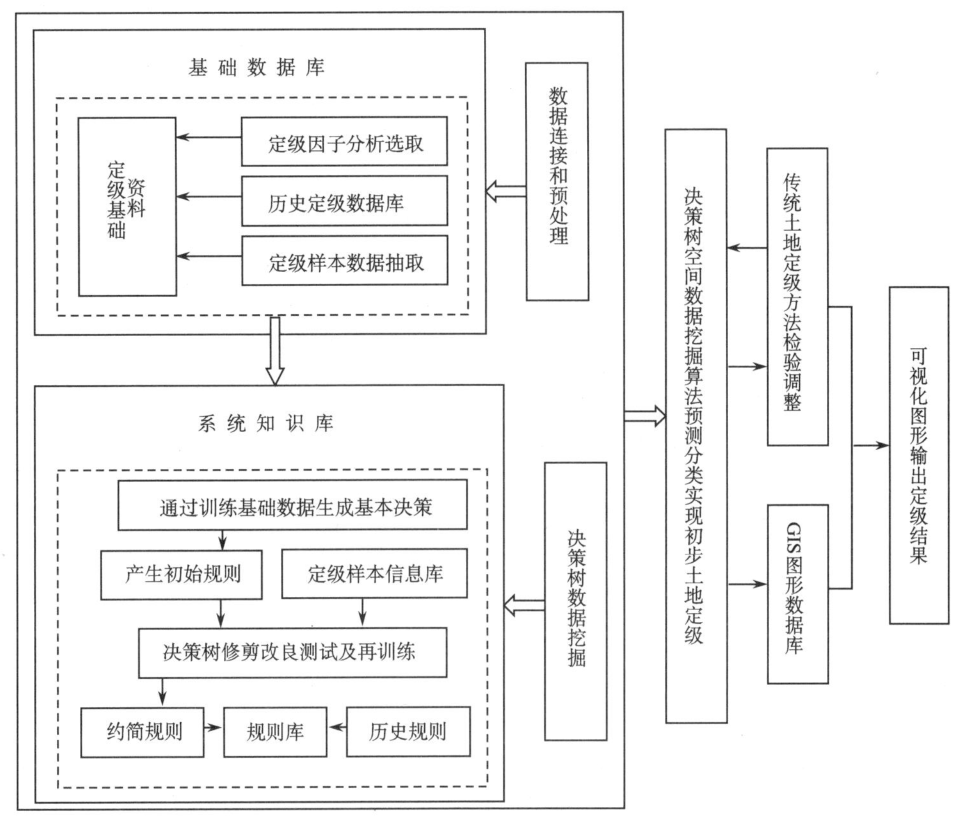

图 6-14　实验系统基本功能模块结构图

四、系统数据库和知识库

系统数据库存储空间数据和属性数据，系统知识库用于知识规则的存储和管理。数据库中的数据按数据的来源主要分为三类，即原始数据（来源于人工收集并编辑输入）、中间结果数据（来源于系统运行过程中）和最终结果数据（来源于系统运行完成后）。在这三部分数据中，各类空间数据以 ArcView 软件的 Shape 格式存储。空间数据主要包括各种评价因子图（待定区域评价因子等）和各种基础图件；ArcView 具有同时管理空间数据和属性数据的功能，图形与属性表的连接由软件对应生成，属性数据由 ArcView 自身采用 DBF 格式管理。对于其他需要用到的属性数据均用 Access2000 采集和管理，这些属性数据和空间数据之间的联系采用关键字 ID 进行连接。由于空间数据和属性数据各自的特点，在存储与管理数据方面分别处理。系统知识库主要用于存放常规知识和领域专家规则知识，以及系统通过决策树挖掘产生的因子级别划分、因子量化规则知识、模型及土地评价规则知识等。

系统数据库中的数据按其数据在系统中的作用主要分为以下四个部分，即系统数据库由四个数据子库构成，其分别为：①评价历史数据库，这部分主要为已经进行了土地评价的地区收集的评价原始资料（评价因素因子原始收集到数据）和评价成果资料数据（评价因素因子处理后的数据和最终评价结果数据），由属性数据和图形数据组成；②决策树训练数据库，这部分由评价历史数据中的部分数据构成（即样本数据），用于决策树归纳学习训练所用，经过对此部分数据的训练，产生出用于因子级别划分或因子量化的规则知识及用于土地级别划分的评价规则知识；③决策树测试数据库，这部分也由评价历史数据中的部分数据构成（即样本数据），用于测试决策树训练产生的知识规则，以检验规则的正确性和可信性，从而获得有效规则，有效规则在推理机的推理机制下直接用于待评价区域地块的匹配推理，从而实现土地级别划分；④待评价地区综合数据库，这部分主要包括：待评价地区收集到的因素因子的原始数据，通过预处理后的中间结果数据，待评价区域级别划分后的成果数据三大部分。

系统知识库主要存储决策树训练、决策树测试挖掘产生的因子级别划分知识、因子量化知识及模型、土地级别划分知识，同时，还包括从评价专家处获取通过只是编辑器编辑输入的专家知识，这部分知识数据为级别划分时推理机推理所用。

评价历史数据库中的数据用历史评价地区的直接提供即可，因此对系统本身来说这部分数据获取比较简单。决策树训练数据库和决策树测试数据库中的数据均来自于评价历史数据库，因此数据来源亦比较简单，但是这两部分数据库中的数据均属于样本数据，因此要求其数据具有代表性，因此在历史数据库中进行这部分数据选择时需要特别注意其代表性的特点。待评价地区综合数据库，这部分数据主要由用户自行采集编辑入库，在实践工作中用于构建此部分数据库时最多。知识库的构建在第二节已经进行了比较详细的介绍，在此不再赘述。除了从评价专家处获取的知识规则要通过系统知识编辑器编辑输入外，其余的知识由系统运行过程中自行产生。

五、系统操作流程

在土地定级专家系统可视化环境下，完成土地定级操作的基本流程如下：

(1) 明确空间数据的分类目的

这个过程可能使用交互界面由用户确定分类类别数量和类别描述，也可能根据首先进行的数据预处理提供必要的先验知识来指导用户进行。用户同时还应该指定参加分类的其他属性，其中至少要有一个以上的属性涉及空间特征分布。这样可以使土地评价分类成为一个动态的分类过程。

（2）选取训练数据集

这个过程主要是从整个空间数据库中选取参加训练过程的数据集。可以采用统计方法也可以采用交互选取的方法，交互选取即在可视化的环境中通过将源数据可视化，用户在地图或者是其他视图中按照自己的意图挑选可能参加的训练数据集。另外这一阶段可能会对数据进行一些预处理，如处理缺失和不确定数据、通过计算增加新的属性、连续数据离散化等，可视化的环境对于数据预处理也是十分必要的。应该注意的是该集合中的数据类别分布应该尽可能地覆盖所有的分类类别。这也是根据土地评价实际应用的需要，每个级别必须存在样本数据参加训练，这样结果才能更加准确和可靠。

（3）构建分类器

即从训练数据按照机器学习的方法来构造分类模型。在这个阶段，用户在可视化环境中分别试验不同的数据挖掘模型，对于模型的结果（分类结果和模型本身）都可以可视化，通过可视化的结果来对比分类的效果（当然模型本身也应该提供精确的统计验证结果）。构建空间数据分类器应该尽量考虑空间数据的特殊性质，即不同空间目标之间的相关关系，这一点同普通的数据分类是不同的。如果未考虑到空间数据之间的互相作用和影响，得出的分类结果可能会同实际的数据分布特征不一致。对于这一方面的研究目前还较少，因为空间关系的难以数量化，把它们融合进数据挖掘模型也十分困难（拓扑关系、距离和方位关系如何描述和建模）。一般的解决办法是将普通的数据挖掘模型同地图连接起来，即利用地图作为信息交换的中心。将数据分类的中间结果或者是局部分类数据反映在地图上对于用户深入理解模型是十分有用的。一般来说我们尽量要找到一个既拟合于该训练数据集又考虑到数据分布一般规律的分类模型，也就是在二者之间找到一个平衡点。

（4）对所得模型进行验证

用户同样按照训练数据采样的方法从数据库中选取已知类别的测试数据集来对训练数据得出的分类器进行测试。用户可以设定一定的置信水平，高于这样的水平才是可以接受的分类器模型。测试的方法可以采用单个测试数据集或者交叉检验的方法，所得的测试结果也可以进行可视化分析，用户同样可以将分类结果和地图等视图相连来从多角度分析分类器的性能。由于交互可视化的实时性，因此要求这种分类器的计算速度需要满足一定的要求，否则会造成交互过程的中断并可能影响可视化思考的连续性。如果对当前的分类模型不满意，也可以重复上面的训练步骤来得到新的分类模型。在可视化环境下我们可以将训练和测试两个过程放在一起进行分析。

（5）使用分类器对未知空间数据进行分类

该部分主要实现对待评估区进行土地级别划分。在得到满意的分类器后，就可以利用它对大量的空间数据进行分类了。我们还可以动态地对现有的模型进行更新，即利用新的已知类别数据来校正或者改进分类器。同样，将最后的分类过程同训练和验证两个过程结合来分析当前模型的适应程度。在整个分类过程中，地理可视化还可以解决包括类别在属性空间上重叠和模糊分类等问题，而这些使用数字或者表格来表示则是难以理解和烦琐的。

第四节　应用实例

一、实例概况

以武汉市主城区商业用地土地定级进行实例研究。武汉市地处华中腹地，位于江汉平原东部和长江中游与汉水交汇处。本次土地定级范围包括 7 个主城区（江岸区、江汉区、硚口区、汉阳区、武昌区、青山区、洪山区）以及武汉经济技术开发区、东湖新技术开发区，土地面积 101 568.12hm^2。

武汉市主城区商业用地土地定级因素因子体系采用三层结构，如图 6-15 所示。

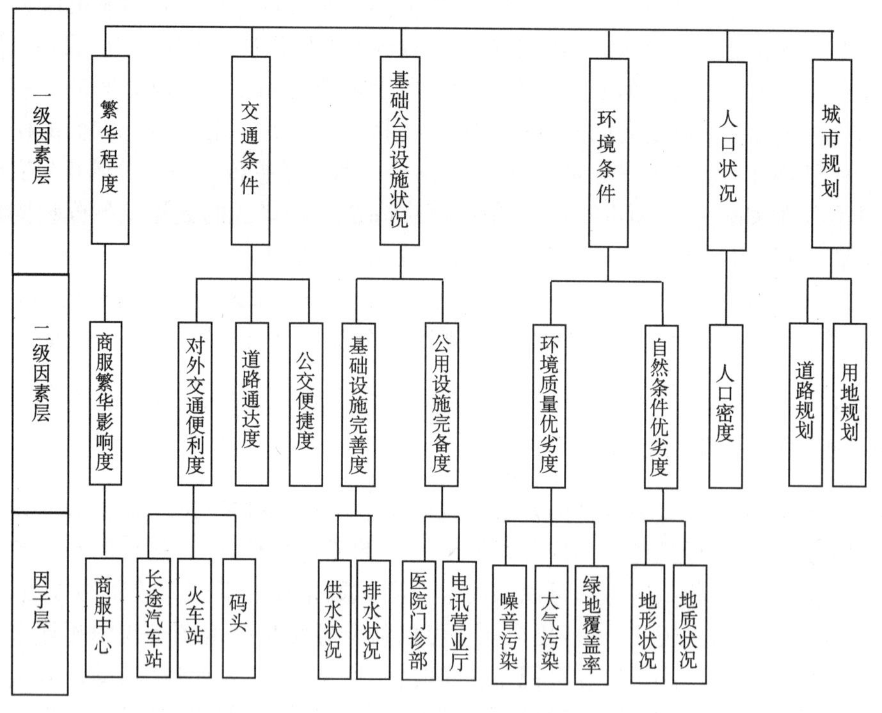

图 6-15　武汉市主城区商业用地土地定级因子体系

定级因子资料汇总说明见表 6-7 所示。

表 6-7 土地定级因子数据简要说明

序号	名称	图形数据	属性数据
1	商服中心	1∶25 000 地形图、武汉市市区商服中心分布图、武汉市商服中心确定	名称、位置、占地面积、商服网点数、用地效益、级别、商服完备率
2	道路通达度	1∶25 000 地形图、武汉市现状道路等级图、武汉市 2000 年道路交通流量模拟图	名称、宽度、长度、年车流量、性质(混合型主干道、生活性主干道、交通性主干道、次干道)
3	火车站	1∶10 000 地形图、武汉市城区图、武汉市交通旅游图(2001 年)、《武汉铁路分局年鉴 1999》	名称、位置、占地面积、年客运量、年货运量、运输收入、职工人数、等级(特等、一等、二等)
4	码头、车站	武汉市港口布局总体规划	名称、泊位、年货运量、年客运量
5	排水状况	排水状况图、1∶25 000 地形图	等级(好、较好、差)
6	供水状况	1∶25 000 地形图、武汉市全市、汉口地区、武昌地区供水管网现状图	管径:1600 mm、1400 mm、1200 mm、1000 mm、800 mm、600 mm、500 mm、450 mm、400 mm、300 mm
7	医院门诊部	武汉市城区图、1∶10 000 地形图、武汉市交通旅游图、1∶25 000 地形图、医院调查表	名称、位置、病床数、等级(三级甲等、三级乙等、二级甲等;二级乙等)
8	绿地覆盖率	1∶25 000 地形图、卫片影像图	等级(一级、二级、三级、四级、五级)
9	噪声污染	1∶25 000 地形图、武汉市部分地区环境噪声区类别划分图(1∶15.5 万)	污染程度(严重、较轻、轻、较重、无污染)
10	地质状况	武汉市工程地质图	等级(一级、二级、三级、四级)
11	地形地貌状况	武汉市地貌图、地形图	地形状况(丘陵、平原、低洼地、浅滩)
12	水系	1∶25 000 地形图	名称、面积等
13	道路规划	1996～2020 年武汉市规划道路网、1∶25 000 地形图、《武汉市城区图》	名称、路宽、建成状况、长度、性质(主干道、次干道、支路)
14	大气污染	1∶25 000 地形图、武汉市交通旅游图(2001 年)、武汉市环境空气质量功能类别图	空气质量(一类区:指自然保护区、风景名胜区和需要特殊保护的地区;二类区:指城镇规划中确定的居住区、商业交通居民混合区、文化区、一般工业区和农村地区,以及一、三类区不包括的地区;三类区:指特定工业区)
15	人口密度	青山区、武昌区和洪山区行政区划图、武汉市工程地质图、武汉市各区 1999 年统计年鉴	名称、人口密度
16	用地规划	武汉市城市总体规划图(1996～2020)、武汉市土地利用总体规划图(1997～2010)	面积、规划地类(商业、居住、工业、市政、文教、卫生、防护绿地、公共绿地等)
17	山地丘陵	1∶25 000 地形图	名称、面积等

二、实例研究过程

运用开发的土地定级专家系统进行武汉市商业用地土地定级，工作步骤及系统实现的基本过程如下：

（一）数据准备

系统运行后，数据源准备工作由系统提供的数据向导带领用户完成，其目的在于方便用户的使用。数据导入包括系统定级需要用到的一切基础数据源，对于基础数据源导入的向导系统运行示例如图 6-16 所示。在导入所有需要的数据后，根据后续阶段训练、测试和定级的需要，需要选择不同的数据库。训练阶段需要选用历史数据库进行训练，挖掘出定级规则，此阶段数据库选取向导系统运行如图 6-17 所示。训练阶段分为对单个因子的训练产生因子级别划分规则或因子量化规则以及对所有因子训练产生定级规则，在训练前需要选取数据挖掘的主属性字段，在本系统中这里一般都是“级别”字段。这一步也由数据向导完成，系统运行如图 6-18 所示。测试阶段需要选择测试数据库进行测试工作，定级阶段需要选择待定级区域因子数据库，其数据库选取界面向导和训练阶段相一致。训练阶段训练所需要的数据库、训练因子、训练主属性选取以后，需要给定数据库中参加训练所有因子的属性值，其属性值主要分为连续属性和离散属性，对于离散属性需要给出因子所有可能的离散值(这里主要有：对因子量化规则挖掘训练时，因子是描述性的因子如大气污染属性：无污染、轻度污染或严重污染等离散值，另一部分就是定级规则挖掘训练的时候，对因子已经进行级别划分以后因子的所有级别值，如：1，2，3，4，5 级等离散值)，连续属性只需要输入“连续值”属性即可，训练因子属性值给定数据向导系统运行如图 6-19 所示。在所有需要的数据源导入系统以后，系统运行的主界面如图 6-20 所示。

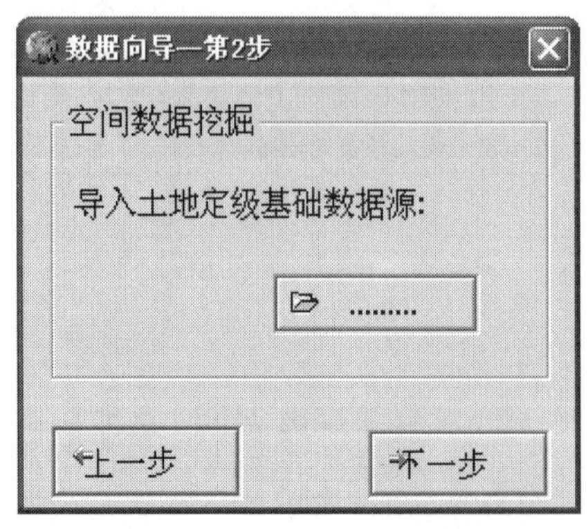

图 6-16　数据源导入向导

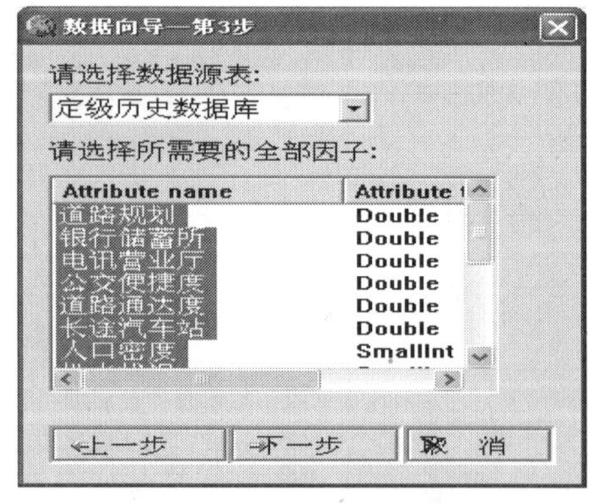

图 6-17　决策树训练属性选择向导

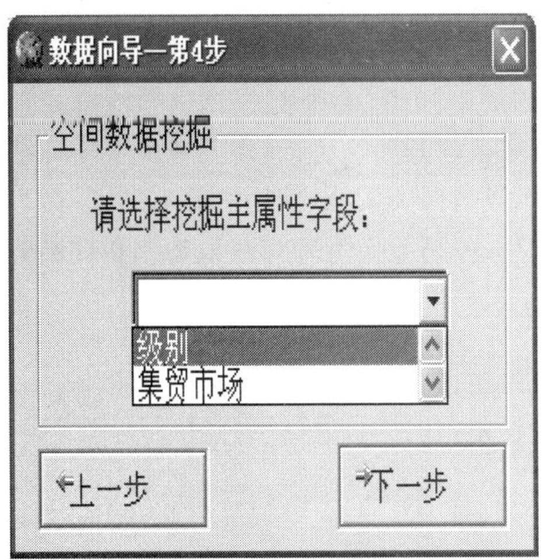

图 6-18　决策树训练主属性选择向导

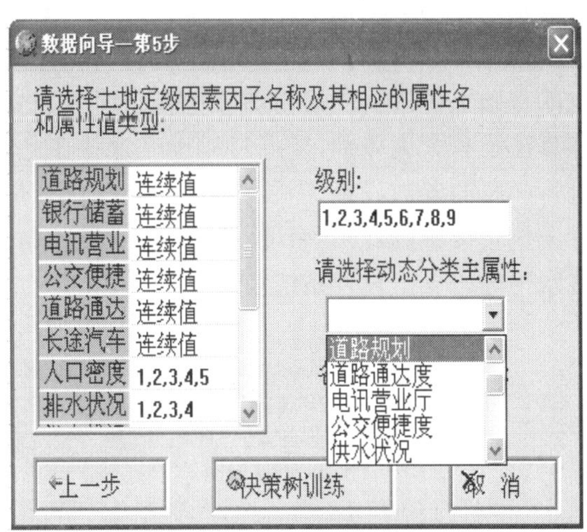

图 6-19　决策树训练属性选取及属性值确定向导

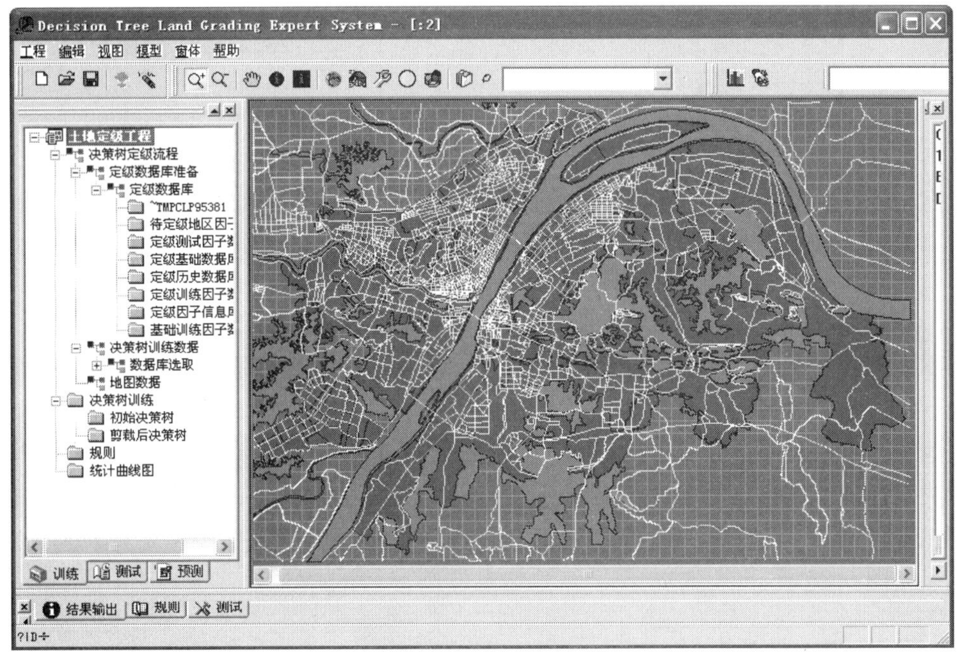

图 6-20　数据源导入后系统运行主界面

（二）决策树训练

通过决策树训练，产生因子级别划分规则、因子量化规则和土地级别划分规则。这一部分主要通过决策数算法完成与定级有关的所有知识规则的挖掘，挖掘的规则知识分为两大部分，一部分为定级因素因子级别划分规则或因子量化规则知识，另一部分为待定地块级别划分的规则知识。首先通过以上数据向导，完成决策树训练数据库的选取，然后通过决策树算法对各个因子数据库进行训练挖掘出分级或量化规则，在定级因子分级和量化的基础上再进行决策树训练挖掘土地级别划分的规则知识，两个部分知识的挖掘原理和算法没有太大差别，挖掘过程也一致。在此部分决策树开始训练前，需要对决策树训练进行必要的参数设置，需要设置的参数包括：是否生成多棵决策树、使用的分支准则、最小叶子记录数量、属性冗余度、条件重要程度测试以及一些高级设定如树剪裁参数和规则剪裁水平等。参数设置系统实现如图 6-21 所示。

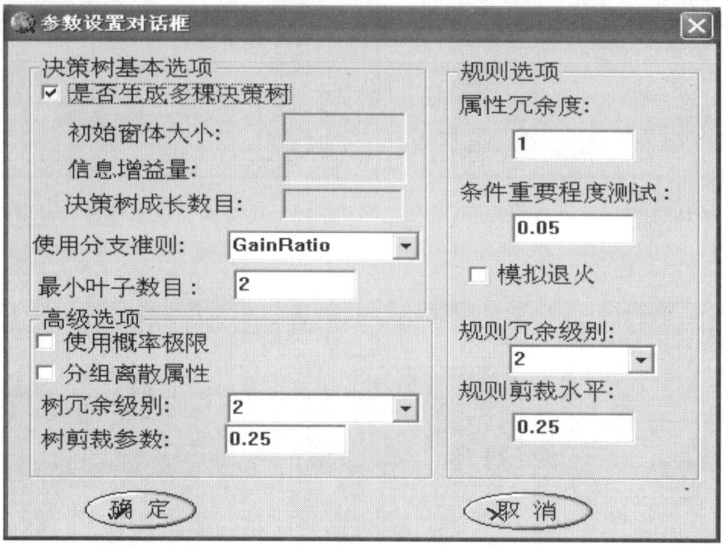

图 6-21　决策树训练参数设置

本实例所研究的原始数据是武汉市 2001 年土地定级原始数据，当初划分的土地级别数为 9 级。为了对系统定级结果有比较分析的参照，在此我们亦将武汉市商业用地级别划分为 9 个级别。通过以上步骤，在对所有定级因子进行因子级别划分和量化工作以后，通过决策树训练挖掘土地定级规则知识，系统运行后生成的决策树及决策树信息输出结果如图 6-22 所示。系统运行生成的决策树及决策树挖掘出的土地级别划分规则知识输出结果如图 6-23 所示。

（三）决策树测试

通过决策树数据测试挖掘出有效规则。通过决策树训练产生的规则，可能有不合理或者规则可信度很低的规则，因此，通过先验数据进行决策树挖掘测试，以检验挖掘出规则的有效性，对于无效规则给予删除或屏蔽处理。系统操作为：在主控制区中选中测试标签视图，开始测试过程。测试数据直接按照级别划分规则进行定级，然后同已知级别结果比较，如果规则的错误率大于等于 15%，则视为无效规则，剔除无效规则。测试的文本结果输出在信息输出视图区的测试信息标签视图中输出，地图结果则显示在地图视图中。

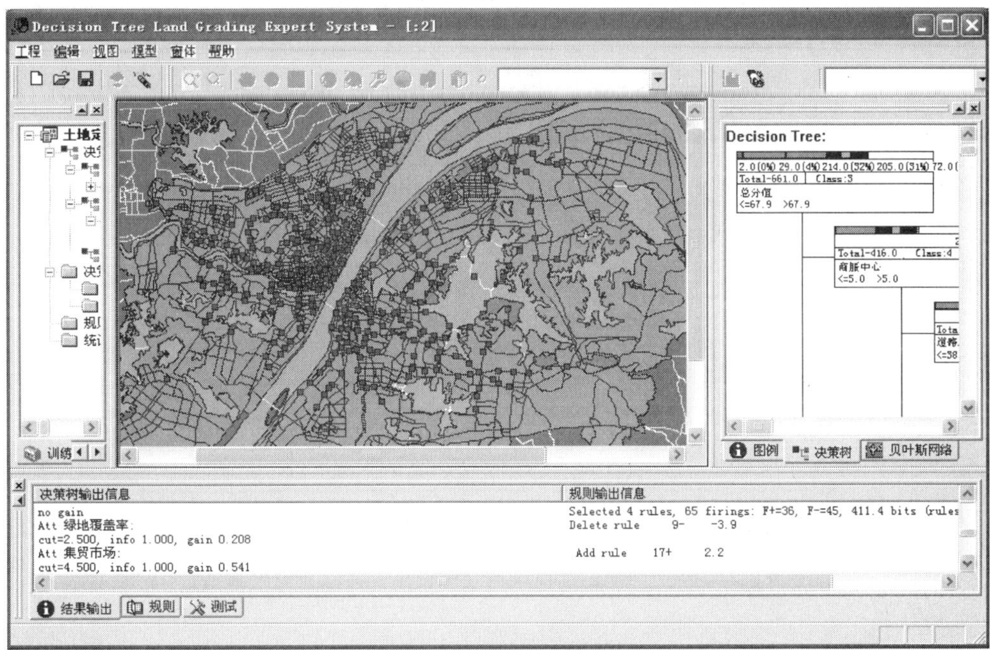

图 6-22 决策树训练后决策树及决策树信息输出结果

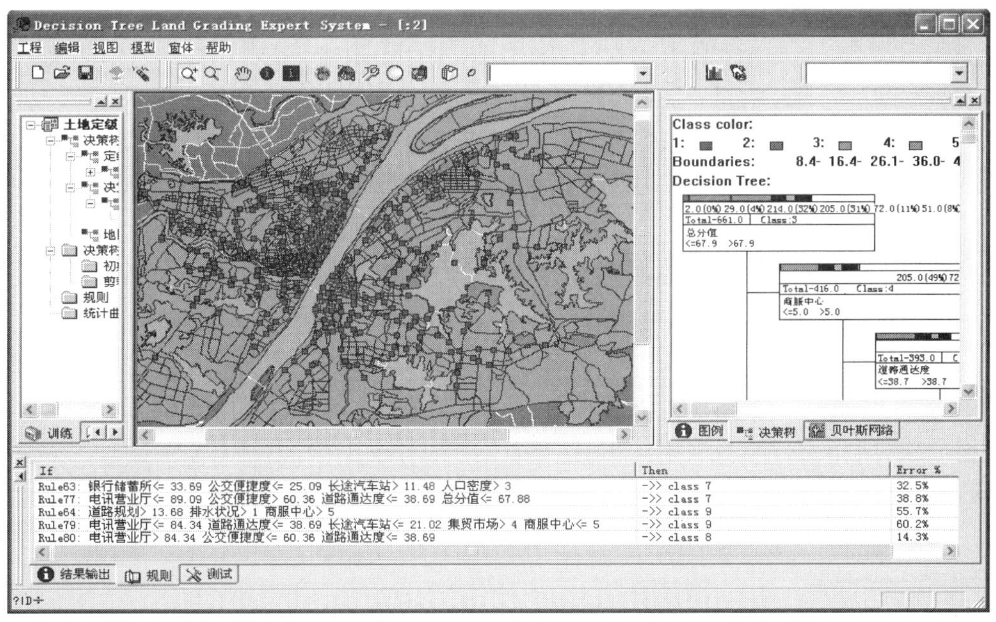

图 6-23 决策树训练后决策树及挖掘规则输出结果

对武汉市商业用地训练产生的规则知识测试后的决策树及测试决策树信息输出结果如图 6-24 所示。决策树测试后决策树及有效规则输出结果如图 6-25 所示。

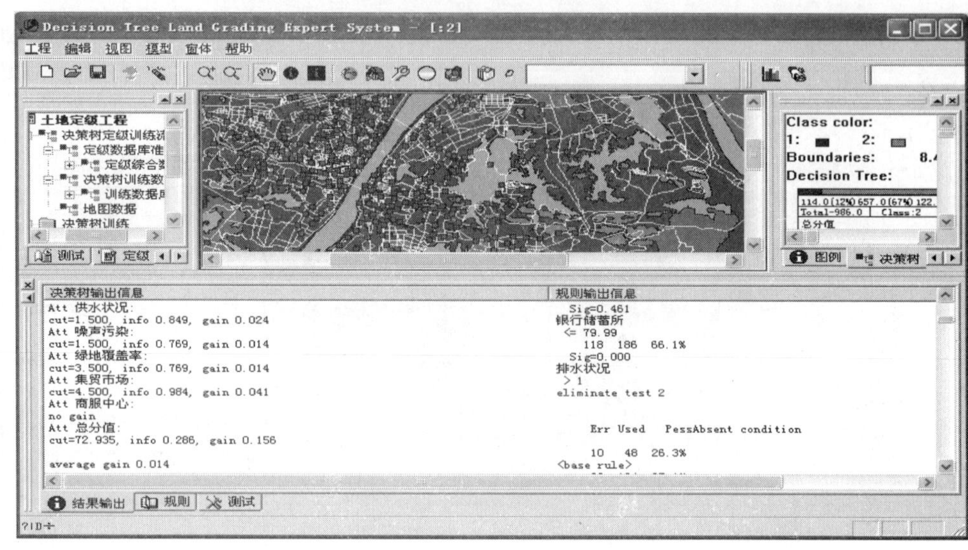

图 6-24　决策树测试后决策树及测试决策树信息输出结果

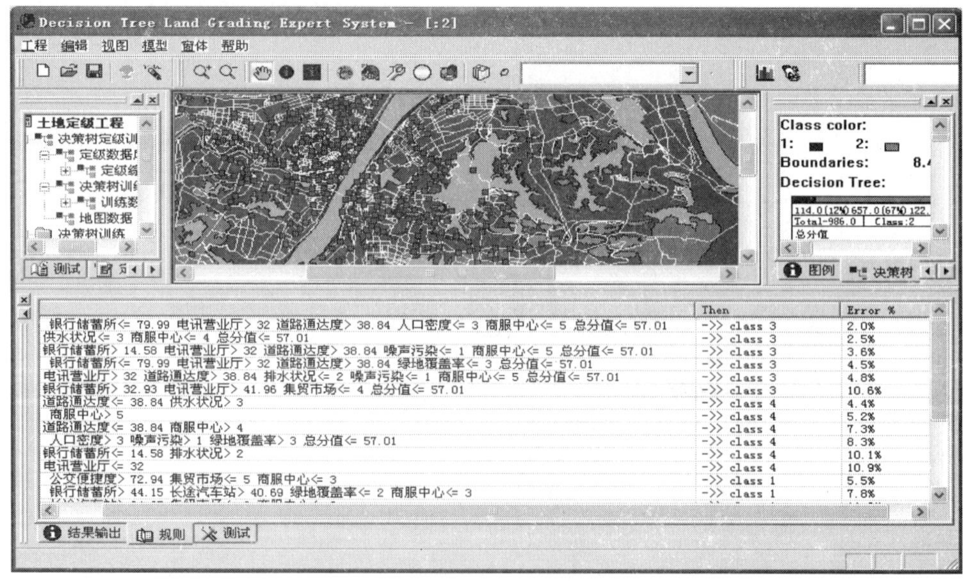

图 6-25　决策树测试后决策树及挖掘的有效规则输出结果

（四）土地级别划分

在认为测试结果比较满意后，就可以进行待定级区域土地级别的划分。土地级别的划分的过程：首先将待定级区域所有定级因子进行级别划分或量化，然后通过决策树推理机制将待定级区域地块的因子条件和挖掘出的有效土地定级规则进行匹配，从而推理出各地块的土地级别。在此可以采用交互定级的方法，即将待定级区域的数据导入地图，用鼠标在地图上点选需要定级的单个或多个空间目标来实时得到定级的结果。武汉市商业用地系统最终定级结果如图 6-26 所示。

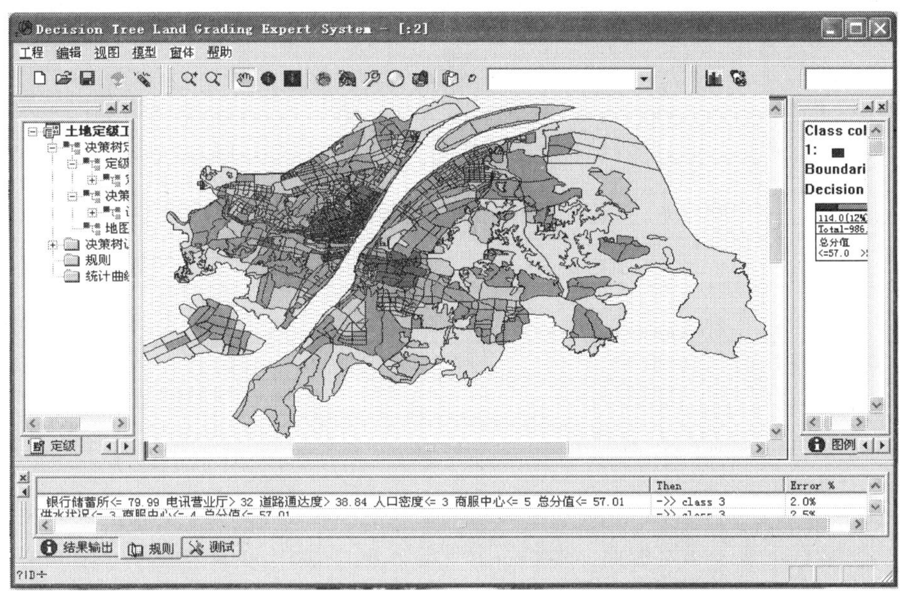

图 6-26 通过有效规则推理匹配后武汉市商业用地定级结果显示

三、结果分析

(一) 土地定级结果级别面积统计分析

武汉市辖区总面积约为 854 909 hm^2。通过本实验系统对武汉市商业用地类型土地定级，其定级的城镇商业用地总面积约为：750 500 505 m^2，通过系统对各级别地块的面积统计，获取武汉市商业用地各级别土地面积分布结果如表 6-8 所示。

表 6-8 本实验系统定级商业用地级别面积统计表(单位：m^2)

级别	Ⅰ	Ⅱ	Ⅲ	Ⅳ	Ⅴ
面积	478 253	6 700 421	16 509 398	43 418 351	57 216 310
级别	Ⅵ	Ⅶ	Ⅷ	Ⅸ	总计
面积	96 040 568	135 755 191	157 226 436	237 155 577	750 500 505

根据《武汉市城镇土地定级估价技术报告》(2001 年，武汉市规划国土资源管理局)，对该地区城镇商业用地级别划分结果面积统计如表 6-9 所示。

表 6-9 商业用地级别面积统计表(2001 年)(单位:m²)

级别	Ⅰ	Ⅱ	Ⅲ	Ⅳ	Ⅴ
面积	476 966	6 715 721	16 536 391	43 353 351	54 382 958
级别	Ⅵ	Ⅶ	Ⅷ	Ⅸ	总计
面积	98 422 390	140 664 378	160 108 387	229 839 963	750 500 505

运用以上两个系统分别对武汉市商业用地级别划分,同级别内面积绝对值之差及同级别差值与原评估级别(以 2001 年评估结果数据作为参考标准)面积比例分析如表 6-10 所示。

表 6-10 两系统定级结果同级别面积差值及百分比比较

级别	Ⅰ	Ⅱ	Ⅲ	Ⅳ	Ⅴ
面积差/m^2	1287	−15 300	−26 993	65 000	2 833 352
面积差比例/%	+2.7	−2.3	−1.6	+1.5	+5.2

级别	Ⅵ	Ⅶ	Ⅷ	Ⅸ
面积差/m^2	−2 381 822	−4 909 187	−2 881 951	7 315 614
面积差比例/%	−2.4	−3.5	−1.8	+3.2

以上表 6-10 中负值表示本系统定级结果某级别面积比 2001 年定级结果同级别土地面积的减少值,正值表示增加值。面积百分比表示同级别内面积差值百分比的增加或减少值。通过以上结果比较分析,一至四级土地的面积,不论是绝对面积还是相对面积,两系统定级结果都非常接近,绝对面积差在 1 km² 以内,相对面积差在 5%以内,二者的差值都很小。五至九级别的土地,绝对面积差值都在 2~7 km² 内,相对面积差仍然基本上在 5%以内,所以,其结果的差距仍然很小。就两次定级结果中各土地级别面积比例分布来看,两次定级结果整体上都比较接近。2001 年武汉市土地定级最终结果通过了各方面专家和土地管理工作者进行讨论和修正,本实验系统定级结果与 2001 年土地定级结果比较接近,也从某种程度上说明了本系统定级结果的可靠性和可信性。两系统定级结果各级别面积统计分布结果比较如图 6-27 所示。

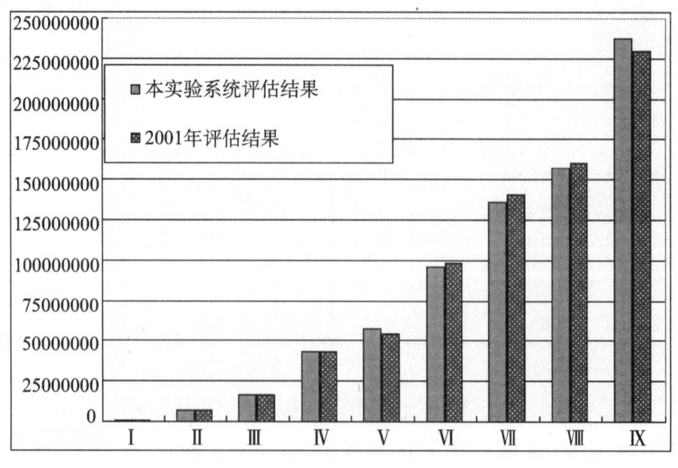

图 6-27 两系统定级结果各级别面积统计分布结果比较

(二) 各级别土地分布特征分析

通过本系统对武汉市商业用地进行级别划分，其定级结果显示武汉市市区商业用地土地级别空间分布与武汉市商服中心分布较为一致。主要是以汉口、汉阳和武昌的较高级别商服中心为中心点，基本成环状向各镇边缘递减。最高土地级别分布在汉口；最低土地级别主要分布在葛店、天兴洲等市区边缘地带。商业用地土地级别空间总体分布如下：①汉口商业用地土地级别的中心为中心商业区（中山大道、江汉路）及受其辐射影响的相临区级商服中心（武汉广场、汉正街）所在地段。汉口最高级别为Ⅰ级，最低级别为Ⅶ级。②汉阳的商业用地土地级别中心为区级中心商业区（钟家村）所在地段。汉阳最高级别为Ⅱ级，分布在鹦鹉大道和汉阳大道交汇处（市级商服中心钟家村、以汉商集团、知音饭店、超越时代广场为中心的商业集聚点），最低级别为Ⅷ级。③武昌地区商业用地土地级别中心商业区（中南路）及受其辐射影响的相临区级商服中心（司门口）所在地段。武昌最高级别为Ⅱ级，分布在中南路段（从洪山广场至武珞路地段，以中南商业大楼、中商广场为中心，附近还有洪山广场、洪山体育馆、中南大酒店等）和解放路（从中华路、粮道街至彭刘杨路区级商业中心司门口），最低级别为Ⅸ级。汉口、汉阳和武昌Ⅳ～Ⅸ级土地以Ⅲ级用地为中心向外扩展，大致形成以各小区级、街道级商服中心为中心的空间分布状况。以上各级别土地分布情况符合土地级别分布理论，从本系统定级结果决策树显示来看，定级结果决策树的根节点为“商服中心因子”，紧接着根节点的第二层分支节点为“人口密度”“公交便捷度”“道路通达度”等因子，第三分支节点为“电讯营业厅”、“医院门诊部”、“供水状况”、“排水状况”等因子。最后的叶子节点为“码头”、“道路规划”、“地质状况”、“噪声污染”、“用地规划”、“大气污染”等因子。决策树结点越靠近根节点就说明此因子对级别划分越重要，越接近叶子节点则说明此因子对级别划分的影响越小。用传统定级方法表示即为距离根节点越近的叶子节点权重应该越大，最终的叶子节点权重最小。将以上决策树结果与 2001 年武汉进行土地定级时专家最后给定的权重计算结果比较，当初给定权重的计算结果值如表 6-11。由决策树结点顺序和专家打分权重结果比较可以看出，决策树结点顺序基本上符合专家给定权重值的大小顺序，这也说明了经过决策树训练，最终生成的决策树是合理的，其定级结果是可靠可信的。

表 6-11　2001 年武汉市商业用地定级因子权重专家打分结果

因子	商服中心	道路通达度	公交便捷度	长途汽车站	火车站	码头
权重	0.338	0.072	0.075	0.023	0.020	0.015
因子	供水状况	排水状况	医院门诊部	电讯营业厅	噪声污染	大气污染
权重	0.040	0.040	0.034	0.038	0.022	0.024
因子	地形状况	地质状况	绿地覆盖率	人口密度	道路规划	用地规划
权重	0.030	0.026	0.028	0.122	0.029	0.024

综上所述，土地定级专家系统的土地定级结果，与武汉市的土地级别的实际情况是一致的，这说明该土地定级专家系统是可靠的，基于专家系统的土地定级方法是可行的。

第七章 土地评价信息系统与应用

第一节 城镇土地分等与基准地价平衡信息系统

一、系统分析

1. 系统目标

本系统的目标是在原有各城镇土地级别和基准地价体系基础上，通过建立城镇土地分等指标体系以及市场交易案例信息（地点、价格、用途等）的收集、管理、分析，充分利用计算机的复杂计算、GIS的空间分析和相关地理统计分析功能等，将城镇土地分等、基准地价平衡、结果检验和地价动态监测与更新及系统的维护集成在一起，全面实现城镇土地分等与基准地价平衡和相关信息的管理从定性概念提高到定量分析、从静态分析过渡为动态研究、从有限计算发展为复杂运算和智能分析、从少数专家研究扩大到众多专家参与的综合性集成技术处理与分析功能，从而促使城镇土地分等与基准地价平衡工作向科学化、合理化与现代化方向发展，为地价调控的宏观决策提供科学依据，并提供相应社会化服务。

2. 系统数据源

城镇土地分等和基准地价平衡涉及数据广泛、复杂。模型的设计需要充分考虑资料、数据的可收集性、可靠性和可处理性。数据是GIS系统的血液，从实践经验来看，如果系统、模型不重视数据的这些问题，那么模型本身也仅仅是空的设想而已，另外，良好的数据组织也有利于计算机系统的自动处理。本系统的数据源按其特征分：

1）空间数据：主要有行政区划图，各县市城镇中心点图，辅助地理图层（道路，水系，注记等），城镇基准地价平衡图。

2）属性数据：属性信息较为复杂，包括图形中各实体的属性数据和社会经济的调查数据两种，前者主要指城镇名称，城镇代码等基础信息和城镇等别、城镇平衡后基准地价等各种专题信息，后者主要包括分等因素表、因子数据表、因素权重表、城镇原基准地价表、城镇基准地价修正系数表等资料。

3. 系统数据流分析

城镇土地分等的数据流如图7-1所示。

城镇基准地价平衡的数据流如图7-2所示。

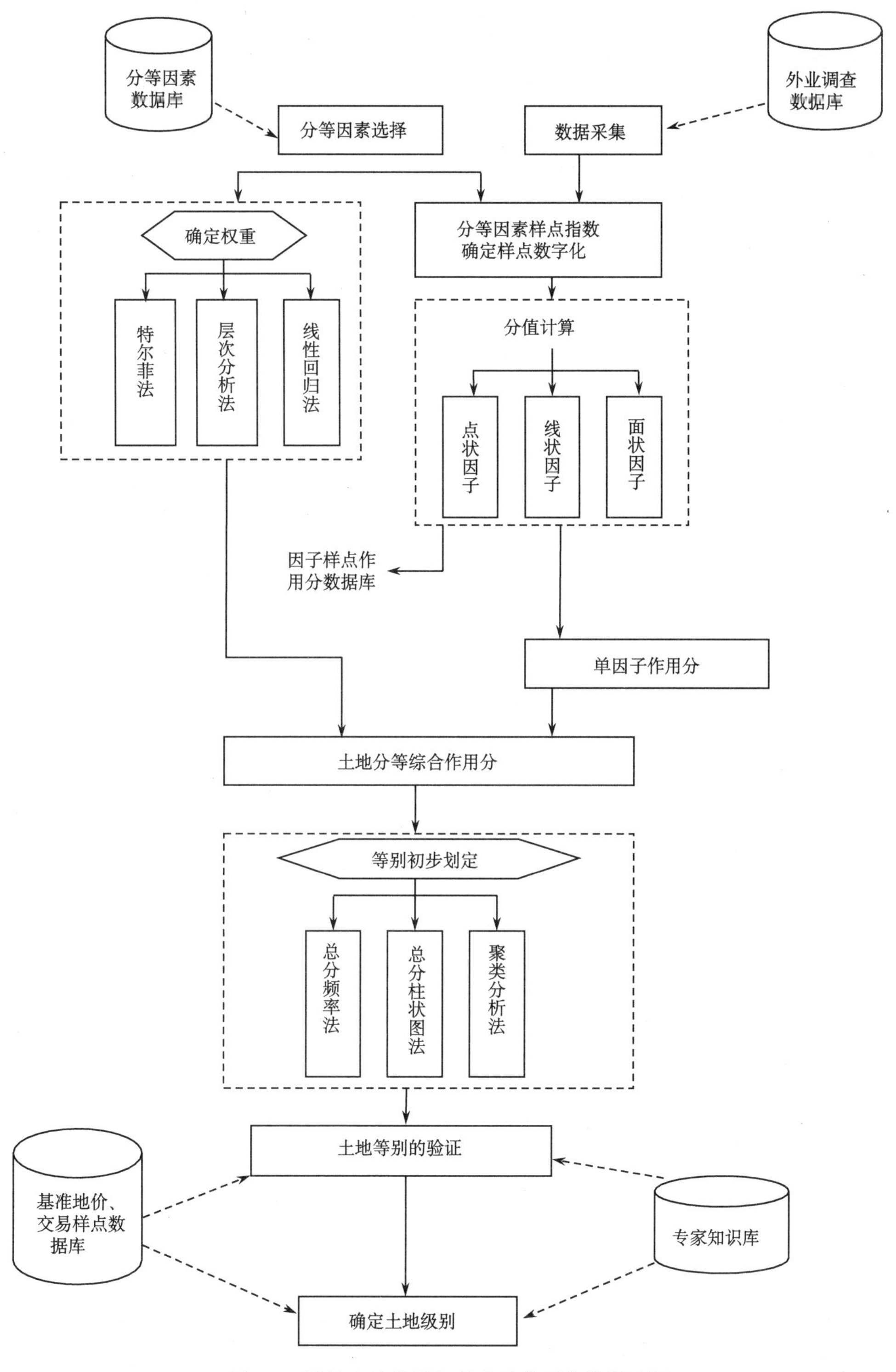

图 7-1 城镇土地分等与基准地价平衡数据流图

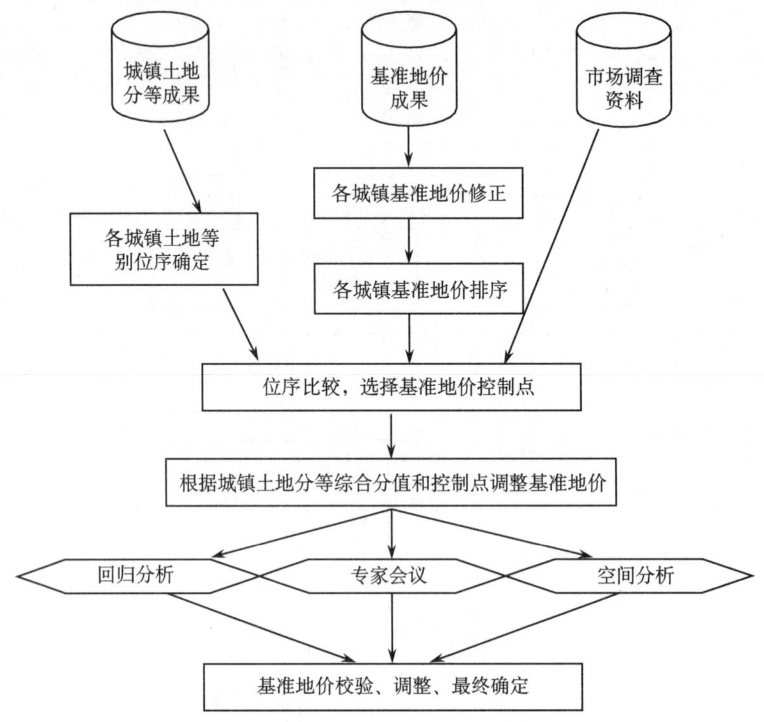

图 7-2　城镇土地基准地价平衡数据流图

4. 系统数据访问设计

本系统应用关系数据库管理系统来管理原始资料和中间计算成果，运用空间数据库来管理空间数据、相关属性数据和最终成果数据。通过关键字段（主要是城镇代码）在空间数据库与关系数据库间建立关联，以实现数据的互访。系统数据的访问机制如图 7-3 所示。

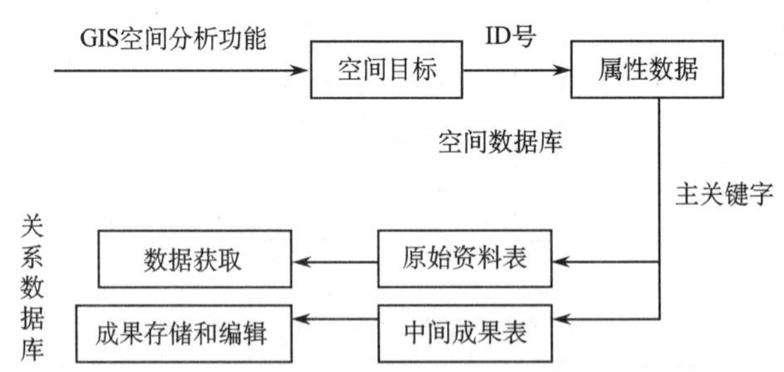

图 7-3　城镇土地分等与基准地价平衡系统数据访问机制

二、系统总体设计

1. 系统总体功能设计

系统构成的基本框架如图 7-4 所示。

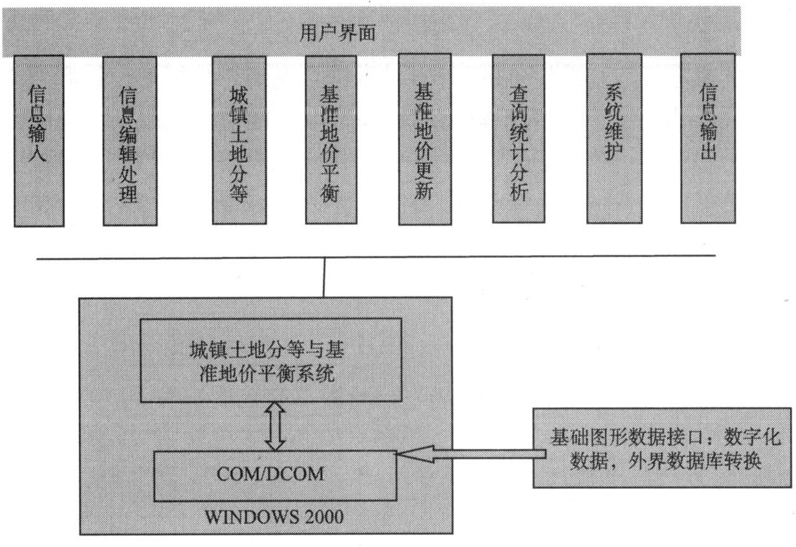

图 7-4　城镇土地分等与基准地价平衡系统构架

2. 系统逻辑结构设计

本系统从逻辑上共分为三个层次，即表示层、业务层和数据层。其具体开发方式如下：

(1) 表示层

该层是系统和用户交流的平台，负责系统数据的表达。主要向用户提供图层显示、操作、编辑以及数据表格的浏览功能。表示层功能的实现充分利用了 GIS 控件，如 MapObjects，MapX 等，具有方便的图形操作功能和属性管理功能。

(2) 业务层

该层是系统的核心，负责系统数据的处理。主要分为城镇土地分等和基准地价平衡两大部分。这两块自成体系又紧密联系，真正做到“以等控价，以价验等”的原则。其中城镇土地分等主要包括了分等因素体系及权重确定模块，因子数据标准化和分值计算模块，初步划分等别模块和等别校验模块。而基准地价平衡则包括了基准地价修正模块，基准地价更新模块，基准地价平衡模块，平衡结果检验模块。该层功能的实现主要依靠 VC＋＋强大的编程能力。

(3) 数据层

该层是系统的基础，负责系统数据的存取。我们利用关系数据库（SQL Server，Oracle 等）方便友好的数据管理、存取、编辑功能对系统的原始数据、中间成果数据和最总成果数据进行集中的管理。该层中的原始数据有分等因素表、因素权重表、因子数据表、城镇 GDP 表、城镇基准地价表、城镇修正系数表；中间成果数据有城镇修正后基准地价表、城镇标准化后基准地价表、城镇基准地价平衡参数表、城镇序位分析表、控制城镇序位分析表；最终结果数据则有城镇土地分等结果表和基准地价平衡表。

3. 系统功能模块设计

根据城镇土地定级与基准地价的工作目标，结合系统总体框架设计和要求，可设计如下基本功能模块，如图 7-5 所示为城镇土地分等基本功能模块，图 7-6 为基准地价平衡基本功能模块。

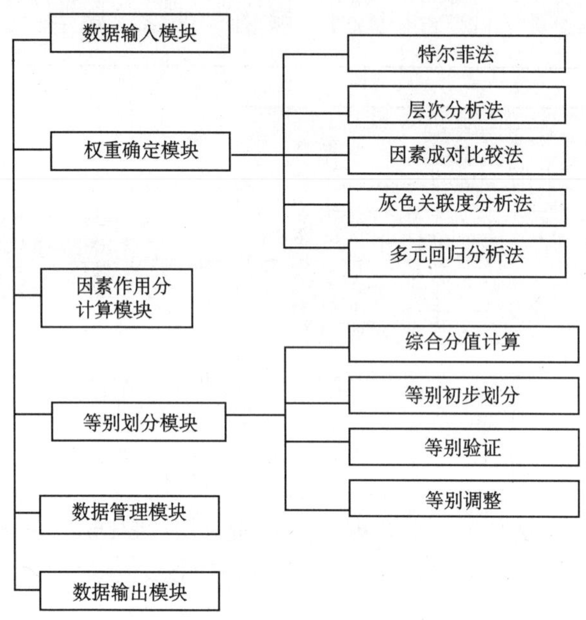

图 7-5　城镇土地分等基本模块

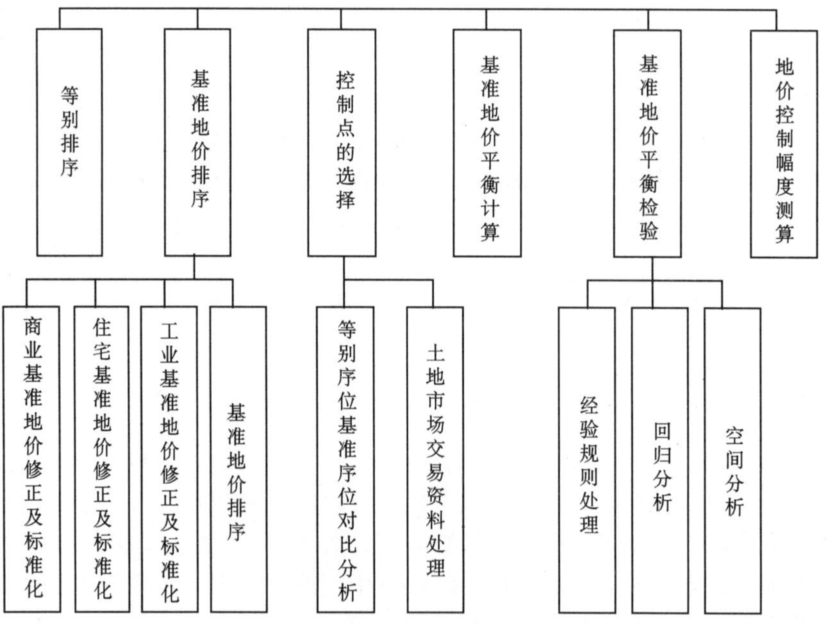

图 7-6　基准地价平衡基本功能模块

三、系统数据库设计

1. 数据库内容

从数据形式看，本系统的数据库包括图形数据和表格数据。

(1) 图形数据

包括行政区划图、各县市城镇中心点图、城镇基准地价平衡图以及其他辅助地理图层，如道路、水系、注记等。

(2) 表格数据

包括基础信息表格、原始资料表格和中间成果表格。

1) 基础信息表格：分等因素表、行政区划信息总表、基础图层表、评估用地类型表、基准地价内涵表。

2) 原始资料表格：因子数据表、因素权重表、城镇 GDP 表、城镇（工业、商业、住宅）用地基准地价表、城镇（工业、商业、住宅）用地基准地价内涵表、城镇（工业、商业、住宅）用地基准地价修正系数表。

3) 中间计算成果表格：城镇（工业、商业、住宅）用地修正后基准地价表、城镇（工业、商业、住宅）用地标准化后基准地价表、城镇（工业、商业、住宅）用地序位分析表、城镇（工业、商业、住宅）用地控制城镇序位表、城镇（工业、商业、住宅）用地基准地价平衡参数表、城镇（工业、商业、住宅）用地平衡后基准地价表、城镇（工业、商业、住宅）用地基准地价回归分析法平衡参数表、城镇（工业、商业、住宅）用地回归分析法平衡后基准地价表、城镇（工业、商业、住宅）用地空间分析法平衡后基准地价表。

2. 图层组织

本系统的主要图层如表 7-1。

表 7-1　数据库图层说明

	图层名称	图层要素	要素类型
辅助图层	省县级行政界线	省县级行政界线	LINE
	注记	注记	TEXT
	高速公路	高速公路	POLYGON
	公路	各类道路	LINE
	铁路	各类铁路	LINE
	线状河流	单线河流	LINE
基础图层	湖北省行政区划图	各县市行政区划范围	POLYGON
	城镇中心点图	各县市行政驻地	POINT
结果图层	城镇土地分等单元图	各县市行政区划范围	POLYGON
	城镇基准地价平衡图	各县市行政区划范围	POLYGON

3. 属性表结构

属性表按所选择的关系数据库的要求，并结合城镇土地分等与基准地价平衡工作要求进行具体设计，在此不再一一列举。

四、系统实现

1. 系统实现的关键内容

(1) 分等因素权重的确定

影响城镇土地综合质量的因素很多，有宏观的也有微观的，有静态的也有动态的，且因素、因子之间相互联系、相互影响。为了使选取的指标具有代表性，可借鉴已有的成果，首先尽可能全的选择可能对城镇土地质量有影响的因素、因子，然后利用主成分分析法对初始指标进行分析，从而最终确定分等因素体系。

(2) 因子数据标准化

因子数据无量纲标准化的方法有很多，城镇土地分等的国家规程中提供了极值法和序位法两种方法。本系统中对于每个因子的原始数据都分别采用极值法和序位法进行标准化，并对两种方法计算所得的分等成果进行对比分析，以选择较优的成果。

(3) 分等成果的检验

本系统采用柱状图表法来初步划分等别，然后用空间聚类分析法对城镇进行再次分等，并把两种结果作对比分析。采用聚类分析法进行城镇土地分等，是将城镇作为聚类对象，将多因素综合评判计算的参评因素综合分值作为因子评分值，分等因素因子的权重作为聚类对象的总排序权重，加权计算聚类对象之间的距离，按距离进行聚类。

(4) 基准地价平衡方法的确定

城镇现有的基准地价由于受当地经济发展水平、土地市场的发展程度以及政府决策的影响会出现偏高或偏低的情况，为了在全省范围内建立一个统一的平台，使得各城镇的基准地价可比，并使其回归到正常水平，需要对各城镇的基准地价进行平衡处理。为了利用城镇土地分等的成果，作到“以等控价”，并充分利用各城镇现有的基准地价成果(我们认为有一部分城镇的基准地价使合理的)，本系统采用了分段线性插值的平衡方法。

其核心思想是利用各城镇规范化后的基准地价高值序位，土地分等总分值序位以及土地市场交易地价序位进行对比分析，获取 15～20 个控制城镇，然后由此构成折线方程，对不合理城镇的基准地价进行线性平衡。

(5) 基准地价平衡检验

为了从多个角度(属性的，空间的)来评价平衡结果。本系统采用了多种辅助平衡方法(回归分析和空间分析)对基准地价重新进行平衡计算，然后对多种结果进行比较分析，以获取较优的平衡结果。

2. 主要功能模块实现

(1) 系统主框架

本系统的主界面秉承了 Windows 软件的一贯风格，分为菜单栏、工具栏、状态栏、工程管理器、用户窗口等几个部分(图 7-7)。其中菜单栏中包含了文件管理、城镇土地分等、基准地价平衡、查询统计、图层管理、图形编辑、视图、帮助等菜单项；工具栏则包括主工具条(文件的新建、打开、保存，打印，帮助等)，图层控制，图幅显示控制，点、线、面编辑，图层属性浏览等部分；工层管理器管理着系统所有的资源，包括分等基础图层、成果图层、分等工程结果等；用户窗口是界面的主要部分，它是图层显示、编辑、操作的主要区域，包括主窗口、标尺、滚动条等部分；状态栏负责实时显示相关信息，如图层的比例尺，鼠标的地图坐标等。

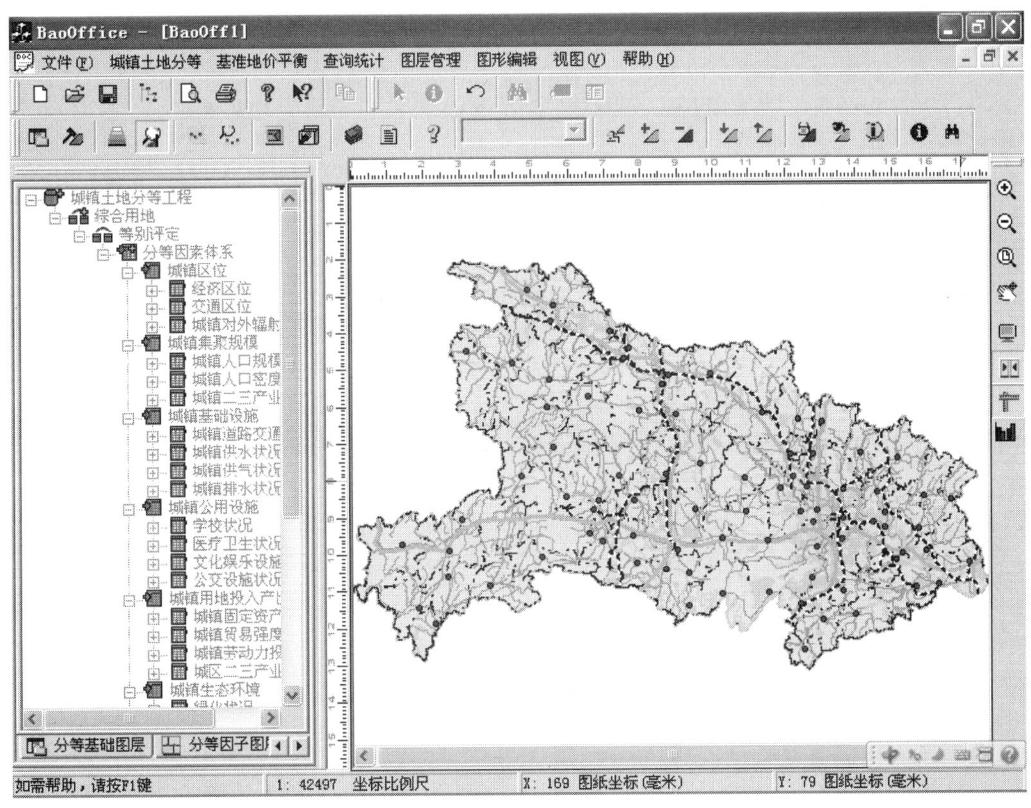

图 7-7　城镇土地分等与基准地价平衡系统界面

(2) 分等因子选择与权重确定功能实现

采用 Delphi 和层次分析法进行分等因子和权重的确定，其功能实现如图 7-8 所示。

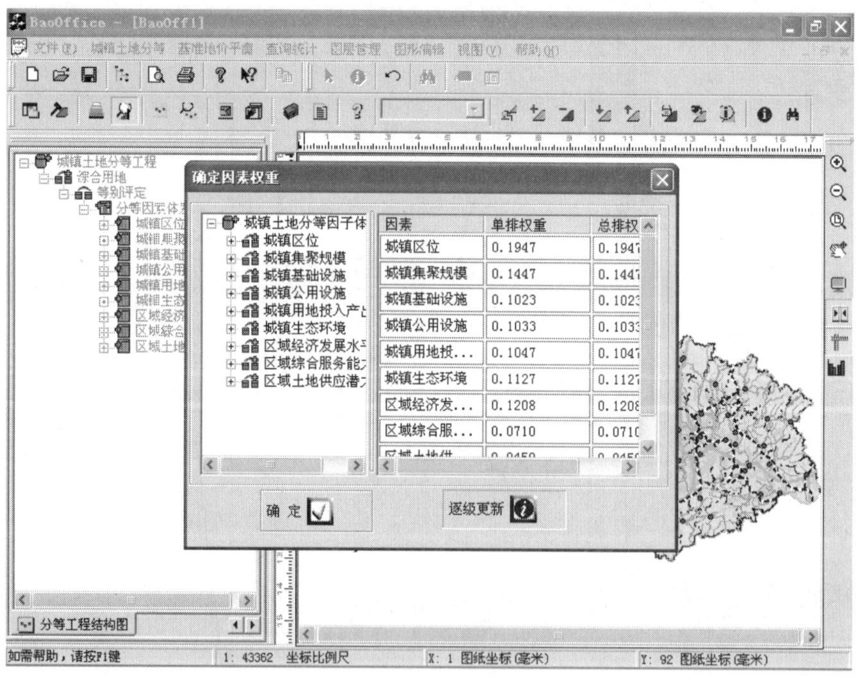

图 7-8　城镇土地分等与基准地价平衡系统因子与权重确定

(3) 城镇的经济位势因子分值计算

经济位势作为此次城镇土地分等的一个重要的因子，它的数据不能直接收集得到，需

要通过城镇的国内生产总值和城镇之间的距离计算得到，具体公式为

$$X_i = \sum_{j-1}^{n} \frac{N_j}{D_{ij}} \tag{7-1}$$

式中，N_j 代表第 j 个城镇的国内生产总值；D_{ij} 代表 i 城镇到 j 城镇的距离；X_i 代表第 i 个城镇的经济位势；n 代表城镇数量。该式的含义是：如果某市附近拥有经济实力强大的另外一些城市，通过城市的辐射作用，该市的经济发展必然具有较大的潜力，并有利于提高城市土地的产出率。反之，经济落后、城镇体系不完善的地区，城市的影响力和发展潜力就小，这种差异反映了城镇的经济区位条件的优劣（图 7-9）。

图 7-9　城镇的经济位势因子分值计算

(4) 初步划分等别

城镇土地分等主要采用综合因素评判法，根据各分等单元各因素的分值加权求和得到其总分值，并由此生成柱状图表，然后根据城镇总分值的分布趋势来划分等别，界面如图 7-10 所示。

(5) 等别的检验与调整

为了验证等别结果的合理性，系统另外提供了聚类分析分等的方法，从而可对两种分等成果加以比较，相互验证并调整异常。系统采用 K-Means 聚类分析方法，根据初始分等成果来确定聚类的初始类中心点，把各城镇作为样本，把城镇的 9 个一级因素分值作为样本的评价指标，并设定聚类分析结束的条件为：聚类次数大于 10 或新旧类中心点的最

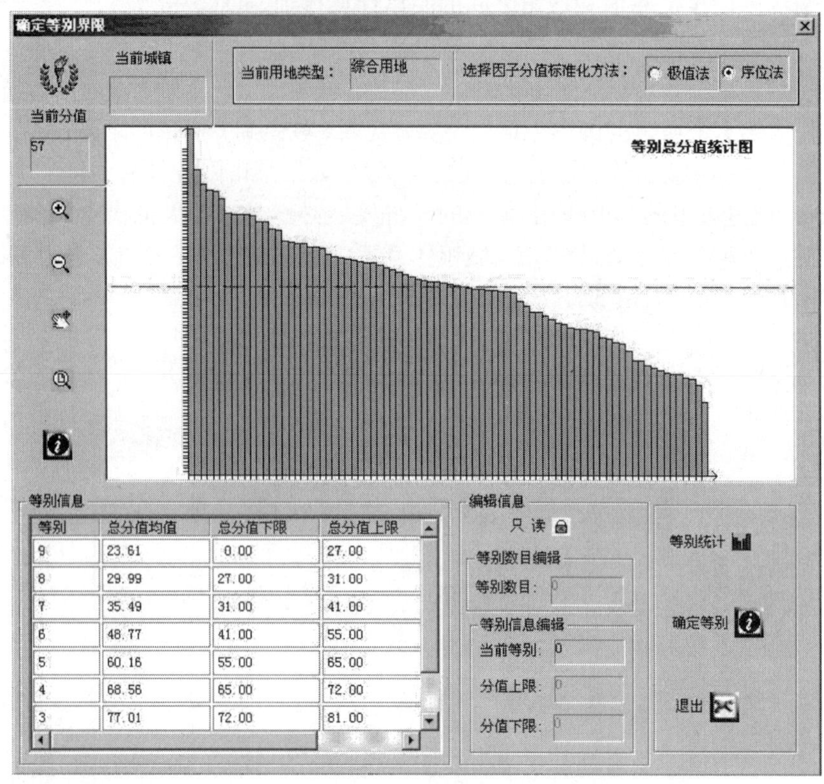

图 7-10　总分柱状图法划分城镇土地等别

大偏移量小于 0.02。界面如图 7-11 所示。

(6) 城镇基准地价修正和更新

由于各城镇基准地价评估的时间不同，采用的参数各异，因此在进行基准地价的标准化之前要首先把各城镇的基准地价修正到统一的内涵。系统对各城镇的基准地价进行了期日修正、年期修正、还原利率修正以及容积率修正，其界面如图 7-12 所示。系统除了提供基准地价修正的功能外，用户还可以根据左边的行政树图浏览各城镇的基准地价内涵信息和修正前后的基准地价信息。

(7) 城镇基准地价的标准化

由于各城镇修正后的基准地价级别数目和各级别面积比例均不相同，为了统一，系统提供了基准地价标准化的功能，使各个城镇的基准地价统一表现为高值、中值和低值。系统界面如图 7-13 所示，用户也可以根据左边的行政树图来浏览各城镇标准化前后的基准地价信息。

(8) 基准地价平衡

基准地价平衡的主界面如图 7-14 所示。用户在界面中可以看到基准地价平衡公式

图 7-11　基于聚类分析的城镇土地等别划分检验

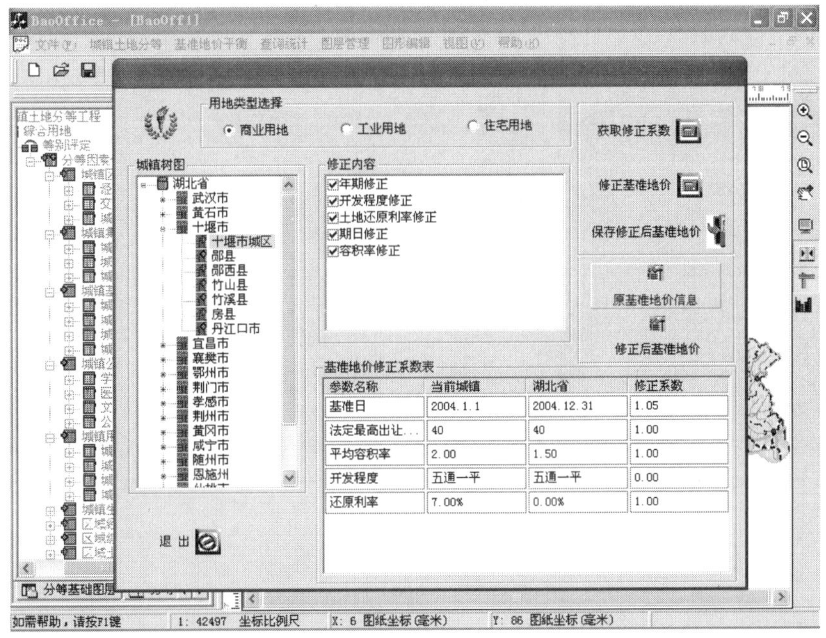

图 7-12　城镇基准地价平衡——基准地价修正

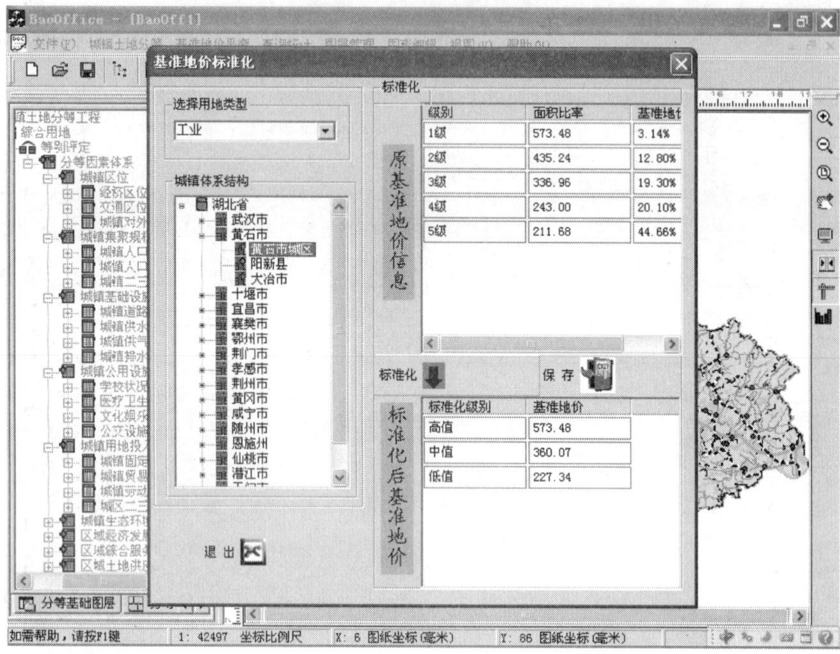

图 7-13　城镇基准地价标准化功能实现

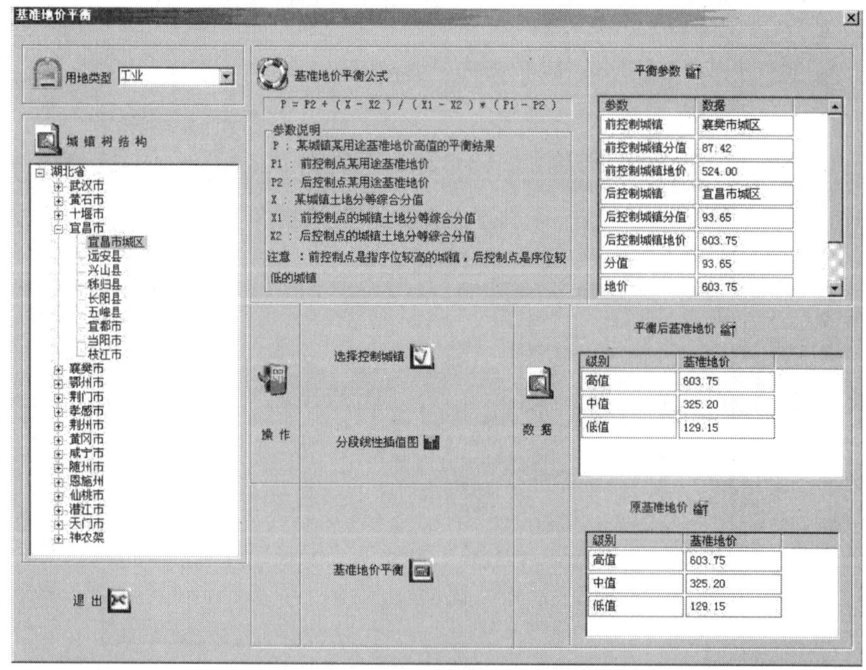

图 7-14　城镇基准地价平衡功能实现

和各参数的说明信息,用户还可以根据左边的行政树图来浏览各城镇平衡前后的基准地价信息以及平衡参数信息。另外系统提供了选择控制城镇,分段线性插值和基准地价平衡接口。

(9) 基准地价控制城镇选取

对于基准地价平衡,系统主要采用分段线性差值的方法。即首先根据各个城镇标准后基准地价高值的序位信息以及分等总分值的序位信息找到吻合程度较好的 15～20 个城镇作为控制城镇。系统采用了“最大序位差异值”作为阈值来选择足够数量,吻合较好的控制城镇。界面如图 7-15 所示,用户可以在对话框左边获取阈值、控制城镇数目以及控制城镇名称等信息,在右边的图表中可以浏览到各个城镇两种序位的差异水平,另外用户也可以在图表中单击查询到每个城镇的序位信息(如对话框下部的列表中所示)。

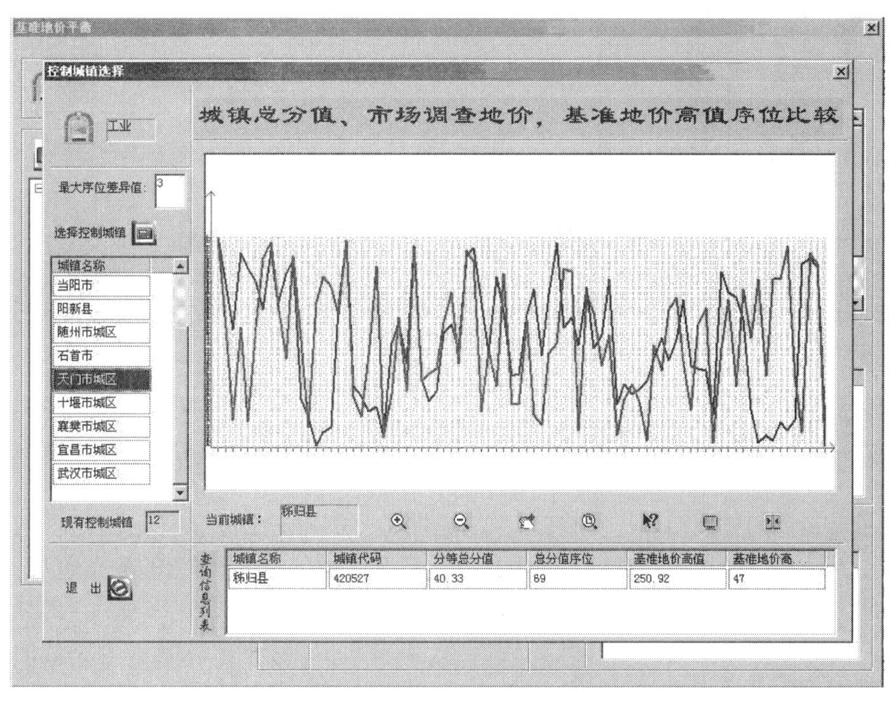

图 7-15　城镇基准地价控制城镇选择功能实现

(10) 分段线性插值法进行基准地价平衡

分段线性插值是本系统基准地价平衡的主要方法,系统界面如图 7-16 所示。用户在对话框的左边可以获取用地类型、控制城镇名称、控制城镇数目等信息。当用户单击“中间城镇查询”按钮,用鼠标在图形控件中单击某一直线段时,用户还可以在左边的列表中浏览到采用该直线段方程进行基准地价平衡的所有中间城镇的名称。对话框的右边控件中显示了各城镇样点、控制样点以及分段线性插值折线。下边的工具栏中还提供了图件的缩放、漫游、全图幅显示、背景色设置、滚动条设置、样点查询、控制样点增加和删除功能。采用样点查询工具,用户可以对每个城镇样点(包括控制样点)的信息进行浏览。采用控制样点增加和删除功能,用户可以对现有的控制点进行删除或把普通的样点设置为控制点,这样用户可以根据实际情况修改折线的构形。

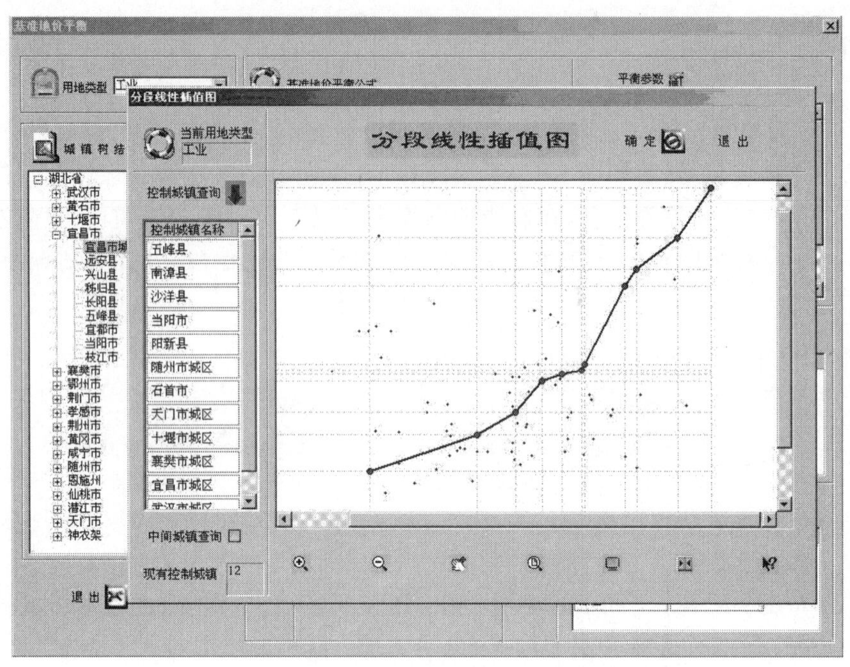

图 7-16　分段线性函数基准地价平衡功能实现

(11) 回归分析法进行基准地价平衡

为了对初步的平衡结果进行检验,系统提供了第二种基准地价平衡方法,即回归分析平衡法。系统根据各城镇"分等总分值-标准化后基准地价高值"样点的分布趋势,拟合出回归曲线方程,然后对各城镇的基准地价进行平衡。其界面如图 7-17 所示,在对话框的上部用户可以选择用地类型,选择回归数学模型,并可以浏览回归方程。对话框的下部结果检验列表中则显示了当前回归分析中的各个参数信息,用户可据此确定效果较好(复相关系数较大)的数学模型。在对话框的中间的控件中显示了各城镇样点以及回归曲线,系统提供了图件的缩放、漫游等浏览功能。另外,还为用户提供了异常样点剔除功能,用户可以根据样点的分布趋势,采用样点选择工具对明显的异常样点进行剔除,以提高曲线拟合的效果。

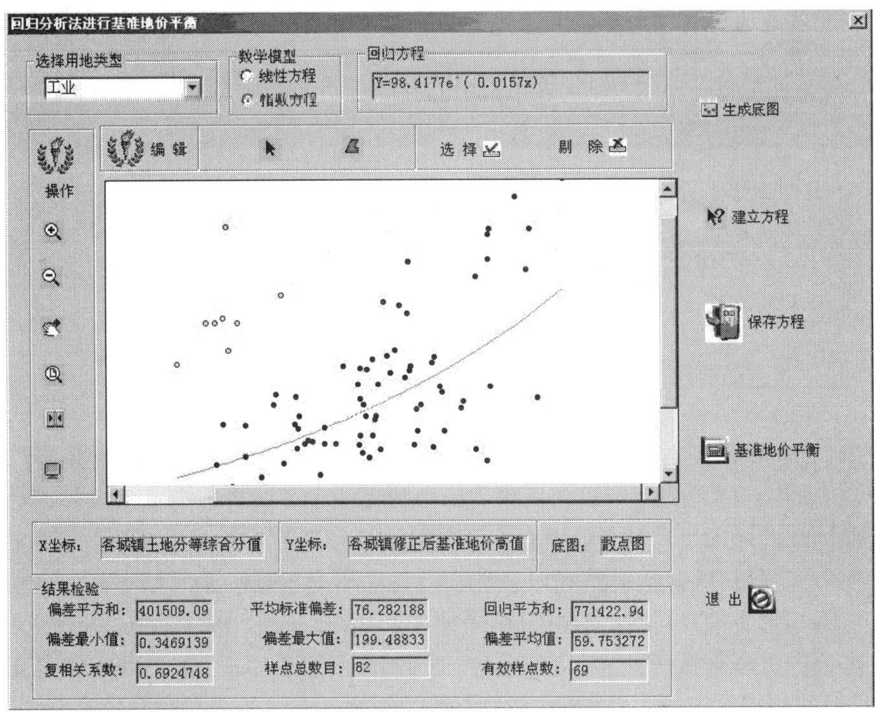

图 7-17　基于回归分析的基准地价平衡功能实现

第二节　城镇土地定级与基准地价评估信息系统

城镇土地定级估价信息系统的建设是一项复杂的综合性较强的系统工程，系统的建设需要依照“全面规划、分步实施、突出重点、建设中见效益”的基本思想。因此，在全面规划、总体设计的基础上，制定切实可行的阶段目标和总体目标。对每一个目标，在功能上既要实用，又要可扩展；技术上既要可行，又要有一定的超前；时间上既能短期见效，又有长期规划。下面以武汉大学资源与环境科学学院开发的“城镇土地定级估价信息系统”为例加以介绍。

一、系统分析

（一）系统建设目标

1. 实现开放式土地定级、基准地价评估

将土地的定级、基准地价评估和更新、宗地地价评估、地价信息的管理及系统的维护等集成在一起，在数据处理自动化的同时，利用人机交互的良好操作界面，全面实现土地定级、基准地价评估以及地价管理。

2. 实现基准地价的快速更新和宗地标定地价实时评估

在原有基准地价体系基础上，研究实用的基准地价更新的数学模型，充分利用已有的各种空间数据库和房地产交易信息，实现基准地价的快速更新。

3. 实现应用的网络化、提供相应社会化服务

基准地价社会化发布对土地利用、流动具有引导作用，为政府征收土地使用税提供依据。

（二）系统数据来源分析

系统数据包含从现有地籍系统各种图形相关属性数据中提取的专业评价数据以及系统土地评价所保存的各利用于更新的相关历史数据。主要包含下列数据内容：

1）各种基础地理信息：包括山体、水系、宗地、房屋等。

2）地市规划信息：包括道路规划、用地规划、基础设施规划等。

3）道路等管线信息：包括道路网络、道路中心线、供水、供电等管线设施信息。

4）房地产市场交易信息：有关土地（按商业用地、工业用地、住宅用地分类）的出让、转让等土地使用权等市场交易资料；有关土地附着物（房屋）的市场交易信息。

5）网络点分值、地价信息（含历史数据）：土地定级和基准地价评估的基础评价单元信息。

6）宗地数据地价信息（含历史数据）：土地定级和基准地价评估的应用评价单元信息。

7）模型、规则信息（含历史数据）：土地定级和基准地价评估过程中，系统提取的综合规则和宗地标定地价修正体系规则以及基准地价更新的模型等。

8）各种编码、图幅关系及分区信息。

9）其他信息：系统符号库等。

（三）数据组织

1. 图形数据的组织

图形数据的组织按“图幅-层-目标类-目标”来进行，根据土地定级和基准地价和宗地标定地价评估以及地价更新的需要，考虑到与现有地籍系统数据库的兼容，设计了相应的图层（具体图层设计方案略）。

2. 属性数据库的设计

系统属性数据库设计遵循关系数据库设计的基本原则和关系数据库设计的最高样式要求。属性数据库设计主要根据土地定级、基准地价评估和宗地地价评估以及地价更新的要求，设计了各种表格，并规定了各数据项（字段）的类型、长度等。

3. 图形数据与属性数据的关联

图形数据与属性数据的关联主要有两种方式：①系统定义各种图形属性的结构，通过ODBC连接，将各种来源属性数据与图形数据挂接；②通过系统提供的结构实现图形和属性数据内在的挂接。

二、系统设计

（一）系统功能模块总体设计

城镇土地定级估价信息系统采用软件工程开发中自顶向下、逐步求精的结构化设计原则，利用结构化和原型化相结合的方法，自顶而下对系统进行功能解析与模块划分设计。整个系统将由8个模块组成，如图7-18所示。

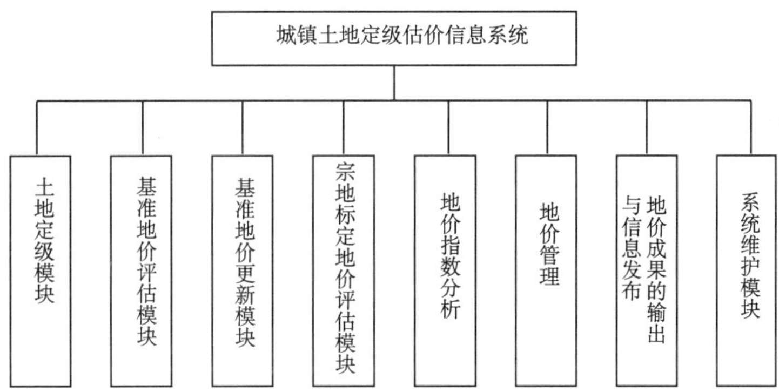

图7-18　城镇土地定级估价信息系统功能模块设计

（1）土地定级模块

能交互式地选择影响城镇土地的各项定级因素，并根据因素类型自动计算作用分值；采用多种方法确定因素权重，自动确定土地级别；对划分的土地级别进行合理性检验，输出各项定级成果；为基准地价更新和级别提供数据。

（2）基准地价评估模块

基准地价评估主要是以定级成果为基础，以市场资料为依据，通过基准地价和因素影响分值或级别分值，建立基准地价测算通用模型，并评估基准地价。

（3）基准地价更新模块

基准地价更新主要是通过对监测信息进行检测分析，判断是否进行更新；利用土地变更调查和原始调查数据，提取影响土地级别因素的信息，对基准地价进行更新并检验基准地价更新后总体水平的合理性。

(4) 宗地标定地价评估模块

宗地标定地价评估模块的主要功能是在土地定级和基准地价评估成果建立的基础上,采用系统提供的分类基准地价修正系数体系对宗地标定地价进行评估,并提供收益还原法,剩余法、成本逼近法等辅助方法保证宗地标定地价评估的尽可能符合要求。

(5) 地价指数分析

该模块主要对每年各类土地进行价格的统计分析、汇总,编制每年城市地价指数,并进行相应的地价分析。

(6) 地价管理

该模块提供地价的查询、统计和分地类、分区片的地价统计和地价变化分析,以供城市规划和管理决策服务。

(7) 地价成果的输出与信息发布

该模块主要实现各类定级估价属性报表及成果图件的输出,并通过国土资源网进行城市基准地价等相关地价信息的发布。

(8) 系统维护模块

系统维护模块主要考虑以下六个方面:系统模块维护、系统开发日志、出错历史、系统维护日志、数据字典、数据维护,以帮助软件维护人员保证系统的正常运行。

(二) 各功能模块具体功能设计

1. 土地定级模块

土地定级模块的目标是根据城镇土地的经济和自然两方面属性及其在社会经济活动中的地位、作用,以计算机为手段,综合评定和划分城镇土地等级,为全面地、科学地管理土地,合理利用城镇土地和为确定城镇的基准地价,以及为有关部门制定规划、计划有偿使用土地提供依据。

(1) 基本功能

1) 交互式任意地选择影响城镇土地级别的各项定级因系;
2) 根据因素类型,自动计算作用分值;
3) 采用多种方法交互式确定定级因素权重;
4) 自动确定土地级别;
5) 绘制土地级别图以及各项定级因系作用分等值线图;
6) 对划分的土地级别进行级别检验;
7) 为用户提供交互式修正级别数据提供界面。

(2) 定级流程

根据国家《城镇土地定级规程》的要求和计算机自动化处理的需要系统的定级基本流程(图 7-19)。

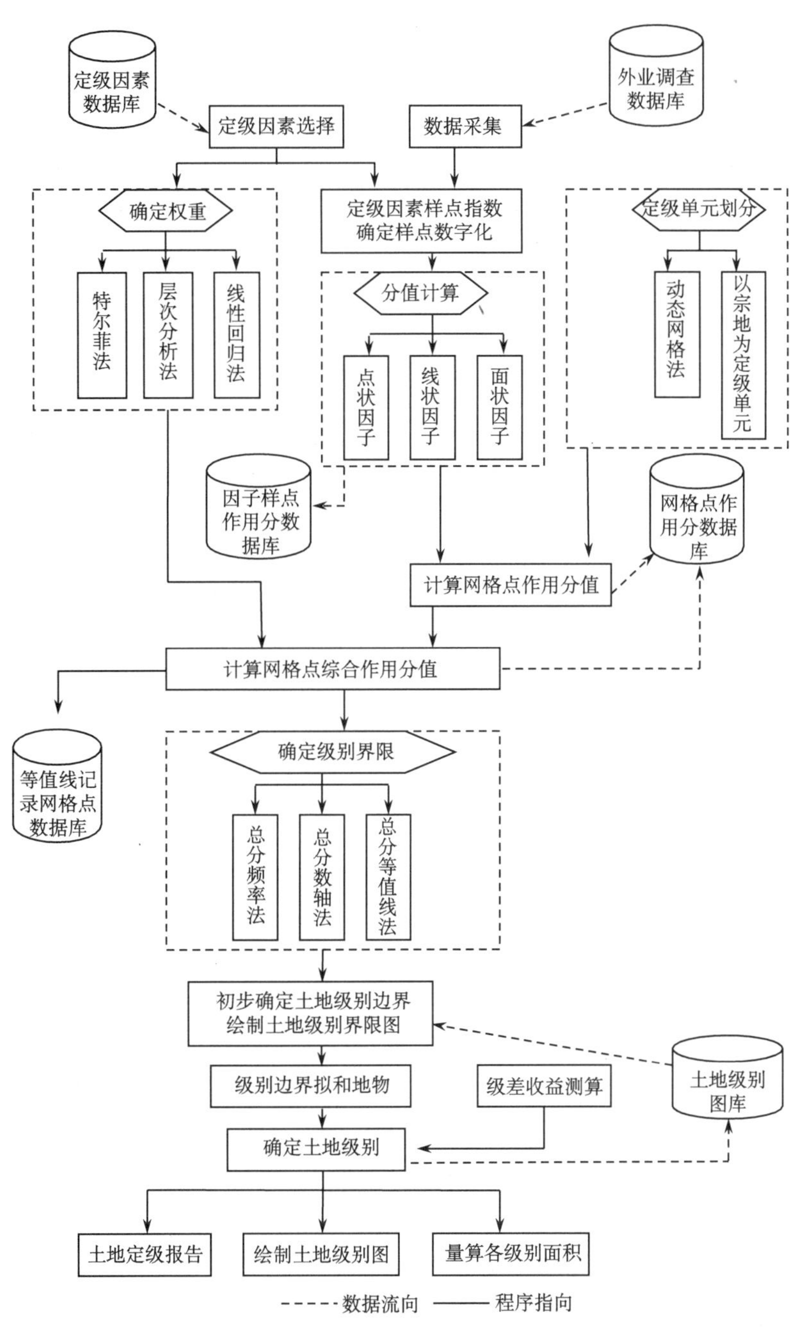

图 7-19　城镇土地定级数据流程图

(3) 基本结构

土地定级模块的基本结构,如图 7-20。

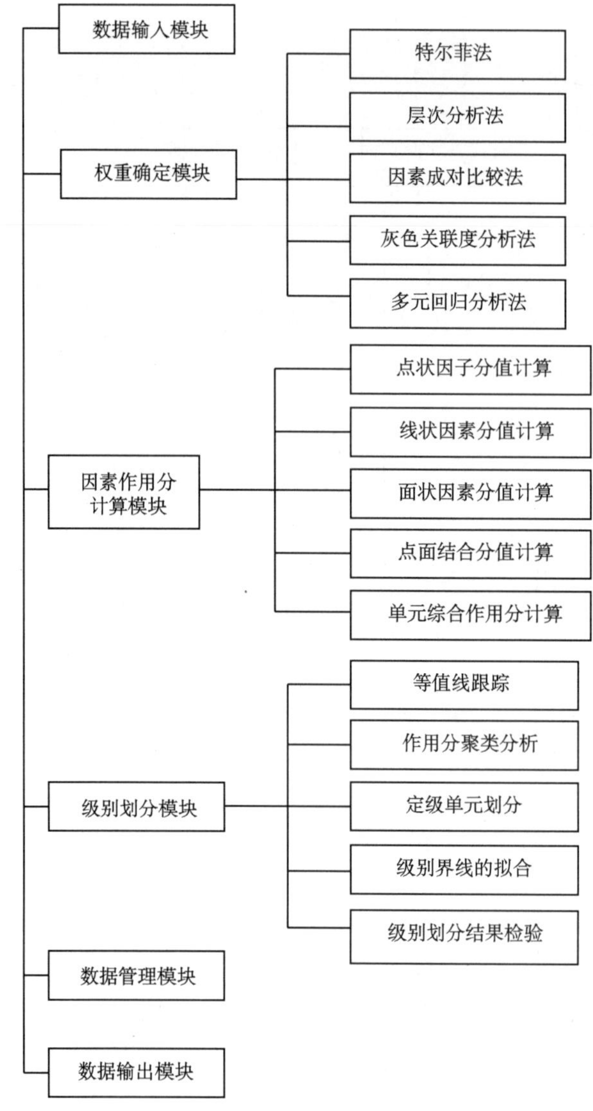

图 7-20　土地定级模块功能设计

2. 基准地价评估模块

(1) 主要功能

1) 统计分析形成宗地标定地价修正体系规则;

2) 以宗地为单元、以土地级别和基准地价为基础,计算宗地标定地价;

3）通过对修正规则的推理进行宗地修正计算宗地标定地价；

4）运用市场比较法、收益还原法、剩余法、成本逼近法评估宗地地价。

(2) 基准地价评估流程

系统中城镇土地基准地价的基本思路是：在评估区域土地定级工作已经完成的基础上，利用土地定级的成果数据，对调查样点地价级别，分级归类，建立网格点定级分值与地价的回归关系模型。计算网格地价，从而建立评估区域的基准地价体系，基本评估流程如图 7-21。

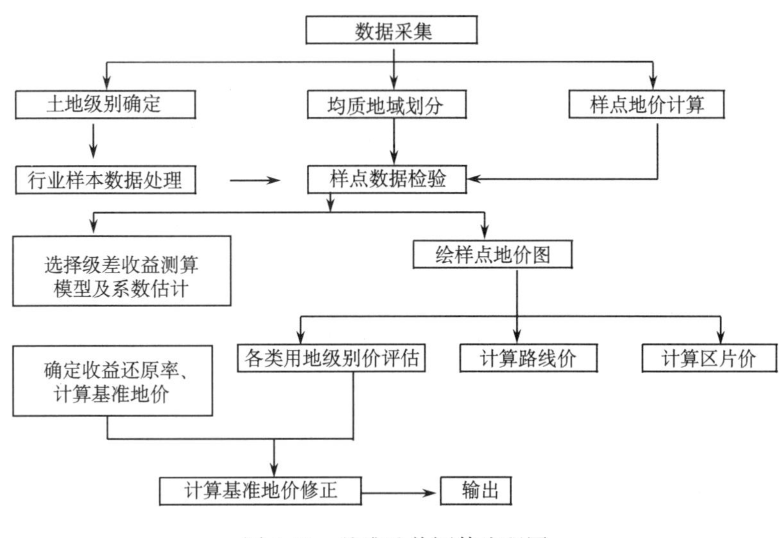

图 7-21　基准地价评估流程图

(3) 基准地价评估模块

基准地价评估模块功能设计如图 7-22。

3. 基准地价更新模块

基准地价的变更可以从两个方面着手：土地级别和土地价格。土地级别变化或均质地域的变化主要反映在定级因素的变化上，如：商服中心的增加，道路等级提高或局部道路新建等。通过对变化因素的分析，确定其影响范围内均质地域的级别变化，并通过分析级别与地价关系从而确定基准地价的变化。程序处理过程中可以通过对变化的土地定级因素定量分析后，以分值的变化幅度及影响权重来计算均质地域分值变化，并通过计算相容度来判别均质地域级别是否发生变化，在变更后的级别和均质地域内结合样点、地价指数、分值地价关系计算均质地域的地价。一般说来土地级别或均质地域发生变化，基准地价就必须更新。

土地基准地价的变化是评估区域内样点地价变化的平均表现，因此在判定基准地价变更必要性也可以通过对区域内交易样点数据统计变化来进行。

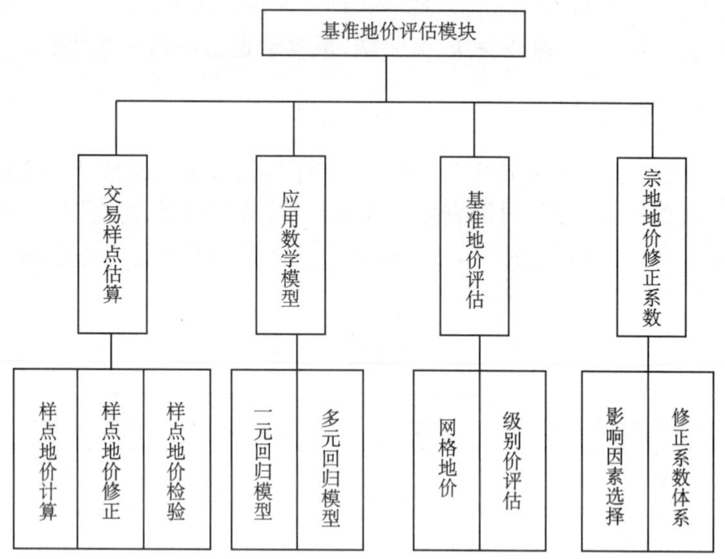

图 7-22　基准地价模块功能设计

由于基准地价是在土地定级的基础上进行的，因此，基准地价更新程序流程设计应尽量利用地籍信息库的资料，在方法上充分利用数理统计、线性规划等数学模型进行基准地价评估、更新中进行因子的选取、权重的确定、评价单元的划分等级评定、级差收益的测算的工作，避免不同研究工作者的主观行为干扰导致评价结果的不可比较性，这将大大提高土地估价的客观性和精确性。

(1) 主要功能

1）根据现有资料进行定级因素的选取；

2）通过相关显著性检验对因素进行自动提取；

3）利用数学模型根据已有的资料计算因素影响权重并建立城镇土地定级估价综合模型；

4）充分利用土地变更调查和原始调查数据提取影响土地级别因素的信息，利用多种模型对基准地价更新；

5）利用多种方法对基准地价总体水平的进行合理性检验。为国家和城市土地管理和规划部门提供决策依据；

6）对变更数据的显示、统计、分析。

(2) 基准地价更新流程

基准地价的更新流程如图 7-23 所示。

(3) 基准地价更新功能详细设计

基准地价更新模块功能详细设计如图 7-24 所示。

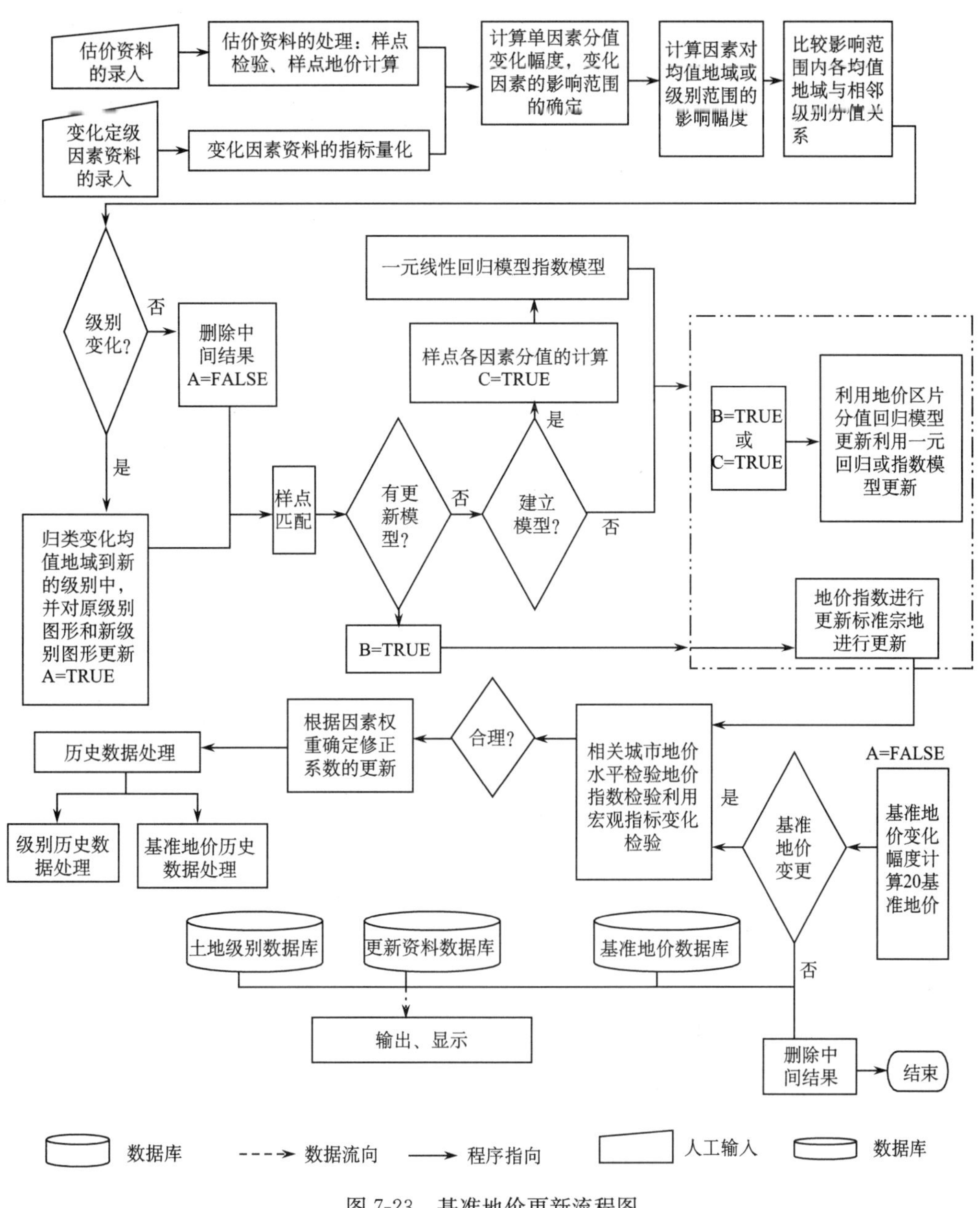

图 7-23　基准地价更新流程图

4. 宗地地价评估模块

(1) 宗地地价评估模块功能

本模块的基本功能就是提供收益还原法、剩余法、成本法、市场比较法和基准地价系数修正法等方法进行宗地地价的评估。

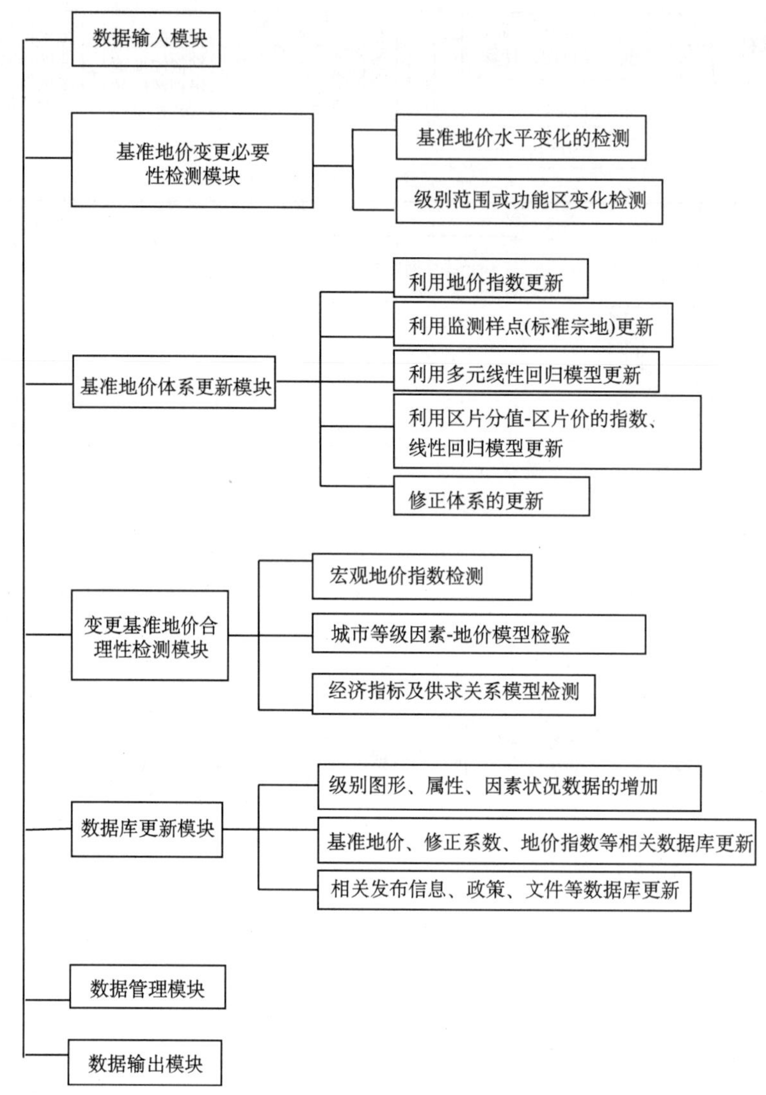

图 7-24　基准地价更新模块功能设计

(2) 宗地地价评估流程

宗地地价评估流程可用图 7-25 加以表达。

(3) 宗地地价模块功能设计

基于宗地地价模块功能的要求和宗地地价评估流程，宗地地价评估模块功能设计如图 7-26 所示。

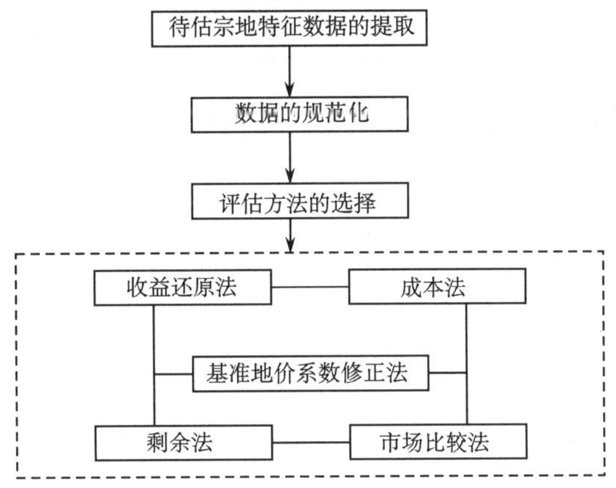

图 7-25　宗地地价评估流程

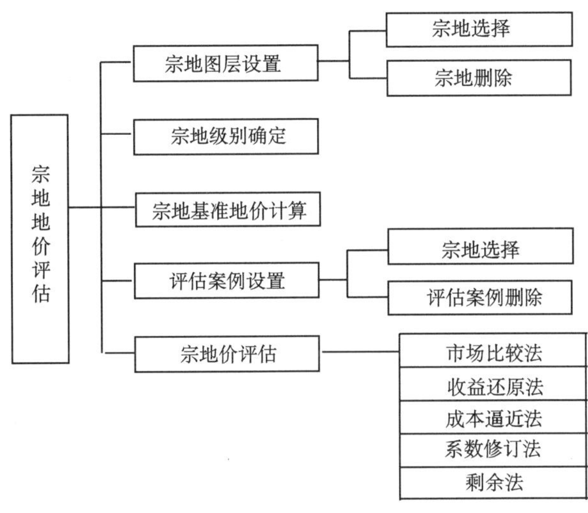

图 7-26　宗地地价模块功能设计

（三）数据库设计

1. 数据库概念设计

(1) 实体类型

实体类型是指具有某些共同特征的实体构成的集合，例如可以把整个数据库要素分为点状、线状和面状(包括多边形和各种规则几何图形)三种空间实体类型。空间实体的输入精度、图幅比例尺及大地坐标等内涵属性，以及宗地的权属、用途、产权状况等基本属性，辅以存在于属性库中的属性表，如容积率、建筑密度等规划用地控制指标，共同构成了实体的属性库。

对土地评价而言，空间实体有均质地域（可包括宗地、网格单元、级别相同的地块、地价相同的地块等）和道路等，对于空间实体的自然、经济、社会和法律的描述就构成了实体属性库，例如地籍调查表、级别表、样点调查表等。

(2) 实体之间联系

实体之间的联系有多种类型：

1) 空属关系：是空间实体和属性表的各种联系（关键字标志）。

2) 空间关系：相邻地物或实体之间地理位置的相邻、相同、包含等关系（前后、左右关系等）。

3) 实体关联：例如：线状实体和点状实体两种空间实体类型间的对应关系。

4) 属性关系：指属性数据之间的联系（属性联系、属性层次等）。

5) 背景关系：某种空间实体作为另一种空间实体处理的参照背景。

2. 数据库逻辑设计

(1) 数据库的组织及数据模型

根据系统需求分析、系统功能和概念设计的结果，本系统涉及若干类型的数据集，其中空间定位基础数据以空间数据为主，结合少量的属性数据，便于一般查询及作为参照背景，例如，地形图数据库、地籍图数据库、规划图数据库等；而宗地数据库、房产数据库和样点调查数据库则是集空间数据与属性数据于一体的数据库。下面以地块（均质地域或样点位置）及其属性为例说明本系统采用的数据模型。

1) 地块的空间数据。地块的空间表示为位于地面的面状物（多边形），其空间位置可由其边线的一系列大地坐标（或当地独立坐标）串来确定。由于每个地块均有其地块编号，空间数据可以表示为：地块编号 1，边线 1，(X1，Y1)、(X2，Y2)、(X3，Y3)……，边线 2，(X1，Y1)、(X2，Y2)、(X2，Y2)、(X3，Y3)……，地块编号 2，……

2) 地块的属性数据。地块的属性数据包括地块编号、权利人名称、土地用途、用地性质、用地面积等，这些属性与空间坐标 X、Y 无直接关系。

根据以上两种不同类型数据的分析，要实现对地块数据的查询显示及相关的空间分析和操作，建立的数据模型需要满足如下的条件：存储、输入、输出和编辑空间数据；存储、输入、输出和编辑属性数据；建立空间数据和属性数据的双向联系，可以通过空间数据查询和修改属性数据，反之，也可以通过属性数据查询和修改空间数据。此外，空间数据除了地块等面状物外，还要有线、点状数据，这些数据的空间查询和分析也是必不可少的，因此，建立数据模型必须包含点、线、面等特征的空间数据，并建立明确的定义和合理的空间拓扑关系。属性数据的存储使用 Oracle 数据库软件，并且选择用户界面友好的数据访问开发工具。

综上所述，必须建立一个能够对空间数据和一般的属性数据进行一体化管理的数据模型。

(2) 数据模型的数据组织及逻辑设计

1) 空间数据的拓扑关系及数据组织。空间数据可以以矢量和栅格两种方式存储，根据我们现有数据的情况，我们采用栅格格式存储网格数据或地块内的网格数据，采用矢量格式存贮空间图形数据，地块的平面图形都可以由点、线、面三要素构成，因此，本系统数据也分点、线、面来描述空间数据，并建立如下拓扑关系：

a. 点(point)用用户标识码(user-ID)以及点的 X、Y 坐标来表示。

b. 线(line)用用户标识码和线上的一系列 X、Y 坐标来表示。

c. 多边形(polygon)用用户标识码和其周边的线系列来表示。

不同专题内容的空间数据分层存储，即一类专题层为一类空间数据，如：建筑物层、道路层、地块层等，不同专题内容的空间数据可通过同一的空间坐标来关联，通过一组公共的控制点进行叠加。

2) 属性数据的数据组织。可采用商用关系型数据库 Oracle 或 SQL Server 进行属性数据管理，在此不作过多叙述。

3) 空间数据和属性数据之间的相互关系。空间数据和属性数据之间能否建立合理的连接关系，对能否实现两者之间的双向查询和分析至关重要，源于关系数据库多表连接机制的启发，在数据模型中建立空间数据和属性数据之间的关联机制。本系统数据库空间数据的数据组织设计为 ID、X，Y……的形式，为此建立一个空间与属性关系表，其包括空间数据的 ID 和属性数据表中的关键字，通过这个表实现空间与属性双向查询分析等操作。

3. 数据库物理设计

根据上述设计结果，特别是逻辑设计的结果，选取适合系统数据库应用环境以及数据模型的存储结构和存取方式的系统支持软件。

(1) 地理信息系统(GIS)软件的选定

近十多年来地理信息系统作为一门空间信息技术越来越受到重视，GIS 从功能上可定义为一个具有地理参照信息的输入、存储、分析、输出功能的系统；从目的上可定义为一个支持空间决策的系统。现在，GIS 技术已被广泛应用于城市建设、交通、森林、资源、环境、气象、土地利用、军事等领域。在众多的 GIS 产品中有 ESRI 公司的系列软件产品、GenaMap、Intergraph MGE、MapInfo、MapGIS 等。本系统采用 ESRI 公司的 MapObjects 组件。

(2) 关于数据库管理系统选定

在数据库管理系统方面，大多数 GIS 软件采用内部数据库，也有通过接口调用 Dbase、Foxpro、Oracle、InfoMax 等关系数据库中的属性数据。通常属性数据不复杂情况下 GIS 内部数据库基本够用，当系统属性数据比较复杂时，就需采用一些功能更强的关系数据库如 SQL Server、Oracle 等。

针对本系统的要求，选用 Oracle 作为属性数据库管理软件，与 SDE 结合可实现对空间和属性数据的集成管理。

(3) 物理设计过程

由于选定的 GIS 软件或组件和关系数据库解决了主要的空间和属性数据存储问题，所以物理设计过程较为简单。

土地评价地理空间定位基础数据库数据是以均质地域或地块的边界为主，以 1∶1000 至 1∶10 000 比例尺地形图或规划图为辅，其数据内容较多，数据量较大。从垂直和水平两个方向进行数据库设计：①在水平方向，基础数据库的水平结构在逻辑上是连成一片的，也就是说，没有图幅的概念，在物理设计时，采用 shape 格式数据结构。②在垂直方向，采用 MapObjects 的图层管理功能，每一类要素层对应一个图层，每个要素均有代码，便于查询、显示及绘图输出。

地块数据库的物理设计，地块数据简单可分为空间边界数据及与地块有关的属性数据。为了满足系统设计要求，空间数据和属性数据均由大型关系数据库 Oracle 进行统一管理。

4. 数据字典

建立数据字典的目的，一方面是为了规范用户数据的输入，另一方面是规范化和标准化进入数据库的信息。建立系统运行的标准化数据字典的指导思想是：只要有条文规定和限制的数据项都建立相应的数据字典供用户使用。

系统数据字典归纳起来大致有如下几类：

(1) 各类标准编码字典

1) 房屋用途分类标准字典；
2) 城镇土地利用现状分类标准字典；
3) 城市用地分类字典(规划)；
4) 土地利用现状标准字典；
5) 地形图图层分类标准字典；
6) 地籍图图层分类标准字典。

(2) 土地管理局各类固有性质字典

1) 与土地评价有关各办事机构编码字典；
2) 各类土地评价业务编码字典；
3) 合法用户名及用户密码字典。

(3) 由于遵循某些规章所产生的字典

1) 各项业务所要呈报的材料数据字典；
2) 土地用途数据字典；

3）地块状态字典；
4）建筑用途字典；
5）建筑结构字典；
6）建设状态字典；
7）土地等级字典。

(4) 数据本身的字典

1）表字典；
2）字段字典；
3）库字典。

(5) 操作字典

1）程序功能字典；
2）区域字典。

三、系统实现

以下分别对城镇土地定级与基准地价评估的关键功能模块的实现方法进行简要介绍。

(一) 因素选择与权重确定功能模块的实现

1. 特尔斐法功能模块实现

影响土地质量的城市经济、社会、自然因素，有定性和定量两种，必须把定量定性因素统一量化，纳入同一评价体系。本模块通过对专家确定的定级因素及其权重数据输入建库，并进行数据处理，求出各因素所有专家打分的均值和方差，经过几轮反馈最后确定各定级因素的权重值。这种方法简单易行，比较适用于中小城镇的定级因素权重确定。其程序实现流程图，如图 7-27 所示。

2. 层次分析法功能模块

通过对城市土地定级因素体系的分析，划分出各因素间自上而下的逐层支配的有序层次，并对由专家给出的每一层次因素相对重要性的定量表示进行输入处理，进而通过建立的数学模型，计算出每一层次全部因素的相对重要性权重值，并加以排序。本方法具有高度的逻辑性、系统性和实用性，一般适用于大中城市土地定级工作。其程序实现流程图，如图 7-28 所示。

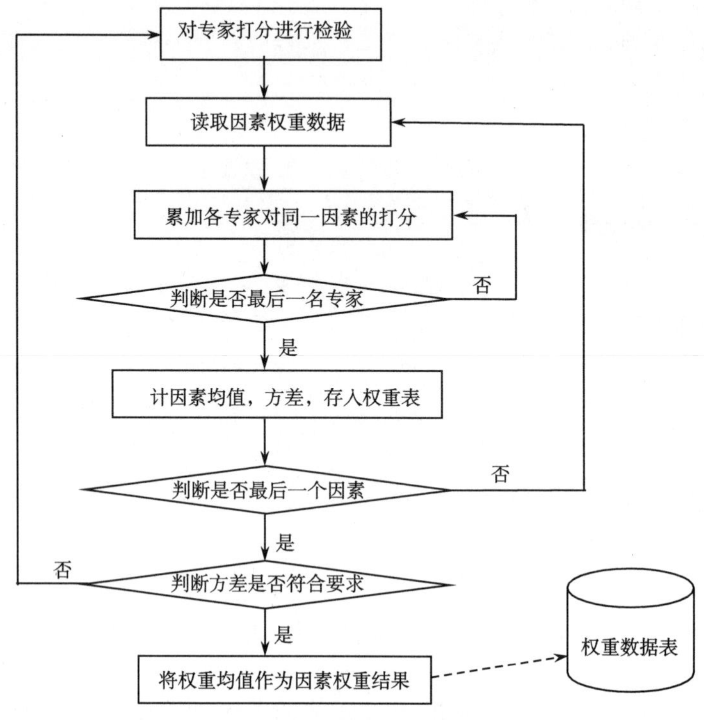

图 7-27　特尔斐法流程图

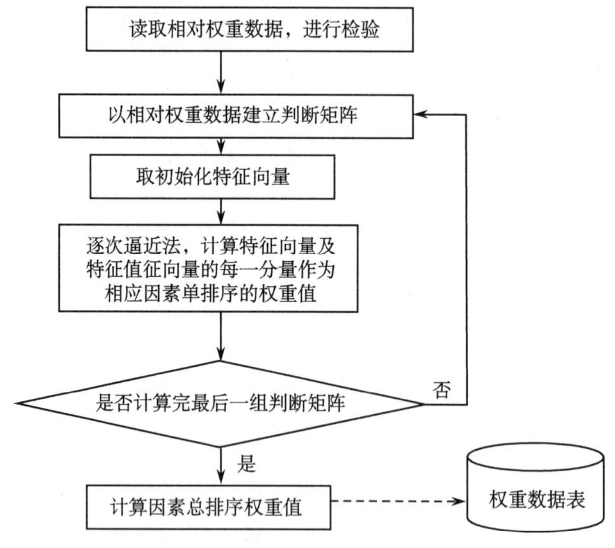

图 7-28　层次分析法功能实现流程

(二) 因素作用分计算模块功能实现

该功能模块主要用于分析各类定级因素影响半径,计算定级因素影响作用分值,包括点状、线状、面状和点面结合因子作用分计算子模块。实现流程如图 7-29 所示。

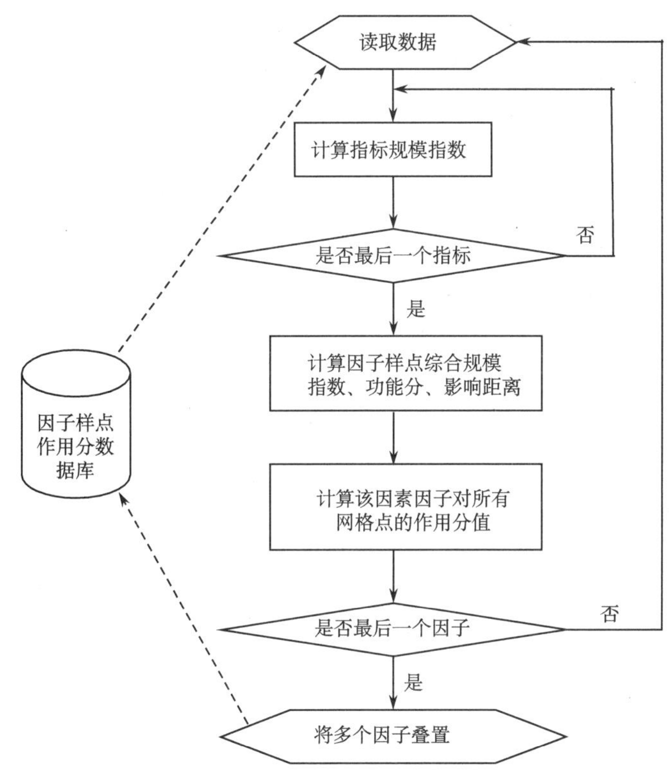

图 7-29　因素作用分计算流程图

1. 点状因子作用分计算模块

本子模块是对影响城镇土地级别的呈点状分布的定级因素因子进行处理,计算作用分值,如生活设施完善度中的中小学、邮局、医院等,以及文化、娱乐、体育设施等定级因素因子。

2. 线状因子作用分子模块

本子模块是对影响城镇土地级别的呈线状分布的定级因素因子进行处理,通过对线状因素的缓冲区分析,计算其作用分值,如交通道路、供电供水管网等因子,并可完成网络分析、最短路径分析等功能。

3. 面状因子作用分子模块

本子模块是对影响城镇土地级别的呈面状分布的定级因素因子进行处理，计算其作用分值。

4. 点面结合因子作用分子模块

对于具有一定面积的块状定级因子，例如商服中心、绿地保护区等，在其内部的定级单元作用分值按面状因子处理，对于在其外部的定级单元作用分值则按点状因子依距离递减。

（三）级别划分功能模块实现

选取突变处为分级界限（初步分级），然后以级差收益测算检验级别界线合理性，同时考虑实地情况（如自然地块与权属单位的完整性等）拟合地物，调整分级界限，划分土地级别。

1. 总分频率曲线法

实现流程如图 7-30 所示。

2. 总分数轴法

实现流程如图 7-31 所示。

3. 总分剖面图分

实现流程如图 7-32 所示。

（四）基准地价评估模块功能实现

1. 级差收益测算法确定基准地价功能实现

本模块是用级差收益测算法来测算基准地价，它包括两个子模块：样本数据处理子模块和级差收益测算模型子模块。在土地市场不发育的地方，以级差收益模块测算结果为主，用利用土地交易资料模块测算结果检验。其实现流程图如图 7-33 所示。

2. 利用市场交易资料估算基准地价模块实现

本模块对样点数据进行检验，选取合格样点。在底图上，确定样点位置。在土地市场发育的地方，以利用土地交易资料模块测算结果为主，用级差收益模块测算结果检验。图 7-34 是利用市场交易资料确定商业用地的程序实现流程。

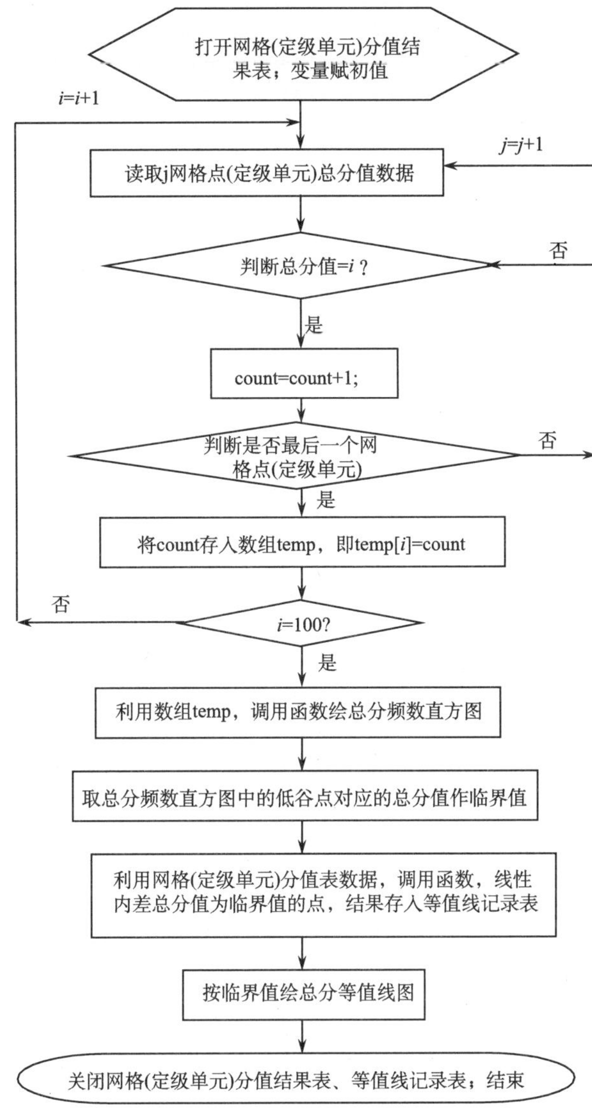

图 7-30　总分频率曲线图土地级别划分方法流程图

(五) 基准地价更新功能模块实现

基准地价更新的技术方法有模型法、地价指数法、监测样点法等。所用到的主要模型有一元线性回归模型、多元线性回归模型、灰色系统模型等。

1. 灰色系统法基准地价更新模块功能实现

根据土地质量的地域分异及其分布势态的相似性或相异程度来衡量评价因素与土地质量之间的关联性，并确定因素权重的大小。

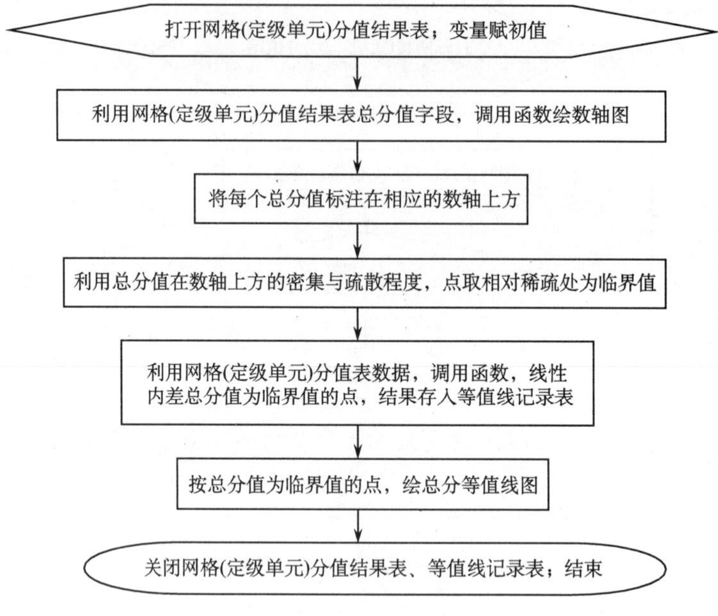

图 7-31　总分数轴土地级别划分实现流程

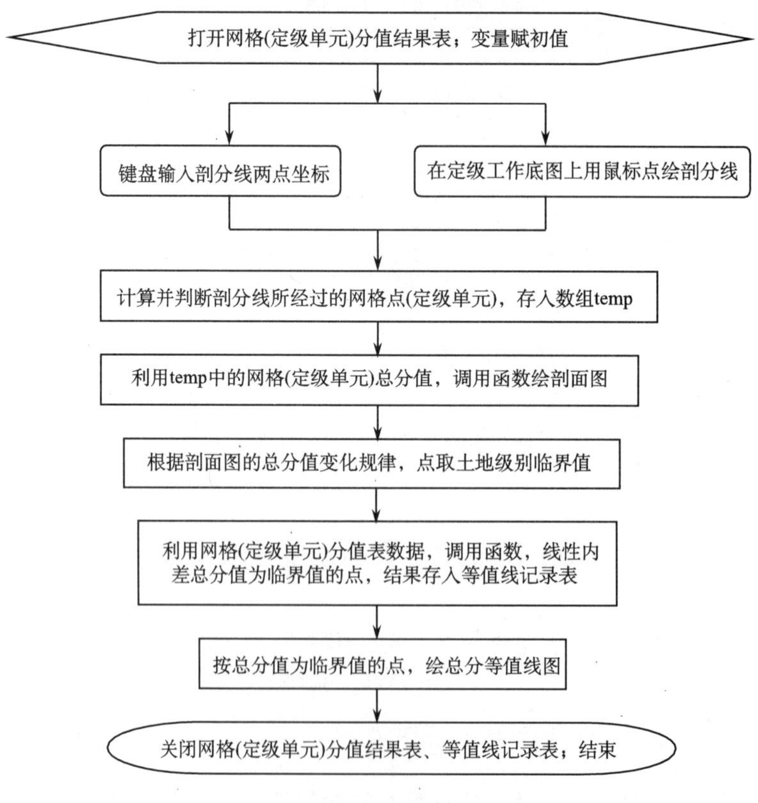

图 7-32　总分剖面图法划分土地级别流程

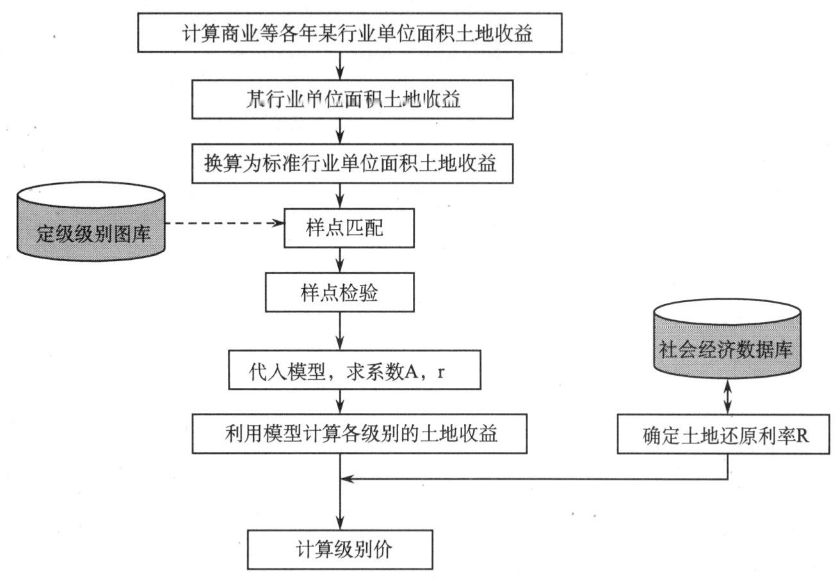

图 7-33　级差收益法测算基准地价功能程序实现流程

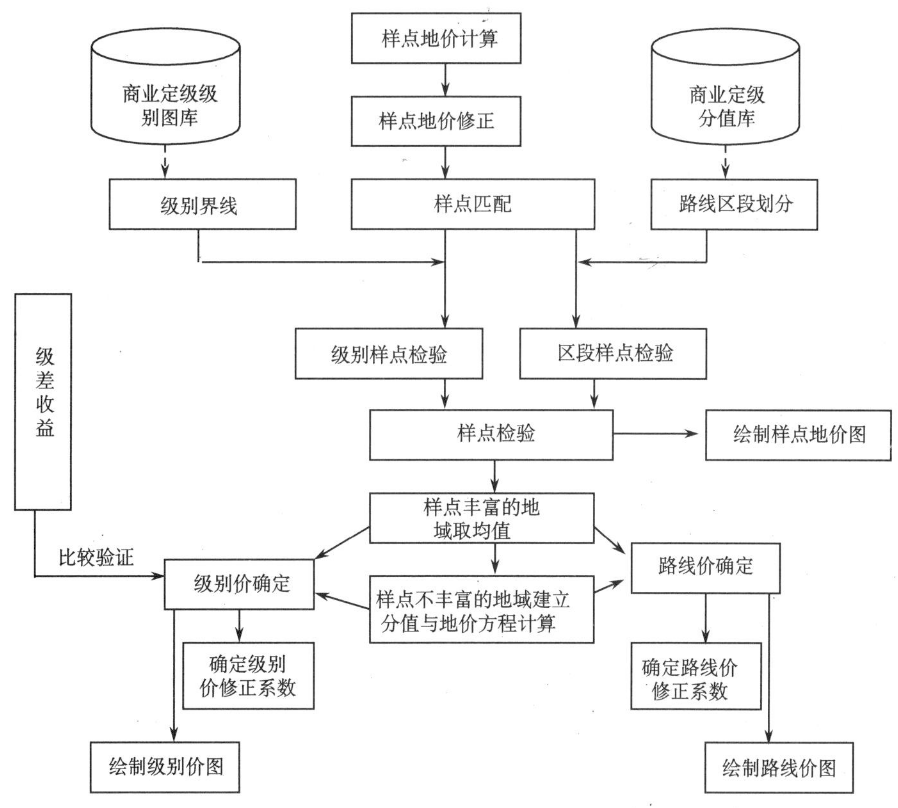

图 7-34　基于市场交易资料的商业用地基准地价实现流程

具体操作方法是用具有不同因素条件的样点来代替时间序列，用样点各因素分值和样点地价来构造关联矩阵。其程序实现流程如图 7-35 所示。

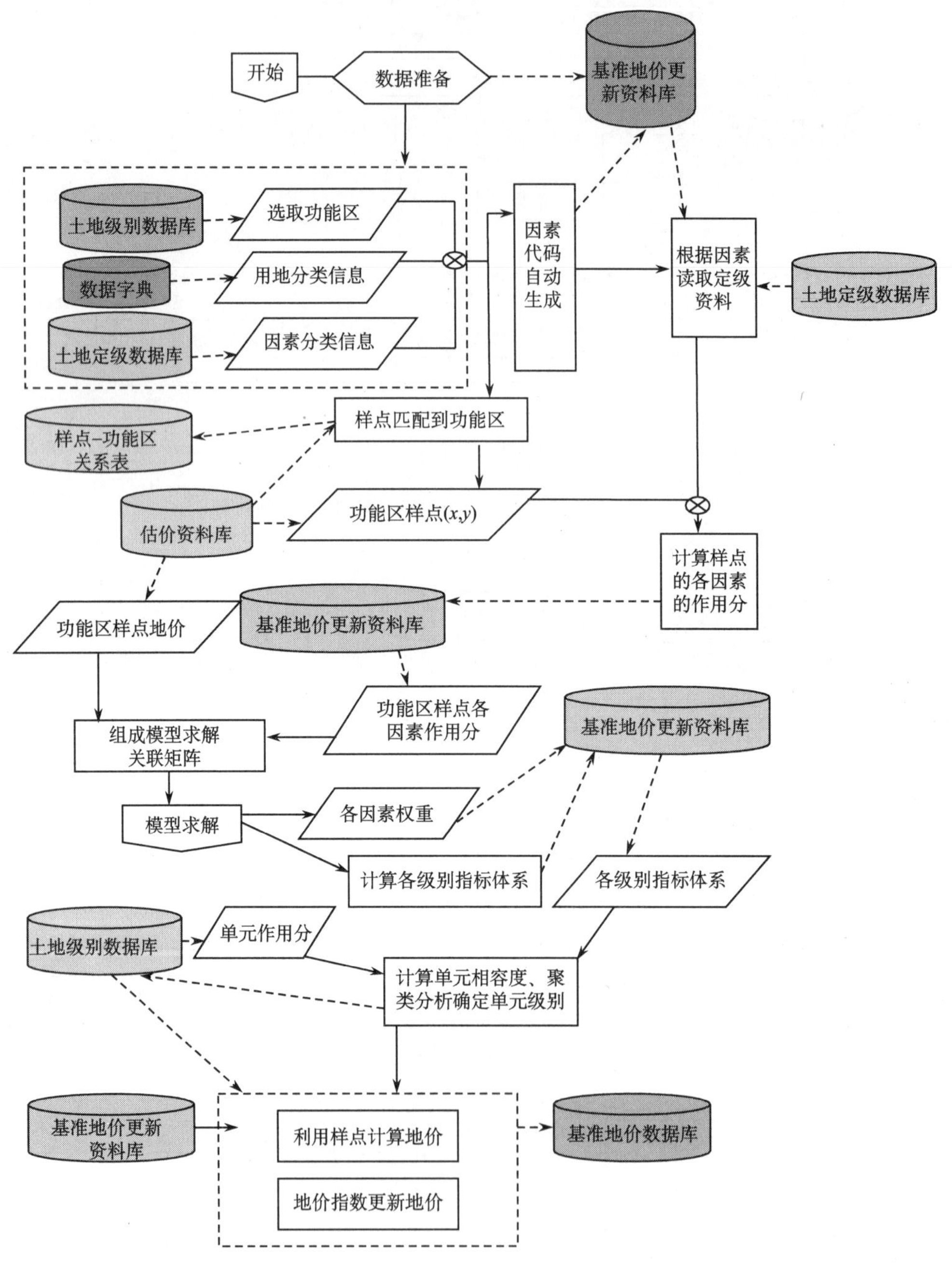

图 7-35　基于灰色系统的基准地价更新模块功能实现

2. 地价指数更新模块

(1) 更新思路

1) 制定基准地价更新的各类地价指数变化幅度的标准。

2) 地价指数变化曲线的绘制。

3) 通过分析基准日期的各类地价指数曲线和更新日期的地价指数曲线的关系，得出各类地价指数变化幅度，以此来确定各均质地域或级别范围的地价变化幅度。通过地价指数变化较直观地显示地价水平的变化。

4) 根据原基准地价的基准期日，逐一检索各均质地域的地价指数和基准地价。

(2) 程序实现流程

程序实现流程如图 7-36 所示。

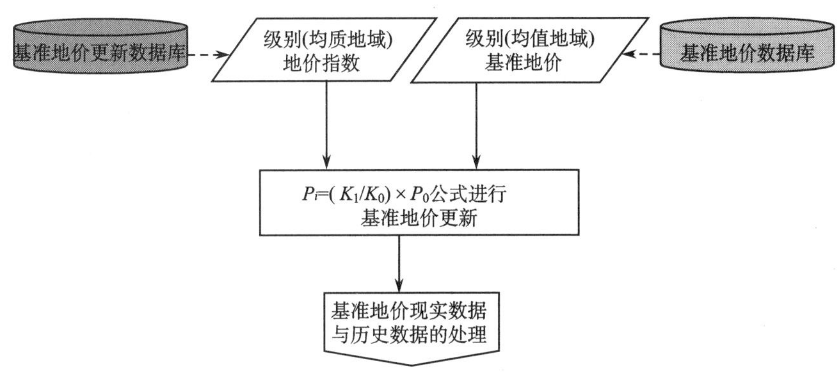

图 7-36　地价指数更新实现流程

3. 标准宗地更新模块

利用监测样点地价变化进行基准地价更新。此法适用于建立了充足的监测样点(标准宗地)体系的城市进行基准地价更新。更新可以不受土地级别范围变化的影响。特别适用于基准地价的局部调整。

(1) 更新思路

1) 调用基准地价评估样点处理和样点地价计算模块；

2) 匹配样点到各均质地域(样点匹配)；

3) 计算各均质地域的基准期日和更新调查时样点均价；

4) 各均质地域样点均价变化曲线的绘制，分析更新期日样点均价相对基准期日样点均价的变化幅度，确定基准地价更新的必要性；

5) 对各相应符合基准地价变更的均质地域进行基准地价变更；

6) 更新基准地价的数据显示；

7) 更新后各类数据的统计。

(2) 程序流程图

程序流程图如图 7-37 所示。

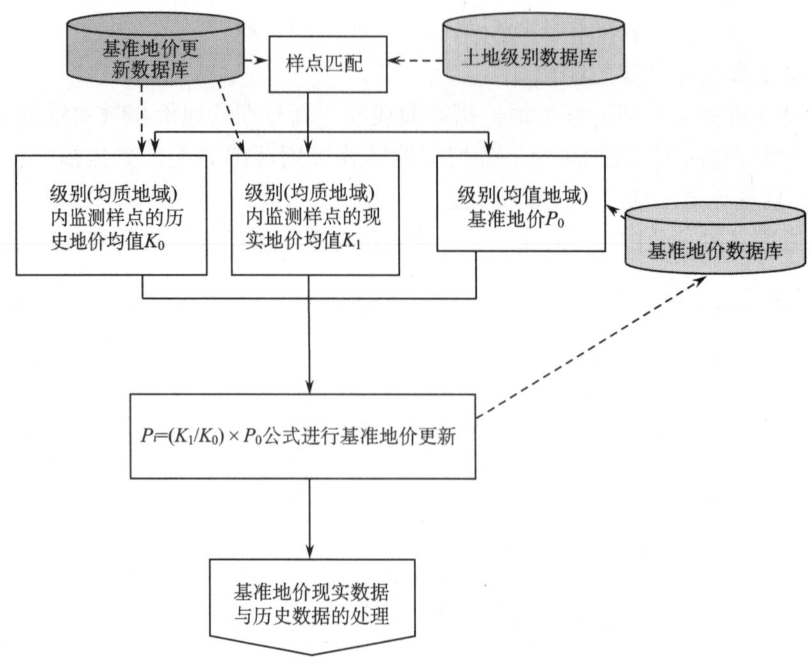

图 7-37　基于标准宗地的基准地价更新模块实现流程

四、系 统 应 用

下面以武汉市商业用地土地定级为例，介绍在城镇土地定级估价系统环境下的实现。

1. 定级的范围

以市区 1：25 000 的数字化地形图为基础，依据数字化 2020 年规划道路网和 1995 年 1：10 000 地形图(共 44 幅)，对 1：25 000 的数字化地形图进行更新处理，以便于保持工作底图的现势性，经过上述处理的图件作为工作底图(图 7-38)。

2. 定级因素体系

基于定级因素的选取原则和因素的分析，在征询有关专家意见的基础上，确定了武汉市市区商业土地定级因素体系(参见第六章图 6-15)。

3. 定级因素权重确定

在系统环境下，利用特尔斐法(Delphi)和层次分析法结合确定武汉市土地定级因素权重，结果如表 7-2 所示。

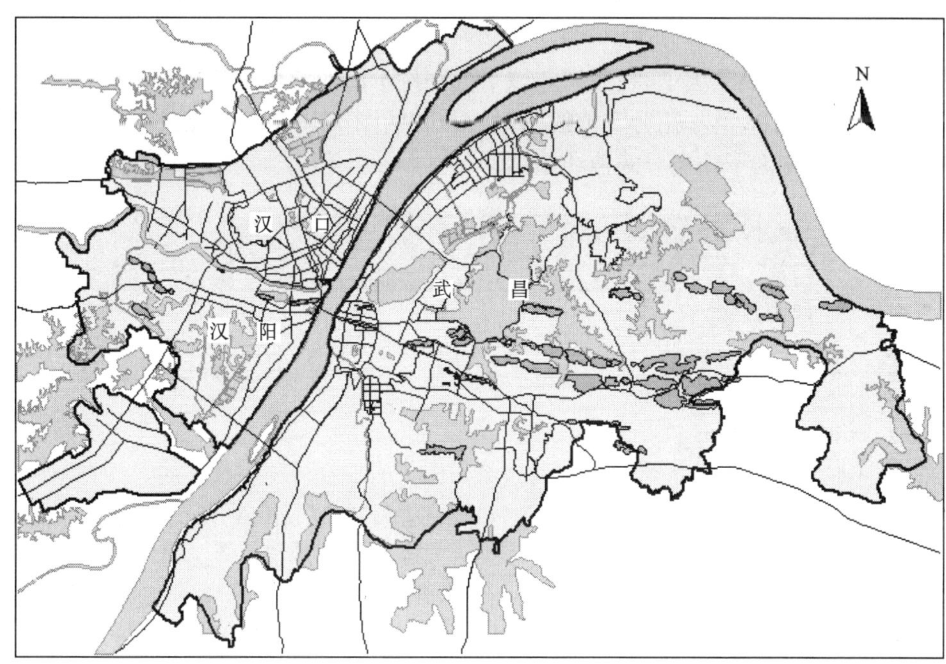

图 7-38　武汉市土地定级工作底图及评估范围

表 7-2　武汉市商业用地定级因素权重方案

因素名称	权重	方差	因子名称	权重	方差
繁华程度	0.338	0.0280	商服中心	0.338	0.0280
交通条件	0.205	0.0205	长途汽车站	0.023	0.0044
			火车站	0.020	0.0047
			码头	0.015	0.0034
			道路通达度	0.072	0.0127
			公交便捷度	0.075	0.0137
基础公用设施状况	0.152	0.0318	供水状况	0.040	0.0095
			排水状况	0.040	0.0106
			医院门诊部	0.034	0.0089
			电讯营业厅	0.038	0.0097
环境条件	0.130	0.0162	噪音污染	0.022	0.0030
			大气污染	0.024	0.0067
			绿地覆盖率	0.028	0.0038
			地形状况	0.030	0.0062
			地质状况	0.026	0.0071
人口状况	0.122	0.0252	人口密度	0.122	0.0252
城市规划	0.053	0.0145	道路规划	0.029	0.0078
			用地规划	0.024	0.0079
权重总计	1.0	—	—	1.0	—

4. 定级因子作用分计算

分点状、线状和面状因子，在系统环境下分别按不同的模型方法进行单因子作用分的计算处理，并生成相应的作用分等值线图，如图 7-39、图 7-40 分别是系统中生成的商服繁华度和道路通达度因子作用分等值线图。

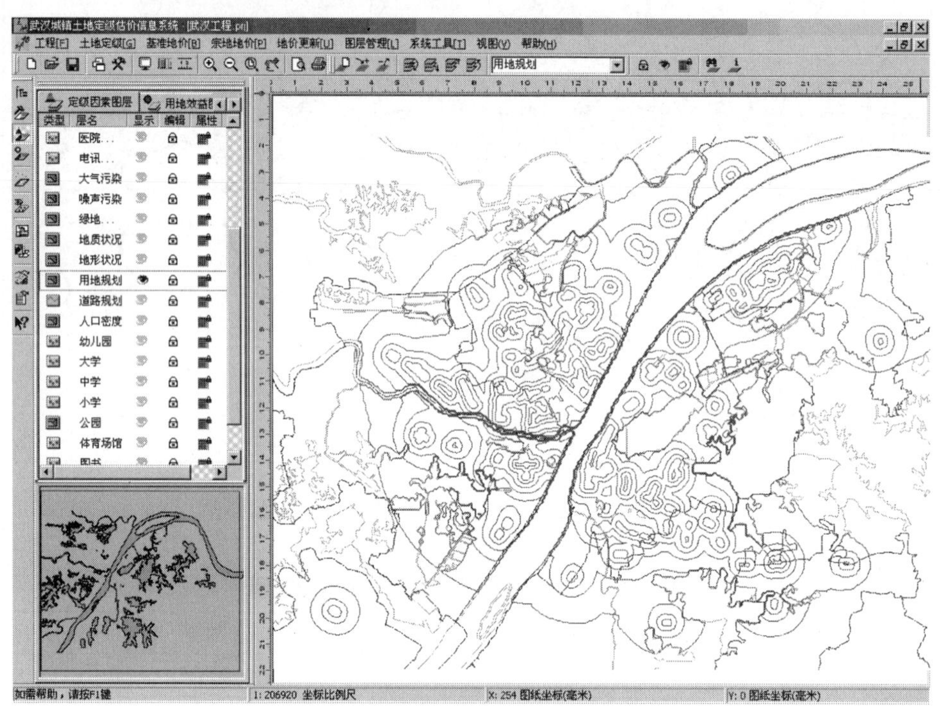

图 7-39　商服繁华度作用分等值线图

5. 总分计算与级别划分

(1) 总分计算

网格点总分值大小反映土地级别的高低，网格点总分值计算公式为

$$S_f = \sum_{k=1}^{n} (f_k p_k) \tag{7-2}$$

式中，S_f 为网格点的总分值；k 为定级因素(因子)数目；p_k 为各定级因素对网格点的作用分；f_k 为各定级因素权重。

(2) 总分频率图绘制

采用以总分频率曲线法对总分值作频率统计，绘制频率直方图，按土地质量优劣的实际情况确定级别界限的总分临界值。在确定了总分临界值后，根据总分临界值绘出等值线，最后依据等值线确定各级别界限。武汉市商业土地定级总分频率图如图 7-41 所示。

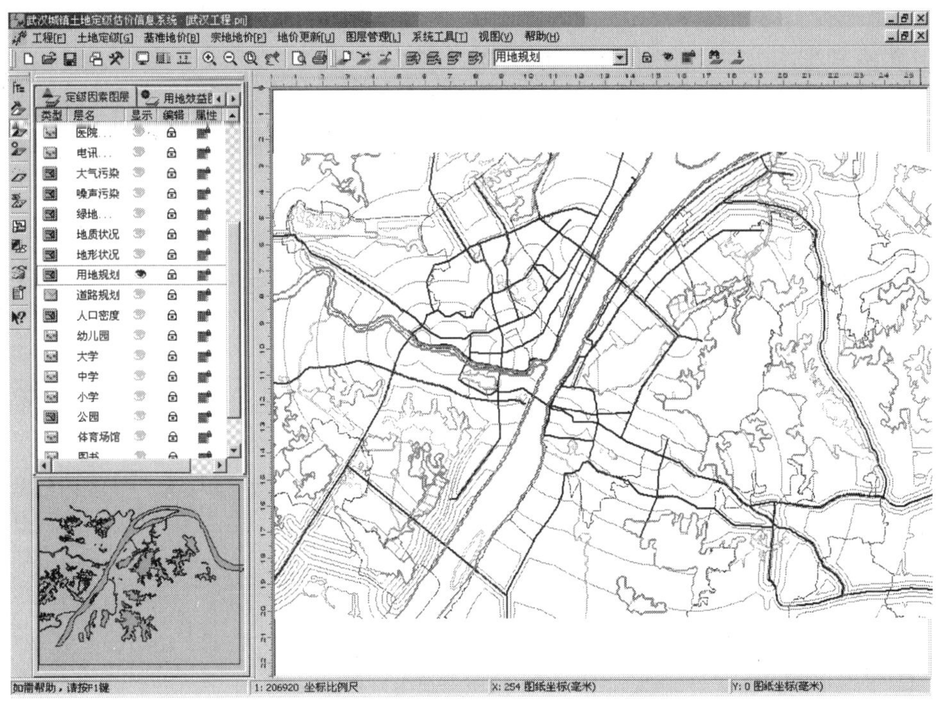

图 7-40　道路通达度作用分等值线图

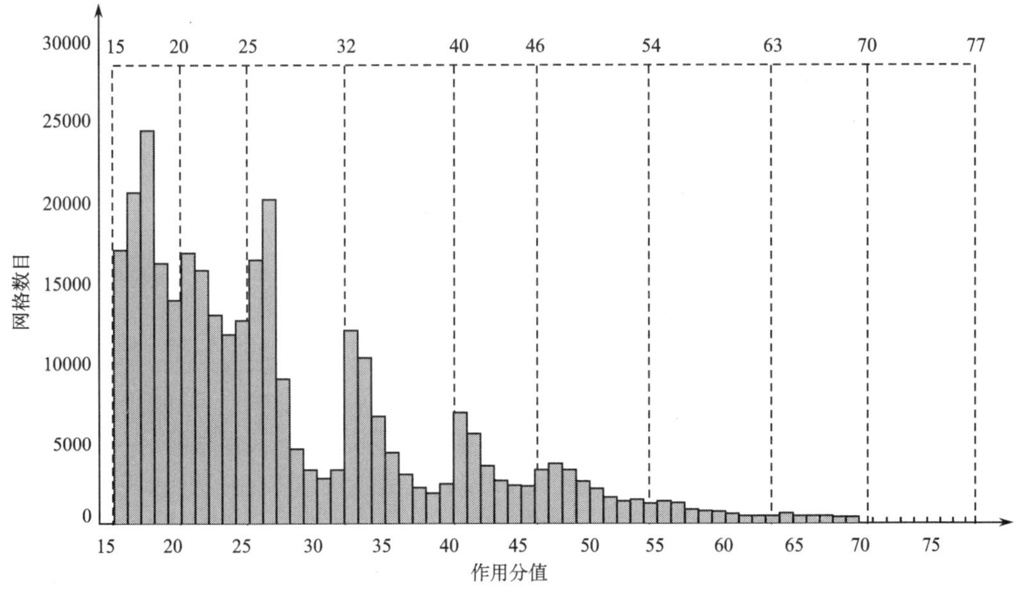

图 7-41　商业用地总分频率图

(3) 级别界限划分

根据商业总分频率图的分布情况，取频率图中总分值分段数目突变处(图形的波谷处)作为土地级别的分值界限,划分商业定级土地级别,并计算各级别内网格作用分值平均值作为级别平均分值。级别作用分值界限见表 7-3。

表 7-3 商业定级级别界限

级别	Ⅰ	Ⅱ	Ⅲ	Ⅳ	Ⅴ	Ⅵ	Ⅶ	Ⅷ	Ⅸ
分值范围	[70,77]	[63,70)	[54,63)	[46,54)	[40,46)	[32,40)	[25,32)	[20,25)	[15,20)
级别平均分值	72.2	65.9	57.2	49.0	42.1	34.4	27.0	22.3	17.3

(4) 总分等值线图绘制

根据网格点的定级总分值追踪等值线,得到总分等值线图。武汉市商业土地定级总分等值线图如图 7-42 所示。

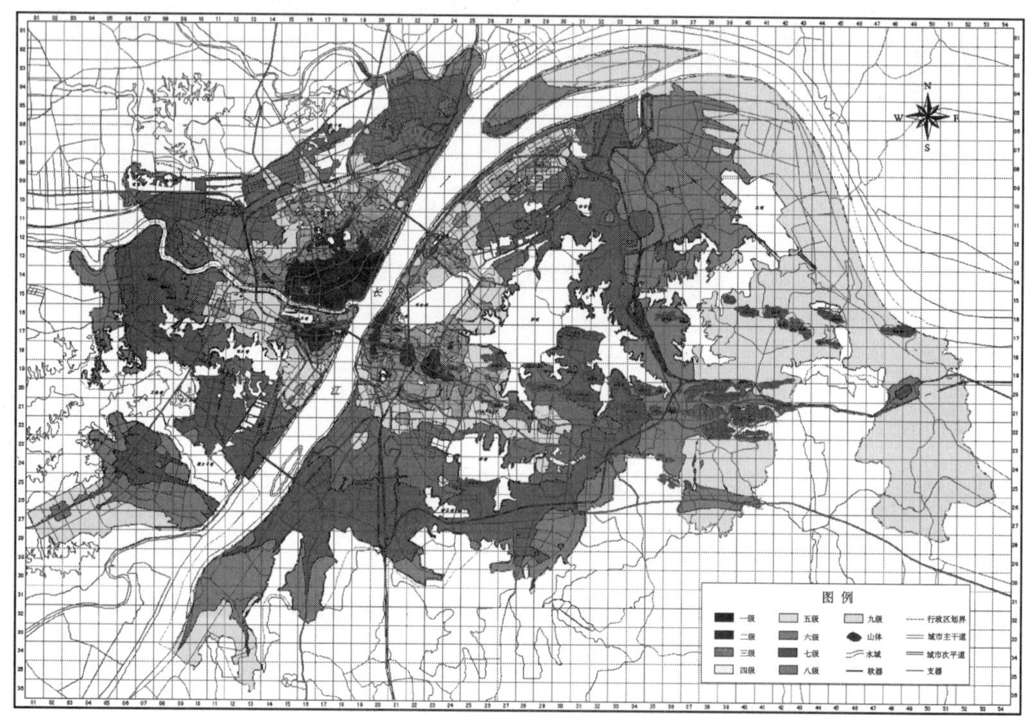

图 7-42 武汉市商业定级总分等值线图

(5) 商业级别的确定

根据各评价单元商业用地总分值结果,结合商业用地界别界限划分标准,在系统环境下生成生业用地界别图,如图 7-43 所示。

6. 级别的检验

采用多因素综合评定法初步确定的土地级别,从土地区位方面反映了土地质量的差别,其划分的级别是否也从经济上真实地反映了土地质量之间的差异,则需要通过土地级差收益测算和市场交易价格定级两种方法进行验证。

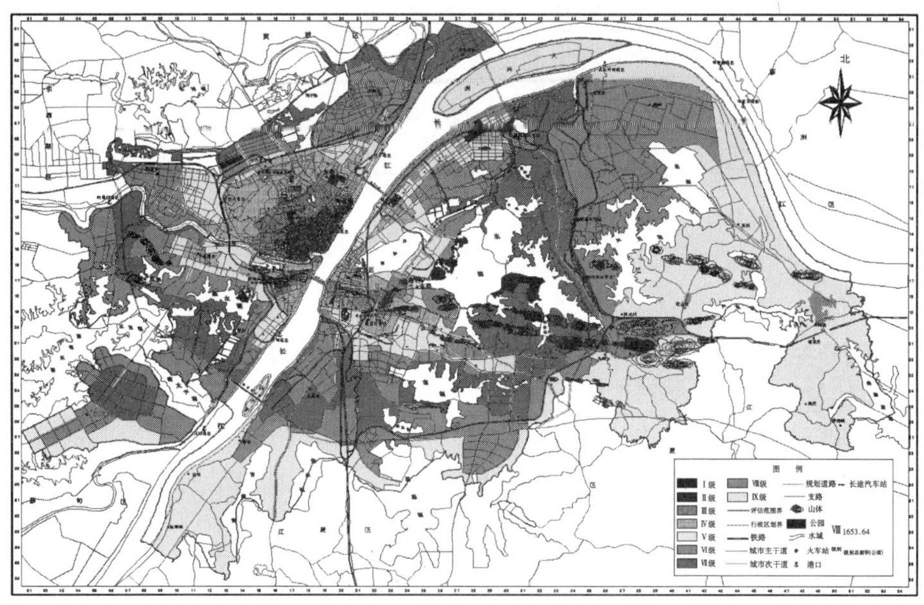

图 7-43　武汉市商业土地级别图

选择对商业用地土地区位反映最敏感的铺面出租资料作为测算对象，根据测算的样点地价结果来验证商业用地级别的合理性。将样点地价进行修正、检验和剔除，通过计算机统计得出商业用地级别与级别内样点均价对应关系如表 7-4 所示，商业用地级别与级别内样点均价对应关系如图 7-44 所示。

表 7-4　商业用地级别与级别内样点均价对应关系表

级别	Ⅰ	Ⅱ	Ⅲ	Ⅳ	Ⅴ	Ⅵ	Ⅶ	Ⅷ	Ⅸ
样点均价	8482	5462	3366	2427	1670	1091	654.49	364	326

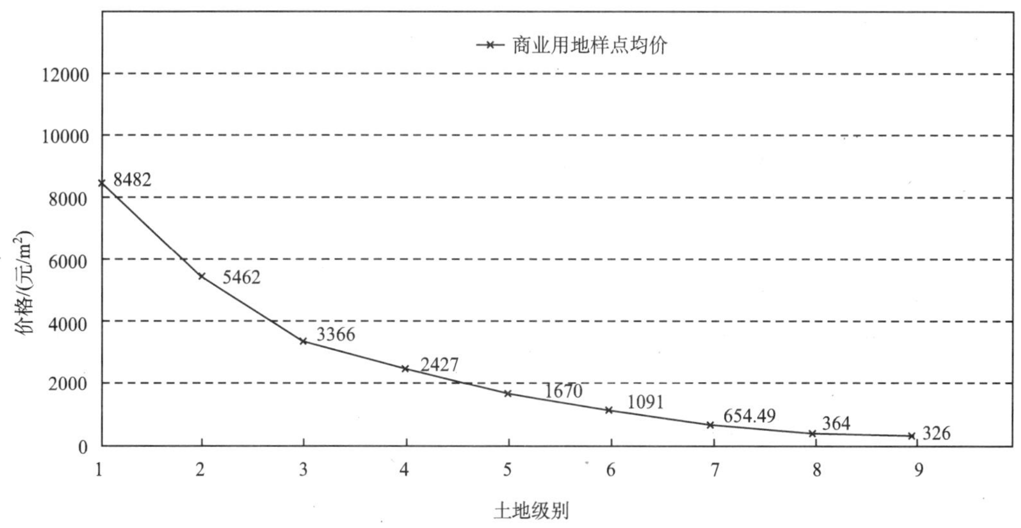

图 7-44　商业用地级别与样点均价对应关系图

从商业用地土地级别内样点均价分布图中可以看出，对商业用地初步划分的土地级别，级差收益明显，不仅在区位条件方面反映了土地质量的差异，而且也从经济效益方面反映了土地质量的差异，说明商业用地的土地级别划分是合理的。

第三节 农用地分等信息系统

一、系统分析

农用地分等信息系统是一个对农用土地进行分等，并对其图文信息进行管理的信息系统，是土地信息系统的一个子系统，是计算机技术、地理信息系统在土地资源评价中的具体应用。该系统利用 GIS 软件的图形、数据管理及计算功能，使土地分等的定量化和工作效率都大大提高，同时信息的浏览、检索、查询、分析都大为方便，为科学管理农用地提供了有力手段。

(一) 系统建设目标

本系统的目标是在现有农用地分等工作及理论基础上，通过对影响农用地等别资料的收集、管理、分析，利用已有的各种空间数据库和地籍等基础资料信息，全面实现农用地分等和相关信息的管理，为农用地管理的宏观决策提供科学依据，并提供相应的社会化服务。

1. 系统处理的目标

1) 数据与现有的 GIS 具有良好的兼容性。

2) 农用地分等信息系统所需的各种基础信息数据及分等成果信息必须与现有的地籍信息系统、土地利用规划信息系统等土地信息系统具有良好的相容性。

3) 利用 GIS 强大的图形空间、属性数据分析处理能力，实现科学评定农用地的等别。

4) 通过与现有各类地理信息系统的接口或数据转换，农用地分等信息系统存储有各种与农用地等别相关的空间信息与属性信息及相关的图形信息。诸如相同比例尺的土地利用现状图、分等单元图、因子图等。因此可以充分利用 GIS 系统组件的强大空间分析功能(如缓冲区分析、网络最短路径的计算、空间叠置分析功能等)，并与相应的数学模型结合进行各种运算分析，完成农用地等别评定。

2. 系统管理的目标

1) 实现基础数据和成果数据(包括图、表册、文)的计算机存储、管理、维护、输出；

2) 实现基础数据及成果数据的查询、统计、分析、打印；

3) 实现时态数据的管理。

3. 系统应用目标

方便专业人员的业务操作及管理，实现农用地分等的系统化、程序化，提高工作效率。方便成果信息的查询和咨询，全面实现地价信息的社会化服务。利用该系统能够使工作人员避免繁琐复杂的事务工作集中精力研究土地分等中的深层次问题。

（二）系统数据流分析

根据《农用地分等规程》规定的农用地分等方法和步骤，农用地分等数据流如图 7-45 所示。

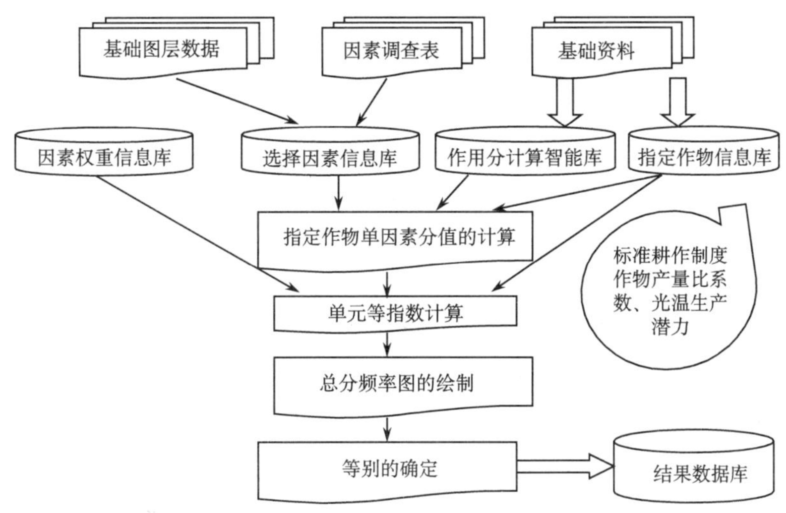

图 7-45　农用地分等数据流图

（三）系统的架构设计

该系统基于 Windows 2000 平台利用 Visual C＋＋ 6.0 开发。系统结构如图 7-46 所示。

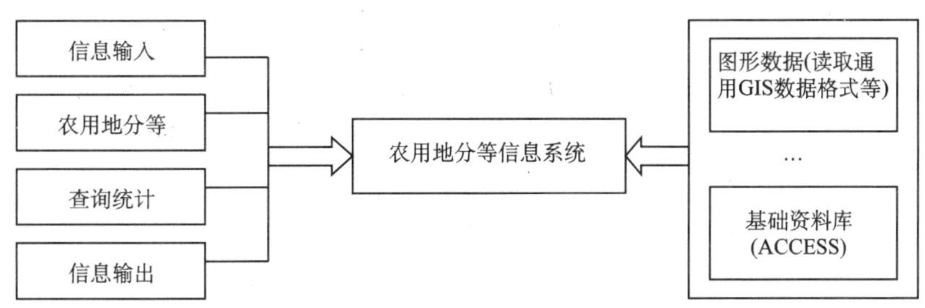

图 7-46　农用地分等系统架构图

二、系统设计

(一) 总体构成模块设计

农用地分等总体功能模块如图 7-47 所示。

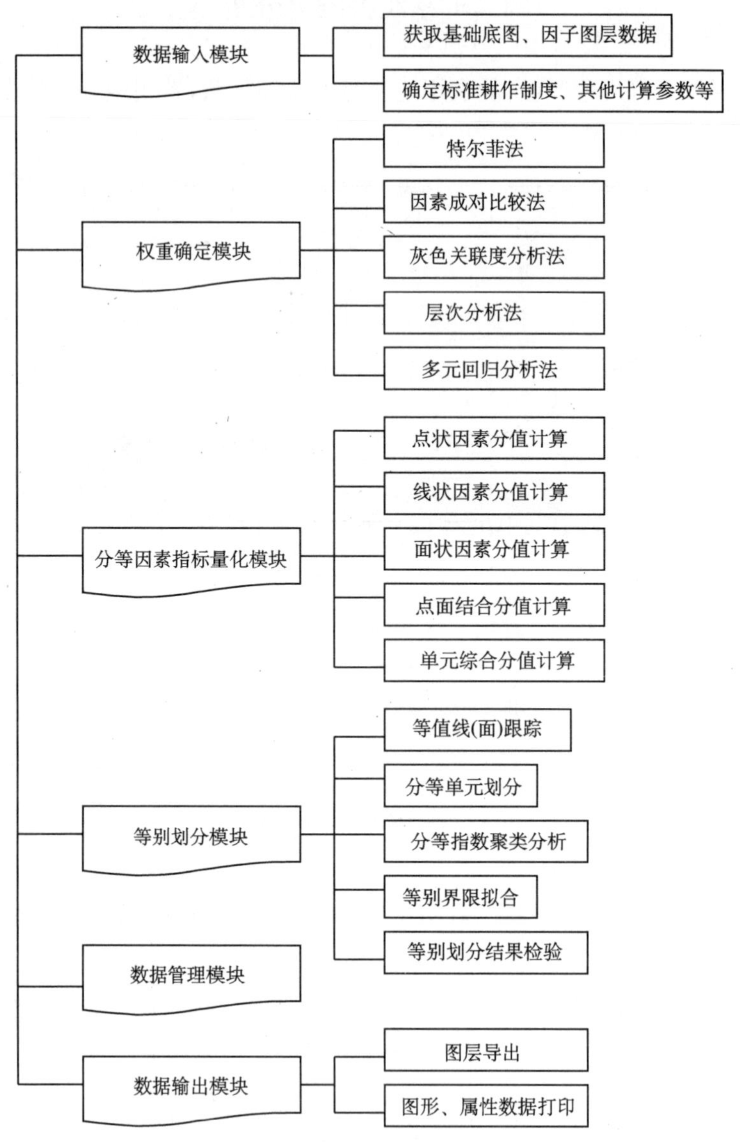

图 7-47 农用地分等系统总体功能模块设计

（二）模块功能详细设计

1. 数据输入模块

数据的输入可通过导入各种基础图层（如农用地利用现状图）、因子图层（如土壤质地、pH 等），或者以系统提供编辑对话框的形式编辑系统内置的各种数据库的形式达到属性，知识库数据的输入等。

2. 权重确定功能模块

1）特尔菲法子模块。影响农用地质量的自然社会经济因素分为定量的和定性的，必须把定量定性因素统一量化，纳入同一评价体系。本模块通过将专家确定的各因素及其权重数据输入建库，并进行数据处理，求出各因素所有专家打分的均值和方差，经过几轮反馈最后确定各因素的权重值。这种方法简单易行，在实践中具有很好的可行性。但我们也应当看到，这种方法对专家的要求比较高。在实际操作中，应当采用一定的数理统计方法，尽量减小或消除专家的主观性给结果造成的影响。

2）层次分析法模块。通过对农用地分等因素体系的分析，划分出各因素间自上而下的逐层支配的有序层次，并对由专家给出的每一层次因素相对重要性的定量表示进行输入处理，进而通过建立的数学模型，计算出每一层次全部因素的相对重要性权重值，并加以排序。本方法具有很高的逻辑性、系统性和实用性。

3）成对因素比较法模块。该方法主要通过因素之间的成对比较进行赋值和排序，从而确定权重值。对于拥有定级因素资料历史数据地区，可采用此种方法。

3. 因子量化模块

分等因子量化模块同前两节介绍的城镇土地质量评价中的因子量化方法相同，也分为点状、线状和面状因子分别进行处理。

4. 评价单元分等指数计算子模块

以具体评价单元来读取每个指定作物的农用地质量分，并在农用地质量分的基础上划分指定作物查指定作物的光温生产潜力指数及指定作物的产量比系数，计算农用地的自然质量等指数，然后查找土地利用系数计算土地利用等指数，查找土地经济系数计算农用地分等指数。具体流程如图 7-48 所示。

5. 等别划分模块

农用地等别的划分一般采用等间距法。按等间距法对相应的分等指数进行初步划分，确定农用地的自然质量等、农用地的利用等和综合等别。对初步划分的结果进行实地检验，不合理的地方还可进行微调。

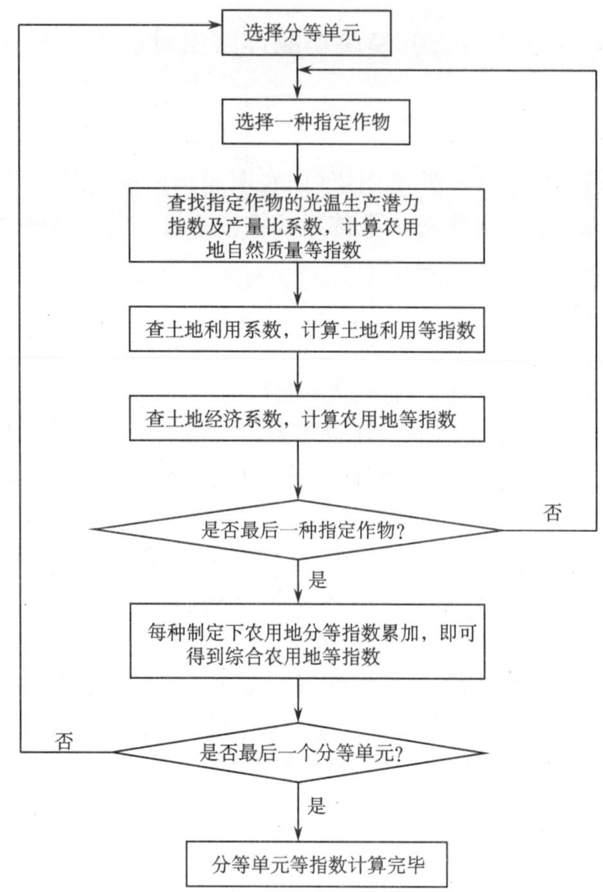

图 7-48　农用地分等指数计算程序实现流程

三、系统应用

现以湖北省农用地分等为例，具体介绍农用地分等信息系统功能模块的实现。

1. 系统主界面

系统主界面采用通用 Windows 风格设计，并在界面配置上实现了图层管理、图形显示、工作流程的有机结合。系统主界面见图 7-49。

2. 标准耕作制度的确定

根据《农用地分等规程》及相关规范，将标准耕作制度分区等信息输入系统，并实现可视化管理(图 7-50)。

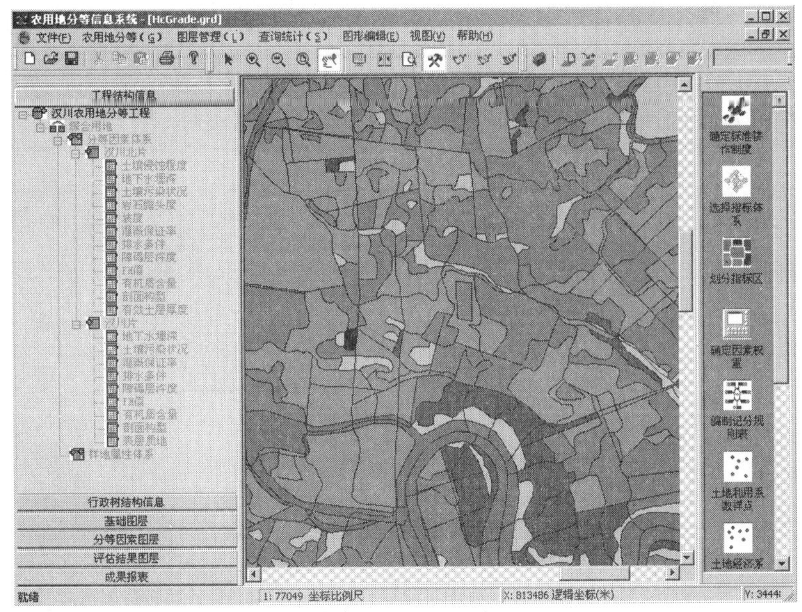

图 7-49　系统主界面

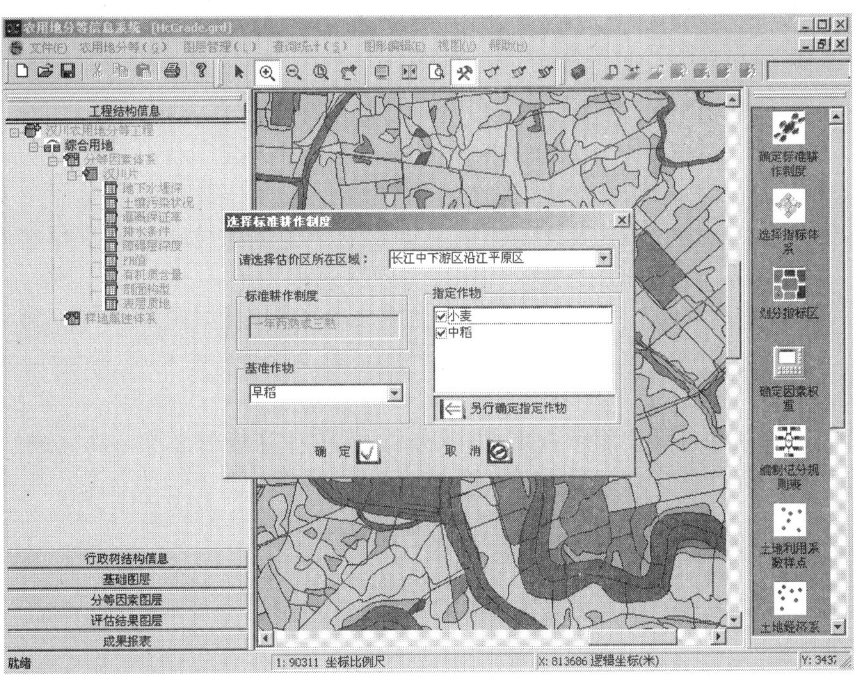

图 7-50　标准耕作制度的确定

3. 光温生产潜力及产量比系数确定

查阅《农用地分等规程》及相关规范，将作物光温生产潜力及产量比系数等信息输入系统，供系统计算时调用(图 7-51)。

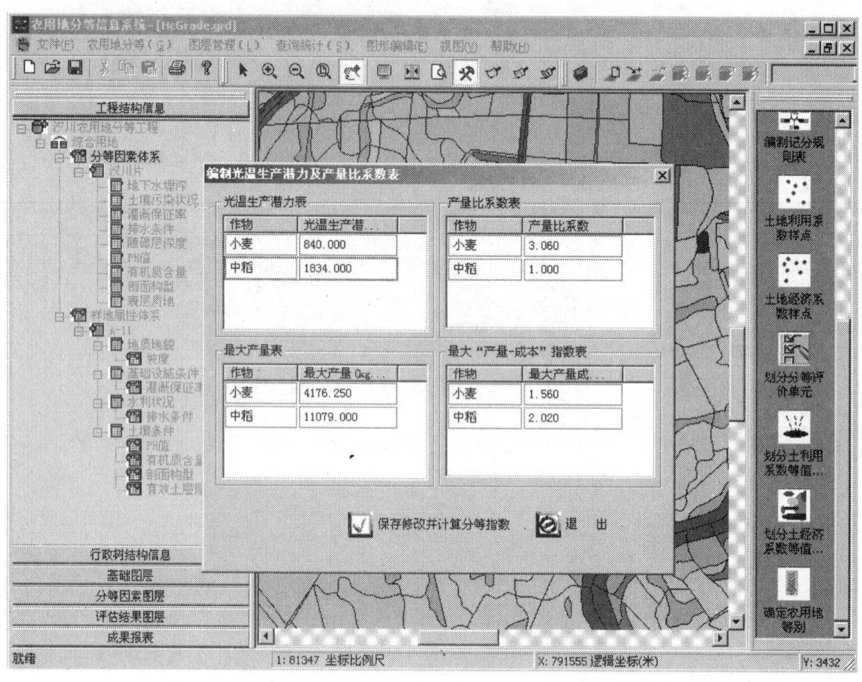

图 7-51　光温生产潜力及产量比系数确定

4. 分等因素选取

根据湖北省农用地的实际情况，系统提供了农用地分等供选因素因子体系(图 7-52)。

5. 因素权重的确定

采用特尔菲法确定因素因子权重，方差分析、权重计算等由系统自动完成。图 7-53 是专家打分录入界面，图 7-54 是权重计算结果。

6. 因素属性分记分规则编制

在系统中可以方便地录入和修改各参评因素的属性分计分规则(图 7-55)。

7. 土地利用系数等值区划分

系统根据各指定作物土地利用系数的统计特征给出等值区划分结果，并提供频率统计图等供用户参考，用户还可以进行个别调整(图 7-56)。

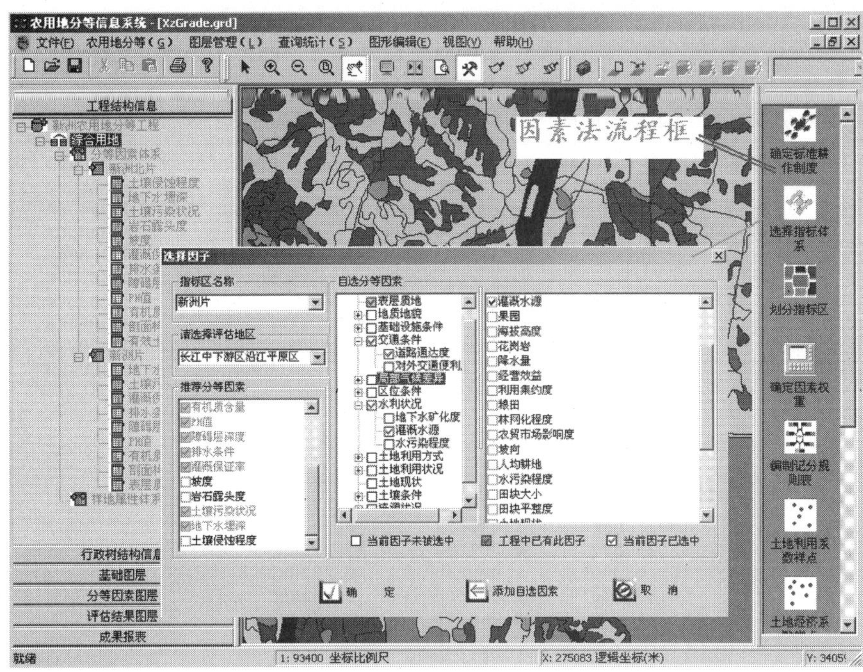

图 7-52　农用地分等因素选取

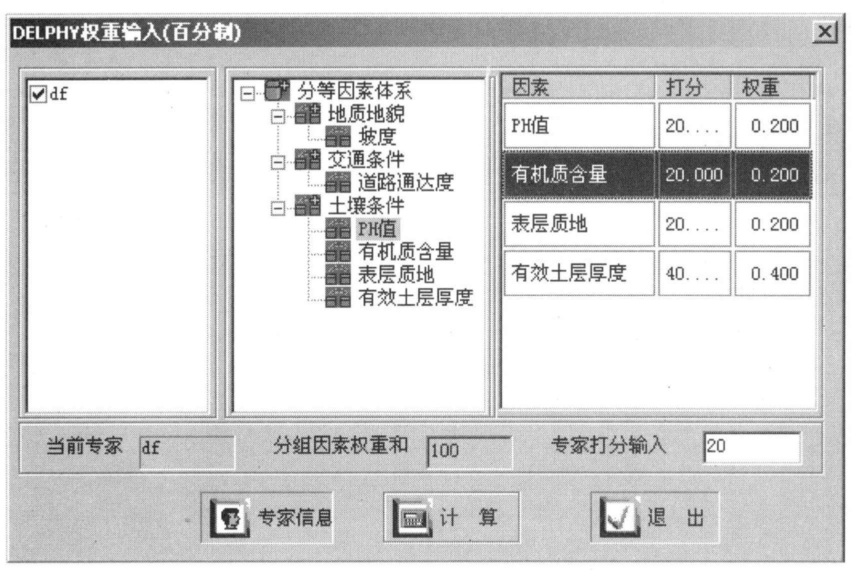

图 7-53　专家打分录入

8. 土地经济系数等值区划分

土地经济系数等值区划分与土地利用系数等值区划分类似(图 7-57)。

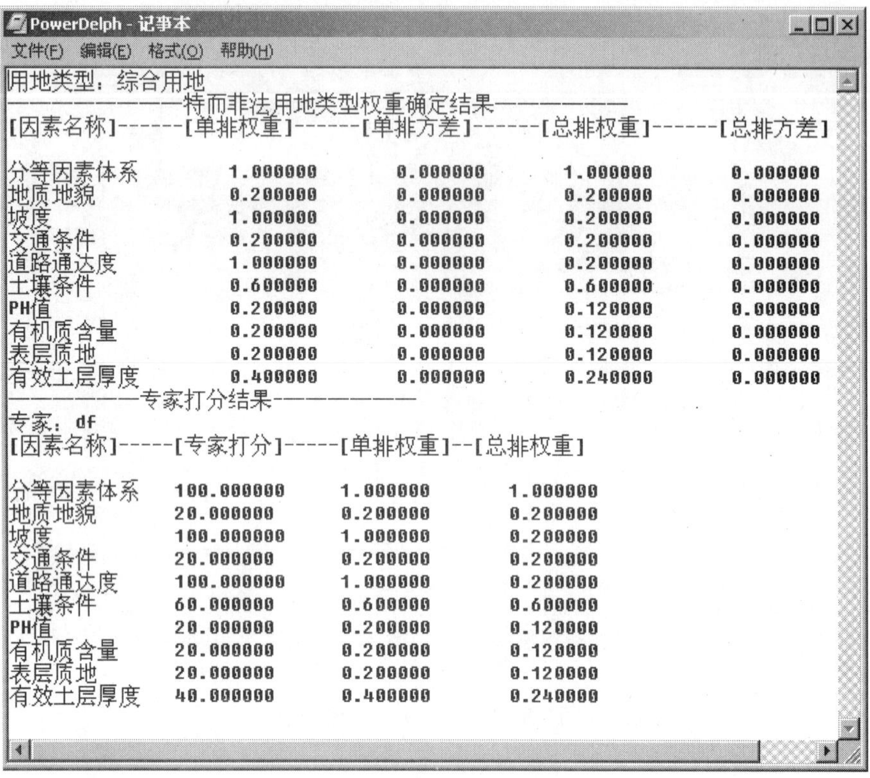

PowerDelph - 记事本

文件(F) 编辑(E) 格式(O) 帮助(H)

用地类型：综合用地

——————特而非法用地类型权重确定结果——————

[因素名称]	[单排权重]	[单排方差]	[总排权重]	[总排方差]
分等因素体系	1.000000	0.000000	1.000000	0.000000
地质地貌	0.200000	0.000000	0.200000	0.000000
坡度	1.000000	0.000000	0.200000	0.000000
交通条件	0.200000	0.000000	0.200000	0.000000
道路通达度	1.000000	0.000000	0.200000	0.000000
土壤条件	0.600000	0.000000	0.600000	0.000000
PH值	0.200000	0.000000	0.120000	0.000000
有机质含量	0.200000	0.000000	0.120000	0.000000
表层质地	0.200000	0.000000	0.120000	0.000000
有效土层厚度	0.400000	0.000000	0.240000	0.000000

——————专家打分结果——————

专家：df

[因素名称]	[专家打分]	[单排权重]	[总排权重]
分等因素体系	100.000000	1.000000	1.000000
地质地貌	20.000000	0.200000	0.200000
坡度	100.000000	1.000000	0.200000
交通条件	20.000000	0.200000	0.200000
道路通达度	100.000000	1.000000	0.200000
土壤条件	60.000000	0.600000	0.600000
PH值	20.000000	0.200000	0.120000
有机质含量	20.000000	0.200000	0.120000
表层质地	20.000000	0.200000	0.120000
有效土层厚度	40.000000	0.400000	0.240000

图 7-54　权重计算结果

图 7-55　因素属性分记分规则

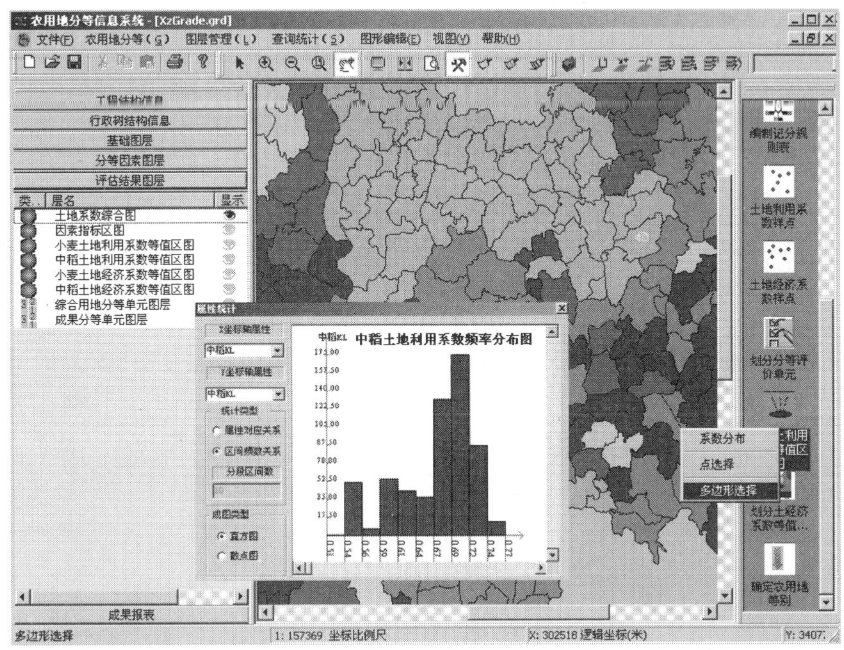

图 7-56　土地利用系数等值区划分

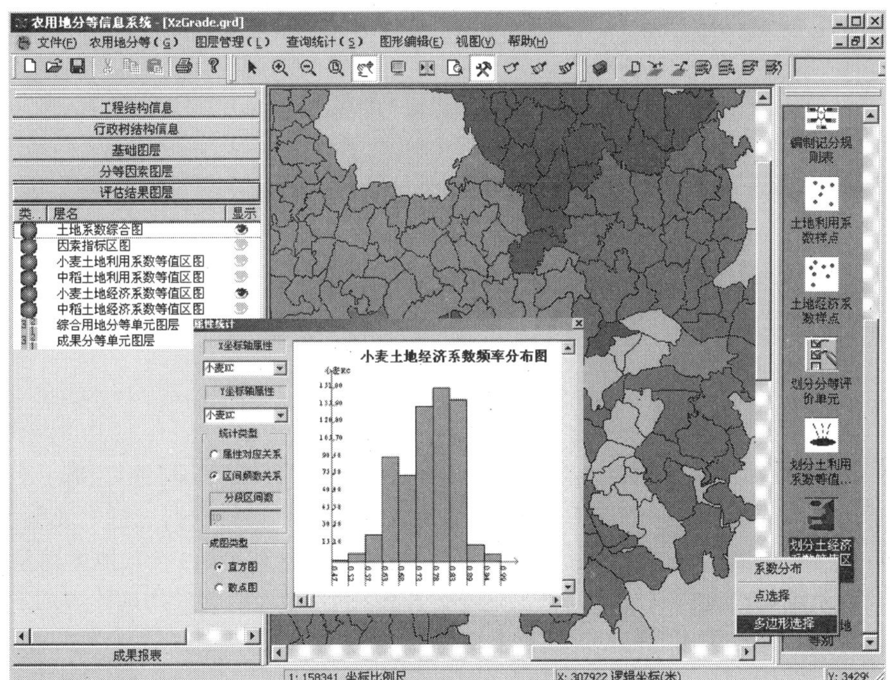

图 7-57　土地经济系数等值区划分

9．农用地等别划分

系统根据农用地自然质量等指数、利用等指数、综合分等指数的计算结果和等别划分规则进行农用地自然质量等别、利用等别和综合等别的划分，给出各等别的等指数界限、图斑数目、面积等统计信息，并提供方便的人机交互界面(图 7-58)。

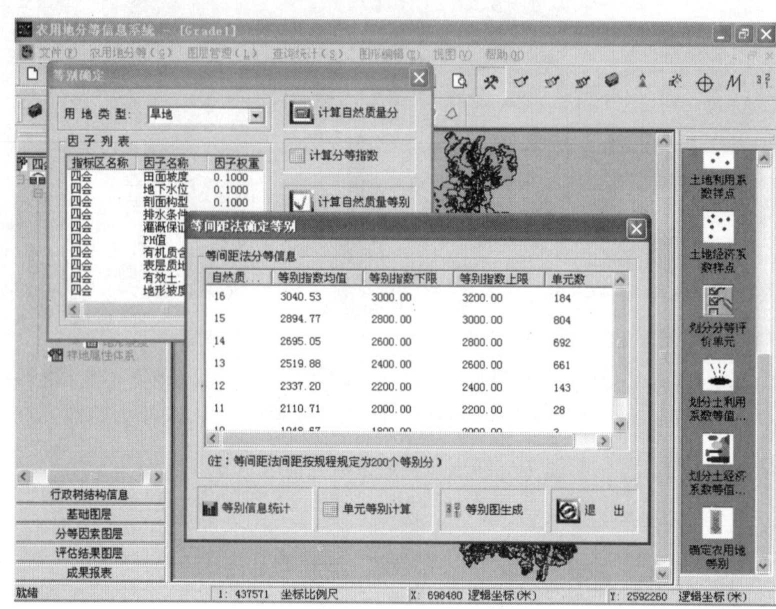

图 7-58　农用地等别划分

第四节　农用地定级估价信息系统

一、系统分析

（一）系统建设目标

本系统的目标是在农用地分等定级估价理论研究及实践工作基础上，基于土地利用现状、基本农田等基础空间数据库，对农用地定级估价基础资料数据进行集成管理、处理和分析，实现农用地定级、基准地价评估、基准地价更新、宗地地价评估、地价信息管理维护等功能，系统化地进行农用地分等定级评价和相关信息管理，为农用地管理的宏观决策提供科学依据，并提供相应的社会化服务。

（二）系统总体构架

该系统基于 GIS 控件——MapObjects 进行二次开发，系统结构如图 7-59 所示。

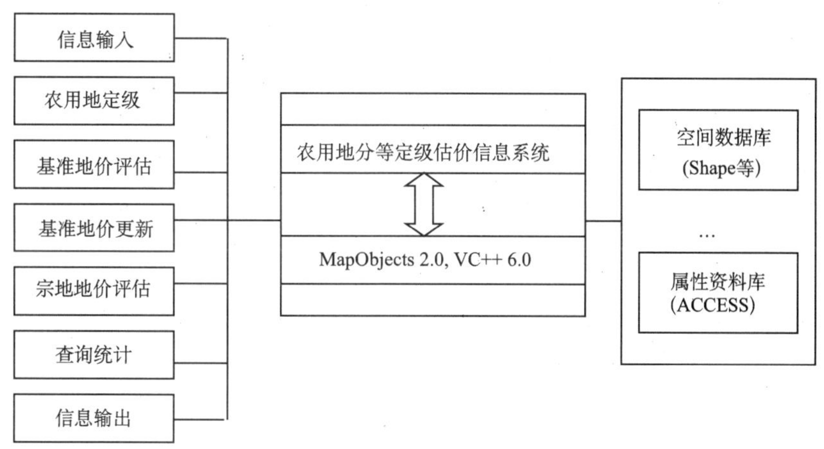

图 7-59　农用地定级估价系统架构图

（三）系统数据流分析

根据农用地定级估价业务流程要求，其系统数据流可用图 7-60 加以表示。

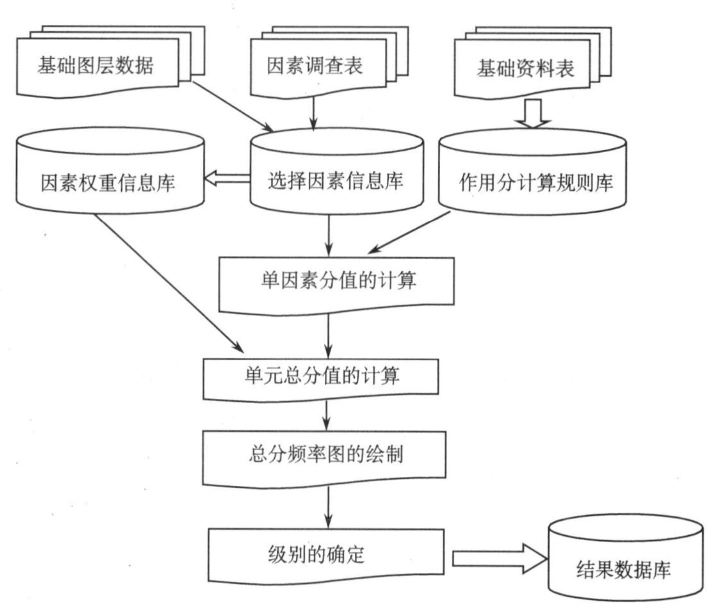

图 7-60　农用地定级数据流

农用地估价数据流如图 7-61 所示。

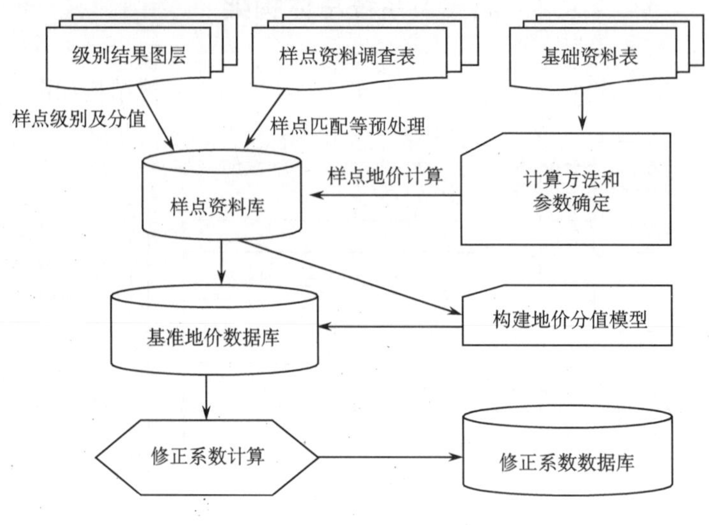

图 7-61　农用地基准地价评估数据流

二、系统总体设计

（一）农用地定级

农用地定级是在农用地分等的基础上，依据构成土地质量的自然因素和社会经济因素，根据地方土地管理工作的需要，在行政区（县或市）内进行的农用地质量综合评定。农用地级别划分侧重于反映因为农用地现实的（或实际可能的）区域自然质量、利用水平和效益水平不同，而造成的农用地生产力水平差异。

1. 功能要求

1）确定影响农用地级别的各项定级因素及其权重；

2）科学、客观地评定土地级别；

3）绘制农用地级别图以及各定级因素作用分等值区（等值线）图；

4）建立农用地定级有关的数据库，为城市土地基准地价评估及各项地价管理工作提供基础数据。

2. 基本功能模块设计

系统定级的基本功能模块结构如图 7-62 所示。

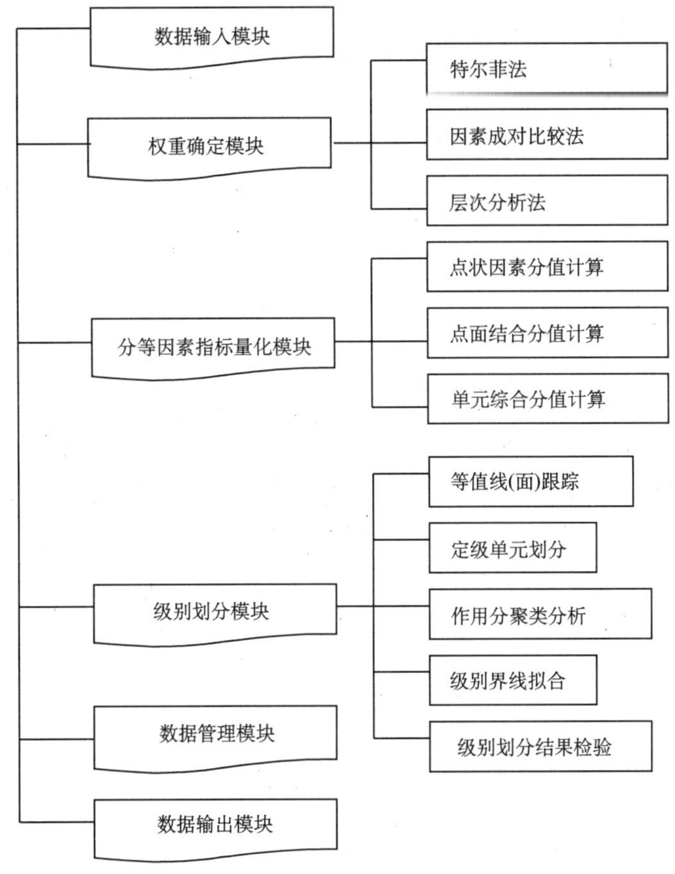

图 7-62　农用地定级模块功能设计

(二) 农用地基准地价评估

农用地基准地价的评估是以《农用地估价规程》为依据，在完成农用地定级的基础上，依据农用地投入产出样点资料和市场交易资料，科学、准确地评定农用地基准地价，建立完善的农用地基准地价体系。

1. 功能要求

1) 利用各类地租、地价数据，计算样点地价，并对样点地价进行年期等修正；
2) 对样本数据以均质地域为单位，进行样本的总体和方差检验，剔除不合格的样点；
3) 利用经过检验、归类的样点数据测算出区域基准地价；
4) 建立宗地地价修正系数体系。

2. 基准地价评估模块功能设计

基准地价评估模块功能实际如图 7-63 所示。

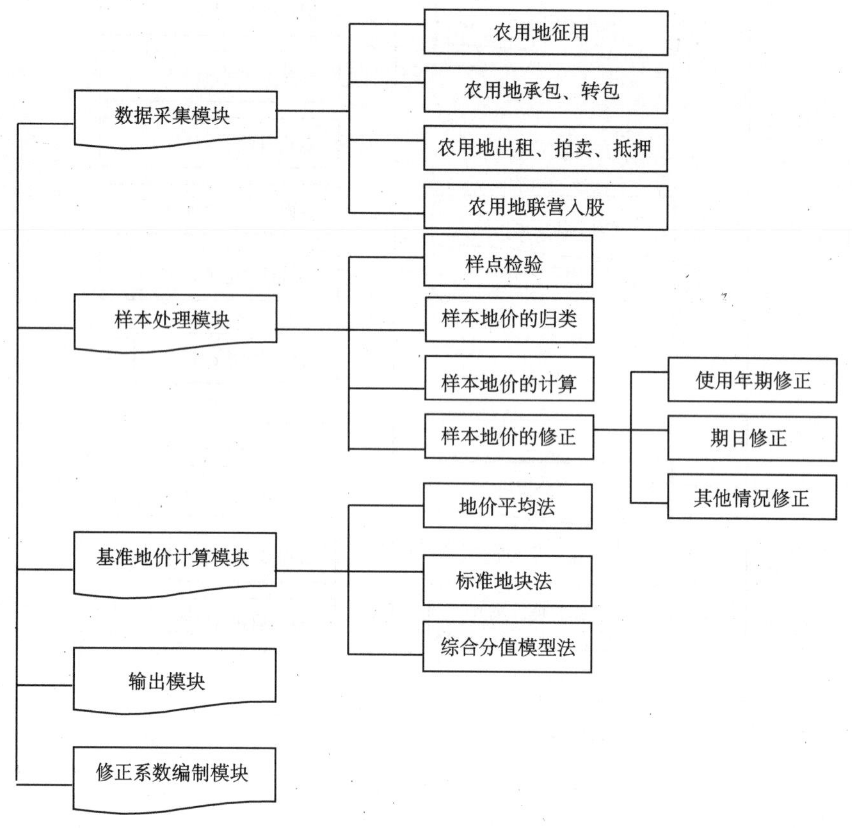

图 7-63　农用地基准地价评估模块功能设计

（三）农用地宗地地价评估

农用地基准地价评估结束后，就可在农用地基准地价评估的基础上，根据宗地地价修正体系，采用系数修订法评估宗地地价。宗地地价还可以采用收益还原法、市场比较法、成本逼近法、剩余法等方法评估。

1. 功能要求

1）收集各种地价资料并进行整理；

2）用两种以上的方式对宗地地价进行评估，确定宗地价格；

3）编写估价报告并递交成果。

2. 宗地地价评估模块功能设计

宗地地价评估模块功能设计如图 7-64 所示。

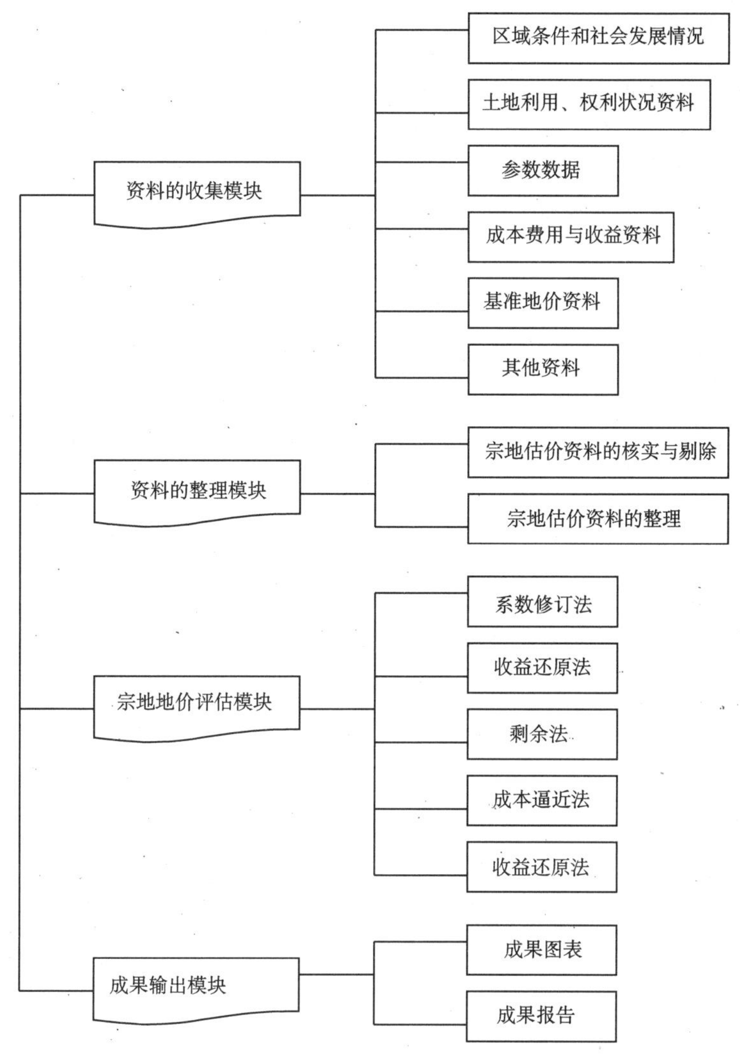

图 7-64　农用地宗地地价评估模块功能设计

(四) 农用地基准地价更新

农用地基准地价更新，是指当评估的农用地基准地价经过一段时间的使用，地价水平与实际的市场状况有较大的差别，或实际的农用地土地条件发生了重大的变化等，为保证基准地价与实际的一致性和现势性，必须定期进行基准地价更新。

农用地基准地价更新的技术路线和方法与基准地价初次评估是基本一致的，在基准地价更新过程中一般采用与基准地价评估相一致的技术路线，以减少工作量；也可以采用不一致的技术路线和方法，但若采用新的技术路线和方法，应与基准地价初次评估相协调，以保证更新工作质量。

1. 主要功能要求

1）对未开展农用地定级的地区先进行农用地定级；
2）对基准地价变更的必要性进行评估；
3）基准地价更新；
4）利用多种方法对基准地价水平进行合理性检验；
5）对变更数据的入库、显示、统计、分析。

2. 基准地价更新模块功能设计

基准地价更新功能模块如图 7-65 所示。

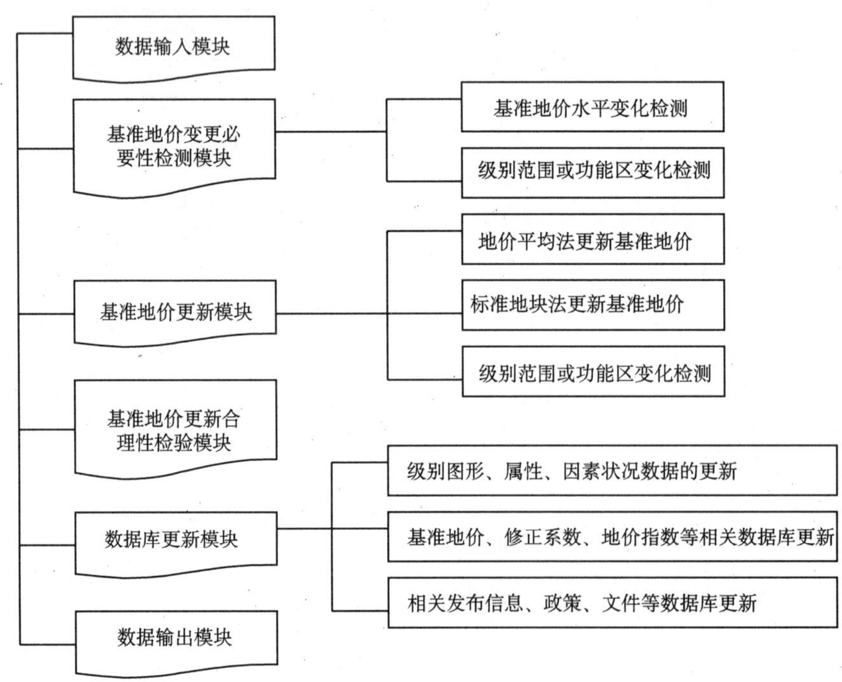

图 7-65　农用地基准地价更新模块功能设计

三、系统应用

以农用地定级估价信息系统在广东省农用地定级估价中的应用为例，介绍系统功能实现。

1. 系统主界面

系统主界面采用通用 Windows 风格设计，各功能模块基本上以菜单形式管理，并在界面配置上实现了图层管理、图形显示、工作流程的有机结合。系统主界面见图 7-66。

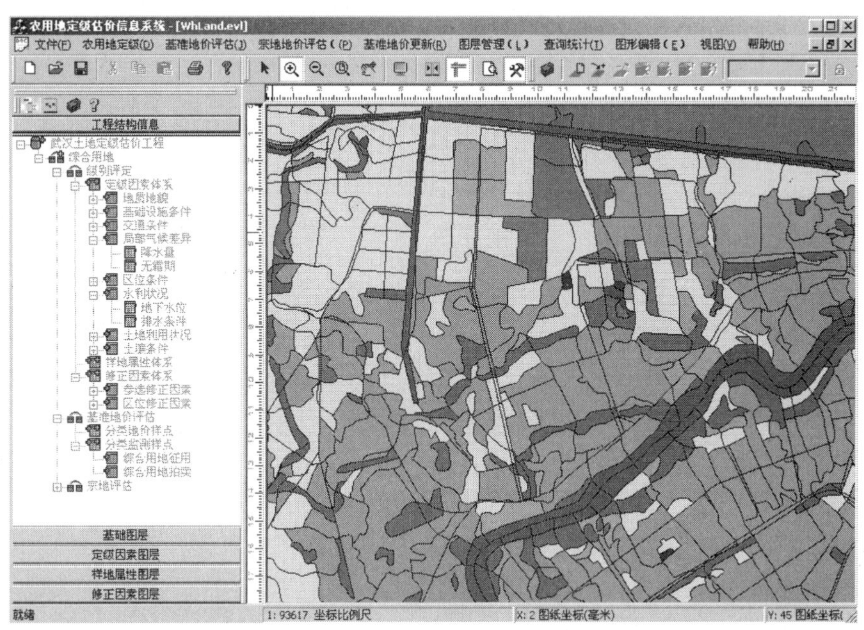

图 7-66　系统主界面

2. 系数修正法定级业务流程及修正因素选取

系统实现了三种常用的农用地定级方法：系数修正法、因素法和样地法。在系数修正法中，系统提供了必选因素和备选因素可由用户自主选择确定，给出了系数修正法农用地定级工作控制流程，方便用户操作(图 7-67)。

3. 因素法农用地定级流程及定级因素选取与权重确定

图 7-68 展示了因素法农用地定级中的因素体系、权重确定以及因素法定级的控制流程。

4. 样地法农用地定级流程

样地法农用地定级的主界面和控制流程(图 7-69)。

5. 农用地级别的确定

系统提供了农用地级别划分的三种方法：总分频率法、数轴法、柱状图法。图 7-70 是总分频率法级别划分的操作界面。

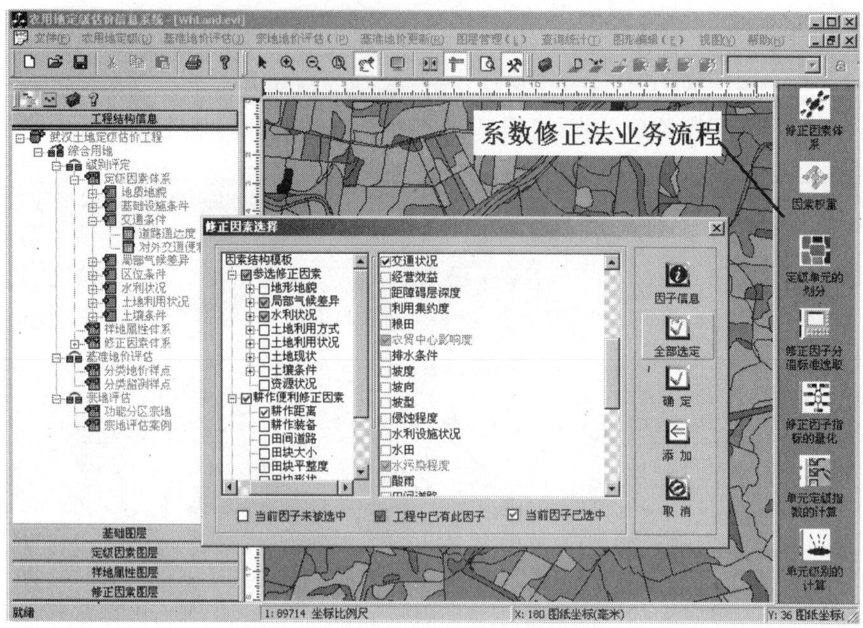

图 7-67　农用地定级——系数修正法

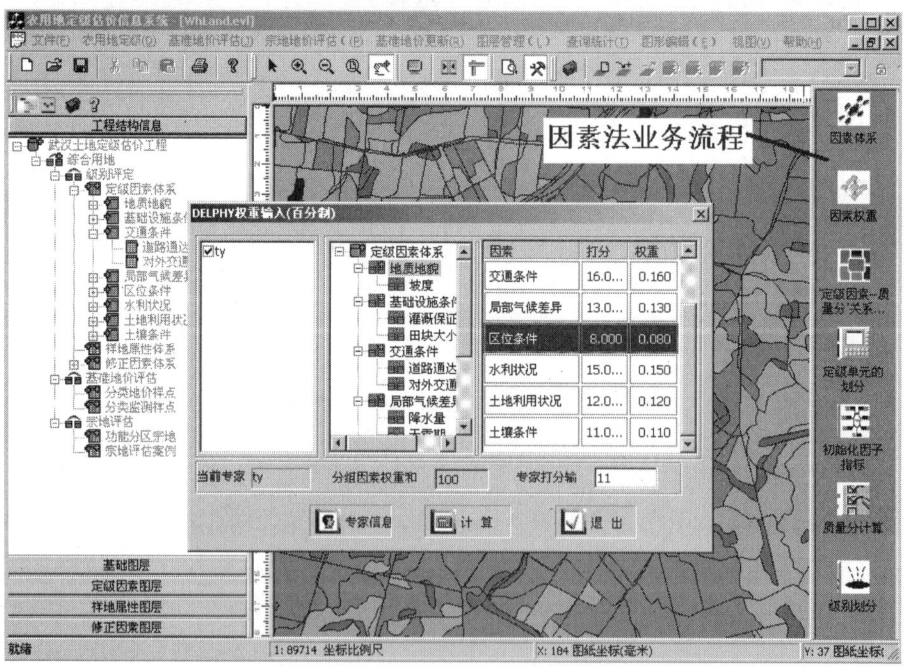

图 7-68　农用地定级——因素法

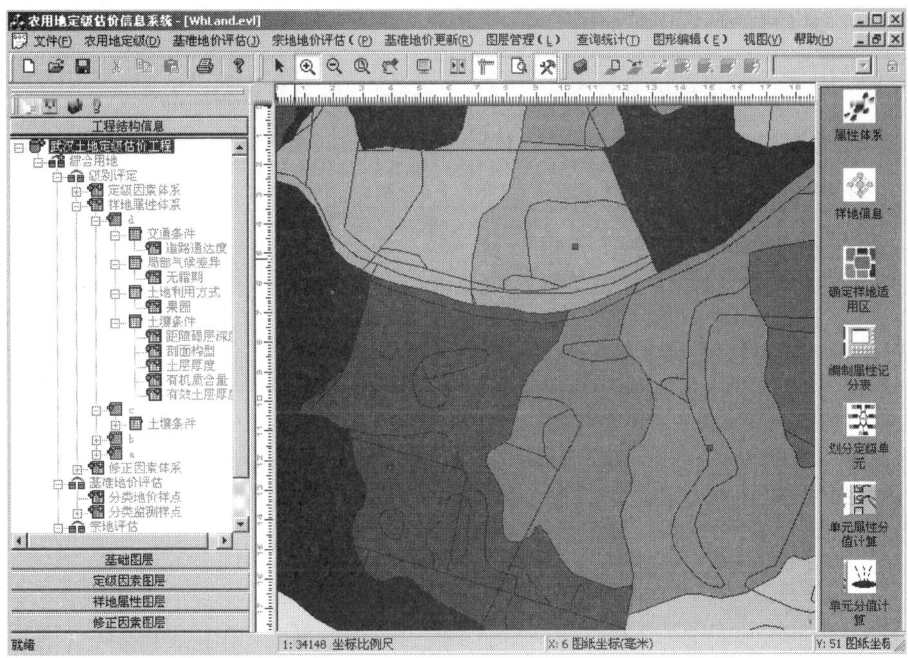

图 7-69　农用地定级——样地法

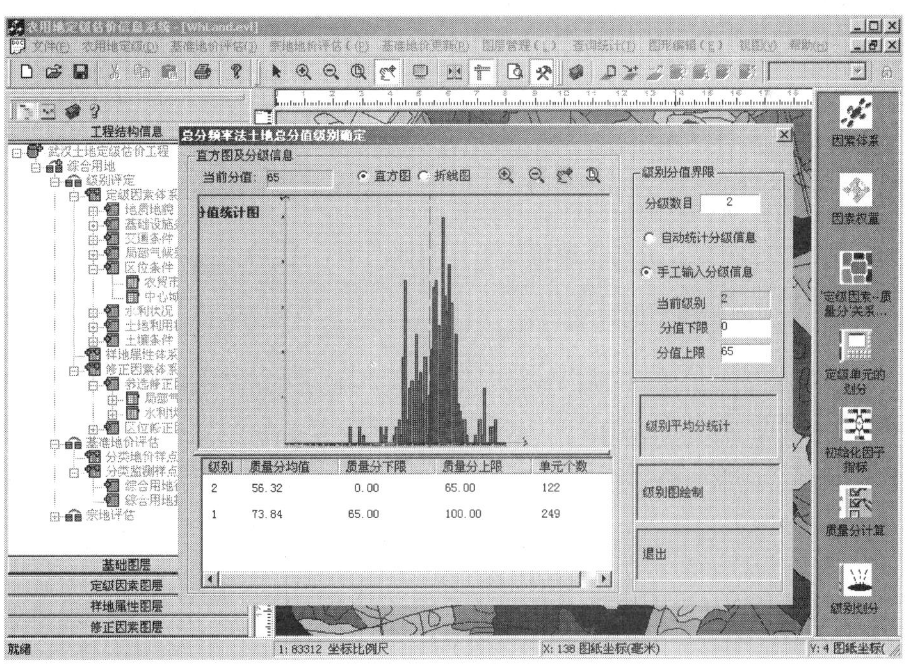

级别	质量分均值	质量分下限	质量分上限	单元个数
2	56.32	0.00	65.00	122
1	73.84	65.00	100.00	249

图 7-70　农用地级别划分——总分频率法

6. 样点地价计算

系统实现了由用户自定义各类样点的计算公式,计算过程由系统自动完成(图 7-71)。

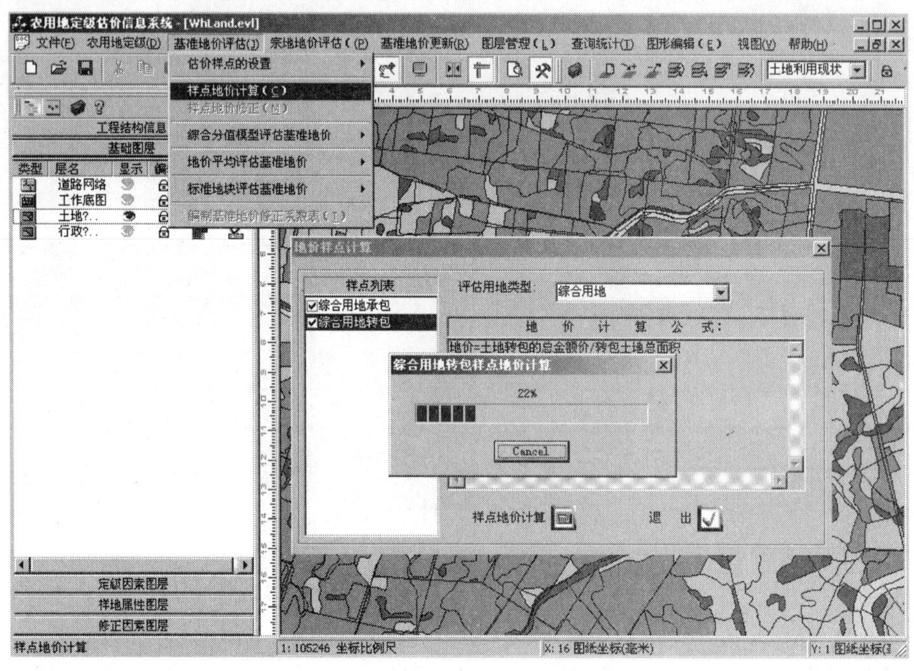

图 7-71　农用地样点地价计算

7. 样点地价修正

系统能够自动对样点地价进行各项修正,如期日修正、年期修正等,同样各类修正公式也可以由用户自行定义。样点地价修正界面如图 7-72 所示。

8. 地价-分值回归模型的建立

建立样点地价-分值回归方程是评估基准地价的主要方法之一。图 7-73 是地价-分值回归方程建立的操作界面。

9. 宗地地价评估之收益还原法

根据农用地投入产出样点采用收益还原法进行宗地地价测算的操作界面见图 7-74。

10. 宗地地价评估之市场比较法

在有充足市场交易案例的情况下,可以采用市场比较法评估农用地宗地地价(图 7-75)。

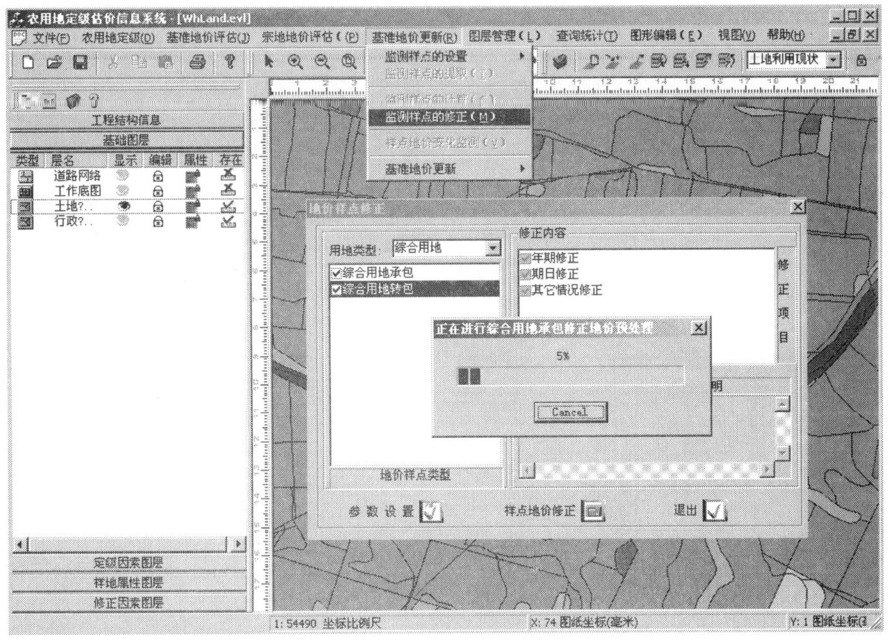

图 7-72　样点地价修正

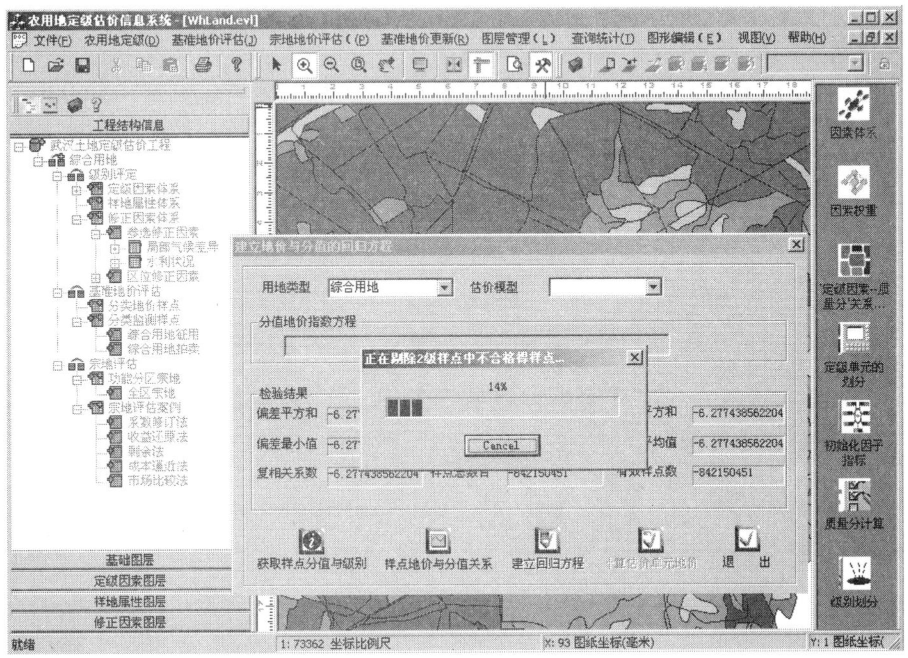

图 7-73　样点地价-分值回归模型的建立

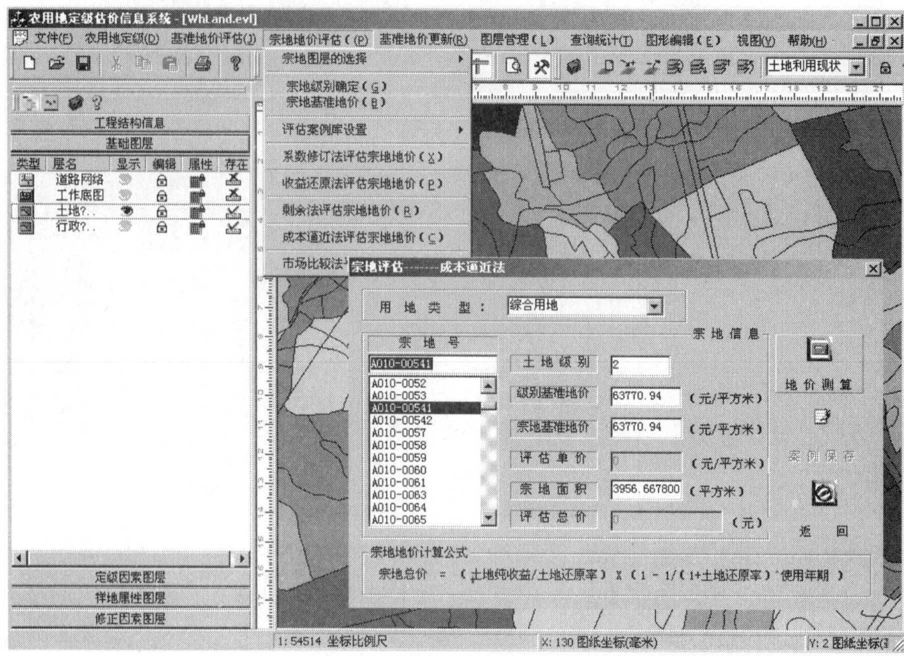

图 7-74　农用地宗地地价评估——收益还原法

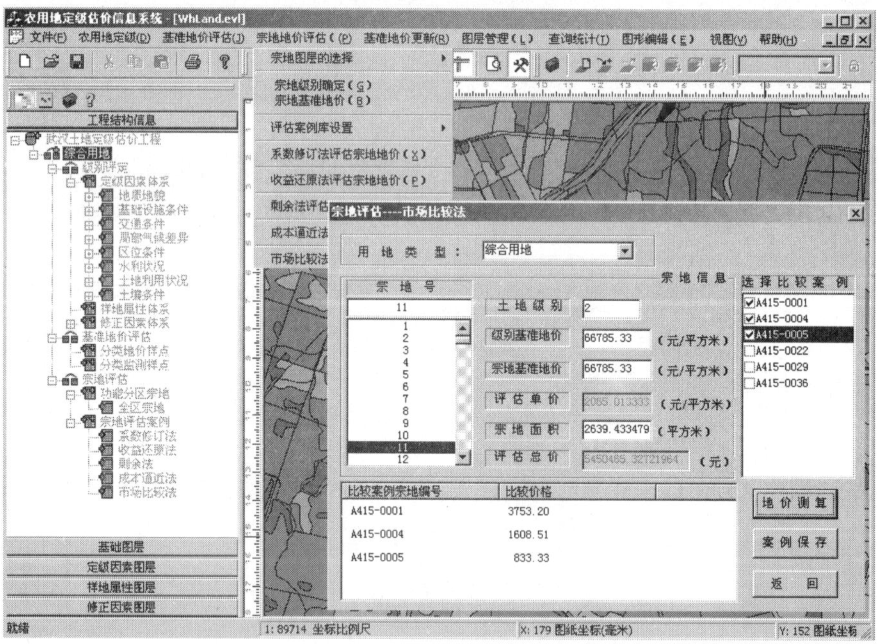

图 7-75　农用地宗地地价评估——市场比较法

11. 宗地地价评估之基准地价系数修正法

基于农用地基准地价采用系数修正法评估农用地宗地地价，是一种简便、可靠的方法(图 7-76)。

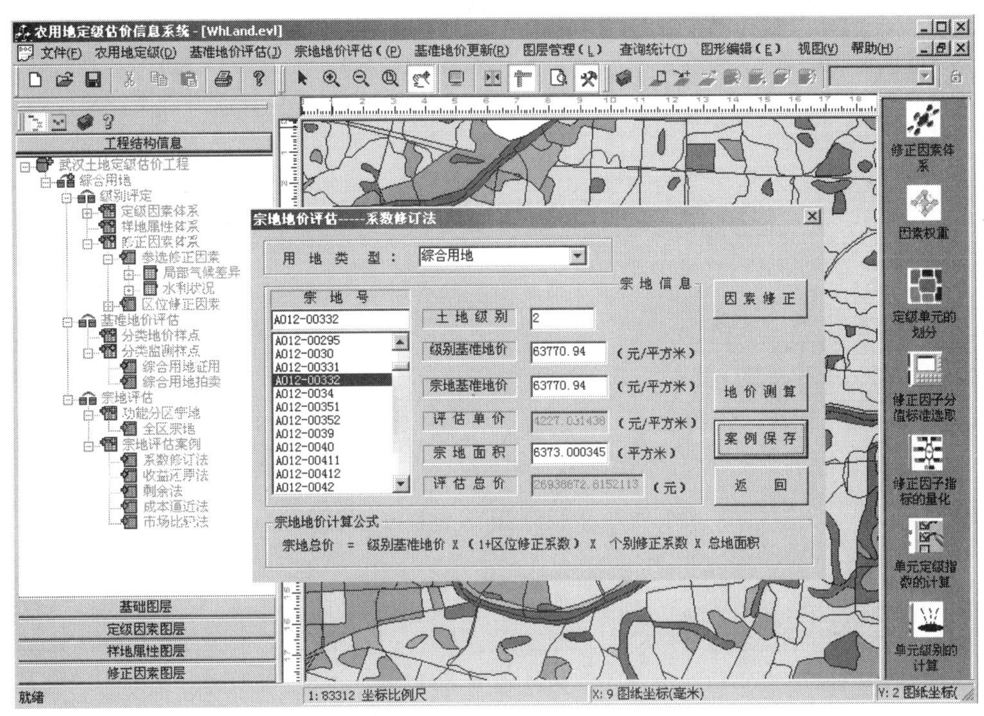

图 7-76　农用地宗地地价评估——系数修正法

12. 农用地地价监测样点的管理

建立地价监测样点体系对实时掌握农用地的价格变动、进行基准地价更新等均具有重要意义，系统实现了对各类地价监测样点的有效管理和动态分析，见图 7-77。

13. 基准地价更新

系统实现了农用地基准地价更新功能，包括对农用地基准地价更新必要性的检测、更新方法和模型建立等。图 7-78 是采用地价-分值模型法进行基准地价更新必要性的检测和更新模型建立的系统界面。

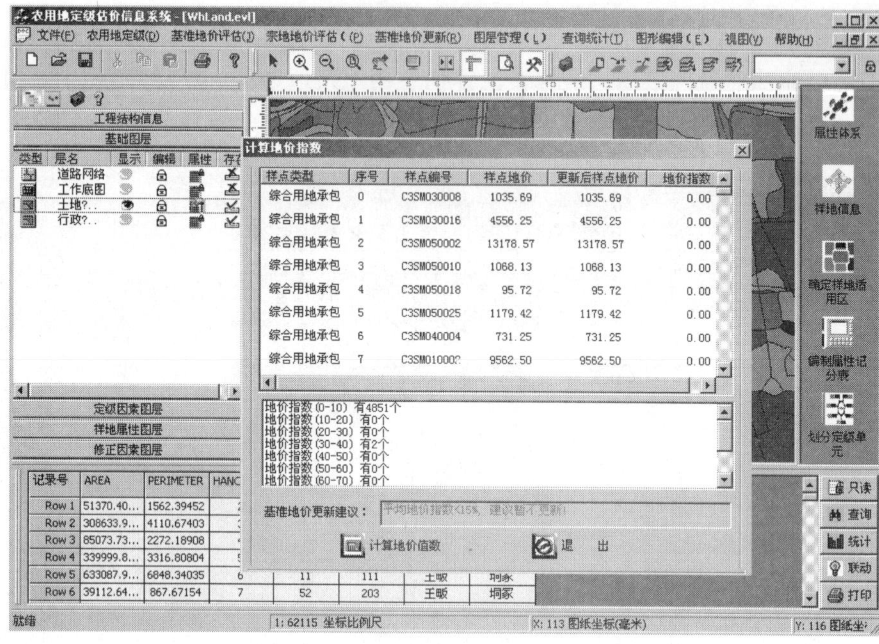

图 7-77　农用地地价监测样点的管理

图 7-78　农用地基准地价更新(地价-分值模型法)

参考文献

毕宝德.1998.土地经济学.北京:中国人民大学出版社

蔡煜东.1996.进化规划在医用非线性曲线模型拟合中的应用.上海生物医学工程,17(3):7~8

蔡自兴,贺汉根.2002.智能科学发展的若干问题.自动化学报,12:142~150

蔡自兴,徐光.1996.人工智能及其应用(第2版).北京:清华大学出版社

陈百明.1996.土地资源学概论,北京:中国环境科学出版社

陈国良等.1996.遗传算法及其应用.北京:人民邮电出版社

陈秋计,赵长胜,谢宏全.2004.基于GIS和ANN技术的矿区复垦土地适宜性评价.金属矿山,3:52~61

陈述彭,鲁学军,周成虎.2000.地理信息系统导论.北京:科学出版社

陈文伟.1994.决策支持系统及其开发.北京:清华大学出版社

陈亚新,史海滨.1991.渠床土壤水入渗率局布估计的点Kriging插值问题.水利学报,(2):11~18

陈亚新,徐英,魏占民等.2004.基于稳健统计学的水盐空间变差函数逼近方法.水利学报,(09):44~49

陈燕娥.2005.GIS中专题数据库综合的研究.武汉大学硕士学位论文

程剑锋,徐俊艳.2005.基于EM算法的有监督LVQ神经网络及其应用.系统工程与电子技术,1:121~123

褚蕾蕾,陈绥阳,周梦.2002.计算智能的数学基础.北京:科学出版社

丛爽.1998.面向MATLAB工具箱的神经网络理论与应用.合肥:中国科学技术大学出版社

丛爽.2001.神经网络、模糊系统及其在运动控制中的应用.合肥:中国科学技术大学出版社

戴尔阜,蔡运龙,傅泽强.2002.土地可持续利用的系统特征与评价.北京大学学报(自然科学版),38(2):231~238

邓颖林.2006.基于系统动力学的土地利用规划实施评价研究.武汉大学硕士学位论文

邸凯昌.2001.空间数据挖掘与知识发现.武汉:武汉大学出版社

丁旭东.1996.几种特异值处理方法的比较.物探化探计算技术,18(1):71~77

董聪,郭晓华.2000.计算智能中若干热点问题的研究与进展.控制理论与应用,5:691~698

董庆,冯林新.1997.变差函数在遥感图像处理中的应用.遥感技术与应用,12(01):8~13

杜宇健,萧德去.2005.Delaunay-固定距离滑动邻域Kriging算法.工程图学学报,(02):64~68

方剑,黄成军,张鸣.1997.基于进化规划的神经网络设计方法.上海交通大学学报,31(12):76~81

冯学智,柏延臣,史正涛等.2000.北疆地区积雪深度的克里格内插估计.冰川冻土,(4):358~361

付炜.1995.黄土地区水土保持专家系统试验研究.地理科学,15(1)

付炜.2001.土地合理利用规划决策专家系统试验研究.应用科学学报,19(1)

傅伯杰.1991.土地评价的理论与实践.北京:中国科学技术出版社

傅佩红.2006.地统计学空间分析模型扩展及其在基准地价评估中的应用.武汉大学博士学位论文

高小永.2006.灰色预测在农用地估价中的应用研究.武汉大学硕士学位论文

国土资源部行业标准.2001.城镇土地分等定级规程

国土资源部行业标准.2001.城镇土地估价规程

国土资源部行业标准.2001.农用地定级规程

国土资源部行业标准.2001.农用地分等规程

国土资源部行业标准.2001.农用地估价规程

何彬彬,方涛,郭达志.2004.空间数据挖掘不确定性及其传播.数据采集与处理,19(4):474~480

何新贵.1990.知识处理与专家系统.北京:国防工业出版社

何振亚.1996.计算智能信息处理.数据采集与处理,2:85~88

侯景儒,黄竞先,吴雨沛.1992.非参数及多元地质统计学的理论分析及其应用.北京:冶金工业出版社

侯景儒,潘汉军,张树泉.1992.多元地质统计学的基本理论与方法.北京科技大学学报,14(02):115~122

侯景儒. 1990. 指示 Kriging 法的理论及方法. 地质与勘探,26(3):28～36
侯景儒. 1997. 中国地质统计学(空间信息统计学)发展的回顾与前景. 地质与勘探,33(01):53～58
侯景儒等. 1991. 协同区域化与协同 Kriging 法. 北京科技大学学报,13(2):95～13
胡小荣,俞茂宏. 2001. 理论变异函数球状模型的加权线性规划法拟合. 地质与勘探,37(05):45～48
胡小荣. 2000. 变异函数球状模型的拟合研究. 本溪冶金高等专科学校学报,02(04):41～43
黄竞先,李春霞. 1997. 矿业地质统计学在我国的应用现状及对影响 Kriging 估计的若干因素的研究. 有色金属矿产与勘查,(6):38～43
黄可鸣. 1998. 专家系统导论. 南京:东南大学出版社
黄诗峰,金菊良,段进军,文玉明. 1999. 地质统计学中变差函数参数估计的新方法. 地质与勘探,35(01):41～43
贾泽露,刘耀林. 2003. 专家系统在土地定级估价领域应用的探索性研究,武汉大学学报(信息科学版),28(增刊):45～47
贾泽露. 2003. 基于专家知识的农用地系数修正法的信息系统的研究. 武汉:武汉大学硕士学位论文
贾泽露. 2006. 基于空间数据挖掘技术的土地定级专家信息系统研究. 武汉大学博士学位论文
焦李成. 1990. 神经网络系统理论. 西安:西安电子科技大学出版社
焦利民,刘耀林. 2004. 土地适宜性评价的模糊神经网络模型,武汉大学学报(信息科学版),6:513～516
焦利民. 2002. 人工神经网络和模糊逻辑在土地适宜性评价中的应用研究. 武汉大学硕士学位论文
焦利民. 2006. 基于计算智能的土地评价模型研究. 武汉大学博士学位论文
矫希国,高文森. 1993. 线性方程组非负解. 吉林工业大学学报,23(03):44～48
矫希国,刘超. 1996. 变差函数的参数模拟. 物探化探计算技术,18(2):157～161
金菊良,魏一鸣. 2000. 加速遗传算法在变异函数参数优化中的应用. 中国管理科学,(08):6～10
兰运超等. 1991. 地理信息系统原理. 广州:广东省地图出版社
黎夏,叶嘉安. 2001. 主成分分析与 Cellular Automata 在空间决策与城市模拟中的应用. 中国科学(D 辑),8:683～689
李德仁,关泽群. 2000. 空间信息系统的集成与实现. 武汉:武汉测绘科技大学出版社
李刚,童頫. 1999. 自然遗传算法及其性能分析. 应用科学学报,3:337～342
李金荣,郭建青,杨振放. 2001. 地下水位的空间最优估计. 西北水资源与水工程,12(01):18～20
李敏强,寇纪淞,林丹等. 2002. 遗传算法的基本理论与应用. 北京:科学出版社
李人厚. 1999. 智能控制理论和方法. 西安:西安电子科技大学出版社
李士勇. 1996. 神经控制和智能控制论. 哈尔滨:哈尔滨工业大学出版社
李新,程国栋,卢玲. 2000. 空间内插方法比较. 地球科学进展,15(3):260～265
厉伟,李银,但承龙等. 2005. 城市化进程中土地持续利用的实证研究. 资源科学,27(2):65～70
利人. 1982. 统计推断理论基础及应用. 北京:群众出版社
梁留科,曹新向,孙淑英. 2003. 土地生态分类系统研究. 水土保持学报,17(5):142～146
林丹,李敏强,寇纪淞. 2000. 进化规划和进化策略中变异算子的若干研究. 天津大学学报,33(05):627～630
林培. 1991. 土地资源学. 北京:中国农业大学出版社
林幼斌,杨文凯. 2001. 地质统计学研究现状及在我国的应用. 云南财贸学院学报,17:26～30
林振山,袁林旺,吴得安. 2003. 地学建模. 北京:气象出版社
刘承祚,孙惠文. 1988. 数学地质基本方法及其应用. 北京:地质出版社
刘承祚. 1994. 中国数学地质进展. 北京:地质出版社
刘承祚. 1996. 对近年数学地质发展概况的综述与分析. 北京:地质出版社
刘芳,李人厚. 2003. 基于学习的进化规划算法. 小型微型计算机系统,24(03):574～576
刘俊. 2006. 区域土地资源安全评价研究——以广东省四会市为例. 武汉大学硕士学位论文
刘纪远等. 1996. 中国资源环境遥感宏观调查与动态研究. 北京:中国科学技术出版社
刘黎明. 2001. 土地资源学. 北京,中国农业大学出版社
刘黎明. 2002. 土地资源学. 北京:中国农业大学出版社
刘民,吴澄,蒋新松. 1998. 进化规划方法在并行多机调度问题中的应用. 清华大学学报,38(8):100～103

刘耀林,傅佩红. 2004. Kriging空间分析法及其在地价评估中的应用. 武汉大学学报(信息科学版),29(06):471～474
刘耀林,焦利民. 2002. 人工神经网络的基准地价评估方法研究. 地球信息科学,4:1～6
刘增良,刘有才. 1996. 模糊逻辑与神经网络:理论研究与探索. 北京:北京航空航天大学出版社
楼顺天,施阳. 1998. 基于MATLAB的系统分析与设计——神经网络. 西安:西安电子科技大学出版社
马霭乃,周长发. 1992. 地理专家系统的试验研究. 地理学报,47(3)
毛建旭,王耀南. 2001. 基于模糊高斯基函数神经网络的遥感图像分类. 遥感技术与应用,3:62～65
蒙吉军. 2005. 土地评价与管理. 北京:科学出版社
孟健,马小明. 2002. Kriging空间分析法及其在城市大气污染中的应用. 数学的实践与认识,32(02),309～312
孟庆生,樊玉清,孔庆馥. 2002. 地质模型中离散数据点的等值线绘制方法. 山东轻工业学院学报,16(02):6～9
苗作华. 2006. 复合地理计算模型在城市空间演化中的应用研究. 武汉大学博士学位论文
倪绍祥. 1998. 土地类型与土地评价概论. 北京:高等教育出版社
牛文杰,朱大培,陈其明. 2001. 泛克里金插值法的研究. 计算机工程与应用,03:73～75
牛文杰,朱大培,陈其明. 2001. 滑动邻域克里金插值法的改进. 计算机辅助设计与图形学学报,13(08):752～756
潘志康,马小虎. 1996. 基于图的任意域内点集的 Delaunay 三角剖分算法. 软件学报,(7):656～661
庞刚. 2006. 海南省存量建设用地潜力评价. 武汉大学硕士学位论文
彭健,王仰麟,宋智清等. 2003. 国内外土地持续利用评价研究进展. 资源科学,25(2):85～94
钱敏平,龚光鲁. 1998. 从数学角度看计算智能. 科学通报,16:1681～1695
权太范. 2002. 信息融合:神经网络——模糊推理理论与应用. 北京:国防工业出版社
石立宝,华智明,徐国禹. 1997. 启发式进化规划及其在最优潮流中的应用. 重庆大学学报,20(6):67～72
石立宝,徐国禹,徐晓刚. 1998. 一种新颖的全局寻优算法——启发式进化规划. 数值计算与计算机应用,19(1):74～80
税正全,陈慧蓉,衍达. 1997. 变异函数中指数、高斯模型的拟合. 物探化探计算技术,19(03):226～232
孙洪刚. 2005. 黑龙江省生态省建设生态评价指标体系研究. 东北林业大学硕士论文
孙洪泉. 1990. 地质统计学及其应用. 徐州:中国矿业大学出版社
孙惠文,刘承祚译. 1989. 矿产储量的地质统计评价(数学地质进展 2). 北京:地质出版社
孙增圻. 1997. 智能控制理论与技术. 西安:西安电子信息工程大学出版社
谭萤雪. 2006. 基于 PDA 的城市土地价格调查系统移动客户端的研究与应用. 武汉大学硕士学位论文
陶澍. 1994. 应用数理统计方法. 北京:中国环境科学出版社
陶月赞. 1997. 动态 Kriging 方法. 世界地质,16(04):56～58
田世丰. 1988. 数学地质浅析. 北京:地质出版社
王攀,万君康,冯珊. 2005. 创建计算智能的软计算的混合方法研究. 武汉理工大学学报,2:76～79
王宝铭. 1996. 城乡土地评价. 天津:天津社会科学院出版社
王枫. 2005. 遗传神经网络模型在农用地分等中的应用. 武汉大学硕士学位论文
王海起,王劲峰. 2005. 空间数据挖掘技术研究进展. 地理与地理信息科学,21(4):6～10
王家华,高海余,周叶. 1999. 克里金地质绘图技术. 北京:石油出版社
王建华,俞孟蕻. 1998. 智能控制基础. 北京:科技出版社
王人潮. 2002. 试论土地分类. 浙江大学学报(农业与生命科学版),28(4):355～361
王仁铎,胡光道. 1988. 线性地质统计学. 北京:地质出版社
王仁铎. 1996. 地质统计学的发展趋势. 地质科技情报,15(2):99～102
王士同. 1998. 模糊系统、模糊神经网络及应用程序设计. 上海:上海科学技术文献出版社
王士同. 1998. 神经模糊系统及其应用. 北京:北京航空航天大学出版社
王万茂,严金明. 2001. 土地利用规划学. 北京:中国计划出版社
王万茂. 1993. 土地定级和估价. 中国矿业大学出版社
王耀南. 2003. 智能信息处理技术. 北京:高等教育出版社
王振宇. 2005. 农用地分等汇总制图综合知识规则的建立. 武汉大学硕士学位论文
王政权. 1999. 地统计学及在生态学中的应用. 北京:科学出版社

温俊丽. 2006. 基于资源一号卫星影像道路要素提取及更新地形图能力评价. 武汉大学硕士学位论文
吴宇哲，吴次芳. 2001. 基于 Kriging 技术的基准地价研究. 经济地理，21(05)：584～588
席裕庚，柴天佑，恽为民. 1996. 遗传算法综述. 控制理论与应用，13(6)：697～708
夏克文，沈钧毅，李昌彪. 2005. 一种基于计算智能的油气层识别方法，5：190～192
向永生，孔爱云. 1998. Kriging 估计领域大小的确定方法. 黄金地质，04(03)：76～80
肖斌，赵鹏大，侯景儒等. 1998a. 时空多元协同 Kriging 的理论研究. 物探化探计算技术，20(1)：1～8
肖斌，赵鹏大，侯景儒. 1998b. 纯时间域多元信息地质统计学. 物探化计算技术，20(3)：205～212
肖斌，赵鹏大，侯景儒. 1999. 山东归来庄金矿床金异常分布及其时空演化的地质统计学研究. 现代地质，13(4)：419～424
肖斌，赵鹏大，侯景儒. 1999. 时空域中的指示 Kriging 理论研究. 地质与勘探，35(4)：15～19
肖斌，赵鹏大，侯景儒. 2000. 地质统计学的新进展. 地球科学进展，15(3)：293～296
肖克炎. 1994. 地质统计学变差函数人机对话拟合. 长春地质学院学报，24(02)：218～221
解皓. 2005. 基于遗传优化 Kriging 法的城镇基准地价评估模型研究. 武汉大学硕士学位论文
徐建华. 2002. 现代地理学中的数学方法. 北京：高等教育出版社
徐丽娜. 2003. 神经网络控制. 北京：电子工业出版社
徐伟力. 2006. 城镇土地分等与基准地价平衡结果校验体系研究. 武汉大学硕士学位论文
徐宗本，陈志平，章祥荪. 2001. 遗传算法基础理论研究的新近进展. 数学进展，29(2)：97～113
徐宗本，张讲社，郑亚林. 2003. 计算智能中的仿生学：理论与算法. 北京：科学出版社
许万增，王行刚，徐筱棣等. 1996. 人工智能对人类社会的影响. 北京：科学出版社
玄光男，程润伟著，于欲杰，周根贵译. 2004. 遗传算法与工程优化. 北京：清华大学出版社
薛嘉庆. 1989. 线性规划. 北京：高等教育出版社
阎平凡，张长水. 2000. 人工神经网络与模拟进化计算. 北京：清华大学出版社
杨国栋，贾成前. 2002. 高速公路复垦土地适宜性评价的 BP 神经网络模型. 系统工程理论与实践，4：119～124
杨钦，徐永安，陈其明. 1998. 任意平面域上离散点集的三角化方法. 软件学报，09(04)：241～245
杨行峻，郑君里. 2003. 人工神经网络与盲信号处理. 北京：清华大学出版社
姚新，陈国良，徐惠敏等. 1995. 进化算法研究进展. 计算机学报，18(9)：694～706
叶公强，陆红生. 1988. 土地调查与评价. 南京：江苏科学技术出版社
于晓辉. 2004. 进化计算和人工神经网络在多目标优化问题中的应用(硕士论文)
余建坤，张文彬，陆玉昌. 2001. 遗传算法及其应用. 云南民族学院学报(自然科学版)，11(4)：193～197
於崇文等. 1980. 数学地质的方法与应用. 北京：冶金工业出版社
苑韶峰，吕军. 2004. 利用人工神经网络进行国有土地价格评估的探讨. 上海交通大学学报(农业科学版)，6：188～203
云庆夏. 1998. 遗传算法和遗传规划：一种搜索寻优技术. 北京：冶金工业出版社
云庆夏. 2000. 进化算法. 北京：冶金工业出版社
曾芬芳，景旭文等. 2001. 智能制造概论. 北京：清华大学出版社
曾颖，林金清，李浩然等. 2003. 应用遗传算法估算溶液热力学模型参数. 计算机与应用化学，20(01)：171～174
张征，鞠硕华，刘淑春. 2000. 地下水环境模拟中多元信息空间最优估计原理与方法. 工程勘察，03：12～15
张纪会，徐心和. 1998. 基于均匀网格的进化规划算法及其应用. 东北大学学报，19(6)：631～634
张纪会，徐心和. 1998. 模拟进化算法研究进展. 系统工程与电子技术，08：44～47
张金屯，邱扬，郑凤英. 2000. 景观格局的数量研究方法. 山地学报，18(4)：346～352
张瑾，黄勇，高祥. 1999. 国外矿业软件测试的一次成功实践. 中国矿业，04：59～62
张军英，许进. 2001. 二进前向人工神经网络：理论与应用. 西安：西安电子科技大学出版社
张玲，张拔. 1997. 统计遗传算法. 软件学报，8(05)：335～344
张乃尧，阎平凡. 1998. 神经网络与模糊控制. 北京：清华大学出版社
张仁铎. 2005. 空间变异理论及应用. 北京：科学出版社
张文修，梁怡. 2000. 遗传算法的数学基础. 西安：西安交通大学出版社
张雅杰，唐旭，祝国瑞. 2004. 城市基准地价评估回归模型分析与改进. 武汉大学学报(信息科学版)，29(06)：551～554

张尧庭，方开泰. 1988. 多元统计分析引论. 北京：科学出版社

张一伟，熊琦华，纪发华. 1992. 地质统计学在油藏描述中的应用. 东营：石油大学出版社

张玉林，仲伟俊，常松. 2002. 指数预测的一种混合模型. 系统工程理论方法应用，2：157～162

张征，张人权，徐恒力等. 1995. 定量预测岩溶含水介质渗透性空间分布的 Kriging 法. 中国岩溶，14(01)，1～8

张征，赵俊琳，陈家军等. 1999. 地下水环境模拟中空间分布参数的结构分析. 勘察科学技术，01：30～36

张征. 1999. 岩溶水区域化变量特异值识别与处理方法研究. 中国岩溶，18(1)：11～18

张征等. 1995. 岩溶含水介质渗透性空间结构分析的模型及其应用. 中国岩溶，14(2)：113～121

张正华，吴发启，王健. 2005. 土地生态评价研究进展. 西北林学院学报，20(4)：104～107

张中民译. 地质数学. 1980. 北京：科学出版社

赵俊兰. 1998. Kriging 法在 GIS 空间数据内插中的应用. 有色金属(矿山部分)，03：35～38

赵霈生，陈百明. 1998. 在土地评价中应用人工神经网络专家系统的理论与实践，中国土地科学，3：28～34

赵鹏大，陈永清. 1998. 地质异常矿体定位的基本途径. 地球科学，23(2)：111～114

赵鹏大等. 1990. 地质勘探中的统计分析. 武汉：中国地质大学出版社

郑之开，张广凡，邵惠鹤. 1999. 数据采掘与知识发现：回顾和展望. 信息与控制，28(5)：357～365

周爱民，曹宏庆，康立山等. 2003. 用遗传程序设计实现复杂函数的自动建模. 系统仿真学报，15(06)：797～799

周诚主编. 1989. 土地经济学. 北京：农业出版社

周蒂，陈汉宗. 1991. 稳健统计学与地球化学数据的统计分析. 地球科学，3：273～279

周国法，徐汝梅. 1998. 生物地理统计学——生物种群时空分析的方法及其应用. 北京：科学出版社

周明，孙树栋. 2000. 遗传算法原理及应用. 北京：国防工业出版社

朱剑英. 2001. 智能系统非经典数学方法. 武汉：华中科技大学出版社

朱思才，刘和发. 1999. 有关矿产资源储量计算及储量报告评审认定的几个问题. 有色金属矿产与勘查，8(06)：647～650

Abel J D，Mark M D. 1990. A comparative analysis of some twodimensional orderings，International Journal of Geographical Information Systems，4(1)：21～31

Ademola K，Braimoh，Paul L G Vlek，Alfred Stein. 2004. Land Evaluation for Maize Based on Fuzzy Set and Interpolation，Environmental Management，2：226～238

Ahlqvisto，Keukelaarj，Oukhirk. Rough Classification and Accuracy Assessment. 2000. International Journal of Geographical Information Science，14(5)：475～496

Ahmed S，Marsily G D. 1987. Comparision of geostatistical methods for estimating transmissivity using date on transmissivity and specific capacity，Water Resources Research，23(09)：1717～1737

Aleksandar Lazarevic，Dragol jub Pokrajac，Zoran Obradovic. 2002. An Ecommerce System for Mining Distributed Spatial Databases

Alessio Micheli1，Antonio S，Sestito. 2006. A new neural network model for contextual processing of graphs，Lecture Notes in Computer Science，3931

Andrienko G，Andrienko N. 1999. Interactive maps for visual data exploration. special issue on visualization for exploration of spatial data. International Journal Geographical Information Science，13(4)：355～374

Ankerst M，Breunig M，Kriegel H P，Sander J，Optics. 1999. Ordering points to identify the clustering structure，Proc. 1999 ACM-SIGMOD Int. Conf. On Management of Data(SIGMOD'99)：49～60

Arming M. 1984. Common Problems Seen in Variograms. Math. Geol. ，16(3)：305～313

Aunon J，Gomez-Hernandez J J. 2000. Dual kriging with local neighborhoods：application to the representation of surfaces. Mathematical Geology，32(1)：69～85

Aurenhammer F，Klein R，Voronoi Diagrams. 2000. In：Sack J-R，Urrutia J(Editors)，Handbook of Computational Geometry. Amsterdam：Elsevier，201～290

Back T，Schwefel H P. 1996. Evolutionary computation：anoverview. In Proceedings of the Third IEEE Conference on Evolutionaary Computation. Piscatway：IEEE Press，20～29

Bailey R G，Pfister R D，Henderson J A. 1978. Nature of site and resource classification—a review. J For，76：650～655

Bailey R G. 1983. Delineation of ecosystem regions. Environ Man,7:365～373

Banai R. 1993. Fuzziness in geographic information systems: contributions from the analytic hierarchy process. International Journal of Geographical Information System,7:315～329

Banai R. 2000. Transit station area land use/site assessment with multiple criteria: an integrated GIS-expert system prototype. Journal of Public Transportation,3:95～110

Barnes B V,Pregitzer K S,Spies T A,et al. 1982. Ecological forest site classification. J For,80:493～498

Berke P R,Conroy M. 2000. Are we planning for sustainable development? Journal of the American Planning Association,66:21～33

Bhat A,Lucek P R,1999. Analysis of complex traits using neural networks. Genet Epidemiol,17:503～507

Bianchini M, Gori M, Scarselli F. 2002. Recursive processing of cyclic graphs. In: Proc. of WCCI-IJCNN'2002, 1: 154～159

Bianucci A M, Micheli A, Sperduti A, Starita A. 2000. Application of cascade correlation networks for structures to chemistry. Appl. Intell,12:117～146

Bush W S,Motsinger A A,Dudek S M,Ritchie M D. 2005. Can neural network constraints in GP provide power to detect genes associated with human disease? Lecture Notes in Computer Science,3449:44～53

Centre de Geostistque. 1995. Intrducing HERISIM 3D3. 0,User's Guide Fontinebleau,France

Chen X,Zhu S,et al. 2000. Entropy based uncertainty measures for classification rules with inconsistency tolerance, proceedings of the IEEE international conference on systems,man and cybernetics. Nashville: Institute of Electrical and Electronics Engineers Inc,2816～2821

Chiles J P,Delfiner P. 1999. Geostatistics: modeling spatial uncertainty. New York: Wiley,695

Collins M G,Steiner F R,Rushman M J. 2001. Land-use suitability analysis in the United States: historical development and promising technological achievements. Environmental Management,28:611～621

Culverhouse R,Klein T,Shannon W. 2004. Detecting epistatic interactions contributing to quantitative traits. Genet Epidemiol,27:141～152

Culverhouse R,Suarez B K,Lin J. 2002. Reich T: a perspective on epistasis: limits of models displaying no main effect. Am J Hum Genet,70:461～471

Curtis D,North B V,Sham P C. 2001. Use of an artificial neural network to detect association between a disease and multiple marker genotypes. Annals of Human Genetics,65:95～107

Dubois G. 2000. How representative are samples in a sampling network? Journal of Geographic Information and Decision Analysis,4(1):1～10

Dwyer R A. 1987. A faster divide-and-conquer algorithm for constructing Delaunay triangulations. Algorithmica,2(2): 137～151

Eastman J R,Jin W,Kyem P A K,Toledano J. 1995. Raster procedures for multi-criteria/multi-objective decisions. Photogrammetric Engineering and Remote Sensing,61:539～547

Edward H,Isaaks R M,Srivastara. 1989. Applied Geostatistics,New York: Oxford University Press

Ester M,Kriegel H P,Sander J,Wimmer M,Xu X. 1998. Incremental clustering for mining in a data warehousing environment,Proc. 24th VLDB Conference,New York,USA

Ester M,Kriegel H P,Sander J. 2001. Algorithms and applications for spatial data mining,geographic data mining and knowledge discovery. Research Monographs in GIS. London: Taylor and Francis

Ester M,Kriegel H P,Sander J,Xu X. 1996. A density-based algorithm for discovering clusters in large spatial Databases,Proc. Int. Conf. Knowledge Discovery and Data Mining(KDD'96):226～231

Ester M,Kriegel H-P,Xu X. 1995. A database interface for clustering in large spatial databases. In: Proc. 1st Int. Conf. On Knowledge Discovery and Data Mining. Montreal: AAAI Press

Euripides G M,Christos Faloutsos et al. 2002. Image map: an image indexing method based on spatial similarity. IEEE Tranction on Knowledge and Data Engineering,14(5):979～987

Fahlman S E, Lebiere C. 1990. The cascade-correlation learning architecture. Technical Report CMU-CS-90-100, Carnegie Mellon

Fang T, Piegl L. 1993. Delaunay triangulation using a uniform grid. IEEE Computer Graphics and Applications, 13: 36~47

Forman E H. 1993. Facts and fictions about the analytic hierarchy process. Mathematical and Computer Modelling, 17: 19~26

Frank C, EAlan D, Cesar A, et al. 2002. Mapping lyme disease incidence for diagnostic and preventive decisions. Mary land Emerging Infectious Diseases, 8(4): 427~429

Frasconi P, Gori M, Küchler A, Sperduti A. From sequences to data structures. 2001. Theory and applications. In Kolen J F, Kremer S C. (editors) A field guide to dynamical recurrent networks, chapter 19. IEEE Press, Inc

Fulton W et al. 2002. Growth management ballot measures in California. http://www. lgc. org/freepub/PDF/Land_Use/reports/ca_growth_mgmt_report. pdf.

Gahegan M, West G. 1998. The classification of complex geographic datasets: an operational comparison of artificial neural network and decision tree classifiers. In Proc. GeoComputation98, 3rd International Conference on GeoComputation, Bristol, UK

Gold C M. 1994. Advantages of the Voronoi spatial model, proceedings of eurocarto XII, 1~10. Denmark: Copenhagen

Goldberg D E. 1989. Genetic algorithms in search, optimization and machine learning, New York: Addison-Wesley

Green P J, Sibson R. 1978. Computing Dirichlet tessellation in the plane. The Computer Journal, 21(1): 168~173

Guha S, Rastogi R, Shim K, Cure. 1998. An efficient clustering algorithm for large databases, Proc. 1998 ACM-SIGMOD Int. Conf. Management of Data(SIGMOD'98), 73~84

Hahn L W, Ritchie M D, Moore J H. 2003. Multifactor dimensionality reduction software for detecting gene-gene and gene-environment interactions. Bioinformatics, 19: 376~382

Hammer B, Steil J J. 2002. Tutorial: perspectives on learning with rnns. In Proc. of ESANN, 357~368

Han Jinyan, Sun Xiaoyan, Peng Shij. 1994. Evaluation of the geological reliability of surface mining deposit, Journal of China University of Mining & Technology, 1(1): 32~42

Hessami M, Francois A, Viau A A. 2001. Delaunay implementation to improve Kriging computing efficiency, Computers and Geosciences, 27(2): 237~400

Hinneburg A, Keim D A. 1998. An efficient approach to clustering in large multimedia databases with noise. In: Proc. Int. Conf. Knowledge Discovery and Data Mining(KDD'98), 58~65

Holland J H. 1975. Adaptation in natural and artificial system, Michigan: University of Michigan Press, 1~44

Howard R A. 2004. Speaking of decisions: precise decision language. Decision Analysis, 1: 71~78

Isaaks E H, Srivastava R M. 1989. An Introduction to Applied Geostatistics, New York: Oxford University Press

Iwamatsu N. 2002. Generalized evolutionary programming with bevy-type mutation, Computer Physics Communications, 147: 729~732

Jacques Deraisme. 1998. A few words about geostatistics, Mining Equipment Review

Jacques R. 1994. Disjunctive Kriging and Non-L inear Geostatistics, Oxford: Clarendon Press, 27~67

Jankowski P, Nyerges T L, Smith A, Moore T J, Horvath E. 1997. Spatial group choice. International Journal of Geographical Information Systems, 11(6): 566~602

Jankowski P, Nyerges T. 2001. GIS-supported collaborative decision making: of an experiment. Annals of the Association of American Geographers, 91(1): 48~70

Joel C, Bandibas, Kazunori Kohyama. 2000. An efficient artificial neural network training method through induced learning retardation: inhibited brain learning, Taipei

Joel C, Bandibas. 1998. A land evaluation system using artifical neural network based expert's knowledge and GIS. Asian Conference on Remote Sensing, Manila: Philippines

Johnson M P. 2001. Environmental impacts of urban sprawl: a survey of the literature and proposed research agenda.

Environment and Planning A,33:717～735

Johnston K,Ver Hoef,Krivoruchko J M,Lucas N. 2001,Using ArcGIS geostatistical analyst. Environmental Systems Research Institute,Redlans,CA,316

Juan P Rigol,Claire H Jarvis,Neil Stuart. 2001. Artifcial neural networks as a tool for spatial interpolation. Int. J. Geographical Information Science,15(4):323～343

Juha Vesanto,Esa Alhoniemi. 2000. Clustering of the self-organizing map. IEEE Transactions on Neural Networks,11(3):586～600

Kardia S,Rozek L,Hahn L,Fingerlin T,Moore J. 2000. Identifying multilocus genetic risk profiles:a comparison of the multifactor data reduction method and logistic regression. Genetic Epidemiology

Karypis G,Han E H,Kumar V,Chameleon. 1999. A hierarchical clustering algorithm using dynamic modeling,Computer,32:68～75

Kitanidis P K,Vomvoris E G. 1983. A geostatistical approach to the inverse problem in groundwater modeling(steady state) and one-dimensional simulation. Water Resources Research,19(03):677～690

Kooperberg C,Ruczinski I,LeBlanc M L,Hsu L. 2001. Sequence analysis using logic regression. Genet Epidemiol,21 Suppl 1:626～631

Koza J,Rice J. 1991. Genetic generation of both the weights and architecture for a neural network. IEEE Transactions

Li W,Haghighi F,Falk C. 1999. Design of artificial neural network and its applications to the analysis of alcoholism data. Genet Epidemiol,17:223～228

Liu Y F,Jiao L M. 2002. The Application of BP Networks to Land Suitability Evaluation. Geo-Spatial Information Science,1:55～61

Liu Y L,Martin Molenaar,Jiao L M,Liu Y F. 2004. Research on land evaluation based on fuzzy neural network. Proceedings of SPIE-The International Society for Optical Engineering,5232:565～574

Lucek P R,Ott J. 1997. Neural network analysis of complex traits. Genet Epidemiol,14:1101～1106

Lucek P,Hanke J,Reich J,Solla S A,Ott J. 1998. Multi-locus nonparametric linkage analysis of complex trait loci with neural networks. Hum Hered,48:275～284

Marc G. 1998. Genton,Highly Robust Variogram Estimation. Math. Geol. ,30(2):213～221

Marinov M,Weeks D. 2001. The complexity of linkage analysis with neural networks. Human Heredity,51:169～176

Massam B H. 1991. The location of waste transfer stations in Ashdod,Israel,using a multi-criteria decision support system. Geoforum,22(1):27～37

May M,Savinov S. 2000. An architecture for the SPIN! Spatial Data Mining Platform. NTTS/ETK

Micheli A,Portera F,Sperduti A. 2005. A preliminary empirical comparison of recursive neural networks and tree kernel methods on regression tasks for tree structured domains. Neurocomputing,64:73～92

Micheli A,Sona D,Sperduti A. 2004. Contextual processing of structured data by recursive cascade correlation. IEEE Trans. Neural Networks,15(6):1396～1410

Middleton V G. 2000. Data analysis in the earth sciences using matlab. Pretice-Hall,Upper Saddle River,NJ,260

Moore J H,Hahn L W. 2003. Petri net modeling of high-order genetic systems using grammatical evolution. BioSystems,72:177～186

Moore J H,Williams S M. 2002. New strategies for identifying gene-gene interactions in hypertension. Ann. Med. ,34:88～95

Moore J H. 2003. The ubiquitous nature of epistasis in determining susceptibility to common human diseases. Hum Hered,56:73～82

Moore J,Hahn L,Ritchie M,Thornton T,White B. 2002. Application of genetic algorithms to the discovery of complex models for simulation studies in human genetics. San Francisco:Morgan Kaufman Publishers,1150～1155

Nagy G. 2000. Geometry and geographyical information systems. In:Gorini A C(Editor),Geometry at Work. A collection of papers showing applications of geometry. Mathematical Association of America,Washington D C,88～104

Nelson M R, Kardia S L, Ferrell R E, Sing C F. 2001. A combinatorial partitioning method to identify multilocus genotypic partitions that predict quantitative trait variation. Genome Res. , 11: 458～470

Ng R, Han J. 1994. Efficient and effective clustering method for spatial data mining, Proc. Int. Conf. Very Large Data Bases(VLDB'94): 144～155

Oh S K, Pedrycz W. 2003. Fuzzy polynomial neuron-based self-organizing neural networks. Int. J. General Systems, 32: 237～250

Oh S K, Pedrycz W. 2003. Self-organizing polynomial neural networks based on PNs or FPNs: analysis and design. Fuzzy Sets and Systems, 142: 163～198

Ott J. Neural networks and disease association. 2001. American Journal of Medical Genetics(Neuropsychiatric Genetics) 105: 61

O'Neill M, Ryan C. 2001. Grammatical Evolution. IEEE Transactions on Evolutionary Computation, 5: 349～357

O'Neill M, Ryan C. Grammatical evolution. 2003. Evolutionary automatic programming in an arbitrary language. Boston: Kluwer Academic Publishers

Paola J D, Showengerdt R A. 1997. The effect of neural network structure on a multi-spectral land use/land cover classification. Photogrammetric Engineering and Remote Sensing, 63: 534～544

Pariente D. 1994. Geographic interpolation and extrapolation by means of neural networks. In Proceedings EGIS/MARI'94, Fifth European Conference and Exhibition on Geographical Information Systems: 684～693

Park B J, Pedrycz W, Oh S K. 2002. Fuzzy polynomial neural networks: hybrid architectures of fuzzy modeling. IEEE Transaction on Fuzzy Systems, 10: 607～621

Peters, Willian C. 1978. Exploration and Mining Geology New York: John Wiley & Sons

Pond B, Yeats M. 1994. Rural-urban land conversion II: identifying land in transition to urban use. Urban Geography, 15 (1), 25～44

Quick A J R. 1994. Environmental issues and management strategies in metropolitan Cape Town. Urban Forum, 5(2): 45～68

Razin E, Hasson S. 1994. Urban-rural boun dary conflicts: the reshaping of israel's rural map. Journal of Rural Studies, 10(1): 47～59

Reza Banail. 2005. Land resource sustainability for urban development: spatial decision support system prototype, Environmental Management, 8: 282～296

Ritchie M D, Coffey Csmjh. 2004. Genetic programming neural networks: a bioinformatics tool for human genetics. Lecture Notes in Computer Science, 3102: 438～448

Ritchie M D, Hahn L W, Moore J H. 2003. Power of multifactor dimensionality reduction for detecting gene-gene interactions in the presence of genotyping error, missing data, phenocopy, and genetic heterogeneity. Genet Epidemiol, 24: 150～157

Ritchie M D, Hahn L W, Roodi N, Bailey L R, Dupont W D, Parl F F, et al. 2001. Multifactor dimensionality reduction reveals high-order interactions among estrogen-metabolism genes in sporadic breast cancer. Am J Hum Genet, 69: 138～147

Ritchie M D, White B C, Parker J S, Hahn L W, Moore J H. 2003. Optimization of neural network architecture using genetic programming improves detection and modeling of gene-gene interactions in studies of human diseases. BMC Bioinformatics, 4: 28

Rivoirand. 1994. Introduction todisjuctive krigingan Non-linear Geostatistics. Oxford: Clarendon Press

Rizzo D M, Dougherty D E. 1994. Characterisation of aquifer properties using artificial neural networks: neural Kriging. Water Resources Research, 30: 483～497

Rudolph G. 1994. Convergence of non-elitist strategies. In proceedings of the first IEEE conference on evolutionary computation. Piscataway: IEEE Service Center, 63～66

Rudolph G. 1994. Convergence properties of canonical genetic algorithms. IEEE Trans. Neural Networks, 5 (1):

96～101

Rudolph G. 1996. Convergence of evolutionary algorithms in general search spaces. In Proceedings of the Third IEEE Conference on Evolutionary Commputation, Piscataway, NJ: IEEE Press, 50～54

Saccone N L, Downey T J, Jr Meyer D J, Neuman R J, Rice J P. 1999. Mapping genotype to phenotype for linkage analysis. Genet Epidemiol, 17 Suppl 1: 703～708

Sander J, Ester M, Kriegel H P, Xu X. 1998. Density-based clustering in spatial databases: the algorithm GDBSCAN and its applications, Data Mining and Knowledge Discovery, 2: 169～194

Saravanan N, Fogel D B. 1994. Evolving neurocontrollers using evolutionary programming. Proceedings of ICEC'94, Nagoya, Japan. 217～221

Schaffiin B. 2000. Equivalent systems for various forms of Kriging, includingleast-squares collocation. Zeitschrift flir Vermessungswesen, 126(2): 87～93

Schaffrn B. 2000. Establishing equivalent systems for universal kriging, 9th. Intl. workshop on Matrices and Statistics, HyderaW, Imlia

Schalkoff R. 1997. Artificial Neural Networks. New York: McGraw-Hill Companies Inc

Schraudolph N N, Belew R K. 1992. Dynamic Parameter Encoding for Genetic Algorithms. Machine Learning, (9): 9～21

Sherriff A, Ott J. 2001. Applications of neural networks for geen finding. Advances in Genetics, 42: 287～297

Somying Promcharoen, Yuttapong Rangsanseri, Suwit Ongsomwang, Jirawan Jaruppat. 1999. Supervised classification of multispectral satellite images using fuzzy logic and neural network, Hong Kong, China

Sungkwun Oh, Seokbeom Roh, Yongkab Kim. 2005. Design of genetic fuzzy set-based polynomial neural networks with the aid of information granulation, LNCS, 3496, 428～433

Tahri-Daizadeh N, Tregouet D A, Nicaud V, Manuel N, Cambien F, Tiret L. 2003. Automated detection of informative combined effects in genetic association studies of complex traits. Genome Res, 13: 1952～1960

Teghem J, Benjelloun M. 1992. Some experiments to compare rough sets theory and ordinal statistical methods, Intelligent Decision Support-Handbook of Applications and Advances of the Rough Sets Theory, Dordrecht: Kluwer, 331～362

Tianqian Huang, Xiaolin Qin, Chongchen Chen, Qinmin Wang, Density-based spatial outliers detecting. Sunderanm V S, et al. 2005. (Eds.): ICCS 2005, LNCS 3514, 979～986

Utans J, Moody J. 1991. Selecting neural network architectures via the prediction risk application to corporate bond rating prediction. IEEE Press. Conference Proceedings on the First International Conference on Artificial Intelligence Applications on Wall Street. Los Alamitos, California, USA

Venkatech S. 1992. Computation and learning in the context of neural network capacity. Neural Network for Perception, Vol. 2, Wechler H. ed. Acadenmic Press, 173～327

Wang F. 1994. The use of artificial neural networks in a geographical information system for agricultural land-suitability assessment. Environment and Planning A, 26: 265～284

Wong S K M, Ziarko W, Ye R L. 1986. Comparison of rough-set and statistical methods in inductive learning, International Journal of Man-Mach. Stud. , 24: 53～72

Wong W K, Au K F, Zeng X H. 2006. Classification decision model for a Hong Kong clothing manufacturing plant locations using an artificial neural network, Int J Adv Manuf Technology, 3: 428～434

Zhang T, Ramakrishnan R, Livny M, Birch. 1996. An efficient data clustering method for very large databases, Proc. 1996 ACM-SIGMOD Int. Conf. Management of Data(SIGMOD'96), 103～114

Zhu J, Hastie T. 2004. Classification of gene microarrays by penalized logistic regression. Biostatistics, 5: 427～443

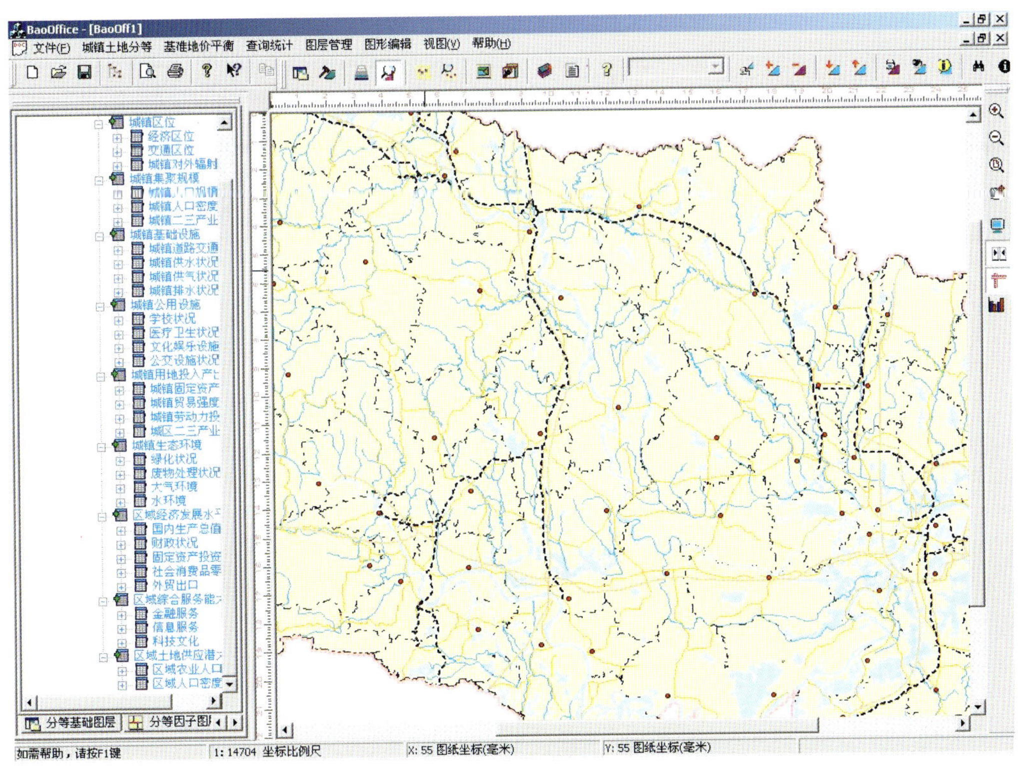

彩图 1　城镇土地分等与基准地价平衡系统界面

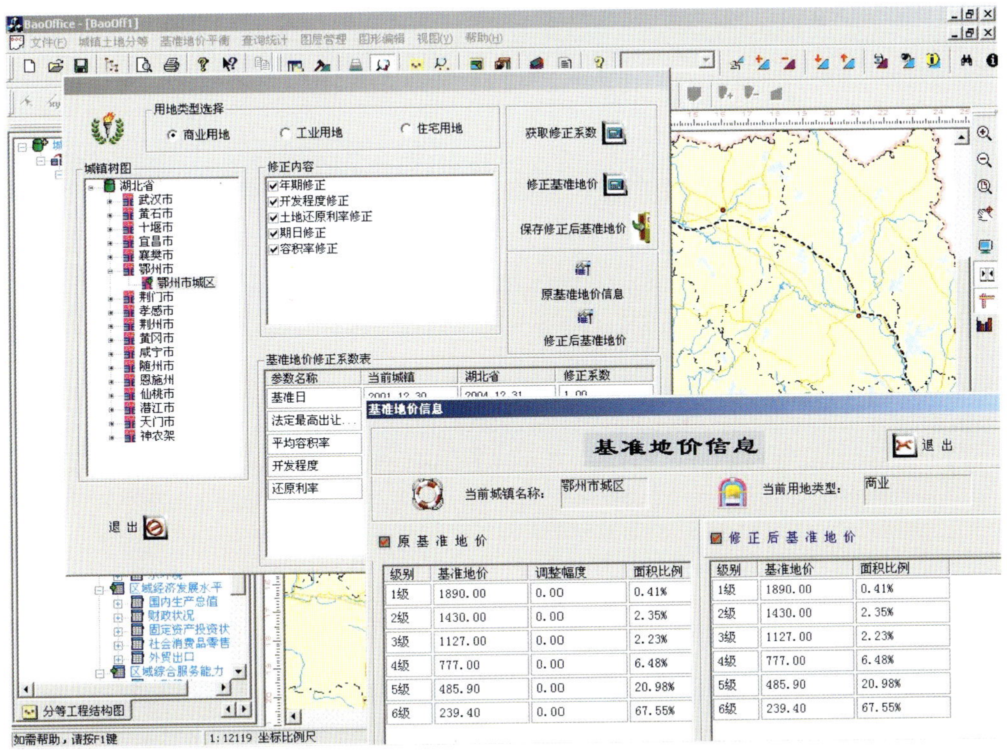

级别	基准地价	调整幅度	面积比例
1级	1890.00	0.00	0.41%
2级	1430.00	0.00	2.35%
3级	1127.00	0.00	2.23%
4级	777.00	0.00	6.48%
5级	485.90	0.00	20.98%
6级	239.40	0.00	67.55%

级别	基准地价	面积比例
1级	1890.00	0.41%
2级	1430.00	2.35%
3级	1127.00	2.23%
4级	777.00	6.48%
5级	485.90	20.98%
6级	239.40	67.55%

彩图 2　城镇基准地价平衡——基准地价修正

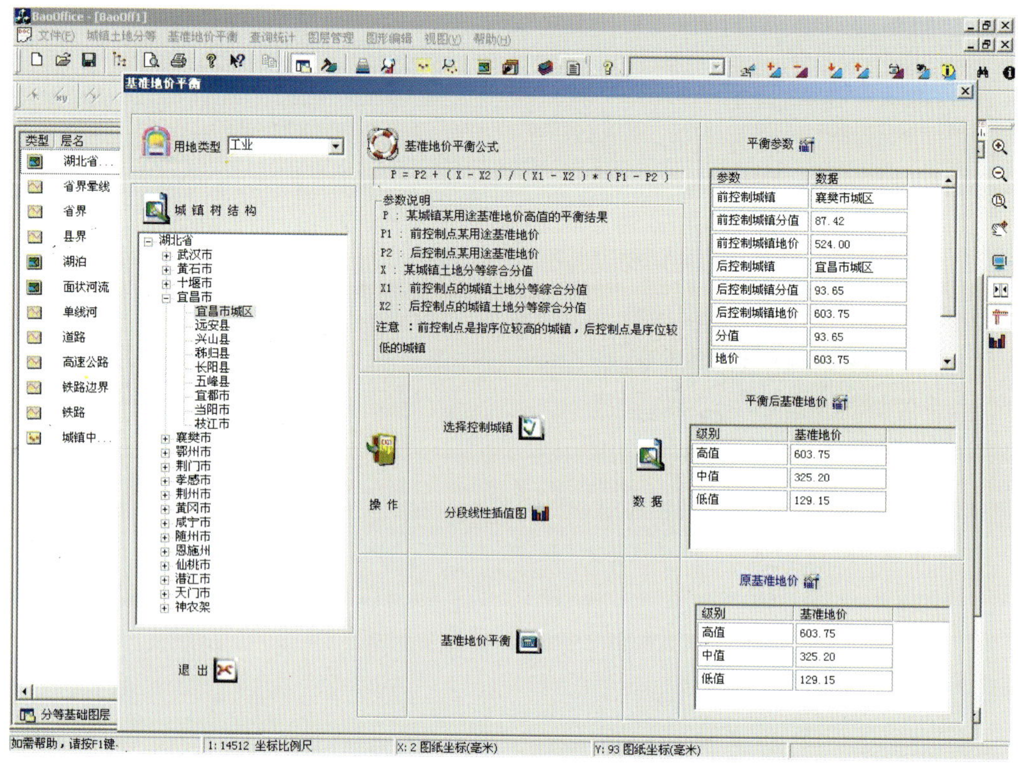

彩图 3　城镇基准地价平衡功能实现

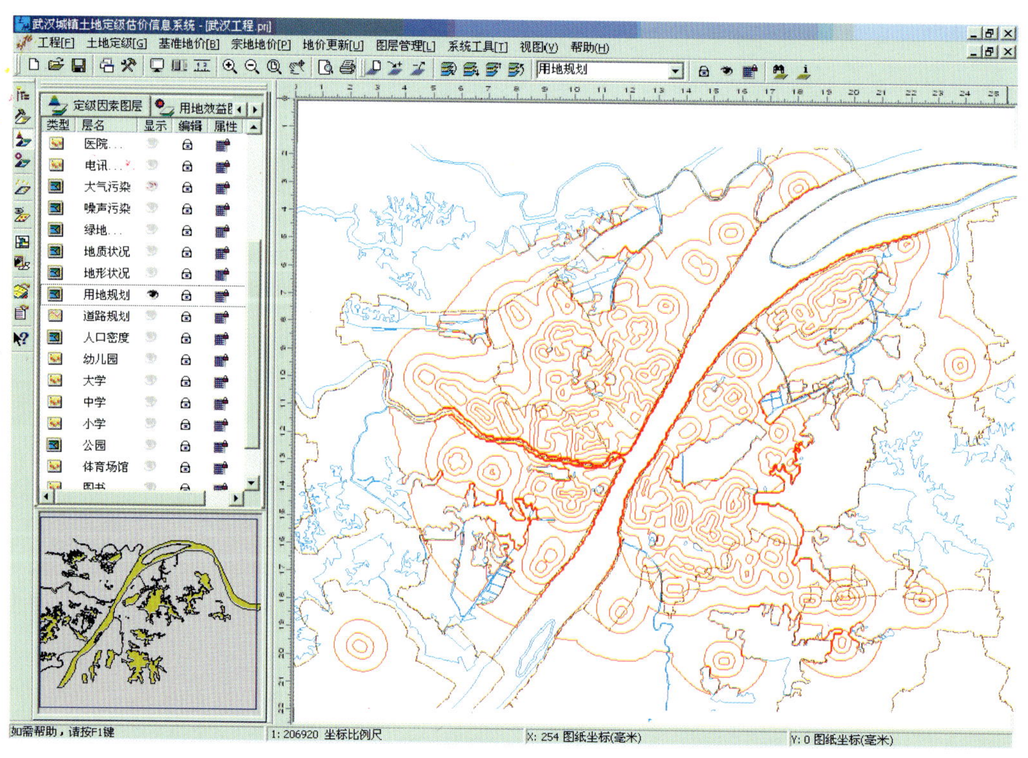

彩图 4　城镇土地定级——商服繁华度作用分等值线

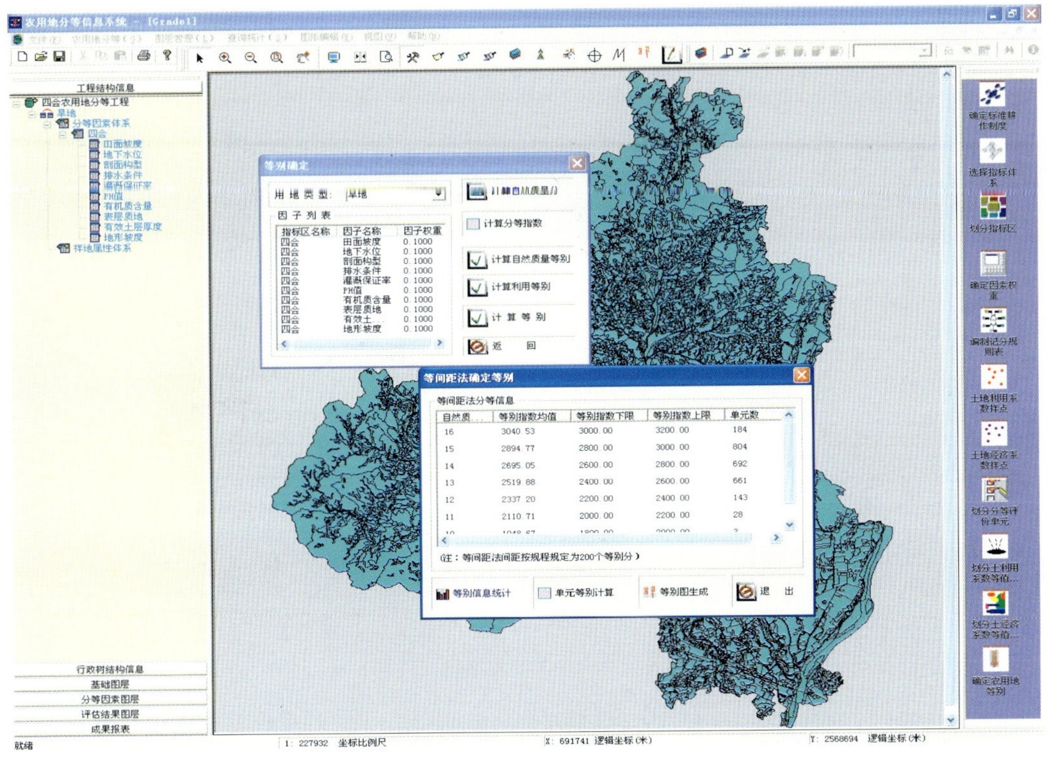

彩图5　农用地等别划分

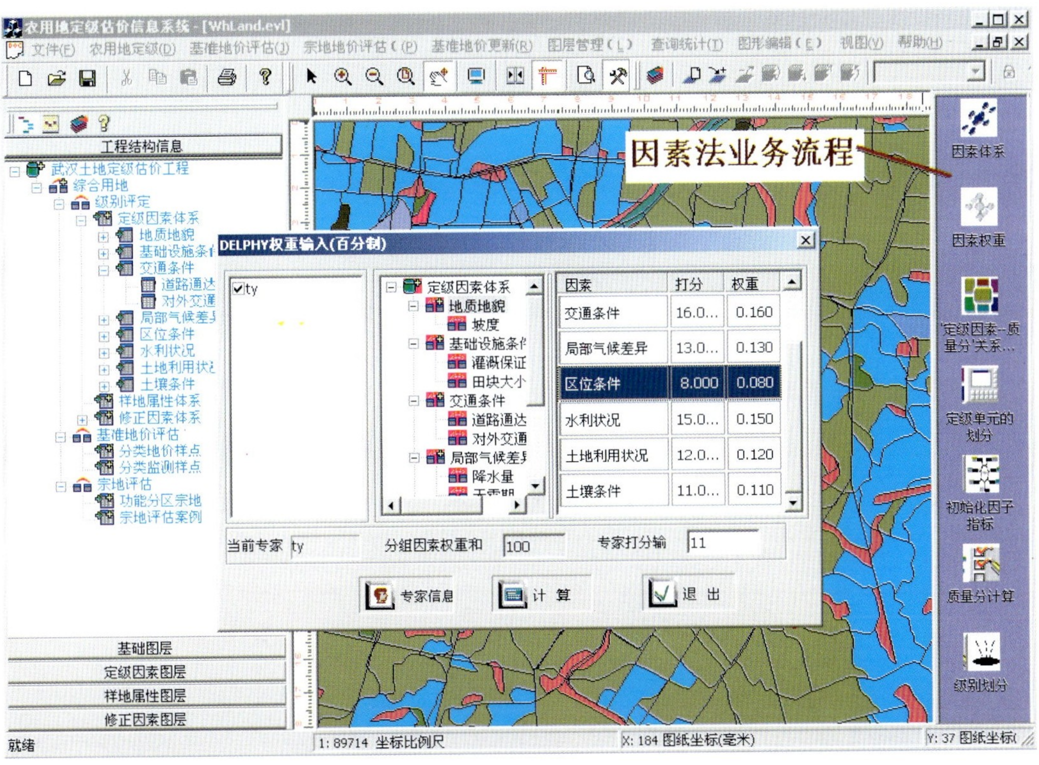

彩图6　农用地定级——因素法

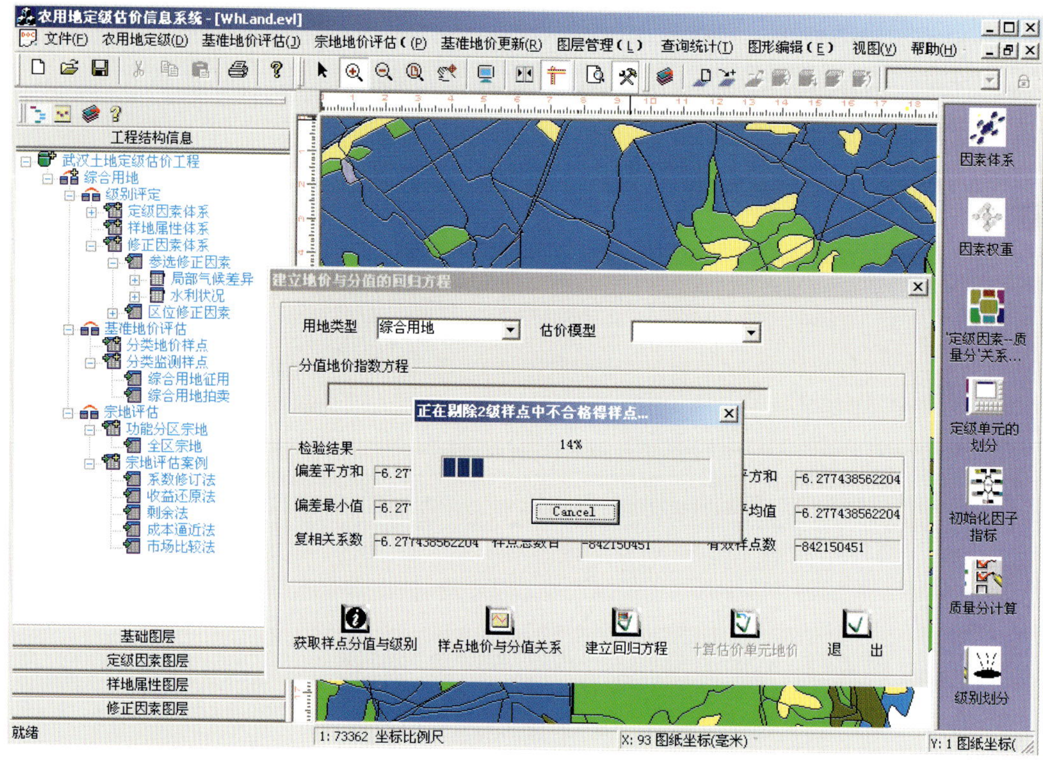

彩图 7　农用地基准地价——样点地价分值回归模型的建立

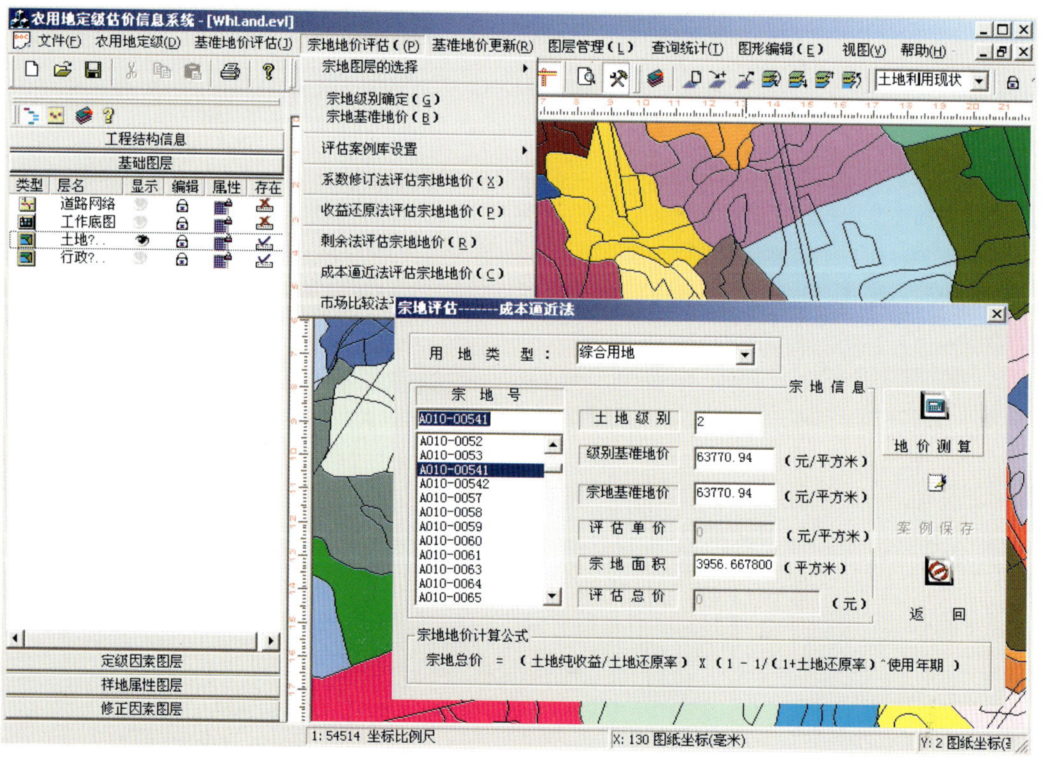

彩图 8　农用地宗地地价评估——收益还原法